［美］玛丽·皮弗（Mary Pipher） 萨拉·吉列姆（Sara Gilliam）著 / 张书嘉 译

Reviving Ophelia
（25th Anniversary Edition）

Saving the Selves of
Adolescent Girls

养育青春期女孩

中信出版集团 | 北京

图书在版编目（CIP）数据

养育青春期女孩 /（美）玛丽·皮弗，（美）萨拉·
吉列姆著；张书嘉译 . -- 北京：中信出版社，2021.6（2021.6重印）
书名原文：REVIVING OPHELIA
ISBN 978-7-5217-2791-3

Ⅰ. ①养… Ⅱ. ①玛… ②萨… ③张… Ⅲ. ①女性—
青春期—心理健康—健康教育 Ⅳ. ① G444

中国版本图书馆 CIP 数据核字（2021）第 034828 号

养育青春期女孩

著　　者：［美］玛丽·皮弗　［美］萨拉·吉列姆
译　　者：张书嘉
出版发行：中信出版集团股份有限公司
　　　　　（北京市朝阳区惠新东街甲 4 号富盛大厦 2 座　邮编　100029）
承 印 者：天津市仁浩印刷有限公司

开　　本：880mm×1230mm　1/32　　印　张：15　　字　数：316千字
版　　次：2021 年 6 月第 1 版　　印　次：2021 年 6 月第 2 次印刷
京权图字：01-2019-7185
书　　号：ISBN 978-7-5217-2791-3
定　　价：69.00 元

致

——————

所有叛逆的、羞怯的女孩
所有积极分子和诗人
所有大姐姐和小妹妹
所有女儿和梦想家

我们相信你们的力量

——————

目　录

第 *1* 章

迎接暴风雨的
小树苗

青春期的女孩是在这场名为"变化"的飓风中被压弯的小树苗。有三个因素使年轻女孩易受飓风袭击：第一是她们的发育水平；第二是美国文化对青春期早期女孩的打压；第三是在女孩最需要父母支持的时候，他人却期望他们能够独立。

第 *2* 章

真假
自我

随着青春期的到来，巨大的社会文化压力迫使女孩分裂出虚假的自我——这种压力来自广告、电视、音乐和同龄人。女孩可以冒着被同伴抛弃的风险做真实的自己，也可以拒绝真实的自己，被社会所接受。在他人面前，大多数女孩会变成她们"应该"成为的人。

第 *3* 章

内在与外在的成长

如果女孩有机会与外界产生真正的联结——与他人谈心、阅读,或进行创造性活动,那么她们终将绽放。如果她们能够与他人或真实自我保持联结,她们会拥有更多幸福感,并且会在情绪、社交等方面获得成长。她们的同理心会得到发展,会感觉自己坚不可摧,会对自己的能力更有自信。

第 *4* 章

从过去到现在(1959—2019)

20世纪60年代的女孩"自信",20世纪90年代的女孩"叛逆"。到了2019年,女孩都很"谨慎"。如今的女孩有很多合理的理由感到脆弱——经济条件恶劣,气候变化的威胁巨大,校园枪击事件司空见惯。在过去的50年里,人们变得越来越孤独。在20世纪70年代,每个人平均有3个亲密的朋友。这个数字一直在稳步下降,许多美国人现在说自己没有亲密的朋友。

第 *5* 章

家庭的力量

父母能给孩子的最好的礼物就是为生活做好准备。这意味着要教会他们批判性思维和人际相处技巧,鼓励他们走出舒适圈,赢得困难的挑战,并与他们就人际关系、政治和社会如何运作进行深度对话。如果父母认为孩子是虚弱的,他们就会变得虚弱;如果父母期待孩子产生力量,就会给他们带来力量。

第 *6* 章

母亲的
力量

青春期的女孩给母亲的信息是最矛盾的。人们期望母亲保护她们的女儿不受社会文化的伤害，即使她们是在帮助女儿适应文化环境。她们要鼓励女儿长大成人，同时又不能让女儿受到伤害。她们要为自己的女儿无私奉献，又要鼓励女儿离开自己，寻求独立。母亲要全心投入地去爱女儿，还要确切知道自己何时应该在情感上和身体上与女儿保持距离。

第 *7* 章

父亲的
力量

如今，大多数父亲希望自己的女儿成为坚强勇敢的人。他们可能把坚持女性主义看得更重要，而不是对它心存恐惧。他们尊重妻子，并希望自己的女儿在未来能够得到一样的尊重。许多父亲在体育运动中指导女儿，或在音乐、艺术或旅行方面和女儿拥有共同的热情，他们能够帮助女儿树立自信并坚持真实的自我。

第 *8* 章

父母离异
带来的影响

父母离婚对青少年来说尤其艰难。一部分是因为青少年所处的成长阶段，另一部分是因为青少年需要很多来自父母的关注。青少年需要父母同他们交谈，监督他们，帮助他们保持条理，并在他们沮丧时提供支持。然而，离婚后的父母通常没有这么多精力，这会让青少年感到巨大的丧失感——他们会觉得自己失去了父母、家庭和童年。和更小的孩子不同的是，当他们试图表达自己的痛苦时，很可能选择一些危险的方式。

第 *9* 章

青春期抑郁症和
自残行为

251

一个经历着轻度的青春期痛苦的女孩可能会试图自杀,这并不是因为她的生活整体看来是痛苦的,而是因为她冲动且消极,无法正确看待当下遇到的小挫折。一些女孩自杀是因为心理创伤,而另一些女孩则是因为一时的困惑和困难。那些有自杀倾向的女孩需要得到不同类型的关注,但所有青春期女孩都面临潜在的危险,必须得到认真对待。

第 *10* 章

青春期
焦虑症

279

如今,抑郁和焦虑的女孩比现代历史上任何时期都多,自残行为也越来越普遍。在一些社交群中,女孩会竞相炫耀自残留下的严重伤疤。这种极具破坏性和毁灭性的行为正在通过社会关系传播。家长、学校管理人员和医疗专业人员需要对这一现象有更多的认识,并在看到迹象后立即采取行动。

第 *11* 章

暴食症和
厌食症

291

暴食症是年轻女性中最常见的饮食失调。对于有暴食症的年轻女性来说,饮食、催吐和体重无情地占据了她们的生活,快乐被绝望、疯狂和内疚所取代。厌食症通常在初中开始出现,而暴食症则倾向于在青春期后期发展,它被称为"女大学生病",因为很多年轻女性是在女生联谊会和宿舍生活中患上这种病的。得了厌食症的女孩是完美主义者并且具有超强的自控力,而有暴食症的年轻女性是冲动的,长期处于自我失控的状态。

青春期女孩经常会感到迷茫、抑郁和焦虑,吸毒和酗酒对她们很有诱惑。酒和大麻很受欢迎,因为它们为青春期女孩提供了一种快速、简单的让自己感觉良好的方法。面对十几岁的女孩时,理解她们吸毒或酗酒的背景原因是很重要的。通常,吸毒或饮酒成瘾是一个危险的信号,可能会指向其他问题,比如绝望、社交焦虑、与朋友或家人的关系问题、追求成功的压力或者负面的性体验。女孩酗酒或吸毒的原因各不相同,必须针对不同的情况采取相应的应对措施。

我们对青少年关于性别、司理心和性的教育方式是导致各种悲剧事件发生的原因之一。性侵犯和性骚扰不仅是个人行为,也受到诸如文化规范、大众媒体、音乐和他人教导等因素的影响。父母需要对色情音像制品有所了解,并且需要尽早和孩子谈这件事。青少年需要性教育,需要有人和他们直白地讨论色情音像制品的负面影响,以及教他们如何与他人就相关的性问题进行明确的交流。

青春期的女孩是古怪的、脆弱的、善变的,也是坚强的、善良的、有洞察力的。所有女孩都试图摆脱父母的束缚,同时又想和他们保持情感上的联结。她们不断探索,期望在实现自我的同时,仍然能获得他人的爱。心理治疗师相信所有青春期女孩本质中的美和希望,重要的是要教会她们练习定心,建立和坚持自己的边界,以及认清想法和感觉之间的区别。

许多坚强的女孩有被同龄人孤立和排斥的经历。她们的坚强是一种威胁，她们因为与众不同而受到惩罚。那些没有吸引力或者不担忧自己外表的女孩会被嘲笑。这种孤立往往是一件幸事，因为它允许被孤立的女孩发展出一种强烈的自我意识。从青春期开始，被孤立的女孩往往比被别人接受的女孩更独立、更不依赖他人。

青春期是童年和成年之间的分界线，它既洋溢着活力，也充满了危险。成长需要个人的勇气和努力，也需要外界环境提供的保护和培育。帮助青春期女孩的长期计划，将涉及深层、复杂的文化变革——重建社区意识，打击成瘾，改变教育模式，促进性别平等，减少暴力，建立一种有序、安全、包容多样性和自治的文化。这样女孩就可以慢慢地、平静地成长为一个完整、真实的人。

为大家敲响警钟

（玛丽·皮弗，母亲）

写《养育青春期女孩》这本书，是为了理解我同时作为一个少女的母亲和一名主治青春期女孩心理疾病的治疗师的经历而做出的一次尝试。我在 1994 年写完此书，希望为大家敲响警钟，让大家认识到青春期女孩正身处有言的文化氛围之中。那时，我的目标是宏大的：我希望这本书能够帮助心理治疗师、老师和父母，帮助女孩痊愈，并且改变这种文化。在某些方面，我觉得此书似乎完成了它的使命——许多青少年和广大家长读了这本书，也很喜欢这本书。母亲们告诉我，它帮助她们理解了自己的女儿。心理学家也逐渐放弃将青少年的问题归因于其不正常的家庭，转而帮助青少年以及他们的父母去应对艰难的文化环境。教育工作者开发了许多方法来鼓励和保持女孩对数学和科学的兴趣。全美各地的组织，如奥菲莉娅计划 ①（Ophelia Project）、女童子军（Girl Scouts）和基督教女青年会（Young Women's Christian Association，即 YWCA）等，都致力于为年轻女性

① 奥菲莉娅计划是约翰·肯尼迪纪念基金会创办于 1998 年的慈善项目，每年由 200 名专业导师和商业领袖组成一支志愿者队伍，为 750 名八年级的女孩提供为期 5 年的长期指导。这一计划旨在增强和鼓励青春期女孩的自我价值感。
——译者注

赋权。

我非常感谢我的读者，感谢那些邀请我去演讲的社区，感谢那些和我交流并分享他们对此书的看法的人。我最大的收获，就是所有在《养育青春期女孩》这本书的启发和鼓舞下产生的积极改变。

25年后，我很荣幸和女儿萨拉一起对初版进行更新。在这本书的新版中，我们将探索对于女孩来说，哪些因素改变了，哪些因素没有改变，并研究美国文化给现在的女孩的生活带来的影响。我们希望这个新版本能帮助女孩，以及那些想要帮助她们成长为勇敢、善良、能干和自信的女性的成年人。

20世纪90年代，我在办公室里接待过有各种严重（甚至威胁生命的）问题的女孩，比如厌食症、有自残或自杀倾向。还有一些来访的女孩面临的问题包括：拒绝上学，故意不好好学习，经常与父母争吵等。这类问题虽然不像自杀倾向那么危险，但更加令人费解。很多来访者是性暴力的受害者。和这些女孩交流时，我才认识到，自己对20世纪90年代青春期女孩的世界缺乏真正的理解，而我自己在20世纪60年代早期的青春期经历对此基本没有任何帮助。20世纪90年代的女孩生活在一个全新的世界，这个世界充斥着越来越暴力和色情化的电视节目、MTV（全球音乐电视台）视频，以及赤裸裸的色情广告。

作为一名心理治疗师，我经常感到困惑和沮丧。这些感觉让我当时就提出了一系列问题：为什么有如此多的女孩需要接受心理治疗？唇环、鼻环和眉环（在当时算新生事物）对她们来说意味着什么？我怎么才能帮助13岁的女孩应对疱疹或生殖器疣等性传染疾病？为什么吸毒和饮酒在七年级学生中很常见？为什么这么多女孩说她们恨自己的父母？

　　与此同时，萨拉和她的朋友正在经历一系列跌宕起伏的情绪，像坐过山车一样。有时她们很快乐，对自己的世界很感兴趣；其他时候，她们仿佛搁浅了。她们对家人和彼此都很苛刻。初中阶段似乎是一个严峻的考验，自信、适应性强的女孩有可能变成悲伤和愤怒的失败者。

　　我和朋友谈起处于青春期的女儿时，都很烦恼，却不知道该如何应对。我们中的许多家长长期受到女儿们的"折磨"，她们因为一些鸡毛蒜皮的小事就对我们这些母亲感到烦躁。我们想把女儿培养成独立而自信的个体，但她们似乎缺乏安全感，而且过于关心自己的外表和女性气质。一些难题一次又一次地出现：如何才能鼓励我们的女儿独立自主，同时又能保证她们的安全？怎样才能说服她们接受一个存在绑匪并且有可能在约会中被强奸的世界？我们如何在不惹恼她们的前提下为她们提供指导和支持？即使在我所在的这个中产阶级人口占多数的小城市里，女孩也经常经历创伤。我们怎样才能帮助女孩从中恢复呢？我们能做些什么来预防创伤呢？

　　作为一位母亲和一名心理治疗师，我努力去理解我所观察到的事情。我和朋友曾经也有过青春期焦虑，但我们那时基本上没有出现进食障碍、自杀倾向、割伤自己或离家出走的情况。为什么20世纪90年代的女孩有更多的问题？

　　乍看之下，1994年青春期女孩的生活似乎应该更好。毕竟，我们一直在支持女性运动。这些运动有没有起到作用？答案既是肯定的，也是否定的。我的许多朋友——像我这样步入中年的中产阶级女性——很幸运，这种幸运是有史以来很少有女性拥有过的。我们拥有我们的母亲们从未想象过的机会。然而，在某些特定的方面，女孩感到更加压抑。她们成长在一个更加危险、更加性化和媒体无孔不入的文化中。她们面临着一定要变得美丽和成熟的莫大压力，在初中阶段，这往往意味着吸毒、酗酒和开始性行为。女孩在一个更危险的世界中航行，她们受到的保护却更少。

我越是环顾四周，听越多的音乐，看越多的电视节目和电影，越仔细地审视带有性别歧视色彩的广告，我就越能肯定，我们教育女儿的方式是错误的，美国文化对青春期女孩是有害的。女孩接收到的关于性、美丽和她们在这个世界上的位置的信息阻碍了她们的发展，并且她们中的许多人因此受到创伤。随着青春期的开始，女孩开始坠入一种有害的文化之中，这种文化对她们来说太难理解和掌握了。许多女孩变得不知所措，并为此而感到沮丧和愤怒。

1963年，贝蒂·弗里丹（Betty Friedan）在其著作《女性的奥秘》（*The Feminine Mystique*）中写到了"无法名状的问题"。她指出，很多女性很痛苦，但她们无法说出痛苦的根源。20世纪90年代的少女也面临着类似的无法名状的问题。她们知道有些事情是不对的，但她们只能在自己或家人身上寻找问题的根源。我想帮助她们在更大的文化背景下审视自己的生活。在《养育青春期女孩》这本书中，我对我所观察到的问题进行了定义和阐述。

25年过去了，如今的青春期女孩比20世纪90年代的女孩情况又好了一些，但她们也是在一个新的世界里成长起来的，那就是数字世界。当我回顾这50年来女孩的生活时，我意识到，文化环境不仅改变了女孩，也改变了我们所有人。1959年，我13岁，伴随着羞怯、青春痘、激素，以及那个年龄段带来的自我意识。在20世纪90年代，我是一个青春期少女的母亲，也是一名主要接治青春期女孩的心理治疗师。现在，我有两个正处在青春期的孙女——凯特和克莱尔，我又一次沉浸在了女孩文化里。

凯特、萨拉和我都属于"边缘世代"。我在二战结束后不久出生，生活在内布拉斯加州的乡村，是最后一代没有电视陪伴而长大的美国人。我的女儿萨拉出生在越南战争正式结束后不久，她是在没有手机、电脑或其他电子设备的环境中长大的最后一代人。我的孙女凯特出生于2001年7月，比"9·11事件"早两个月，是第一代"数字原住民"中的一员。

我生长在生活节奏缓慢的年代和地方，我儿时的全部世界就由家人和内布拉斯加州比弗宁的小镇组成。我接触到的大多数新闻是本地的，我的玩具大多是本地制造的，娱乐方式也大多数是面对面的。孩子们除了一起玩耍、阅读和与人交谈，几乎无事可做。

萨拉这一代人经历了从本土文化到全球文化的转变。曾经庇护过我们这一代女孩的社群意识正在迅速消失。尽管女孩仍然保持着面对面的关系，但她们共享的文化是在遥远的地方由公司制造出来的，而这些公司对她们的健康和幸福毫不在意。在1994年，我的女儿和我的青少年来访者都属于一头扎进有害文化的一代人，在他们的生活中，来自成年人的帮助是缺位的。这一代青少年叛逆，时常感到不安，并对父母不理解他们的经历、不去保护他们而感到愤怒。

今天，尽管成年人和青少年已经熟悉了资本主导下的文化所带来的影响，但我们正面临着新的技术浪潮，没有人知道该如何应对。电子设备已经取代了面对面的交流，只有极少数女孩偶尔会主动选择或者被迫脱离互联网。青少年更喜欢待在家里或与父母一起外出，而不是独自外出或与朋友相约去探险。现在，他们周末会看网飞的电视剧，通过短信、Snapchat（色拉布）或 Instagram（照片墙）等即时通信工具与朋友交流。

今天的女孩不太可能因为酗酒、吸毒、性行为或参加聚会而惹上麻烦，但她们更有可能抑郁、焦虑甚至自杀。许多女孩觉察到，在她们所处的由数字驱动的文化中，有些事情是不对的。她们睡觉时也开着手机，保持随时在线让她们感到压力很大。然而，她们也感受到深深的孤独，与家庭、社区和自然世界缺乏联结。她们也对昔日的男女生约会、独自阅读和与朋友通电话有着怀旧之情，但她们似乎很脆弱，也害怕独自外出。

20 世纪 50 年代和 60 年代，在我生活的小镇上，我感到很安全。我们现在知道，那时候的性侵犯和家庭暴力不会被广泛报道，也有许多有色人种是暴力的受害者，但我当时认识的孩子们可以到处自由地活动，危险似乎离我们很远。我女儿那一代人对美国各地发生的性侵犯、乱伦和暴力犯罪事件更加了解——电视上会对这些事件不断进行报道，犯罪率更高了，牛奶盒上印有失踪儿童的模糊照片。但 1994 年，科伦拜高中枪击惨案和其他校园枪击事件、海湾战争、"9·11 事件"、"基地"组织、"伊斯兰国"（ISIS）、阿片类药物泛滥、气候危机、全球难民危机、美国的政治和社会两极化，以及白人至上主义的兴起尚未发生。

很大程度上，由于媒体对犯罪事件和危险的不间断报道，今天的青少年和他们的父母比起前几代人更加害怕和厌恶风险。尽管根据皮尤研究委员会的数据，美国的暴力犯罪率在 1993 年到 2016 年间下降了 50%；但相比 1994 年，今天的青少年独自外出的频率更低了。

从 1960 年到今天，两种巨大的力量一直在发挥作用。一方面，美国人对环境变化更加恐惧；另一方面，我们已经从个人对个人、基于社区的生活方式转变为主要依赖网络联系的生活方式。一位教授朋友告诉我，以前大学生在课间的声音很大，他们吵得他几乎什么都听不见；而现在课间休息时，走廊里非常安静，学生不再调情或聊天，他们都在看手机。

尽管如此，自 1994 年以来，我们的生活在许多方面变得更好了——离婚率下降了，意外怀孕的青少年更少了。这一代人对性少数群体更包容，种族主义者也更少了。女孩很少因为她们的行为而惹上麻烦，她们更倾向于成为积极活动分子和女性主义者。

女孩，尤其是刚上高中的女孩，还表现出对父母强烈的爱和尊重。在我们最近进行的个人访谈和焦点小组访谈中，很少能观察到 20 世纪 90 年代的女孩普遍存在的那种粗暴和愤怒的态度。父母们还表示，他们感觉自己和女儿们很亲近，几乎没有教养问题。

我猜想有很多原因使得父母和青少年之间的关系得到了改善，这些原因包括日益严峻的经济形势，以及人们开始认为世界是一个充满危险的地方。当情况变得糟糕时，家人往往倾向于团结在一起。同时，随着真正的社区逐渐消失，剩下的就只是家庭单位。由于现在的青少年不会惹那么多的麻烦，父母往往更热情，也更能接受他们的孩子。此外，与 25 年前相比，现在的父亲对女儿生活投入的精力要多得多。女孩需要感激她们拥有一个可以保护她们免受外在"风暴"的家庭。

在为新版的《养育青春期女孩》做调查研究时，我了解到的关于社交媒体的信息大多是负面的。自 2007 年 iPhone 手机问世以来，女孩作为一个群体变得更加孤立，她们关键的成长发育过程正在被打乱。我承认，数字技术有它的好处，但是，对社交媒体的正面评价也经常会被夸大。例如，我经常听到："一个女孩可以通过发短信与祖母保持联系。"我的回答是："嗯，当然，但如果是打电话或当面拜访，她和她的祖母可能会更亲近。"

另一方面，我们见证了社交媒体和网络在由年轻人发起的新兴活动中所具有的力量，比如 Metoo 运动和"永不再来"①（NeverAgain），后者起源于 2018 年 2 月发生在佛罗里达州帕克兰市的校园枪击案。全美的初中生和高中生在推特和 Instagram 上能够"找到"彼此，并利用这些平台为"是的，我们可以"（Sí, se puede）和 Black Lives Matter（意为"黑人的命也是命"）等进行积极的活动。

当然，我自己也使用社交媒体。我在 Facebook（脸书）上有一个专业网站和一个作者页面。萨拉每天都要多次查看她的推特和 Instagram 账号。我知道很多人依赖社交媒体来进行娱乐，毕竟我们都需要从当今严酷的全球政治现实中解脱出来。我不会评判任何人对社交媒体的使用，相反，我想提出一些建议，让广大父母和他们的女儿更加有意识地去使用网络平台。我想，大多数人不希望自己的墓志铭上写着"她有 2000 个关注者"。

我和萨拉很幸运地在心理学家琼·特文格的书《i 世代》（iGen）中找到了我们需要的研究资料。特文格收集对比了从 1974 年到 2016 年的各项研究，包括自杀率、犯罪率、每年看电视的频率、上网时间

---

① "永不再来"是一个由美国学生领导的政治活动组织，倡导枪支管制和对枪支暴力的更严格的管控。——译者注

和读书量。通过在数百个维度上对不同代际的人进行比较，她得以对时代和青少年的变化得出极具洞察力的见解。

在这次的新版中，我们对一些女孩进行了访谈，她们和我在 20 世纪 90 年代早期的来访者属于相同的人口群体，我们为这些女孩和她们的母亲组织了焦点小组。此外，我还对其他的心理治疗师进行了访谈，而曾担任中学教师的萨拉则对老师和学校辅导员进行了采访。

在这本书的初版中，我写到了多年来我一直在见证其变化的来访者。而在这次新版中所讨论的大多数女孩，我和她们只见过一次面。这些访谈和焦点小组中的女孩并不能像之前的治疗故事那样展现出成长过程，但她们确实凸显了今天的女孩所面临的独特挑战，并为我们提供了她们生活的剪影。我们的访谈和研究揭示了那些已经发生改变的挑战，以及依然存在的危险和欢乐。

我们还邀请了来自全美各地不同社群的女孩阅读初版的《养育青春期女孩》，并分享她们的反馈。我们会询问她们觉得什么过时了，什么仍然与她们的生活密切相关。我们鼓励她们用说明文字、边注和斜线对书中的原文进行标记，并坦率地向我们报告她们认为需要在新版本中增加的内容。毫不意外，我们发现女孩仍然在与厌女症、饮食失调、性别歧视和身份认同问题做斗争。她们一致认为，社交媒体改变了青少年的生活。每个女孩几乎在每一章都写上了"加上对社交媒体的讨论"。

在新版本中，我们保留了初版中许多引人入胜的故事，并添加了现代女孩的新故事。我们反思了发生在女孩生活中的变化，囊括了最新的研究和为当下定制的建议。我们保留了早期版本中的一些语言，尽管它们现在读起来已经过时了。例如，20 世纪 60 年代和 90

年代的女孩上"初中"（junior highs），而现在她们上"中学"（middle schools）。

我新增了"从过去到现在"和"倾听她们，理解她们"这两章，几乎所有的访谈都是由萨拉主持和记录的。我们为讨论焦虑增加了一个新的章节。在第 16 章"在太阳和星星下茁壮成长"中，我们为父母、青少年和所有与青少年打交道的人提供了具体的建议。我们的后记则为女孩在混乱时代的茁壮成长提供了希望和指导。

重读《养育青春期女孩》时，我被它仍然具备的现实观照性所震撼。女孩继续与同龄人的烦恼、家庭的不和以及对外表的焦虑战斗。虽然文化环境发生了变化，但女孩的发展需求没有改变。女孩仍然需要她们长期以来需要的东西——慈爱的父母、正确的价值观、朋友、人身安全、独立行动的自由、对她们自身独特性的尊重、对她们成长为终有所成的成年人的鼓励。她们需要避免受到我们文化中最有害部分的伤害，并与我们文化中最健康、最美丽的方面建立联系。

1994 年，我建议大家应共同努力来增强女孩的力量，使她们为自己实际所处的文化环境做好准备。今天，我和萨拉得出了同样的结论：我们可以培养女孩的情绪弹性和自我保护能力，我们可以支持和引导女孩度过骚动的青春期，但最重要的是，我们可以共同努力，建立一种不那么复杂、更有益于培育女孩、更少暴力和性化、更能促进女孩成长的文化。我们的女儿们理应得到一个所有天赋都可以得到开发和欣赏的世界。我们希望这本书能促进一场关于"我们如何为青春期女孩建立一个美好社会"的对话。

前言 2

经受青春期的考验

（萨拉·吉列姆，女儿）

　　如果叛逆和冒险定义了我这一代的青春期女孩——在 20 世纪 90 年代初期到中期从高中毕业的女孩，那么我几乎可以成为同龄人的典型代表。我是内布拉斯加州中产阶级家庭出身的女孩中最尖刻、最叛逆的一个。在冒险的同时，我也取得了优异的学习成绩，还会记得给祖母手写感谢信，谢谢她送给我的生日礼物和圣诞礼物。我常去的地方是内布拉斯加州的林肯市，这是一个令人愉快的大学城，位于美国中部。我的几个好朋友出现在初版的《养育青春期女孩》中，我的母亲还要求我对文中的对话进行编辑，以达到"对青少年语言记录的准确性"。

　　我青春期的亮点包括参加素食主义和动物权利运动、17 岁时打了一个眉环、染非常不自然的发色、穿邋遢的衣服，以及偷偷溜到离家几个小时路程的城市参加狂欢节和音乐会。我会嘲笑主流文化，叫我的那些成为大学预科生和啦啦队长的同伴"马菲"[①]。我是 20 世纪 90 年代早期的女孩和她们常犯的小过失的"典型代表"。我还记得大

---

① 马菲是当时一个滑稽的动画形象。——译者注

学一年级的一个滑稽而黑暗的时刻，那是在一家杂货店里，我听到一个刻薄的邻居对我嘟囔："奥菲莉娅的复活？我看更像是奥菲莉娅的溺亡！"

这很有趣，但事实上，那个爱管闲事的邻居没有抓住重点。我们这些少女并没有溺水，我们只是从高高的跳水板上像炮弹一样俯冲了下来。20世纪90年代的奥菲莉娅们（至少在我的社交圈里的那些人）是打破限制的人、叛逆的人、崭露头角的女性主义者，以及讨厌循规蹈矩的人。我们听着纯女性的朋克摇滚，在去往莉莉丝女性音乐节的路上颠簸，并以我们的风格追求双性化。我们最不想要的就是得到那些穿着羊毛开衫、烤着小饼干、开着书友会的女性的认可。

令人毫不惊讶的是，我们也过着不被母亲完全理解的生活。青春期的女孩总是会有秘密，这是合理的，也符合发育和成长的需要。对暗恋、对毒品和酒精的尝试、对违规行为，我们都会严格保密。我们像水手一样骂脏话，中气十足地说出"没种"和"蠢货"这样的字眼。尽管我深爱我的母亲，但每次她和我的朋友闲聊时，我都感到很尴尬。我们急于远离自己的原生家庭，拥抱我们作为独立年轻女性的新身份。

借助白人中产阶级的特权、家庭关系以及自己的小聪明，我和我的朋友侥幸逃脱了很多惩罚。我会因为在宵禁时间之后才回家而被禁足，也会在青年交响乐音乐会上独奏，还在一家收容所做了志愿者。高中三年级，我和朋友有一个月没有参加管弦乐队的排练，我们逃课去市区打台球，在咖啡店里喝意大利苏打水……我很确定那个学期我还是得了A。我和同学都很关心学校的功课，认为我们一定会去上大学。我们家关于大学的谈话不是"上不上大学"，而是"上哪个大学"。

在 1994 年，我的一些朋友有了性行为，一些朋友还没有。性不是一种定义"酷"的标志，在我的同龄人中，它往往发生在长期的关系中。我嫉妒那些有性行为的朋友，主要是因为这意味着他们同时也有了一个有保证的毕业舞会舞伴和一个可以在餐厅里牵手的人。我毫不怀疑性侵犯的存在，但我没怎么听说过。我们都有点儿敬畏第一个有性行为的朋友，但也意识到了"荡妇"和"种马"这种对女生和男生的评价的双重标准，所以相应地，我们女生之间也会相互支持。

晚上，我们在音乐课和家庭作业之间抽时间去看电视剧《飞跃比弗利》（Beverly Hills, 90210）。我们是 MTV 时代的人，会根据新视频的首播、《互动全方位》（Total Request Live）和《金属迷聚会》（Headbanger's Ball）等电视节目来安排我们的时间表。我们想要朱莉娅·罗伯茨的腿、薇诺娜·赖德的格调，以及多莉·艾莫丝那样唱歌像悲泣一样的能力。我们渴望有一个由帕特里克·斯威兹、艾迪·维达、卢克·佩里和我们梦幻般的哲学老师容特先生组合而成的完美的、充满爱意的男朋友。

黑暗偶尔也会掠过我们在内布拉斯加州的舒适生活的边缘。在我上高中三年级的时候，一个名叫坎迪斯·哈姆斯的当地大学生被绑架、折磨和杀害。在她失踪之后，到嫌疑人被捕之前的那段可怕的日子里，老师叮嘱我们绝对不要独自取车，在晚上开车去任何地方之前，都要先用手电筒照一照后座。这是第一次在离我家很近的地方发生这样的暴力犯罪，我和同学都吓坏了。大约在同一时期，我和我最好的朋友萨拉发现了一个功能简陋的本地拨号聊天室，我们醒着的每一小时（费用是每分钟 5 美分）都用来在上面认识新朋友，和他们打字聊天，而他们大多也是镇上的高中生。几个月后，我们才知道我们和杀害坎迪斯的凶手共享了虚拟空间，还有可能偶尔给他发过信息。这是一个警示网络"关系"极具危险性的意外的早期教训。

抑郁，常常是难以名状的，却触及了我们中的许多人。尽管总的来说，我们对成绩和考试分数的焦虑没有现在的青少年那么严重，但我们和她们一样，也存在对不那么光鲜的自我形象的过分关注以及社交焦虑。我们大多数人想变瘦，而瘦女孩则想要更多的曲线。没有被首选大学录取时，崩溃的我们用大麻或布恩农场果酒来抚慰受伤的心灵。回首过去，我们面临的挑战似乎比今天女孩经历的要简单得多。我们这代人生活在科伦拜高中枪击惨案、"9·11 事件"、"伊斯兰国"（ISIS）和 Snapchat 出现之前，我们的问题往往是区域性的，发生在家庭、学校或自身内部。

在某种程度上，每一代人都被开山辟路的前人认为是冷漠的，我们这一代当然也不例外。我们是第三代女性主义者，正享受着前辈努力的成果，但我和我的同龄人在流行文化和政治形势飞速发展的时期并不只是满足于吃马卡龙的小公主，我们想要在自己的生活和社区中创造改变。我想强调的是，这种情感在历史上一直以这样或那样的方式在青春期女孩中得到传承和延续。

20 世纪 90 年代的女孩是文化批评家，引领了一个开放包容、倡导行动的新时代。我和朋友在高中成立了一个同性恋组织 GLOBE，它也是同性恋/异性恋联盟的早期产物；我们推动学校管理人员创建了一个回收利用项目；在 1991 年罗德尼·金被洛杉矶警察殴打之后，我们戴着黑色的臂章去学校表达抗议。我们关心事情的起因，但也陷入了一种不自觉的肤浅之中。我们在这些过程中收获的感受和友谊才是最重要的，积极参与社会活动对我们来说只是课外活动的一部分。

如果说我们在对某个问题的认知上挣扎、迷惘了很久，那大概就是种族问题。当时，林肯高中是全州最大、最多元化的学校，但我大多数朋友是白人。我们的餐厅座位实际上是种族隔离的，而且我们学校的彩虹俱乐部——一个颂扬多元化和全体学生丰富文化背景的组织，通常由有色人种的学生领导，很少有白人孩子参加。我记得我注意到了这些分歧，也不喜欢它们，但我不知道该如何改变现状。

从我目前所处的有利地位——一个有两个孩子的 41 岁的母亲——回顾我的青春期，有许多方面值得我感激。我很庆幸，在我因外表感到最尴尬的时候，超大号的法兰绒衬衫正流行，要知道紧身牛仔裤和露脐上衣会让我脆弱的自信心荡然无存。我感到庆幸，因为我只需要在学校里忍受被霸凌，他们的嘲笑并没有在社交媒体上跟随我回到家里。我对一群女音乐家心存感激，她们通过咆哮表达自己的愤怒，这让我感到被理解。我很感激深爱我的父母，他们带着既恼怒又慈爱的心情，帮助我度过了那段喜怒无常、沉迷于穿孔和戴首饰的时期。

为本书访谈的女孩七给了我很多启发和鼓舞，在这个新世纪里，她们正在做许多正确的事情。面对和自己不同的人，她们不再仅仅是容忍这些人，而是秉持了去接受甚至颂扬的态度。她们对自己的心理状态非常了解，能够用同理心和智慧来描述她们的同龄人。她们是自己信仰的事业的积极行动分子。她们以幽默和真诚的态度经受住了青春期的考验。今天的女孩需要爱、指导、深厚的友谊、被尊重的空间和时间，这样她们才能按照自己的意愿去理解生活。

当年，我也是这样。

第 *1* 章

迎接暴风雨的小树苗

我的表亲波莉小时候精力极其充沛，非常活泼好动。她经常跳舞，做侧空翻和劈叉等高难度动作，还和邻居家的男孩一起踢足球、打篮球、打棒球，和我的兄弟们摔跤、骑自行车、爬树和骑马。她有着像柳枝一样柔软而强韧的身体，和幼狮一样自由不羁的性格。波莉不仅身体好动，嘴也不闲着。她会大声喊出给他人的命令和建议；如果她和朋友打赌赢了，或是听到了一个好玩的笑话，她便会张大嘴巴，尖声大笑；不管对方是孩子还是成年人，她都会与之争吵，并用建筑工人常用的粗鄙语言大骂对方。

　　我们秘密组建了一个俱乐部，为它起名为"凉夺者"，并且定期在波莉家的车库里碰面。波莉俨然是俱乐部的汤姆·索亚①。她策划了俱乐部成员的入会仪式，并带领我们假装成间谍一起去探险，或远足去传说中的鬼屋。她引导我们进行了结拜"兄弟"的仪式。她教我们用扑克牌变魔术，还教我们抽烟。

　　波莉就这样度过了人生中的第一个阶段，开始了初中的生活。她

---

① 出自美国作家马克·吐温的小说《汤姆·索亚历险记》，其中的主人公汤姆·索亚贪玩好斗，热衷于冒险，又坚持着正义和善良。——译者注

还想继续以过去的方式处世,举止仪态毫不淑女,大家都叫她"假小子",并对她指指点点。她发现自己被以往的男生朋友与那些开始学化妆和谈恋爱的女生排挤在外。

这让波莉感到困惑和不安。她赌气般地不参与任何男生或女生的小团体。几个月后,她摇身变为贝琪·撒切尔——汤姆·索亚安静、乖巧的女朋友,重新出现在同龄人的团体中。当男生成为教室和操场中的主力时,她只是穿着时髦的衣服在场边看着。她又一次被接纳并受到大家的欢迎,却不再在人群中留下任何痕迹。没有人谈起这些发生在她身上的变化,也没有人为学校里最活跃的女孩消失不见而感到惋惜。我是唯一一个感到悲剧发生的人。

弗洛伊德将六七岁到青春期这一段时间称为"潜伏期",然而,女孩在这段时间并不是潜伏起来、不甚活跃的。我想起了我的女儿萨拉,她在这一阶段做各种化学实验,学习变魔术,拉小提琴,在自己写的舞台剧中扮演主角,救护野生动物,骑自行车穿过整个城市。我想起了她的朋友塔玛拉,她在六年级的暑假写了一本 300 页的小说。我想起了在这个年纪的自己,我读遍了镇上图书馆中每本儿童书籍,前一个星期我还打算成为像阿尔贝特·施韦泽一样伟大的医生,而下一个星期,我就想像路易莎·梅·奥尔柯特一样专心写作,或者像伊莎多拉·邓肯一样在巴黎跳舞。在之后的人生阶段中,我再也没有像这样充满自信和雄心了。

大多数青春期前的女孩会是很好的伙伴,因为她们对一切事物都感兴趣,不管是运动、自然、周围的人、音乐,还是书籍。几乎所有经久不衰的、主要面向女孩的儿童文学中,女主角都处于这一年龄阶段,比如《绿山墙的安妮》《阿尔卑斯山的少女海蒂》和《长袜子皮皮》。这个年龄的女孩会烤馅饼，也会解谜和持续探索新的世界。她们可以照顾好自己，而照顾他人的负担也还未落在她们肩上。她们还未被女性角色约束，可以暂时先放松，随心所欲地做"假小子"，拥有"假小子"这种身份所代表的勇气、能力和独立。

在任何情况下，她们都可以不受性别角色限制而采取相应的行动。在 20 世纪 90 年代，7 岁到 11 岁的女孩很少接受心理治疗——她们根本不需要。我一只手就能数清楚我见过的这个年龄段的女孩：科琳，她经受了身体上的虐待；安娜，她的父母当时正在闹离婚；布伦达，她父亲自杀了。这些女孩很勇敢，也很坚强。在一次治疗中，布伦达说："如果我父亲不想活下去，那是他的损失。"科琳和安娜都很愤怒，但她们从来都不自责，而是知道自己该谴责的是那些犯了错误的成年人。令人惊讶的是，我对这些女孩的帮助微乎其微，她们能够自愈并继续前进。

在一所大学工作的一位园艺师给我讲了一个发人深省的故事。她带领一群初中女生去参观学校里的数学和科学展览，带她们去看大大的蓝草、娇嫩的雪花莲，还有枫树和柳树。年龄小一点的女孩总是提问打断她，她们对每一种植物都一拥而上，看一看、摸一摸、闻一闻。而九年级的女生就不一样了：她们会向后退；她们从不会去碰那些植物，更不可能大声提问。她们一本正经地站在一旁，对比她们小的女孩的热情感到厌烦，甚至有点儿厌恶。我的朋友不禁问道："这些女孩怎么了？到底发生了什么？"她告诉我："我想摇醒她们，对她们说，'醒醒，回来！你的心里有人在家吗？'"

一个夏天的早晨，我坐在我最喜欢的冰激凌店外面，一位母亲和她十几岁的女儿在我前面停下来等红灯。我听到那位母亲说："你不能再敲诈你爸爸和我了。每次你得不到想要的东西，就告诉我们你想离家出走或者自杀。你怎么了？你过去是能自己处理好不顺心的事情的呀！"

她的女儿直盯着前方，似乎并不认同母亲的话。绿灯亮了，她们过了马路。我舔了舔我的蛋卷冰激凌。紧接着，另一位母亲带着她还未到青春期的女儿走到同样的位置，她们手牵着手。女孩对她母亲说："你说的这个好有意思，我们整个下午都出去玩吧！"

青春期早期的女孩会发生一些戏剧性的变化，就像飞机和轮船神秘地消失在百慕大三角一样，女孩也会成群结队地沉入海底。在社会环境和自我发展的百慕大三角中，她们坠毁了。她们失去了韧性和乐观精神，变得不再好奇，更不愿意冒险。她们坚定自信、活力满满、"假小子"式的个性逐渐消失，变得更加恭顺，更容易自我苛责和抑郁消沉。她们对自己的身体也会非常不满。

心理学研究从未对这些"坠毁事故"给出解释。曾经一窝蜂地喝得酩酊大醉的女孩现在却静静地坐在角落里。西尔维娅·普拉斯、玛格丽特·阿特伍德和奥利弗·施赖纳等作家都描述过这些"残骸"。法国启蒙思想家狄德罗在写给他年轻的朋友索菲·沃兰的信中又狠又准地描述了他的观察结果："你们15岁就已经死了。"

童话故事也精准地捕捉了这一现象的实质——年轻的姑娘不是吞下毒苹果，就是被下了魔咒的针刺伤，然后沉睡一百年。她们出走家园，遭遇危险，被王子拯救，被驯服为顺从的角色。

在《哈姆雷特》中，奥菲莉娅的故事则体现了影响年轻女性的破坏性力量。奥菲莉娅本来是一个快乐而自由的女孩，但随着青春期的到来，她丧失了自我。和哈姆雷特相爱时，她只为了得到哈姆雷特的认同而活着。她没有内在的方向，只是不断地努力去满足哈姆雷特和她父亲的要求，她的价值完全由男性的认可决定。奥菲莉娅为取悦他人而痛苦不堪。当哈姆雷特因为她是一个听话的女儿而唾弃她时，她悲伤到发疯。她穿着使她感到沉重的优雅的衣服，在一条满是鲜花的小溪里淹死了。

女孩知道她们正在失去自我。我的一个女性来访者说："我身上所有美好的东西在初中时就已死了。"青春期的混乱打破了她们人生的完整性。随着女孩完整的人格分裂成矛盾的两极，她们变得支离破碎。她们敏感而温柔，刻薄而好胜，肤浅而理想化。早晨，她们自信满满，到了晚上却焦虑不堪。她们以充沛的精力匆匆度过每一天，然后陷入昏睡状态。她们每星期都尝试扮演新的角色——这星期是好学生，下星期是不良少女，再下星期是艺术家。她们希望自己的家人也能跟上这些变化。

20 世纪 90 年代，我接触到的处于青春期的来访者都难以捉摸，她们很难信任成年人。她们很容易因为一个眼神、清嗓的声音、沉默、热情不足，或者一句不能满足她们当前需要的评论而感到被冒犯。她们把自己的声音隐藏起来——她们的话语试探性更强，也更加表意不明。她们的情绪变化很大，这一周她们热爱世界和家庭，下一周她们又对每个人都吹毛求疵。她们的许多行为难以捉摸，她们的问题具有复杂性和隐喻性——进食障碍、学校恐惧症和自残。我发现我需要用十几种不同的方式一遍又一遍地问："你究竟想告诉我什么？"

例如，米歇尔是一个美丽聪明的 17 岁女孩。在她三年内第三次怀孕后，她的母亲把她带来接受治疗。我试着和她讨论为什么会发生这样的情况。她对我提出的所有问题都报以蒙娜丽莎式的微笑。"不，我对性没那么感兴趣。""不，这不是我的计划。这些事就是发生了。"
当米歇尔离开时，我发觉我刚才一直在用错误的语言和一个距离遥远
的人谈话。

霍利是另一个谜。她很害羞，说话轻声细语，动作缓慢。化妆
后的她很漂亮，一头红色的头发也很撩人。她是美国歌手普林斯的
粉丝，只穿紫色的衣服。在她企图自杀后，她父亲把她带来接受治
疗。她不愿学习，不愿做家务，不愿参加任何学校活动，也不愿找工
作。霍利耐心而礼貌地用单个字词回答问题。只有当话题是普林斯的
时候，她才会真正开口。几个星期以来，我们一直在谈论他。她给我
放了普林斯的录音带。普林斯的歌声不仅替她向我说话，也在对她
诉说。

丹妮拉在沮丧的时候会烧伤、割伤自己。她穿着黑色衣服，瘦弱
得像一根稻草，沉默地坐在我面前，头发乱糟糟的。她的耳朵、嘴
唇、鼻子上全都打了孔，戴着环饰。她谈到了波斯尼亚的内战和臭氧
层上的空洞，还问我是否喜欢锐舞音乐。当我问起她的生活时，她却
只是玩弄耳环，沉默不语。

我在尽最大的努力帮助这些女孩，但这对当时的我来说是一个新
的领域。最终，米歇尔、霍利和丹妮拉都有所进步，但在这个过程
中，我其实是在和她们一起摸索什么能真正帮助到她们。

我的来访者和那些没有来接受治疗的女孩并没有什么不同。她们
在危机中选择接受治疗，许多青少年经历着类似的危机，却没有去看
心理治疗师。那时，我也在一所小型的文理学院教书，班上的年轻女
孩和我的来访者基本上都有相同的经历。一个女生因为她最好的朋友
遭受了性侵犯而担心不已；一个女生在被男朋友打了之后逃课；一个

女生问我应该怎么处理一个威胁要强奸她的男人打来的猥亵电话；一个女生在不堪重压的时候用回形针刺自己的手，刺到流血不止；还有许多女生询问有关饮食失调的建议。

当我在一所高中做演讲时，有些女孩在演讲结束后告诉我她们遭受了强奸，她们想离家出走，她们有一个厌食或酗酒的朋友。起初，她们的经历让我感到惊讶，后来我便对这些情况有了心理准备。

心理学对这个年龄段的女孩的忽视由来已久。直到 20 世纪 90 年代初，学术界才开始对青春期女孩进行研究，而且她们的问题长期以来一直困扰着心理治疗师。因为她们对成年人遮遮掩掩，自身又充满矛盾，所以心理治疗师很难研究这些女孩的内心。太多的事情发生在她们内心，毫无表征。

西蒙娜·德·波伏娃描述了女孩陷入这种困境的原因：本是自己生活主体的女孩，变成了别人生活的客体。她写道："年轻女孩慢慢地埋葬了她们的童年，抛弃了独立和专横的自我，顺从地进入成人世界。"

青春期的女孩体验着作为个人的身份与作为女性的职业之间的冲突。波伏娃说："女孩抛弃真实的自我，只作为表象而存在。"

女孩变成了女性模仿者，她们把自我全部塞进狭小、拥挤的空间。充满活力、自信的女孩会变成害羞、多疑的年轻女性。女孩不再思考"我是谁""我想要什么"，而是开始思考"我该做些什么来取悦他人"。

女孩真实的自我和我们对"女性"的文化定义之间的差距造成了巨大的问题。套用美国女诗人史蒂维·史密斯关于在海里游泳的一首诗："那不是她们在挥手致意，而是她们将要溺亡。"而就在最需要帮助的时候，她们却无法牵起父母的手。

奥利弗·施赖纳在《一个非洲农场的故事》（*The Story of an African Farm*）中描述了她年轻时的经历："世界告诉我们要成为什么样的人，并根据摆在我们面前的目标来塑造我们。对男人，它说，去工作。对我们，它说，去表演。一个女人脑袋里的东西越少，将她当作一件物品搬来搬去时就越轻松。"她这样描述自己就读的精修学校："它是一架将灵魂浓缩到尽可能小的空间中的机器。我曾见过一些灵魂被压缩到一个小小的顶针就能承载它。"

人类学家玛格丽特·米德认为，理想的文化之下，每个人的天赋都能够适得其所。按照她的标准，西方文化对女性来说远不够理想。如此多的天赋不能得其所用，也未被珍惜。如此多的声音都沉寂了。司汤达写道："所有生而为女性的天才，都因为公众利益而消殒了。"

心理学家爱丽丝·米勒曾写道，为了取悦父母，一些年幼的孩子承受着否认真实自我、伪装成虚假自我的压力。我的书中提到，青春期的女孩也有类似的压力，要把自己分为真我和假我，但这种压力不是来自父母，而是来自社会文化。青春期是女孩经历社会压力的时候，她们抛开真实的自我，只展示出自己天赋的一小部分。

这种压力让大多数女孩感到困惑和沮丧。一个女孩这样说："我是一根完美的胡萝卜，但每个人都想把我变成一朵玫瑰花。作为一根胡萝卜，我的颜色很好，顶部叶片茂盛；而如果我被雕刻成一朵玫瑰花，我就会变成棕色并且枯萎。"

青春期的女孩是在这场名为"变化"的飓风中被压弯的小树苗。有三个因素使年轻女孩易受飓风袭击：第一是她们的发育水平。一切都在改变——她们的体形、激素、皮肤和头发。平静被诸多不平衡所取代。她们的思维在进化。在表面之下，她们正在与最基本的人类问题做斗争：在这个世界上，哪里是属于我的位置？我存在的意义是什么？

第二，美国文化总是在打击处于青春期早期的女孩。在这一时期，她们进入了一种更广泛的文化，这种文化充斥着对女性有害的"主义"，如性别歧视主义、资本至上主义和外貌主义。

第三，在女孩最需要父母支持的时候，他人却期望她们能够独立。她们与无数新压力做斗争时，必须放弃儿时在家庭中感受到的保护和亲密。她们只能向不稳定的同伴寻求支持。

父母都很清楚，他们的女儿身上一定发生了什么事。原本冷静、体贴、自信的女儿变得喜怒无常、苛求、冷漠。原本喜欢说话的女孩变得阴郁而神秘。原本喜欢拥抱的女孩现在一碰就炸毛。母亲们抱怨她们在女儿的眼里什么也做不好，父亲们哀叹自己突然被女儿赶出了自己的生活。但是很少有父母意识到他们的经历是多么普遍。他们的女儿正在进入一个新的国度，一个父母几乎无法理解的危险之境。就在她们最需要一个大本营的时候，她们把自己孤立了起来，并且没有任何与外界交流的通信系统。

父母都希望在女儿成长和探索世界的过程中能保证她们的安全。他们的任务就是保护孩子，女儿的任务就是探索世界。美国的父母比美国企业更会保护自己的女儿——父母并不想通过卖名牌牛仔裤或香烟来赚钱，他们只是希望女儿能很好地适应社会。他们从不会把自己的女儿视为性对象或消费者，而是将她们看作有才能和兴趣的真实的人。然而，当女儿进入那个新的国度时，她们会远离父母。她们依赖自己的同伴——她们的同伴也是这个陌生国家的居民，和她们分享着共同的语言和习惯。她们经常欣然接受大众文化中的垃圾价值观。

这种对父母的疏远，部分是因为发育。青春期早期是一个身体和心理发生变化、关注自我、关注同伴认同、身份认同形成的时期，也是女孩关注自身美妙变化的时期。另一原因则是文化因素。在美国，我们把"成年"定义为从家庭向更广阔的文化范畴转移，而青春期正是切断联系、摆脱束缚的时候。青少年可能会声称自己独立于父母，但他们对父母的行为非常敏感，并为自己与正常情况的微小偏差感到羞耻。他们不喜欢被人看到和父母在一起，觉得父母的不完美让人心烦。母亲的发型或父亲的老掉牙的笑话会毁了他们的一天，他们会对父母说错的话或不完美的回答而感到愤怒。青少年声称自己不听父母的话，却和朋友不停地讨论父母的态度。他们的敏感程度令人讶异，他们能察觉到细微的情绪差别、怀疑、模糊、矛盾和虚伪。

青少年仍然保留着一些童年时期的神奇想法，相信父母有能力让他们感到安全和快乐。他们往往把自己的不幸怪罪于父母，却不把自己的想法和感受告诉父母。他们事事都对父母保密，而事情也往往因此变得疯狂。例如，被强奸的女孩可能不会告诉父母，相反，她们会变得充满敌意和叛逆。有时，父母因为女儿的愤怒和失控行为带她们来接受治疗。听到这种无法解释的愤怒时，我会询问有关强奸的情况。具有讽刺意味的是，女孩通常对父母比对强奸犯更气恼，她们觉得自己的父母应该知道这种危险，并给予她们更多的保护；事后，父母应该能察觉到自己的痛苦并伸出援手。

20世纪90年代的大多数父母觉得自己非常失败，他们感到被排斥、无助和被误解。他们经常把这段时期的困难归咎于他们的女儿和自己的无能，他们不知道这些问题是伴随着孩子的发展阶段、社会文化和时代而来的。

当女儿进入这个新的国度时，父母经历着强烈的失落感。他们想念在厨房里唱歌的女儿，想念给他们念校报的女儿，想念陪他们去钓鱼和看篮球赛的女儿，他们想念喜欢烤饼干、玩猜字游戏和被亲吻道晚安的女儿。他们现在仿佛在和被偷换的孩子——一个悲伤、愤怒、复杂的女孩一起生活，而不是他们曾经活泼、充满感情的女儿。每个人都很悲伤。幸运的是，青春期是有时间限制的，到了高中后期，大多数女孩更强大了，飓风的风力也渐渐减弱。最糟糕的问题——小团体、对身份的困惑、与父母的斗争等，都在不断减少。但每个女孩处理青春期问题的方式可能会对她的成年生活产生影响，如果没有正确的引导，她们内在的自我完整性、自信和自我导向能力的丧失会持续到成年。20 世纪 90 年代，我的许多成年来访者仍然在与自青春期就困扰着她们的问题做斗争——30 岁的会计师和房地产经纪人、35 岁的护士和教师，以及 40 岁的家庭主妇和医生，问的问题和她们十几岁的女儿一模一样。

更可悲的是那些没有挣扎反抗的女人，她们已经忘记了自己仍有值得保护的自我。为了取悦他人，她们压抑了青春期的痛苦和对自我的背叛，这些女性来接受治疗的目的是让自己变得更讨人喜欢——她们来减肥，谈论她们的抑郁症，挽救她们的婚姻。当我问到她们自己的需求时，她们大都困惑不已。

大多数女性独自与青春期的创伤做斗争，她们在成年后的许多年里都没有审视过自己的青春期经历。许多人试图忘记自己青春期的痛苦记忆，也许她们女儿的痛苦又会唤醒她们自己的痛苦。有些人对药物上瘾，或患上与压力有关的疾病（如溃疡、结肠炎、偏头痛或牛皮癣)。许多人尝试过成为完美的女人，但失败了。尽管她们循规蹈矩、唯命是从，但世界并没有回报她们。她们感到愤怒，感到被背叛、被视为理所当然、被利用，而不是被爱。

我在治疗中见到的女性通常都知道家人的感受，却不了解自己的感受。她们很善于平衡同事、丈夫、孩子和朋友的需要，但她们忘记了把自己放在这种平衡关系中。她们努力解决生活中尚未解决的青春期问题："我的长相和受欢迎程度有多重要？我怎样才能既照顾自己的感受而又不自私？我怎样才能既诚实又被人爱？我怎样才能既有所成就又不让他人感到威胁？我怎样才能有性吸引力又不被当作玩弄的对象？我怎样才能既对他人表示支持又不用对每个人都负责？"

当我遇到这样的女性来访者时，时间就会倒流，回到充斥着小团体、羞耻、外貌焦虑、被接纳的渴望、自我怀疑的初中时期。很多成年女性认为当时的自己又笨又丑，她们中的许多人会因为花时间关注和照顾自己而感到内疚，她们从未表达过愤怒或寻求帮助。

我们拼凑出一幅丢失的青春期图画，回顾了每位女性的故事——她们在飓风中的经历。记忆涌入，经常会伴随着眼泪、愤怒和对失去之物的悲伤。为了假装成别人想要的样子，我们浪费了如此多的时间。但是，我们也创造了一种新的活力，这种活力来自建立联结，来自选择意识而不是否认，来自勇敢说出自己的秘密。

我们完成了20年前或30年前就该完成的任务，我们重新确立了每个女人以她自己作为她生活的主体，而不是成为其他人生活的客体。我们回答了弗洛伊德那个高高在上的问题："女人想要什么？""每个女人都想要不同的、特别的东西，但所有女人都想做最真实的自己，成为自己想成为的人。"

在我学习心理学之前，我的专业是文化人类学。我的兴趣一直在文化和个人心理相交融的问题上：为什么文化创造了某些特定的人格，而不是其他的类型？社会文化如何吸引成员的某些力量？为什么某些人的才能被有效利用，而有些人的才能却因缺乏关注而萎缩？我对文化在个体病理学发展中的作用尤其感兴趣。我相信，正如格雷戈里·贝特森所说的，"自我是个体与环境之和"。

对一个研究文化和人格的学生来说，青春期是令其着迷的。这是一个不同寻常的时期，个人、发育和文化因素以各种方式结合在一起，塑造了成年期。这是一个内在发展显著和文化灌输强有力的时期。我在治疗和写作中，试着把每个女孩的故事与更大的文化问题联系起来，去研究个人和政治的交集。这是一个捉摸不定的问题，个人因素和政治因素在我们的一生中都紧密交织。我们的思想是由我们所生活的社会塑造的，它会压迫我们；然而，我们的大脑也可以进行分析和改变文化。

对文化的分析不能忽视女性的个体差异——有些女性在最恶劣的环境下茁壮成长，绽放花朵；有些女性却在最小的风暴后凋零。但我们面临的相似问题更多。最重要的问题是，大多数年轻女性是在什么条件下成长和盛开的？

青春期来访者常常努力尝试独自恢复正常生活，这一点始终吸引着我。如果不是因为我50年代初的来访者，我就不会写这本书。我当时的日程表上挤满了饮食失调、酗酒、有创伤后应激障碍、有性传播疾病、自残和有奇怪恐惧症的女孩，我遇到过许多试图自杀或离家出走的女孩。这些来访者让我看到，在美国，青春期的女孩身上发生着戏剧性的遭遇，而那些不在"前线"的人从不会注意。

一开始，我很惊讶于女孩遇到了比以前更多的麻烦。毕竟，从20世纪60年代开始，我们就开始了一场提高女性意识的运动，越来越多的女性从事传统的男性职业、参加竞技体育运动，许多父亲帮忙做家务和照顾孩子。这些变化是有意义的。但是，在赋予女性权力方面还是路漫漫。《平等权利修正案》从未通过；"女性主义"对许多人来说仍是一个贬义词；有些女性职位很高，但仍有许多女性正在为极低的工资而努力，而且大部分的晚班工作都由她们承担。对平等的口头承诺使现实中的女性歧视更加令人困惑。

20世纪90年代，女孩面临的压力越来越大，许多因素加剧了这一问题：更多的离婚家庭、成瘾行为、随意性行为以及对女性的暴力。因为媒体的出现——专栏作家克拉伦斯·佩奇称之为"电子墙纸"，所有女孩被置于同一个大城市——一个肮脏、危险的大都市，到处是卖酒的商店和购物中心。女性受到越来越严重的性化和物化，她们的身体被用来推销拖拉机和牙膏，她们更有可能受到精神创伤。这种新旧压力的结合对我女儿那一代年轻女性来说就是毒药。

家长也试图应对前所未有的压力。在过去的半个世纪里，父母总是不放心让他们16岁的女儿开车，而在驾车枪击和劫车事件频发的时代，父母更加恐慌。父母总是担心他们女儿的性行为，而在约会强奸、疱疹和艾滋病频发的时代，他们更感到恐惧。一直以来，父母都想知道他们的孩子到底在做什么，但90年代的孩子更有可能做出一些导致他们丧命的事情。孩子们那段被称为"童年"的受庇护的阶段变得越来越短。父母、教师、辅导员和保育员意识到女孩遇到了麻烦，但他们没有意识到这种痛苦是多么普遍和极端。我写这本书是想分享我的所见所闻。这是一场飓风警报，它将向美国文化传递一个信息：一些重要的事情正在发生。这本书是来自风暴中心的国家气象局公报。

在过去的几十年里，快乐无忧、情感坚强的小女孩发展为焦虑、谨慎的青少年的过程并没有发生变化。21 世纪的青春期与 1959 年和 1994 年的青春期基本上完全相同——中学仍然承载着社会和情感创伤，爱玩、好奇的女孩仍然会飞进百慕大三角，如波伏娃所说，她们开始"只作为表象而存在"。

有所改变的是，女孩对父母的叛逆和敌意减少了。母亲和女儿的关系更加亲密。此外，21 世纪的女性拥有比 20 世纪 90 年代的女性更多的权力，她们没有被训练成提供不间断全方位服务的养育者，她们通常有合理的界限意识和自我照顾技能。她们的女儿也尊重她们这一特点。

女孩也有了更多的语言来描述青春期的压力，她们对自己面对的文化有了一定的认识。美国很多高中设立了"女孩赋权社团"，并向所有学生教授有关性骚扰的知识。许多成年女性和女孩，如美国奥运体操运动员、女演员萨尔玛·海耶克和卡拉·迪瓦伊，以及音乐家加奈儿·梦奈和艾丽西亚·凯斯等，已成为勇敢和女性赋权的榜样。

如今大多数女孩在青春期早期会上网。我们甚至为青少年创造了一个新词：屏少年（screenager）。女孩一拿到手机，就有可能接触到色情和其他不良信息。一个七年级的女孩告诉我们："我所有的朋友在谷歌上搜索的第一个词都是'口交'或者'肛交'。"女孩一旦上网，她的童年就会很快结束，取而代之的大都是不太健康的内容。

写到这里的时候，我们想到了卡森。她是一个真实、快乐的 12 岁女孩，正处在即将进入青春期的转折点。她喜欢把头发编成辫子，喜欢穿色彩鲜艳的紧身衣和 T 恤。她最喜欢的活动是和她的两只猫玩耍、创作艺术作品。她一次能连续做几个小时的针线活和折纸。虽然她已经上中学，但仍然待人随和，保持着好奇心，并且也喜欢和她的父母、妹妹进行身体上的接触。她的朋友叫她"天真小姐"。

卡森一直抗拒那些会将她推向青春期的活动和谈话。然而，当她独自飞往圣路易斯看望祖母时，她的父母给她买了一部手机。卡森一到祖母家，就爬上楼梯到阁楼，找到她的美国女孩玩偶和古董茶具，在祖母准备午餐时开心地玩耍。

卡森在玩的时候，收到了她家邻居麦迪逊发来的短信。麦迪逊的父母刚刚告诉麦迪逊，他们要离婚了。麦迪逊责怪自己，因为她认为自己在家里多嘴多舌，难以相处。麦迪逊告诉卡森她想自杀，并恳求卡森不要告诉任何人。

这条短信让卡森左右为难。她快乐的心情被打破了，她感到害怕，不知所措。她把短信拿给祖母看，和祖母讨论了如何处理这条短信。卡森决定打电话给麦迪逊的母亲。她还发短信给麦迪逊，说自己爱她，不想让她死。她告诉麦迪逊："我需要你永远做我最好的朋友。"

幸运的是，卡森和她的祖母联系到了麦迪逊的母亲，麦迪逊的母亲立即带她去看了心理医生。这一事件表明，在女孩还是孩子，还在玩娃娃和做饼干的时候，社交媒体给她们的生活带来了复杂的影响。

一些女孩无法担负买智能手机或上网的费用，一些家长在女儿长大之前禁止她们接触社交媒体，还有一些女孩则完全抵制使用社交媒体。但统计数据显示，在美国，80% 的八年级学生会上网，98% 的高中生会使用社交媒体。青春期女孩平均每天看手机 80 次，每天上网

6 个小时，这比任何其他群体都要多。

一个女孩拥有一个电子设备后，她从儿童到青少年的转变在几分钟内就可以完成。当她第一次看到患有厌食症的暴瘦模特的照片，或第一次收到要求看她穿比基尼的照片的私信时，她很容易受到伤害。正如一个女孩所说："你本来是一个孩子，然后砰的一声，你就变成了一个有性别的存在。上中学的时候，我的同学会在 Facebook 上评论我的胸部，当时我 12 岁。"另一个女孩告诉我："我妈妈在我六年级的时候允许我开一个 Instagram 账号。但她现在真的很后悔，我当时还没准备好接受恶毒的网上言论。"

iPhone 和 Facebook 出现在 21 世纪的第一个十年，并且在不到 20 年的时间里，青少年就几乎把所有的休闲时间都花在了网上。2015 年，十二年级学生上网的时间是 2006 年的两倍。许多女孩晚上睡觉前用手机查看社交媒体。所有这些屏幕时间改变了她们的身体、社交、认知和情绪发展。

在数百万年的时间里，我们从灵长类进化成原始人，然后进化成现在的智人。这一进化发生在我们靠群居和合作以保持生存和联系的时候。对早期人类来说，切断联系就意味着死亡。直到 20 世纪，这种生活在社区内的模式才发生了重大变化。近十多年来，数字设备成为人类主要的通信手段。

我们人类天生就是要聚集在一起——互相看、互相听、互相触摸，甚至互相闻。当这种情况不再发生时，我们就失去了人类所拥有的资源中最宝贵的一部分，即我们与社群的联结。

今天，由于数字技术的发展，大多数父母知道他们的女儿在哪里，女孩也可以很快联系到她们的父母。然而，很多女孩更喜欢手机，而不是家人。她们的数字生活扰乱了深度学习和成长所必需的关键的谐调。俄罗斯心理学家列夫·维果茨基发现，孩子与老师有亲密关系，学习效果最好。他认为，谐调和稳定的爱，是成为完整、真实的人类不可或缺的因素。

许多面对面交谈的学习不再发生，和自己所爱的人在一起的满足感也不一定会再产生。因此，青少年和成年人都经历着有史以来最深层次的孤独感。

家庭显得比以前更和谐，部分原因是家庭成员之间的互动减少了。女孩觉得没必要再用顶嘴和制造麻烦的方式与父母保持距离，因为她们的电子设备就很容易让她们远离父母。除非父母为家庭对话和活动留出时间，否则即使在晚餐时，家人也经常各自发短信。大多数时候，如果女孩在家，她们会待在自己的房间里，活跃在社交媒体上。有时，家长忙于自己的电子设备，无暇管制女儿的上网时间。2019年，家庭成员大都"独居"在一起。

当然，并不是所有的家庭和女孩都符合上述描述。我们知道有些女孩在工作，在管弦乐队里演奏，在动物收容所做志愿者，或者把时间花在创造性的追求上。一些家长为手机和电脑的使用设定了明确的限制，他们和女儿分享他们的爱好和其他活动，他们属于那些有意花时间一起聚餐或进行体育活动的家庭。然而，重要的是，要记住，在1994年，没有任何家庭像上述描述中的家庭一样不堪电子设备的"重负"。

青少年经常能清楚地说出社交媒体带来的负面影响，许多人说他们希望能控制自己对社交媒体的使用，但社交媒体本就被设计得让人上瘾。从本质上讲，人类总是在寻求刺激、社会联系（与朋友和家人之间的联系），以及正强化。社交媒体通过心理学家所称的"间歇强化程式"来实现正强化。这种让人定期接受奖励的程式极易使人上瘾——钓鱼和赌博都提供同样的间歇强化，我们都知道这些活动有多容易上瘾。

神经学家已经证明，社交媒体上的信息在大脑中激活的多巴胺通路与酒精或可卡因的作用渠道相同。我们很容易对自己的多巴胺上瘾，而当我们上瘾时，就很难对自己的行为做出有意识的选择。相反，我们会因为多巴胺的激增而行动。

还有其他因素，如害怕被孤立和对个人认可的需要，让女孩坚持活跃在社交媒体上。心理学家莎伦·贝格利在《心理治疗网络工作者》（*Psychotherapy Networker*）杂志上发表报告称，在一项实验中，当青少年与他们的手机分开时，他们的心率会加快，并出现其他焦虑的迹象。当他们可以查看手机上的信息时，才会恢复平静。

具有讽刺意味的是，虽然手机可能减少短期的焦虑，但会增加长期焦虑和抑郁的风险。就像毒品和酒精上瘾一样，它们会带来短期的回报和长期的伤害。所有成瘾行为都是如此。青少年感受到了上网的需求，但社交媒体并不能缓解他们真正的焦虑和悲伤。

金伯利·扬的研究发现，大量使用社交媒体的人具有成瘾患者的所有特征。他们在没有手机可用的时候会对它产生强烈的渴望。他们在上网时长上撒谎，并且当他们试图限制上网时长时，他们总是失败。事实上，就像所有的成瘾行为一样，远离社交媒体会产生严重的副作用：易怒、焦虑、失眠和渴求。那些能够控制自己行为并回归较少虚拟生活的青少年是在进行了大量的戒瘾训练后才成功的。只有那时，大脑才有足够的韧性来摆脱成瘾行为。

随着我们对网络成瘾的了解越来越多，我们正在为沉迷于社交媒体和游戏的美国人开发治疗中心。第一个中心是在华盛顿州的"重新启动"。到目前为止，全美各地有了更多这样的治疗中心。

这种对社交媒体持续的、越来越强的依赖让老师、医生、心理治疗师和家长感到担忧。女孩经常收到控制使用社交媒体的警告，但事实上，善意的成年人自己都很难控制对社交媒体的使用，更不知道如何帮助青少年。电脑和手机又加剧了这一人生阶段的艰难程度。与她们的母亲相比，如今的女孩与父母在一起的受保护空间、安静时间和高质量时间更少。与此同时，她们更容易受到网络霸凌、过度修图和追求完美的压力所带来的影响。

波莉（1994 年）和卡森（2019 年）在很多方面很相似。她们面临着成为青少年所伴随的身体、社会和情绪上的变化。她们是体贴、善良的女孩，只是对即将进入的新世界感到措手不及。她们被充满爱心的成年人包围着，但是成年人无法保护她们不受即将进入的更广阔世界的伤害。她们正在努力适应，并且有可能成功地成为自信的、关注自我的女性。但在这个阶段，她们在青春期的"百慕大三角"中迷失了方向，她们正挣扎着避免倾覆其上。

第 2 章

真假自我

卡耶妮（15 岁）

在卡耶妮 10 岁时拍摄的一段家庭录像中，她身材精瘦，斗志昂扬，奔跑在足球场上，她 68 磅 ① 重的身体正为面前的足球全力以赴。她的红色马尾辫不停摆动，在和其他球员集合时，她脸上的汗水总是闪着光芒。她一刻也不停歇，进了球时，她会把手臂举过头顶，为自己感到自豪。她骄傲地对父母笑了笑，然后就位，准备投入下一回合。

她愿意探索世界，这一点让她的父母很开心。第一天她穿得像一个肚皮舞演员，第二天又打扮得像一个宇航员。她喜欢大人和小孩，喜欢男孩和女孩，喜欢狗和麻雀。作为一个绝对的"民主派人士"，卡耶妮尊重每一个人，也希望自己能得到别人的尊重。

被激怒时，她会向整个世界发起挑战。她曾经和一个说女孩不能踢足球的男孩打架，结果被打得鼻青脸肿。在一次湖边的学校野餐期间，一个比她大得多的男孩往一只小乌龟身上砸石头，她把这个男孩

① 1 磅 ≈0.454 千克。——译者注

扔进了湖里。她威胁说要教训那些使用种族歧视语言或欺负同龄人的孩子。因为卡耶妮善于为自己发声、关心正义，她的老师预测她将来会去法学院读书。

在小学时，卡耶妮并不怎么在意自己的外表。进行每年一次的体检时，她才会站上体重秤，并且对自己身高和体重的增加感到满意。她通常穿着牛仔裤和 T 恤，除非被迫要打扮一下。她母亲不得不央求她去买新衣服，提醒她梳头。

她每天和她最好的朋友切尔茜步行上学。她和切尔茜一起骑自行车，在同一个球队打球，互相帮忙做家务。她们什么都谈——父母、学校、运动，还有她们的宠物。她们互相分享自己的梦想。切尔茜想当飞行员，卡耶妮想当医生。她们想象了很多细节丰富的经历，比如切尔茜会用飞机送卡耶妮到阿拉斯加的偏远村庄去接生，或者为一个渔夫做截肢手术。

卡耶妮喜欢学校。她的成绩很好，她也喜欢各种课外项目，尤其是科学项目。她是学校"目的地想象力小组"的队长，这个小组以有趣和创新的方式学习科学和技术。班里的大多数孩子她从幼儿园起就认识，她和他们一起玩球，去他们的家里参加生日聚会。

卡耶妮和父母相处得很好。她的姐姐马拉与她相比是个脾气坏、不听话的孩子。马拉正处在青春期，常常偷偷溜出去和朋友一起喝酒。当马拉大喊大叫或让父母担心时，卡耶妮为她的父母感到难过，并且承诺自己永远不会那样做。

当然，卡耶妮并不完美。她讨厌打扫自己的房间，常常在教堂里坐立不安。比起水果和蔬菜，她更喜欢垃圾食品。一年里大约有两次，卡耶妮会出现一整天脾气暴躁、郁郁寡欢的状况，但大部分时间她很随和。她糟糕的日子非常少见，以至于已经成为像土拨鼠日一样的重大事件。卡耶妮的父母开始将她作为他们的情感中心，他们开玩笑地称她为"快乐源泉"。

12 岁时，卡耶妮迎来了月经初潮。她的身体迅速生长，变得有点儿笨拙和难以捉摸。她的体重增加了，尤其体现在臀部。她还长了粉刺。卡耶妮从她的社区学校升入了有 2000 名学生的初中。第一天她很紧张，因为听说有个七年级学生脑袋被人按进了马桶，还有男生会弹女生的胸罩带。幸运的是，这些事情并没有发生在她身上。但是，她回到家时，还是会为一些男孩嘲笑她，并且其他女孩都化妆、穿昂贵的衣服而感到不安。她因为穿便宜牛仔裤而被指指点点，甚至切尔茜也恳求她取消周末的足球训练，陪她去商场。

卡耶妮变得安静了，也不再那么精力充沛了。她第一次需要被哄着和家人待在一起。她不再想要父母的拥抱，并且会在他们走近时推开他们。她很少开怀大笑或主动和他们说话了。

她的父母对此有所预期。当卡耶妮开始在意自己的外表时，他们很难过，但他们知道这是"正常的"。卡耶妮放弃了踢足球，成绩下降，甚至包括科学课——她现在觉得这门课十分晦涩无聊。这些让卡耶妮的父母更加心烦意乱。

与此同时，切尔茜的父母离婚了，切尔茜陷入了一个疯狂的小群体。她邀请卡耶妮一同加入，并在她犹豫时称她"懦夫"。最终，卡耶妮也成为这个小群体中的一员。卡耶妮的父母怀疑这群孩子可能在一起喝酒或吸毒，他们鼓励卡耶妮和其他女孩来往，但卡耶妮经常抱怨女孩之间的小团体。他们试图引导卡耶妮参加体育活动和学校活动，但她觉得这些活动是为书呆子准备的。

我是在卡耶妮九年级那年的冬天和她见面的，我相信卡耶妮和她的父母需要帮助。在我们第一次见面的时候，卡耶妮穿着一件T恤在她父母中间来回走，上面写着："如果你不喜欢吵闹的音乐，那说明你太老了。"她的身体姿势向我暗示："我的父母可以强迫我来这里，但没有人可以强迫我说话。"当我递给她一杯苏打水时，她转了转眼睛说："我兴奋起来了。"

她母亲说："卡耶妮表现得好像对我们过敏一样，我们做的每件事都是错的。"

她父亲谈到了她的成绩、她的朋友、她感染的疱疹，还有她的抑郁症，但最令他悲伤的是他们之间失去了亲密感。卡耶妮曾经和他们很亲近，有很多共同的乐趣。现在，她不再是他们的"快乐源泉"了——她糟糕的日子比她开心的日子多。他甚至觉得卡耶妮的姐姐马拉比卡耶妮更容易应对——至少马拉没有染上性病。他在表达了自己的担忧后问道："卡耶妮需要住院吗？还是她的表现对15岁的孩子来说都算正常？"我心想，这个问题问得好。

后来，我单独见了卡耶妮。她红色卷发下的蓝眼睛冷冰冰的。她怒视着我，几乎是在表示"谅你也不敢逼我开口"。我感觉到，虽然她表面上愤怒而孤僻，但她的内心是痛苦的。我在寻找切入点。

终于，卡耶妮问道："精神病学家分析梦吗？"

"你有想被分析的梦吗？"

卡耶妮告诉我一个反复出现的梦：她睡在楼上的卧室里，听到楼梯上有脚步声，她知道是谁来了。脚步声越来越响，她惊恐地听着。一位老人牵着一只山羊走进了她的房间，他有一把锋利的长刀。卡耶妮躺在床上动弹不得，他开始割她的脚趾，把她身上的肉割下来喂山羊。每次在他割到她的膝盖时，她就惊醒了，浑身是汗，心跳加速。这之后，她会很害怕再次入睡，因为害怕那个人会回来。

她讲完后，我问她觉得这个梦是什么意思。

她说："这意味着我害怕被人剁碎，被生吞活剥。"在接下来的几个月里，卡耶妮说话断断续续，几乎是用密码和我交谈。有时她说话声音很轻，我几乎听不见。她在初中时非常不快乐，想念她之前的学校。她想念她的姐姐马拉，她姐姐当时在上大学。虽然她确信是她的父母改变了（而不是她自己），但卡耶妮想念她与父母曾经的亲密关系。

卡耶妮的举止很谨慎，言语也很简略，但她还是坚持来接受治疗。她讨厌自己的长相。她觉得她的发色太亮了，臀部和大腿太松弛了。她试图减肥，但没有成功。她染了头发，但头发后来变成了一种奇怪的紫色，并且发质干枯。她觉得每个女孩都比她漂亮。"让我们面对现实吧，我就是一个丑女。"她说。她和老朋友在一起感到很不自在。

我们谈到了她班上那些取笑她穿着的女孩，还有那些让她很难受的男孩。一切都难以预测——这一周她感觉还算舒服，可以接受，下一周她就觉得自己像个小丑。她把秘密告诉了她的朋友，结果这些秘密传遍了整个学校。她今天还在某个小团体里，第二天就被排除在外。有些男孩叫她"蠢货"，有时他们又会来挑逗她。

她感受到了吸毒和酗酒的压力。"我在小学的时候是一个完美的天使，"她说，"我从来没有想过抽烟或喝酒，但突然间，酒精无处不在。即使是'选择说不'社团^①的主席也总是喝得烂醉。"

学校是卡耶妮曾经的乐趣之所，现在却变成了一种折磨。卡耶妮抱怨说："学校就只是政府用来看管孩子的地方。"我们谈到了她父母的规定。在她被诊断出疱疹后，这些规定变得更加严格了。她对这些规定的反抗却出人意料的软弱。她对父母感到矛盾：一方面，她为与父母之间的所有争吵感到内疚；另一方面，她责怪他们不理解她所承受的压力，也不能保护她。

我建议她每天写下三件令她感到自豪的事情。我请她给我写一封信，告诉我她的优点。她写道，她为自己修剪草坪、洗碗、和祖母一起去教堂感到自豪。至于优点，她说她喜欢自己的肚脐和脚。当我追问她人格特征方面的优点时，她说她喜欢自己的勇气和直率。至少，她还记得自己曾经勇敢率真的样子。

有一次，卡耶妮穿着运动服，鼻子因为重感冒而发红。她告诉我，切尔茜担心自己怀孕了。切尔西的月经超时没来，并且早孕测试的结果呈阳性。我们对女孩怀孕、少女妈妈和避孕措施等话题进行了大致的讨论。卡耶妮很乐意讨论朋友的性行为，但她对自己的性行为只字不提。

在接下来的治疗中，卡耶妮说切尔茜没有怀孕，并且切尔茜决定在 16 岁之前都不再发生性行为。她和切尔茜去看电影，以庆祝切尔茜的决定。我们谈到了《风情妈咪俏女儿》这部电影，她们都看过。电影里一个十几岁的女孩与一个她几乎不认识的男人发生了露骨的性

---

① "选择说不"社团（Just Say No Club）是 20 世纪 80 年代至 90 年代美国反毒运动期间开始在全美范围内兴起的校园社团，旨在劝阻校园中的青少年远离违法的娱乐性药物。——译者注

行为。我问卡耶妮她怎么看待这样的事。她说："它就只是反映了事情原本的样子。"

当我告诉卡耶妮我在芝加哥一家酒店的房间里看到的 MTV 视频时，她耸了耸肩。我被那些满含性意味的歌词和场景震惊了。在第一个视频中，大张着嘴巴呻吟的女性在男歌手周围扭动。在第二段视频中，四名眼睛空洞的女子穿着低胸连衣裙和黑色长靴在旋转。男歌手如果没有一群"MV 舞女"随行，似乎就不完整。

我们还讨论了电影《沉默的羔羊》。令我感到惊愕的是，她坚持向我描述那些被剥皮的女人和渗出黏液的身体器官。使我感到不安的暴力对她都毫无影响。事实上，卡耶妮对自己能够观看逼真的恐怖场景而感到自豪——这正明她不是一个懦弱的人。尽管我们对媒体的反应不同，但这次谈话提出了一些重要的问题——外貌歧视、性别歧视、社会文化中对男性和女性的成见，以及电影中普遍存在的暴力和随意性行为。

最后，卡耶妮愿意开始谈论她的性经验了，一开始是试探性的，后来更加放松。她拿学校性教育电影里的胚胎和看起来像蝌蚪的卡通精子开玩笑。她说她的父母告诉她要等到高中毕业后，和她爱的人在一起时再进行性行为。

我问："你的经历和你父母告诉你的相符吗？"

卡耶妮睁大眼睛看着我，说："我父母对性一无所知。"

她把卷曲的刘海往后推了推道："在七年级的时候，每个人都对性疯狂。周围的同龄人不停地问我是不是已经做了、是不是想要上床等诸如此类的问题。男生会在走廊里抓我。我很震惊，但我没有表现出来。后来我就习惯了。"

在卡耶妮八年级的时候，她想要进行性行为。她的朋友说这会很有趣，他们还取笑她是处女。但是她很害怕——她想知道这会不会非常痛，她会不会得艾滋病或者怀孕，或者那个男孩会不会不再尊重她。她说她知道，"想要做爱的男孩只是性欲旺盛，而想要做爱的女孩就是'荡妇'"。九年级前的那个夏天，她和切尔茜参加了一个没有成人监督的派对。她在"目的地想象力小组"认识的一个男生蒂姆也去了。蒂姆在六年级时天真而单纯。现在，他是一名高二学生，用发带把长发固定在脑后，有一种尖刻的幽默感。

蒂姆的朋友邀请了十个女孩和九个男孩。他打开父母的酒柜，为女孩倒上肉桂杜松子酒，为男孩倒上苏格兰威士忌。卡耶妮讨厌杜松子酒像咳嗽糖浆一样的味道，但因为紧张，她一饮而尽。蒂姆走过来坐在卡耶妮旁边。他夸她的衬衫好看，还拿派对上所有的书呆子开起了玩笑。他又倒了一杯酒。蒂姆的朋友放了一张"赶时髦"乐队的专辑，把所有的灯都关掉了。

卡耶妮既紧张又兴奋。蒂姆搂着她，在她的前额上吻了一下。他们耳语了一会儿，然后亲热起来。所有其他的孩子都在做同样的事情。有些人已经去了别的房间。

"我知道这就是那个重要的夜晚了，"卡耶妮轻声说，"我对事情发生的速度感到惊讶。我们在派对的第一个小时就发生关系了。"

那天晚上之后，卡耶妮和蒂姆在接下来的一个月里一直互相打电话。他们谈论学校、音乐和电影——从不谈论性。他们住在城市的不同地方，不知道如何见面。有两次，他们制订了周密的计划，但都以失败告终。过了一段时间，两人都对自己学校里的其他人产生了兴趣，然后他们就分道扬镳了。

我问她现在对蒂姆感觉如何。卡耶妮揉了揉额头："我其实希望他能更浪漫一些。"

卡耶妮的案例具有典型性。她有一个相当快乐的童年。但随着青春期的到来，生活中的变化和挑战让她不知所措，至少暂时是这样。她的学习成绩下降了，她放弃了运动，放弃了成为一名医生的梦想。当她从相对受保护的小学阶段进入到中学更复杂的世界时，她所有的人际关系都开始变动，她要对酒精和性等成人问题做出决定。和蒂姆做爱后，她感染了疱疹。

第一次接待卡耶妮这样的女孩时，我自己也感到迷惘。我是在 20 世纪 70 年代接受男性心理学家的教育的。当时除了卡罗尔·吉利根的著作，几乎所有关于青少年的理论著作都是由主要研究男孩的男性撰写的。

我发现女孩总是纠结于复杂而紧张的关系。她们会感受到对一个人的义务、怨恨、爱、愤怒、亲近、疏远，所有这些情绪都是同时对同一个人产生的。性、恋爱和亲密关系混杂在一起，它们需要区分。我的来访者的症状似乎与她们的年龄和共同的经历有关。一些特定的主题，如过度关注体重、害怕被拒绝、追求完美，似乎植根于社会文化对女性的期望，而不是每个女孩所独有的"病态"。女孩纠结于混杂的信息：要美丽，但外表的美丽又太肤浅；要性感，但又不能过于撩人；要诚实，但不能伤害任何人的感情；要独立，但同时又要友善；要聪明，但不能过于聪明以至于让男生感到威胁。

接受治疗的青春期女孩向我提出了各种各样的问题，而我受到的教育和我所拥有的临床心理治疗经验并不能帮助我解决这些问题。我顽固地尝试传统的心理疗法，它们丝毫不起作用。女孩们放弃了治疗，更糟的是，她们顺从地走进来，愿意和我聊天，最后却毫无效果。我对处于青春期的来访者想了很多。我想把她们的问题概念化，从而带领她们采取积极的行动，我试着把她们表面的行为和内心深处的挣扎联系起来。我从爱丽丝·米勒的著作中得到了帮助。

米勒专门研究完整性的丧失。在《与原生家庭和解》一书中，她描述了她的一些病人如何在童年早期失去了真实的自我。她认为她的病人虽然还是小孩子，却面临着艰难的选择——是坚持真实和坦诚的自我，还是被爱。如果他们选择了坚持完整的自我，就会被父母抛弃；如果他们选择了被爱，就放弃了真正的自我。

米勒病人的父母告诉孩子，只有很小范围内的思想、情绪和行为是可以被容忍的。孩子与父母不能容忍的事相隔绝——如果愤怒是不能被容忍的，孩子们就表现得好像他们感受不到任何愤怒；如果不允许孩子们有与性相关的感觉，他们就表现得好像没有性冲动一样。作为儿童，米勒的病人选择了父母的认可，经历了真实自我的丧失。他们不再表达父母无法接受的感受，也不再做出不可接受的行为，至少在成年人面前是这样。他们不再分享未经认可的想法，那些大人不能接受的部分被他们藏匿起来，最终因缺乏关注而枯萎；或者，他们会将大人不可接受的部分投射到其他人身上。

米勒认为，当真实的自我被否定时，虚假的自我就被提升了。如果他人表示满意，虚假的自我就会感到被认可，这个人就会暂时感到快乐。在虚假自我的控制下，所有的认可都来自这个人的外部；如果虚假的自我无法得到认可，这个人就会崩溃。

真实自我的丧失带来的创伤非常深刻，以至于米勒的病人压抑了它。她们模糊地觉得自己失去了什么，感受到一种空虚感和背叛感。

当受到表扬时,她们就会感到开心;当受到忽视或批评时,她们就会感到沮丧,非常脆弱,缺乏方向感。她们就像没有龙骨的帆船,她们的自我价值随着风向摇摆。

米勒将有着虚假自我的成年人与以诚实的方式体验所有感受的、有着真实自我的成年人进行了对比。真实的成年人接受自己,而不是等待别人来接受他们——她把这种状态称为心理健康的"活力"。她对抗精神疾病的武器是"发现并在情绪上接受每个人的真实自我"。她鼓励病人重新认识她们儿时发生的事情,为这些事情感到悲伤,并最终接受这些经历。只有这样,她们才能成为真实的成年人。

当然,这个过程不是非此即彼的。事实上,虚假自我的创造既可以是正面的——促进孩子完成基本的社会化演变,也可以是负面的——对孩子的虐待。它存在于所有的家庭:所有的父母都会接受和拒绝孩子的一些行为,并教孩子牺牲一些自我的完整性来获得社会的接受。但即使是最专制的父母,通常也无法完全摧毁孩子的真实自我。

米勒在与现在完全不同的时间和环境下写作,但米勒著作中有一点超越了时间限制,并且十分重要,那就是她对自我分裂过程的描述——她非常清楚地描述了一个人如何分裂为虚假与真实的自我,并记录了这种分裂所造成的伤害。此外,她还描述了找回真实自我的治疗过程。

类似于米勒所描述的分裂过程会发生在青春期早期的女孩身上。在米勒看来,父母是造成童年早期自我分裂的原因;而在我看来,正是社会文化促使青春期的女孩分裂为真实的和虚假的自我。

通常情况下,父母都在努力挽救女儿的真实自我。父母鼓励女儿保持儿时的兴趣，并与她们就早期性行为、化妆、饮食和约会等问题进行争论。他们鼓励女儿参加体育、数学和科学课程。他们抗拒社会文化将女儿定义为消费者或性对象；他们不希望自己的女儿为了受欢迎而出卖灵魂；他们为了保持女儿的完整性和真实性而努力。

进入更广阔的文化环境后，女孩更关心的是朋友而不是父母的想法。她们将明星而非父母理想中的形象作为模仿的对象。由于女孩的发育进入新的阶段，父母的影响变得有限。例如，卡耶妮几乎不和父母说话，他们一说话，就开始争吵。正如卡耶妮的母亲所说："我问她一个问题，就像向烟花店扔了一颗手榴弹。"

随着青春期的到来，巨大的社会文化压力迫使女孩分裂出虚假的自我——这种压力来自广告、电视、音乐和同龄人。女孩可以冒着被同伴抛弃的风险做真实的自己，也可以拒绝真实的自己，被社会所接受。在他人面前，大多数女孩会变成她们"应该"成为的人。

所谓真实性，就是"承认拥有"所有的经历，包括社会不能接受的情感和思想。女孩因为她们"不承认"自己而失去自信。当她们停止表达自己真实的想法和感受时，她们也承受着巨大的损失。

卡耶妮就是否认真实自我的一个例证。随着青春期的到来，她从一个完整的、真实的人变成了一个缩小版的、不快乐的自己。她梦见自己被切成碎片喂山羊，这强烈地反映出她完整性的丧失。我在20世纪90年代接触过的许多女孩都声称自己有过类似卡耶妮的梦境，她们梦到自己溺水、瘫痪、被困在流沙中。一个常见的梦是被攻击，她们无法尖叫或以任何方式反击。而攻击者多种多样：男人、同学、昆虫或蛇。梦的重要元素是攻击、麻痹和即将来临的自我毁灭。

随着青春期的开始，卡耶妮的虚假自我开始运作。当她说"让我们面对现实吧，我就是一个丑女"时，她甚至已经接受了社会文化仅仅根据外表来定义自己的正当性。早些时候，她曾努力拯救一只小乌龟，捍卫自己的理想，但现在，即使她的身体受到威胁，她也不再抗议。

当卡耶妮开始以虚假的自我生活时，她就失去了自信、内心的平静和自我的直接表达。她的父母鼓励她忠于自己，她却与他们越来越疏远。她表面的行为和内心的感情不相一致，她的行为不再服务于她的真实需要，她的决定不再是深思熟虑的、有意识的选择，而是对同辈压力的反应。卡耶妮偏离了航线，注意力不再集中。她放弃了成为一名医生的理想。

卡耶妮的经历是 20 世纪 90 年代所有女孩共有的，即严格的女性角色训练。在青春期早期，人们期望女孩为了得到社会的接纳而牺牲自己的一部分，把自己的灵魂缩小到符合社会期望的小尺寸。女性的准则是：要有魅力，要有淑女风范，要无私奉献，要搞好人际关系，要能干而不抱怨。

女孩学会了友善而不是坦率。卡耶妮告诉我："对一个女孩最糟糕的惩罚就是叫她'荡妇'。不管是谁，都会因此永远沉默。"她继续说："如果我哪天过得很糟糕，老师和朋友便会告诉我要保持微笑，但我从没听到他们这样对男生说过。"

女孩要遵守的准则复杂含混，情况对她们不利，但她们很快就明白，这是唯一的游戏规则。一位正在上高中的来访者回忆说，她上七年级的时候，非常希望有人能明确告诉她外界对她的期望。她说："在不了解规则的情况下，我要正确地参与游戏是很难的。"

虽然对女性的行为规范没有明确的表述，但违反这些规范的惩罚却是严厉的。说话直率的女孩会被贴上"婊子"的标签，没有吸引力的女孩会遭到嘲笑。软色情和硬色情影像制品中的视觉形象，打擦边球的歌词，对女孩的随意评论、批评、戏弄和笑话强化了这些规则。

我在大学教过的许多年轻女孩仍记得她们当时的选择——在课堂上保持安静，而不是冒被大家说自己"争强显胜"的风险而主动发言；节食，而不是饿了就吃东西；和"正确的"玩伴而不是她们真正喜欢的女孩出去玩；努力保持优雅美丽，而不是享受乐趣。一个女孩说："为了变得美丽，你必须先遭受痛苦。"但通常情况下，当这些事情发生时，女孩从不说出自己经受的创伤。

20世纪90年代的青春期女孩所抗争的问题在文化中很少被讨论。现有的语言与她们的真实经历不相符——她们的反抗被称为"行为不良"，她们受挫后的沮丧被称为"尖酸刻薄"，她们的退缩被称为"抑郁"，她们的绝望被标记为"激素过剩"的结果。由于合适语言的缺失，许多为自我而战的战役没有任何来自前线的报告，而女孩不断经历着这些战役的输输赢赢。

有许多不同的经历使女孩放弃了她们真正的自我。在青春期早期，女孩认识到外表在社会接纳度中所发挥的重要作用。魅力是女孩成功的必要和充分条件。这不是什么新鲜事：特洛伊城的海伦并不是因为自己努力工作而使一千艘战船投入战争；罗密欧也并不是因为朱丽叶的数学能力优秀而爱她。

1888年出版的《女性健康指南》(*The Ladies' Guide to Health*)中写道，男孩冬天穿羊毛裤子、夹克和毛衣，而女孩却穿着丝绸和蕾丝——这些东西优雅地从她们的肩膀上滑落，露出她们的胳膊。作者对死于白喉和肺炎的女孩表示惋惜。

　　20世纪90年代的青少年杂志是女孩接受外貌歧视培训的一个很好的例子。有一次我的女儿萨拉病了，我想给她买些消遣读物。去药店买抗生素时，我翻阅了那些杂志，那些模特看起来都有6英尺①高，都患有厌食症，她们的妆容、时尚的穿着和身材被突出表现。人们鼓励女孩花钱、节食、锻炼，以形成能吸引男孩的外貌。显然，吸引男孩是生活的唯一目的，因为杂志上没有任何关于职业、爱好、政治或学业追求的文章。我找不到一个不宣扬以下这一信息的人——"不用担心你的感受或表现，你只需担心你的外表"。

　　女孩成长在男性拥有最大政治和经济权力的厌女文化中。女孩所读的西方文明史，实质上是一部男性生活的记录。正如澳大利亚学者戴尔·斯彭德所言，"女性的成就被扔进了失物招领处"。随着女孩对西方文明的学习，她们越来越意识到历史就是男人的历史。历史是"他"的故事，是"男人"的故事，而非"人"的故事。

　　我是在阅读H. G. 威尔斯的《世界史纲》和温斯顿·丘吉尔的《英语民族史》时发现这一点的。这两本书都是关于战争和财产分配的历史。女性的生活被忽视，除非她们影响了男性的生活。萨拉对高中历史课本也有同样的看法："这类书太无聊了，就是一群国王和将军互相厮杀。女人和孩子到底在干什么？"

　　美国宪法最初只赋予拥有财产的白人男性（而不是所有美国人）投票权，并且到现在为止仍未通过《平等权利修正案》，这就是美国女孩走进的文化环境。她们进入了历史文献宣扬人权的文化，而女性的声音却一直被压制，并且这种压制目前仍在持续。

---

① 1英尺≈0.305米。——译者注

20世纪90年代的女孩上初中时，就感觉到了自己权力的不足，她们通常无法表达自己的感受。她们发现大多数国会议员、校长、银行家和公司高管是男性，她们注意到大多数著名的作家、音乐家和艺术家是男性，但她们并不关注政治——她们的抱怨是个人化的。

女孩对性别和权力问题的看法取决于她们被问及这些问题的方式。当我问我的来访者是不是女性主义者时，大多数人说不是——对她们来说，"女性主义"是一个贬义词，就像"法西斯主义"一样。但如果我问她们是否认为男性和女性应该享有平等的权利，她们则会说"是的"。当我问她们的学校是否存在性别歧视时，她们很可能会说"没有"。但如果我问她们是否在学校里受到过性骚扰，她们会说"受到过"，还会详细向我讲述。如果我问她们在学校学习的大部分材料是谁写的，她们只知道是男性写的。如果我问谁更有可能成为校长，她们会说出一个男性的名字。

我鼓励处于青春期的来访者给我举出歧视的例子。一个女孩注意到在科罗拉多州，为了纪念男性，山脉都是以这些男性的姓来命名的。她拿来一张地图，指出亚当斯山、奥杜邦山、巴布科克峰、爱德华兹山、加菲尔德山、希利亚德峰和斯奈费尔斯山。少数为纪念女性而命名的自然景观，用的却是这些女性的名，如艾丽斯山、艾玛山、伊娃山、埃玛琳湖、阿格尼丝湖、玛吉峡谷和弗洛拉山。

我还记得我与厌恶女性的作家之间的矛盾。我喜欢托尔斯泰，但当我读到《克鲁采奏鸣曲》时，我意识到他讨厌女性。后来我读叔本华、亨利·米勒和诺曼·梅勒时也有同样的感受。萨拉在哲学课上读亚里士多德的著作。一天晚上，她大声读了一段，之后说："这家伙不尊重女性。"我想知道，世世代代被认为是最聪明的男性之一的亚里士多德厌恶女性，这对萨拉来说意味着什么。

让女孩接触到更多女性作家是很重要的，但同样重要的是，我们需要改变媒体描绘女性的方式。在 20 世纪 90 年代，读托尔斯泰的女孩并不多，但她们几乎都看电视。在屏幕上，她们看到的女性形象通常衣不蔽体、神志不清、被思维敏捷、衣着整齐的男性所拯救。我让许多来访者研究女性在电视上的形象。我们讨论了她们的观察结果，我问："这些结果告诉了你关于女性角色的什么信息？"

"男性角色通常是医生和科学家，他们为这些产品背书，"卡耶妮指出，"女性身体被用来宣传与女性没有任何直接关联的产品——轮胎、拖拉机、酒类和枪支等。"

她还注意到，电视上几乎从未出现过年老、肥胖或相貌平平的女性；而且，即使一个女人是医生或学者，她看上去也像《花花公子》杂志上的兔女郎。许多电影情节与女性被男性强奸、殴打、追逐或恐吓有关；性爱场景经常伴有恐怖的音乐，而暴力场景则伴有性感的音乐，性和暴力被混杂在一起。

另一位来访者讨厌老密尔沃基啤酒的广告，其中有对瑞典比基尼队的特写：一群穿着比基尼的女人空降到海滩上，满足一个正在喝啤酒的男人的性欲。她说："女人被描绘成昂贵的玩具和终极的娱乐。"她还谈及了古龙香水的广告。在皇室哥本哈根古龙水的广告中，一个半裸的女人正在亲吻一个男人，广告语是："一些最疯狂的事情正在甲板下上演。"她给我看了一个酒水广告，一个穿着紧身短裙的女人坐在一个男人的腿上，被热情地拥抱着。她说："看起来好像如果他买了这种酒，这个女人就会和他做爱。"

令我尴尬的是，一位来访者到我候诊室的时候带进来一本杂志——这是一本以艺术和科学为特色的校友杂志。在这本用铜版纸印刷的 35 页杂志中，有 45 张照片，其中 44 张是男性的照片，唯一一张有女性的照片是一篇关于芭蕾舞课的文章的配图，被放在杂志的最后一页——那是一位男老师与一位穿着芭蕾舞裙的年轻女孩的合影。

具有讽刺意味的是，聪明和敏感的女孩最容易出问题。她们可能会理解身边的媒体信息的内涵，并感到警惕。她们的心智能够理解我们的文化对女性的矛盾态度，但却没有足够的认知、情绪和社交技能来处理这些信息。她们常常被那些自己无法解释的复杂而矛盾的信息弄得不知所措。她们努力解决那些无法解决的问题，去理解荒谬的事情。聪明的女孩想要理解整个青春期的经历，这种尝试压垮了她们。

这些聪明女孩的同龄人理解到的东西更少，或者会选择通过屏蔽来处理所有复杂的处境，因而聪明的女孩看起来比她们的同龄人更容易受到伤害。在后期，聪明的女孩可能会显示出更强的适应性和更真实的自我，但在青春期早期，她们看起来就像是患了"炮弹休克症"。

在要求女孩放弃自我的文化压力之下，她们通常有四种反应方式：可能顺从，可能退缩，可能沮丧，也可能愤怒。女孩会感到沮丧还是愤怒，这是一个归因问题——那些责备自己的人感到沮丧，而那些责备别人的人感到愤怒。她们经常责怪自己的父母。当然，大多数女孩的反应是这四种方式的结合。

完全接受对女性的文化定义、在压力下完全顺从，就是在扼杀自我。这样做的女孩就是"芭比娃娃"，她们的头发和笑容都被固定，她们的表面之下毫无生气。她们让我想要大喊："不要放弃，起来反击！"循规蹈矩的女孩往往行为上会做得过火。例如，患有厌食症的女孩过于追求变得苗条、有女人味和完美。她们变成苗条闪亮的皮囊，外表包装得很仔细，里面却一团糟。

长期以来，女孩一直被训练要变得更女性化，甚至不惜以牺牲她们的人性为代价。她们受到基于外表的评价，被无数的双重标准所约束：要有所成就，但不要太多；要有礼貌，但也要坚持做自己；要对文化传统的影响有所觉察，但不要对性别歧视有太多意见。这种训练的另一个名字是"打造虚假自我"。人们教育女孩变成社会文化所期待的年轻女性的形象，而不是她们自己真正想成为的样子。

美国是一个摧毁女孩的地方。不论在什么地方，人们都鼓励女孩牺牲真实的自我。她们的父母可能会为保护她们而战，但父母的力量有限。许多女孩失去了与真实自我的联结，在这时，迫不及待利用她们来达到目的的文化很容易伤害到她们。

爱丽丝·米勒说："正是我们看不到的东西让我们产生病态心理。"探索文化对成长和发展的影响对女孩来说非常重要，她们都能从增强意识中受益。如果女孩了解了文化对她们生活的影响，她们就可以反击。她们应该明白自己要做出重要的选择，最终也要为这些选择承担责任。理智的抵抗可以使真实的自我保持活力。

现在青春期女孩所处的文化环境与1994年相比，既不同，又相同。如今的女孩仍然在与青春期带来的发育挑战做斗争，仍然有像卡耶妮一样陷入诸多麻烦的女孩，但这样的女孩的比例要小得多。青少年怀孕、吸毒、酗酒和违法行为正在减少。我们在个人访谈和焦点小组访谈中发现，许多青春期女孩更愿意和父母一起去吃饭、看电影，而不是偷偷溜出去参加啤酒派对。这些变化的一个生动例子是：在1994年，一个女孩可能受到的最大惩罚就是不准和朋友出去玩；今天，最严厉的惩罚是没收她的智能手机。

自 20 世纪 90 年代以来，对女性化的准则已经大大放宽。女孩有更多的机会以过去被认为是"假小子"的方式穿着打扮、行为处事。在家里和学校，成年人鼓励女孩去做自己能做的一切。然而，女孩仍受到许多限制，包括对女性得到晋升的潜在限制和对愤怒女性的严厉谴责。希拉里·克林顿、林迪·韦斯特和塞雷娜·威廉姆斯都是坚强的女性，她们受到区别于男性的对待，并因其独断的个性而被妖魔化。

大多数女孩现在从屏幕而不是从杂志上获取她们的时尚秘诀，但是美丽的标准依然保持不变。时尚、电影和音乐都发生了变化。多莉·艾莫丝被洛德取代，碧昂丝坐上了麦当娜的"宝座"，但传递给女孩的文化信息依然是：你要性感，但不能放荡；要不惜一切代价保持吸引力；要成为别人希望你成为的人。在过去的 20 年里，真实自我和虚假自我之间的差距被拉大了。

原因很简单：女孩在网上花费了大量的时间，她们的网络形象与在现实中的形象大相径庭。网络世界以伪装为基础，有修饰过的自拍和视频，有经过塑造的人格，有总是积极向上的个性，还有增加了性意味的展示。网络促使女孩去推销一个完美却完全虚假的自我。与此同时，最好的情况是，真正的自我被埋藏了起来；而最坏的情况是，真实的自我完全没有得到任何发展。

在我们的焦点小组中，许多女孩可以清楚地说出社交媒体的问题所在，但她们也表示，没有社交媒体，她们就活不下去。

"当你还是个孩子的时候，不会在意自己做事的样子。"阿斯彭说，"但上网之后……你得当心！"

"发出来的每一条动态或自拍都是为自己做的广告。"另一个女孩乔丹补充道，"我是说，别人说我漂亮让我很满足，我的自尊完全取决于人们对我网络形象的反应。"

"我完全明白，"阿斯彭表示赞同，"看到我的朋友在 Instagram 上的粉丝比我还多的时候，我简直要崩溃了。"

"我浏览有关健身、锻炼和时尚的网页，但分辨不出哪些信息是真的，"肯德尔说，"这种锻炼产品真的有用吗？那个模特的身材真的那么凹凸有致，还是她只是电脑合成的机器人？除此之外，我还有错失恐惧症①。"

伊兹紧挨着肯德尔躺在沙发上，她戏剧性地把双手抛向空中。"哦天哪，错失恐惧症！这种挣扎太真实了。不看社交网站的时候，我觉得我好像错过了什么，但有时也会想，我是不是错过了现实生活。"

伊兹继续说道："上了一晚上网后，临睡前我对自己的一天感到很不开心。我在想，'我整天都在做什么?!'然后我第二天醒来会继续做同样的事情。"

"我在 Instagram 上关注名人，"杰达说，"这扭曲了我的世界观。我发现自己经常在想，除了我，每个人都有钱又出名。"

阿马利娅叹了口气，补充道："我发现网上没有真正的答案。也许我可以知道总统是哪一年出生的，或者某家餐馆是否在营业，但是网络不会告诉我的真实感受、我需要什么，或者我是谁。社交媒体网站是为发送者而不是接收者而建的。发送者会展示她在牙买加或夏威夷的照片，她可能会感觉良好，但这些照片并不会让我更快乐。"

———————————

① 错失恐惧症（FCMO，fear of missing out），也叫作社群恐惧症，是指因为担心别人在自己缺席时经历了非常有意义的事情而产生持续性的焦虑。这种社会焦虑通常体现为想要与别人自始至终保持关联的渴望。——译者注

"Facebook 让我胃痛。"肯德尔说。

"它让我像起了麻疹一样难受。"奥利维娅插嘴说。所有的女孩子都点头赞同。

社交媒体上充斥着那些拥有完美身材的、快乐的、受欢迎的女孩的图片，让小组成员陷入无限期的自我憎恨和消极的自我对话的旋涡。"女孩的力量"经常被用作推销化妆品和食品的口号。YouTube上的明星或名人常常在最性感的包装中塑造最渺小的灵魂。看着网上无穷无尽的自拍，女孩很可能想要变得富有、出名、有性吸引力。

2007 年美国心理协会的一项研究发现，从玩具到衣服，再到电影和网络，几乎在所有形式的媒体中，女孩形象都是与性高度相关的——她们被呈现为欲望的对象，而不是有自己的兴趣、目标和个性的真实的人。网络色情音像制品不仅唾手可得，甚至难以避开。

一直以来，女孩都很难忠于自己内心深处的目标和价值，也很难从一个核心的、真实的出发点开始行动。但是，如果女孩每天在网络上花 6 小时，那么她们几乎没有机会去寻找我们称为"真实自我"的深层核心。

具体来说，我们都知道人有两种基本的动机：有内在动机时，如果达到自己的目标和标准，我们就会觉得得到了回报，这种动力来自对"我们是谁"和"我们想要什么"的深刻认识；外在动机则指我们因为希望被接受和表扬而行动。女孩在网络上总是在寻求外界的认可，生活变成了对点赞和关注数的过分追求，这使得女孩很容易被屏幕上的内容所影响。

2019 年的许多女孩从未真正独处过，她们穿衣服的时候或者大半夜的时候都在发短信。而在 20 世纪 60 年代，女孩可以自由地步行或骑自行车去她们想去的任何地方，大部分时间都在独处。1994 年，在电脑和手机出现之前，女孩仍然有时间写日记、读书、整理房间、画画，或者只是单纯地思考。

安静的时间会让人沉思。例如，在 1994 年，高中游泳队的女孩可能每天锻炼 4 个小时，经过几年的时间，她们中的许多人成了有思想且成熟的人。在游泳池里的那段时间能够帮助她们整理生活，让她们有机会思考重要的问题。现在，即使是在水下游泳的青少年也会戴上防水耳机听音乐或播客；在自己的声音之外，他们更关注其他人的声音。

要想找到真实的自我，女孩需要深刻的承诺和自省。特别是在青春期，女孩需要独处的时间来对许多迅速变化的方面进行整合。通过自省，女孩会成长为更成熟、更有韧性的人。在独处的时间，通过思想的活力、真实性和对自己更深刻的认识来帮助建立真实的自我。

由于女孩更难集中注意力、更易冲动，她们会发现自我意识和内在方向感的建立也变得更难了。如果她们持续关注自己自拍的点赞数，会更加迷失，找不到自己的方向感。

父母可以在很多方面支持女孩寻找真实的自我。我们认识的一个家庭里，每个人都会写日记，偶尔还会互相分享。另一对母女为了能有几个小时的共处时间，每个月都要一起出去吃顿饭。拉希达住在纽约市，她和女儿都喜欢修道院博物馆，这是一座宁静的中世纪艺术博物馆，从那里可以俯瞰哈得孙河。在繁忙的生活中，母女俩尽可能多地一起坐地铁去城市北边，在美丽的环境中思考和交谈几个小时。父母可以在女儿的生活中安排这些活动，还可以帮助女孩接触对她们有帮助的、能在青春期早期引导她们的书籍、博客和杂志。最重要的是，父母应该引导女儿谈谈自己喜欢和看重的东西，并且做到真正的倾听。

青春期是建立自我认同的时期，在任何时间、任何地方，这都不是一个轻松的任务。自我认同来自自省，来自与朋友就自己在世界中的位置所进行的深入交谈，来自与祖父母、表亲一起度过的时光，家人可以帮助女孩在家庭和社群的背景下认识自己。

如今的青春期女孩面临的一个可悲的悖论是，虽然她们十分珍视自由和宽容，但却被自己的想法所俘虏，被不断寻求肯定的需求所禁锢。她们没有在寻找真正的自我，而是在 Instagram 上培养粉丝。

要想获得真正的自由，女孩需要独自了解自己，具有强烈的目的性，对自己的行动做出谨慎的选择。在社交媒体时代，这种真正的自由非常罕见。正如杰达所说："我有能力决定自己的未来，但我不知道如何决定自己想要什么。"

幸运的是，一些女孩设法远离虚拟世界，寻找真实的自我。她们最终发现了真实的自我，并与之保持联系。于是，她们也为其他女孩树立了榜样。

"我沉迷于汤博乐（Tumblr），直到我意识到它延长并加固了我的抑郁情绪。"埃米莉解释说，"汤博乐上的每个人都很酷、很完美，我永远无法与之竞争。后来有一天，生物课上的一个女生问我，'你为什么不停用社交媒体呢？'我知道这很难做到，而且我从来没有想过可以这样做！"

埃米莉并没有完全戒掉社交媒体，但她把每天使用社交媒体的时间限制在 30 分钟以内。她告诉朋友，她每天晚饭前会看看自己的 Instagram，然后就会关掉手机。她说自己无法回复他们所有的信息，但这并不是针对他们中的任何一个人。她请求他们支持自己，她的朋友也照做了。一年后，埃米莉非常感激自己限制了上网的时间，她感到更加平静，更能掌握自己的命运。

"我去年读了 37 本小说，每周都有一个晚上给我的姨奶奶打电话，"她自豪地向我们的焦点小组宣布，"我想在期末考试后找份兼职工作。"

埃米莉是一个坚强的女孩，她与真实的自己保持着联系。她努力保护自己不受社交媒体的持续打击，这让她能够慢下来，深入思考，并通过逐渐形成的自我意识来衡量自己的决定。她是我们进行研究时遇到的最快乐、最成熟的女孩之一。

当然，社交媒体并不是女孩面临的唯一的问题。我们的文化仍然存在性别歧视和厌女症，女孩很清楚这一点。

"男孩，甚至女孩自己都会把悲伤、易怒和沮丧的情绪归咎于经前综合征，"玛蒂说，"这真的让我愤怒。"

格雷西补充说："我们学校招聘新校长时，英语老师告诉我有三个'女孩'和一个'男人'来面试这份工作。你们猜谁被雇用了——是那个男人还是某个女孩？"

在美国，男性仍然掌握着最大的公共权力。在美国，女性不可能强大并拥有竞争力，同时又被认为是可爱的，她们永远无法摆脱外界对自己外表和穿着选择的评论。

2018 年，世界卫生组织和约翰·霍普金斯大学彭博公共卫生学院对包括美国、比利时、肯尼亚、中国和印度在内的 15 个国家进行了调查，发现在这些国家存在一种普遍的刻板印象：女孩是弱者，男孩是强者。这一报告称，女孩在 10 岁之前就已经对这种刻板印象进行内化。她们从父母、同伴和老师那里了解到这种刻板印象。由于这种根深蒂固的观念，男性拥有更多的自由，而女性往往更受约束。在全球范围内，女孩都被告知她们是脆弱的，而她们的身体可能成为攻击和伤害的目标。女孩被教导要提防男孩，男孩却被教导要成为侵略者。这种教育方式成了一个自我应验的预言。

然而，并非所有的消息都是悲观的。在 20 世纪 50 年代，很少有妇女外出工作，她们的职业选择非常有限；而到了 1994 年，更多的女性担任专业职位，但管理层的职位通常由男性垄断。如今，在法律、教育和医学等不同领域获得高等学位的女性比男性更多，我们在职业平等方面也取得了一定程度的进步。然而，女性仍然没有获得同工同酬的待遇，并且往往会被困在中层管理岗位上。男性在政治和其他备受瞩目的职业领域中仍然占主导地位，包括学术界和企业界。

在 20 世纪，女性主义本身作为一种流行的观念，经历了兴衰起伏。1959 年，人们认知中的女性主义者是生活在很久以前的、为妇女争取选举权的女性，比如苏珊·B. 安东尼和伊丽莎白·凯蒂·斯坦顿。然而，在 20 世纪 60 年代后期，现代女性主义运动由格洛丽亚·斯泰纳姆、贝尔·胡克斯和苏珊·格里芬等代言人发起。到 1978 年，内布拉斯加大学开设了"女性研究""女性心理学""性别角色和性别"等课程。女性为自己是女性主义者而自豪，为改变女性和男性的角色而积极努力。

1994 年，称自己为一名"女性主义者"并不是一件好事。由于拉什·林博和他的同伴，20 世纪 90 年代被称为"女权法西斯"（Feminazi）的时代。几十年来，美国文化一直把女性主义者描绘成"讨厌男人、丑陋、好斗"的形象，谁想成为有着这样刻板印象的群体中的一员？

现在，根据 2018 年的 GenForward 调查，22% 的青春期女孩认为
自己是女性主义者，几乎所有的女孩都会说自己在某些方面是女性主
义者。唐纳德·特朗普就职典礼后的妇女游行重新激发了与其他女性
团结一致的归属感。大多数女孩坚决反对性骚扰和刻板的性别角色。
Metoo 运动鼓舞更多成年女性和女孩站出来发声，并且保护那些遭受
骚扰或性侵犯的人。

大多数父母支持他们的女儿努力成为坚强、勇敢的女性，他们意
识到了今天孩子所面临的挑战，他们比 1994 年更有能力对他们的女
儿产生影响。许多父母甚至鼓励他们的女儿成为行动主义者和女性
主义者。在特朗普就职典礼前后的妇女游行中，许多家庭一起参与游
行。无论种族、地理位置或社会经济地位如何，父母都希望帮助女儿
找到真正的自我，并为之喝彩。

第 *3* 章

内在与外在
的成长

夏洛特（15 岁）

　　雨点敲打着办公室的窗户，雨水从窗户上缓缓滑下，办公室里，罗布和苏疲惫地向我谈论着他们的女儿夏洛特。夏洛特 15 岁了，但浓妆和紧身裙让她看起来更加成熟。她的脸上有着我在所有人身上都讨厌看到的冷酷，尤其是在一个年轻女孩身上。

　　苏觉得夏洛特的问题可以追溯到夏洛特 3 岁时，她和丈夫离了婚。夏洛特并不想念她的父亲，他是个酗酒成性的酒鬼，但她想念苏。离婚后，苏立即在一家便利店找到了一份全职工作。苏看着自己那沾满尼古丁的手指说："离婚后，我的时间、金钱和耐心都变少了，我想这可能给夏洛特带来了伤害。"

　　苏说话的时候，夏洛特僵硬地坐着，嘴唇紧紧抿着。罗布换了一个话题："苏和我是在一个单身俱乐部里认识的，我们约会了十个月。夏洛特 8 岁的时候，我们结婚了，她是我们婚礼上的花童。她真的是个可爱的孩子。"

　　"上初中之前，夏洛特一切都很好，但她后来很快就出了问题，"苏说，"夏洛特的态度彻底变了，她开始抽烟，穿着也变得放荡，会溜出去和年龄更大的孩子喝酒。"

"夏洛特不是唯一一个遇到困难的人，"罗布说，"她的三个朋友都有了孩子。我们镇只有一千人，却有三家卖酒的商店。孩子们无事可做，只会惹麻烦。"

苏补充道："我们作为孩子的监护人，做得也不好。罗布每天都要去上班，管理一家超市，而我每周有六天都要照看便利店。"

一个少女能遇到的各种麻烦，夏洛特都遇到了。她九年级时学习成绩不及格；她抽烟，喝威士忌，抽大麻；她有一个比她大的男朋友；她几乎不和父母说话，他们想要保护她时，她反而会发脾气。一个月前，当夏洛特的父母坚持要她进行毒品和酒精检测时，她离家出走了。

三个星期以来，罗布和苏一直担心她是否被绑架或杀害了。苏说："当你有一个青春期的女儿搭便车四处周游时，你才能真正体会到什么是恐惧。"

然后，夏洛特从西雅图给父母打来电话，说她想回家。她听起来很害怕，答应父母会做他们要求的一切。就在那时，他们通过电话和我预约了治疗。

当年，罗布问夏洛特是否愿意和他相处一段时间，她假装自己非常生气，用力地耸了耸肩。但在接下来的几个月里，罗布和夏洛特一起解决了一些问题，她顺利地度过了小学时光。她每年夏天都打棒球，直到镇上为少年棒球联盟提供的保险被取消，棒球队因此解散。她喜欢在快餐店闲逛，喝根汁汽水，阅读杂志。她很高兴罗布能成为她的新爸爸。他带她去露营，还给她买了一辆新自行车。他让夏洛特的母亲开心了起来。

然而，青春期的到来改变了这一切。一开始发生的事都很普通：和女孩争吵打闹，被男孩取笑。夏洛特的乳房发育得很早，男孩子总是在她身上蹭来蹭去，从背后抓她，给她取各种外号。她的体重也比大多数同学重，为此她担心不已，买了一些减肥药，并很快就瘦了下来。吃那些药片让夏洛特感到自己轻盈飘逸，她喜欢这种感觉。为了让自己的体重变得更轻，夏洛特开始抽烟，并且会从她母亲的便利店里偷烟。

罗布和苏讨厌夏洛特抽烟，但他们自己也抽，所以在这个问题上他们无法占据道德制高点。夏洛特的朋友、她经常节食的习惯、她听的音乐、每况愈下的成绩、满嘴的脏话都让罗布和苏感到不满。家人之间的谈话总是充满了紧张和愤怒，于是夏洛特尽可能地待在外面或她自己的房间里。

八年级的夏天，夏洛特开始"聚会"，其实就是和朋友一起喝酒。她在城南的一条河边和其他孩子碰面，他们围着篝火喝啤酒和廉价的葡萄酒，一直喝到天亮。她告诉我："酗酒毁了我的生活。"

有一次罗布来找夏洛特，但她躲在了一棵杨树后面，她的朋友谎报了她的位置。罗布和苏好几次打电话给警察请求他们帮忙找她。即使夏洛特被他们禁足，她也会从窗口溜出去。最后，如夏洛特所说，罗伯和苏"情绪崩溃"了。他们放弃了，她想做什么就做什么好了。

他们放弃了，直到她开始和梅尔约会。梅尔 22 岁，在当地合作社工作，工资只够他自己买啤酒和彩票。他长得很帅，但是人很邋遢，罗布和苏起初坚持认为他们的女儿不会和他约会。

不幸的是，夏洛特再也不听他们的话了。她穿着性感的衣服，把头发染成了淡金色，做任何她想做的事。和男生在一起时，她安静温顺，渴望取悦他们——这正是梅尔想要的女朋友。罗伯和苏的反对越强烈，这段恋情就变得越有吸引力，最后，在这场战斗中，他们又输了。

夏洛特谈起梅尔时，我惊讶地发现她的看法是多么现实。她明白梅尔是个失败者，不赞成他酗酒和赌博。她甚至承认自己有时会对梅尔感到厌烦，他们一起做的事就是在梅尔家里租电影看和喝酒。偶尔，他们也会去钓鲇鱼和鲤鱼，但正如夏洛特所说："那些旅行其实就是整晚在外面喝酒的借口。"

梅尔甚至不喜欢经常做爱，但是夏洛特对他非常忠诚。梅尔是第一个愿意和她正式交往的男性。正如她所说："他不是只用下半身思考的人。"

梅尔曾向夏洛特吐露过他自己家庭的困难境况：他的父亲是个酒鬼，住在另一个州。有一次，梅尔从学校回到家里，发现家里的所有家具都被父亲卖掉去买酒了。他的回忆里满是没有礼物的圣诞节、同学从教堂里送来的食物篮，还有不允许和他一起玩的孩子们。

谈起梅尔时，夏洛特的目光变得柔和起来。她认为自己的使命是拯救梅尔，让他比以往任何时候都更快乐。她承认，到目前为止，梅尔似乎还是不高兴，但她觉得，假以时日，他会高兴起来的。

梅尔是夏洛特唯一信任的人——她讨厌高中的男生，因为他们"只想要性"。她学校里的大多数女孩子非常势利。夏洛特那些早早生了孩子的朋友还好，但她们现在忙于自己的问题，不能陪在她身边。罗布和苏经常吵架，"不像他们在心理治疗时表现的那么甜蜜"。

夏洛特尤其讨厌学校和老师。她觉得她的数学老师会故意羞辱她。只要有机会，她的西班牙语老师就会看向她的胸部。她上的课都与现实生活毫无关联，那些奉承老师的孩子才能取得好成绩。学校的午饭也很难吃。当我问她学校里是否有任何东西让她喜欢时，她想了一会儿说："如果老师不那么讨厌的话，我喜欢生物课。"

有一天，夏洛特提到了性："在遇到梅尔之前，我只有喝醉之后才能做爱，否则，我就会想起过去的事情。但我兴奋起来的时候，那些事情就不重要了。"

"你被强奸过吗？"我轻声问。

夏洛蒂把散落在脸上的棕色头发拨到一边，语调平淡地说："我遇到了你想象不到的麻烦。"

我们平静地坐着，我听她说话时，她显得更年幼、更脆弱。我没有要求她提供更多的信息，我知道她准备好时就会向我透露更多。

夏洛特面对的是 20 世纪 90 年代的许多女孩都会遇到的问题。她有一个虐待成性的酗酒的父亲，在夏洛特小的时候，她的父母就离婚了。多年来，这个家庭一直贫穷不堪、负担过重。进入青春期后，夏洛特遇到了各种各样的麻烦——她酗酒、抽大麻和香烟、节食、成绩不及格。她曾离家出走过，还被强奸过。她和父母关系疏远，除了比她大很多的男朋友，她孤身一人。尤其是和男性共处时，为了让自己被他人接受，她会做那些她认为自己应该做的事情。

夏洛特做的很多选择让她牺牲了真实的自我，维持着虚假的自我。从她脸上可以看出她的选择。过度的牺牲和给予让她的言谈举止毫无活力。夏洛特是童年丧失带来的后果的例证。取代童年的东西虽然闪闪发光，却不是真金白银。我希望心理治疗能帮助她找到自我，这将是一个恢复自我的过程。

洛丽（12 岁）

我从洛丽出生时就认识她了，她在一所以家境富裕、竞争力强的学生而闻名的学校开启了自己的初中生活。我去她家拜访她，看她是否顺利适应了初中生活。我们在她新装修的卧室里见了面。她白色的桌子上整整齐齐地放着纸、笔和一本字典，她有几个粉色的懒人沙发，还有一个大玻璃笼子，里面放着她的宠物沙鼠"甜甜"。

我被她的活泼开朗所打动。她穿着绿色紧身裤，棕色的短发卷在银色的星形耳环旁。她在房间里跳来跳去，给我看她喜欢的书、她的游泳队奖杯，还有沙鼠甜甜的绝活。洛丽让我觉得自己处于另一个时空，仿佛回到了 20 世纪 50 年代，在一个富裕的家庭里，有幸福的父母，有无忧无虑的孩子……我心态中悲观的那一部分非常好奇，这个家庭的光鲜外表下会有什么问题？如果不是已经认识这个家庭 20 年，我可能会怀疑他们怎么会如此幸福。

洛丽喜欢上初中。她原本也喜欢小学，但她说自己已经长大了，不再喜欢小学了。初中的学校有挤满孩子的走廊，九名老师各有特点，午餐时坐在一桌的全是朋友，体育馆里还有游泳池，这一切都令人兴奋。

她在学校内外都很忙。她每周有几个晚上都会去游泳、跳舞，一有机会就去唱歌、演话剧。今年，她在一所大学里上声乐课。她的母亲是全职妈妈，可以带她去参加所有的课程、排练和游泳比赛。她的父亲是一名律师，可以担负这些活动的费用，也会去参加她的集会或观看她的演出。

洛丽的妹妹莉萨也会去游泳和跳舞。洛丽善于交际，性格开朗，而莉萨则更安静内向。当莉萨蜷缩在客厅里看书或弹钢琴的时候，洛丽已经在电话里聊了好几个小时。洛丽在初中时结交了许多新朋友，也依旧和许多老朋友保持着友谊。她说："我已经很受欢迎了。但要想成为那种超级受欢迎的人，你看起来就得像模特一样，穿很贵的衣服。"

洛丽说她以自己的独立和风趣为大家所知。她说："我知道自己是谁，而且我不总是像别人那样思考。"她的与众不同之处在于，她对外表有着非常轻松的态度。她的大多数朋友起得很早，这样她们就有时间为上学穿着打扮，而洛丽不同，她在出发前十分钟才起床，随便穿上她能找到的任何衣服。她想吃什么就吃什么，也不担心体重。她说："我的很多朋友希望自己能像我一样不那么在意外表。"

我问她对酒精和毒品的看法。

"我认为那些东西很愚蠢。我永远不会沾染它们。"

"如果有人变相强迫你在派对上喝酒或吸食毒品呢？"

"我会说，'你想做什么就做什么，我想做什么就做什么'。"她笑着说，"然后我就离开那个派对。"

洛丽认识一些喝酒的孩子，但她的好朋友都不喝酒。我又问了关于性骚扰的问题。洛丽抓了抓头："我的一些朋友被骚扰过，但我没有，我知道该躲避哪些人。学校里有一个大厅，我从来不会去那里。"

我们还谈到了男生和女生的交往，这也是洛丽仔细考虑过的问题。她想等到高中的时候再去约会，甚至在高中约会的时候也不会太认真。她认为应该在结婚后再发生性行为。我问她对音乐和电视节目中青少年随意发生性行为有什么看法。

"我会把那些东西都关掉，反正我也没时间看电视，"洛丽说，"我听一些歌曲时，不会太在意歌词。"

我说："听起来你会屏蔽那些让你心烦的事情。"洛丽表示同意："并不是所有事情都让我心烦，我只会屏蔽那些我无法改变的事。"

一谈到跳舞，洛丽就兴奋了起来。她的老师最近把她转到了高级班，她为此感到自豪。她也喜欢游泳，并且相信所有的运动都会帮助她缓解压力。

虽然洛丽承认她的父母有时会在公共场合让她感到尴尬，但她爱他们。她觉得爸爸太瘦，妈妈对人过于友好。她说最近妈妈一直让她心烦意乱，她想有比过去更多的隐私。但她仍然喜欢和全家人一边喝可乐，吃苹果和爆米花，一边打牌或看电影来度过周日的夜晚。

我问洛丽她的职业目标是什么。她喜欢跳舞，但她认为以跳舞为职业有点儿不切实际。洛丽对自己的写作能力感到自豪，并认为自己应该从事新闻工作。她已经在学校的报纸上发表了一篇文章，还为一个班级项目对一位记者进行了采访。

谈话结束后，洛丽把我领到前门，她的星形耳环闪闪发光。我离开的时候，莉萨正在那架新的大钢琴上练琴。她的母亲坐在她身旁，翻阅着克莱门蒂的奏鸣曲曲谱，父亲在旁边看报纸。

我在开车回家的路上一直想着洛丽，她似乎奇迹般地保留住了真实的自我。她善于交际，但并不过分追求受欢迎的程度。她宁愿和朋友在一起玩，也不愿找个老师，但她的成绩依然全科都是 A。她保持着青春期前的所有爱好——唱歌、跳舞、游泳和表演。她看待自己外表的心态很轻松，也不担心自己的体重。尽管父母会让她有点儿尴尬，但她仍然爱他们，喜欢和他们在一起。

洛丽是一个独立而有趣的孩子，她在性、毒品和酒精等问题上做出了自主的选择。其实，她对每件事都进行了自主的选择，在内心寻找指引和答案。洛丽已经会把她的经历分为她能控制的和不能控制的两部分，并且懂得如何寻蔽她不能控制的事件。她知道自己是谁，对未来有明确的方向。尽管她肯定会改变对新闻行业的看法，但她有人生目标这一事实就已经衰明，她的生活并没有被局限在当下。

洛丽的发展如此健全，心理如此健康，反而让我更难对她进行剖析。最终，我认定她非常幸运，保留住了开朗、充满活力的性格。她漂亮，聪明，有音乐天赋，擅长运动。她的父母爱她、关心她，但不会过分保护她，也不会苛求她。她生活在一个安全繁荣的社区，身边的家庭也都很稳定。她也会成功地避免自己被他人攻击或经受精神创伤。

在接下来的几年里，洛丽可能会遇到比预期更多的麻烦。高中的社交问题可能会更难处理，她可能会有更大的情绪起伏，也会开始觉得和家人共度夜晚非常愚蠢。她现在刚刚进入青春期女孩真正开始挣扎的时期，但她比大多数女孩更有可能保持真实的自我，并且她有着很强的内心专注力。我多么希望能给她披上一件魔法斗篷，以保证她的安全。我想起了一位名叫妮塔·吉莱斯皮的母亲为她的孩子写的诗的最后一行："我把你推向浩瀚的宇宙，并为你祈祷。"

一个园艺学专业的朋友告诉我，不同地貌交界处的环境是最丰富、最多样化的，在那里，森林与田野相接，沙漠与山脉毗邻，河流流经草原。青春期是成年期和童年期之间的交界处，因此它具有其他任何人生阶段都无法比拟的丰富性和多样性。青春期女孩的复杂性和情绪强烈程度是不可能被完全捕捉的。我想起一位 12 岁的来访者，她想成为一名时装模特或公司律师——哪一个赚得更多就选哪一个。

另一位来访者是一个越南籍女孩，她害羞地说想上医学院。我想起了我开车送女儿萨拉去学校的时候，她大声唱着音乐剧《红男绿女》中的歌曲。我想起了那个在自己父母熟食店工作的女孩动作笨拙，眼睛低垂。我想起了邻居家的女孩在投出一场无安打比赛后从投手丘走回来时的自信。

青少年是旅行者，远离家园，没有故乡。他们既不是孩子，也不是成年人。他们坐着飞机以惊人之速从一个国家飞向另一个国家。他们一眨眼就从4岁长到了25岁。他们在哪里都无法融入。他们渴望找到属于自己的位置，他们探索着坚实的土地。

青春期是一个强烈关注自我的时期，青少年的自我每天都在成长和变化。一切对他们来说都很新鲜。我还记得有一天早晨，母亲叫我醒来去上学时，我有一种想打她的冲动。就在我感到愤怒时，我也被自己的古怪所震惊。我也记得在走廊里某些男孩从我身边走过时，我双腿发软。这些时刻让我喘不过气来，我迷惑于自己究竟会变成什么样。我的反应让我自己感到惊讶，仿佛我对自己来说是一个陌生人。

萨拉12岁时，仍然需要别人提醒她刷牙，却想去租R级电影①来看，并想找份工作。上一分钟她还在和我们争论政治问题，下一分钟就乞求我们给她买一个毛绒玩具。她从不会和我一起出现在公共场合，但如果我错过了她在学校的表演节目，她就会很难过。她不再让我们拥抱或亲吻她。在萨拉宣扬自我独立的这个时期，有一天夜里她叫醒了我，她发烧了，要我拿着湿毛巾坐在她旁边。我很高兴，因为

---

① 美国影片分级制度下的限制级电影，其中包含性爱、暴力、吸毒、裸露、诡异等场面。17岁以下青少年必须由父母或者其他监护人陪伴才可观看。——译者注

她暂时解除了我们之间不准接触的禁令。

随着青春期的到来，身体、情绪、智力、学业、社交生活和精神等各个方面都在不断发展，但它们并不总是同时发展。身材高大、身体发育良好的女孩有可能只拥有儿童的情绪技能；善于抽象思考的孩子可能在十几岁的时候只掌握了一年级学生的社交技能。同一个女孩在这些方面的发展水平上表现出来的差异让成年人感到困惑。成年人应该去理解这个女孩 15 岁的那一部分还是 4 岁的那一部分？

一般情况下，"青春期"一词的定义既包含生理发育过程，又包含这一过程中的社会和个人经历，但即使是生理发育也会受到文化的影响。现在的女孩月经初潮的时间比殖民时期的女孩要早得多，甚至比 20 世纪 50 年代的女孩也要早，有些女孩 9 岁就会来月经。

很多理论可以解释为什么青春期生理发育来得比以前早：营养的增加可能会加速女孩的生长；添加在牛肉和鸡肉中的激素可能会使青春期提前；甚至电也可能起作用，人的身体在接受一定量的光照后就会进入青春期。在这个电的时代，女性接受的光照达到那个定量的时间会提前。

提前的身体发育和文化环境带来的困难增加了青少年的压力。最近才学会做饼干和燕式跳水的女孩还没有准备好接受减肥药的报价；还在读《长袜子皮皮》的女孩没有准备好面对她们在学校里遇到的性骚扰；喜欢弹钢琴和去看望祖母的女孩还没有准备好被小团体排挤。与此同时，女孩必须过早地面对现实，而美国文化鼓励她们远离父母，依靠朋友来获得引导。难怪她们会遭受痛苦并犯下这么多错误。

我将行为称为"表面结构"，将身份认同与自己在这个世界上的位置称为"深层结构"，它们之间存在着巨大的鸿沟。表面结构表现为肉眼可见的笨拙、愤怒、不安、精力充沛和喜怒无常。

深层结构是个人内在的作用——每个人努力创造自我，将过去和现在整合起来，并在更宏大的文化环境中找到自己的位置。表面的行为很少能表达出内心的挣扎，事实上，人们经常为掩饰内心的挣扎而做出某些行为。

从定义上就可以看出，深层结构中的问题不会被清晰地表达给成年人。相反，表面上提出的问题已经经过编码处理，它们代表着更大的话题。"我可以把头发染成紫色吗"的意思可能是"你愿意让我成为一个有创造力的人吗"；"我可以看 R 级电影吗"可能是在说"我已经成长为能拥有性经验的人了吗"；"我可以去别的教堂吗"的意思可能是"我有探索自己的信仰的自由吗"。

深层结构的问题以迂回曲折的方式在与朋友相处时得到了处理。女孩没完没了地讨论着谈话和事件中最细微的细节——谁穿了什么，谁说了什么，他对她笑了吗，我那样做时她看起来很生气吗……生活的表面被不停地梳理，以获取关于生活更深处的信息。

这种表层—深层结构的分裂是女孩会在恋爱中经历如此多失败的原因之一。女孩误解所有表面谈话隐含的真正含义，交流让自己和对方同时陷入困惑。朋友之间的关系也以这种方式运作，以至于误解无处不在。只关注表层结构的父母往往会忽略隐藏其下的重点，因而女孩就会认为自己没有被认真倾听。

由于深层结构处理着如此严肃的问题，表面行为往往是深层的张力被释放出来的表现，内在的多余能量必须以某种方式散逸，而表面行为就是驱散它的方式之一。这种明显的行为差异让我想起了我最初几年的心理治疗师生涯。上班时，我很长时间都在严肃地讨论问题；

下班后，我渴望和孩子一起打发时间，讲愚蠢的笑话，看喜剧节目。我的日子越艰难，就越想要轻松一下。青春期女孩为自己提供全天候的心理治疗，只不过是在她们自己的头脑里进行。只要有时间，她们就需要休息。

我在工作中接触青春期女孩时，试图理解她们的表面行为告诉我的深层问题。我想要确定她们的行为什么时候与真实的自我有关，什么时候是迫于压力而想要成为虚假的自我。我应该尊重和培养哪种思维？我又该挑战什么？

身体中的自我

青春期女孩的身高体重、体型和激素分泌都在发生变化。正如孕妇会关注自己的身体一样，青春期的女孩也必须关注自己不断变化的身体。她们的感觉、外表和行动都会与小的时候有所差异。这些改变必须被吸收内化，新的身体必须成为自我的一部分。在这个年龄段，怎么强调对身体的关注都不过分。身体的变化如此神秘，让女孩不得不注意，成为她们持续关注的焦点。许多 13 岁的女孩在镜子前花的时间比在学习上花的时间还要多——小缺点会变成无法摆脱的困扰，糟糕的发型会毁了一整天，指甲断了会带来悲惨的感觉。

一般来说，进入青春期时，女孩的身体都很强壮，但她们的身体会变软、变宽，我们的文化称之为"发胖"。就在她们的身体变得更圆的时候，女孩被告知只有苗条才是美的。女孩讨厌在必修的体育课上听其他女孩说她们的大腿和肚子有多胖。一个女孩告诉我，有一次她在一个 85 磅重的舞蹈演员旁边洗澡，那个舞蹈演员正在过度节食，而对比之下，她有生以来第一次因为看到自己的身体而感到沮丧。一位来访者说，她希望能减掉腰部的脂肪。另一个来访者认为自己的臀部"很丑"。

吉娜是个胖乎乎的女孩，会吹单簧管，喜欢读书和下国际象棋。她对书比对化妆更感兴趣，对棋子比对名牌服装更感兴趣。她带着削尖的铅笔和贴上了整齐标签的笔记本走进了初中生活。她准备学习西班牙语和代数，并参加学校管弦乐队的试奏。可是当她回到家里时，脸色阴沉、心烦意乱。一个男孩的储物柜在她的储物柜旁边，他用他的储物柜门撞了她，并嘲笑道："把你的肥屁股挪开。"

那天晚上，她对妈妈说："我讨厌我现在的样子，我要节食！"

她妈妈想："那个男孩看到的就是这些吗？他看着我如此有音乐天赋并保持着理想主义的女儿，只看到了她的体重吗？"

20 世纪 90 年代，女孩感受到的巨大压力迫使她们变得漂亮，并意识到自己的外表在被不断地审视。今天的女孩仍然如此。在一场以女性与外表为主题的艺术展上，温迪·班塔姆说："女性生命中的每一天都是一场行走的'美国小姐'选美比赛。"可悲的是，太普通或太漂亮的女孩都会输掉这场比赛：相貌平平的女孩被排除在社交生活之外，内化同辈人的嘲笑；而我们对漂亮女孩的文化偏见包含着对她们头脑的负面看法——想想那些关于金发女郎的笑话吧。漂亮的女孩主要被视为性对象，她们的外表决定了她们的身份。她们知道男孩喜欢被人看到和她们在一起，但是她们会怀疑，除了外表，自己是否有其他值得被喜欢的特质。美丽是一种得不偿失的胜利，美人在人气之战中大获全胜，却在尊重之战中战败。

最幸运的女孩既不平凡也不漂亮，她们最终会有交往对象，而且更有可能和真正喜欢她们的人交往。她们会有基于自己其他特质的身份，比如幽默感、智慧或坚强的性格。然而，她们在初中并不会觉得自己幸运。一位女大学生告诉我："初中的我觉得自己注定是不幸的，因为我长得太高了，我无法想象那么高的人怎么可能幸福。"另一位女生则讲述了自己在八年级时，看到班上一个可爱的金发女生和男生调情的感想："男孩为了帮她开门而不小心绊倒，但他们看到我走过时，就会把目光移开。"

外表在 20 世纪 90 年代比在 20 世纪 50 年代和 60 年代初更加重要。居住在小型社区中的女孩在性格、家庭背景、行为和才能方面会得到更全面的评价。然而，20 世纪 90 年代的女孩生活在满是陌生人的城市里，人们只根据她们的外表来评判她们。通常，青少年对彼此的唯一了解就是各自的长相。

在文化中被认为是美的东西，只有通过人为的手法才能实现。即使是明星，如果不付出巨大的代价，也不可能达到我们文化中的理想形象。杰米·李·柯蒂斯为了拍摄电影《至善至美》花了几个月的时间健身，但她仍然觉得自己的身材不适合这个角色。演员简·方达和戴安娜王妃都有进食障碍。每次我在高中或大学演讲时，都被这些问题的严重性、破坏性和广泛性所震撼。我问："有多少人认识有进食障碍的人？"通常每个人都会举手。

20 世纪 90 年代，我在学校里演讲完毕后，女孩会上前来向我咨询她们的朋友、姐妹或她们自己的问题。因为形象不符合我们的文化理想，她们都经历过悲惨女孩的恐怖故事。在青春期早期，女孩对自己身体的态度不再轻松，她们的自我批评成为她们的重负。就在她们的臀部越来越圆、脂肪越来越多时，她们看的杂志、电影或者听到的同龄人的评论，都在暗示她们的身体部位没有一处是对的。她们让文化来定义她们应该成为什么样的人。本章开头提到的夏洛特认为，她的身体是别人可以检验和评判的东西，重要的是她的身体在别人眼中的样子，而不是她自己的感觉。

一个忠于自我的女孩会认同，自己的身体自己做主，并反对别人用外表来评价和定义她本人。她更倾向于从功能而不是形式的角度来考虑自己的身体。她的身体能为她做什么？例如，洛丽对自己身体的舞蹈能力和游泳能力感到自豪。她的自尊不以她的外表为中心。她不节食，也不把时间浪费在镜子前。有趣的是，她那些精心打扮自己和节食的朋友非常羡慕她对美的这种漫不经心的态度。洛丽更在乎的不是自己的外在，而是自己的本质。她很幸运，正如波伏娃所写的那样："对自己的身体失去信心，就等于对自己失去信心。"

情绪中的自我

我的一个朋友曾经告诉我，理解青少年的最好方法就是假设他们经常服用迷幻药——这有助于解释他们的愚笨、情绪波动、缺乏逻辑或权衡利弊的能力。这是个好建议。服用迷幻药的人都很紧张、多变、内向、言语晦涩或沉默寡言，面对着完全不同的现实生活。青春期的女孩也是如此。

青春期早期的情绪机制是不成熟的，青少年情绪非常极端和多变。小的事件会引发剧烈的反应。对外表的负面评价或不理想的考试成绩有可能将青少年推入绝望。女孩不仅情绪混乱，而且经常会失去权衡轻重的能力——她们会因为周末被禁足或没有被邀请参加舞会而试图自杀。

　　绝望和愤怒是最难处理的情绪，其他情绪也同样强烈。悲伤是无法调节的，快乐也是。一场暴风雪或一件新衣服都能给她们带来幸福感，她们仍像孩子那样容易被席卷、被撼动。一个女孩告诉我她会在树林里漫步、读诗，感受与宇宙的中心相连。洒满斑驳阳光的树叶、野梅花的香气、湛蓝的天空，还有草地上云雀的歌声，都会使她兴高采烈。在那个时刻，她自己的感觉占据了整个世界。

　　我会教女孩将压力评估作为调节情绪的一种方式。我说："如果鞋带断了是 1 分，脑瘤晚期是 10 分，1 到 10 分，给那些让你心烦的事情打分。"我接着问："你会给今天你和男朋友之间的争吵打多少分？"被问到的女孩大都会说："15 分。"

　　情绪不稳定会导致青少年行为不可预测。一个典型的精力充沛的青少年会表现得一会儿疯狂，一会儿又无精打采。父母的一句评价或一个眼神可能会引发一句大喊出来的咒骂，甚至是"第三次世界大战"。一个女孩在为毕业舞会策划小品时会非常专注，但她可能对当天要交的社会研究项目还毫无准备。

　　成年人很难与青少年情绪的变化和强度保持步调一致。萨拉上初中时，每天放学后我都给她打电话。有时她的声音中充满了欢笑和自信（"学校震撼了我的世界！"）；但有时，她则需要我在电话里对她进行危机干预（"做人做成我这样真是糟透了。"）。

　　女孩在情绪方面的不成熟让她们在经历青春期的沉重压力时很难保持真实的自我。她们会被自己的情绪左右、误导。在这样一个发展时期，即使一件小事也会压垮她们，而约会时被强奸、朋友 HIV 病毒的测试结果为阳性这样的大事件则可能是灾难性的。

有的女孩以虚假的自我应对强烈情绪，有的女孩则坚持真实的自我。建立起虚假自我的女孩，会在某些情感经历压垮自己时，尽其所能地抛弃痛苦的情绪——否定自己的感觉，或将自己的恐惧、悲伤和愤怒投射到别人身上。夏洛特选择离家出走、酗酒、吸毒，并在一段只考虑男友感受的感情中迷失了自我。如果女孩不承认自己的感受，她们虚假的自我就会进一步发展。女孩只有与自己的情绪保持联结，慢慢地度过青春期的动荡，才能蜕变为坚强和完整的年轻女性。

洛丽的情绪非常稳定。她可能也有过愤怒和绝望，但通过哭诉、谈话和文字表达，这些情绪得以被控制。她可以整理自己的心情，可以不断重新振作起来继续前进。不出意外，洛丽走出青春期时感情方面会受到些许伤害，但她的自我会完好无损。她可能拥有爱丽丝·米勒所说的"活力"。

思想中的自我

大多数青春期早期的青少年还无法进行抽象的思考，他们之中最聪明的人正在进入形式运算阶段（formal optional thought）[1]，或者说在逐渐培养抽象灵活的思维模式。不成熟的思想使得与他们讲道理变得非常困难。他们会从不经意的话语中读出深刻的含义，会过度分析他人的眼神。他们可能还不会区分事物的重要性。

---

[1] 作者沿用了瑞士发展心理学家让·皮亚杰的认知发展理论。在皮亚杰的理论体系中，形式运算阶段是儿童认知发展的最后一个阶段，继具体运算阶段之后，通常发生于11—16岁，在这一阶段，儿童不再仅仅关注内容，开始学习通过假设推导结论，获得抽象思考的能力。——译者注

女孩思维的具象性体现在她们对他人进行分类的需求中。在 20 世纪 90 年代，人们被分为"书呆子"、"优越者"和"运动健将"等。有的女孩对他人的分类包括"装深沉"这样一个略带贬义的类别，指的是学校里的诗人和艺术家；有的女孩把所有人分为"基督徒"和"非基督徒"；还有的女孩把所有人分为"可交往的人"、"不可交往的人"以及"想要成为的人"。

青春期女孩都是极端主义者，她们以非黑即白的方式看待世界，并且看不到灰色的中间地带。她们认为生活要么精彩绝伦，要么根本不值得过；学校要么是纯粹的折磨，要么丰富多彩；其他人要么非常棒，要么十分糟糕；她们自己要么非常优秀，要么就是可悲的失败者。有的女孩前一天还认为自己是"社交女神"，第二天就会觉得自己是"极品书呆子"。这种自我意识的波动对成年人来说可能是严重心理障碍的表征，但对于十几岁的女孩来说则非常常见。

女孩也会对某一事件过度解释。和朋友的一次冲突意味着"我根本没有朋友"；好的成绩意味着"我是一个学术上的女明星"。随意的话语会被她们看作一种预言、一种控诉或一种诊断。20 世纪 90 年代，我的一位来访者决定将来要成为一名护士，因为她的叔叔说她会是个好护士。我上八年级时，老师返还了我写的第一首诗，在诗的旁边潦草地写着"老生常谈"四个字，我便在之后的二十多年里放弃了当作家的计划。

这种过度解释的倾向使人们很难与青春期的女孩讲道理，因为只要她们知道有一个例外，就会用它来争论，比如"其他人都可以在外面待到两点"，或者"我认识的每个人都可以在他们 16 岁生日的时候得到一辆新车"。她们会认为，因为邻居家的女孩有家长开车送去学校，所以宇宙中的每个女孩都应该如此。她们并不是想要操控一切，只是单纯地相信个例就能代表所有的情况。

青春期女孩都有一位心理学家所说的"假想观众综合征"。她们认为自己一直被他人监视着，她们会关注自己生活中最小的细节。例如，我有一个朋友想带望远镜去看女儿的足球比赛，女儿却因此不高兴，她说："其他所有的孩子都会知道你在看着我的一举一动。"另一个朋友告诉我，当她穿着牛仔裤和运动衫去参加女儿的学校会议时，她女儿感到十分焦虑。一个 12 岁的女孩和我说，和自己的妈妈一起去看演出会非常尴尬，因为她妈妈习惯把手举在空中鼓掌，如果特别兴奋，她妈妈有时还会大声喊："太精彩了！"这个女孩说："我简直不敢相信她会这么做！这样每个人都会知道她有多蠢了。"

青春期女孩会进行情绪性推理，即如果她感觉某件事是真的，那么这件事就一定是真的。如果一个女孩感觉自己像个书呆子，那她一定就是个书呆子；如果她觉得父母不公平，那他们就真的是不公平的。女孩把事实从情绪中区分出来的能力有限。女孩对某事物的看法似乎就是事实，这样说来，思想还是有魔力的。

年轻女孩的思想以自我为中心。也就是说，她们无法关注除自己外其他任何人的感受。父母通常把这种自我中心主义视为自私，但这并不是性格缺陷，只是特定发展阶段的特征。20 世纪 90 年代的父母抱怨说，他们的女儿很少做家务，却声称"家里的活儿全是我干的"。一位母亲说，她的女儿希望她花几个小时开车接送自己，只为节省几分钟的步行时间。

在 20 世纪 60 年代，许多少女认为她们是不可战胜的。她们拒绝系安全带，也不愿考虑怀孕的可能性。在 1994 年的少女身上，我仍能看到那种刀枪不入的感觉。例如，我的一个来访者在一家康复中心做志愿者，她知道很多受伤病人的故事。有一天，在听了一个与她同龄的男孩特别悲伤的故事后，我脱口而出："好吧，至少现在你会系好安全带了。"她惊讶地看了我一眼，说："并不是，我根本不会遇到车祸这种事。"

然而，我越来越少看到那种刀枪不入的感觉了，它被女孩或她们朋友生活中的创伤击碎了。大多数 12 岁的孩子知道他们可能会受伤，他们也会看报纸和电视中的报道。我的来访者更多地谈论着死亡，她们有更多充满暴力的梦境，更多令人毛骨悚然的幻想，更多对未来的恐惧。

不要把这个问题看得太简单，这一点很重要。有些孩子比其他孩子拥有更多安全感。比如，在有爱的社区和稳定的家庭之中生活的洛丽和有着创伤史的夏洛特相比，就没那么脆弱。对这个世界的危险的觉察可能在一夜之间发生，也可能是一个渐进的过程。同一个女孩可能会在不同的时间有不同的想法。这一周她会锁上门，为潜在的危险而担忧，下一周她就会相信自己能击退任何攻击者。但到了 1994 年，大多数青少年不再像我小时候，甚至 20 世纪 80 年代的青少年那样，觉得自己无懈可击。

有的女孩坚持以真实的自我面对痛苦的想法、矛盾的信息和认知混乱，有的女孩则以虚假的自我来面对。审视和理解经历的意义是一项困难的任务，而她们总被诱惑着放弃思考、过度简单化问题，从而回避这一任务。以虚假自我来面对生活的女孩，经常会通过扭曲现实使得外部世界更容易被掌控。一些女孩会加入邪教组织，这些组织会为她们做所有的决定；有些女孩开始厌食，她们把生活中所有的复杂问题都归结到自己的体重上。

在 20 世纪 90 年代，像夏洛特这样的女孩会竭力避免思考自己的人生。她们逃避对生活的审视，寻找也在逃避的同伴，逃避敦促她们考虑自己行为的父母。夏洛特在做决定时深受同辈人的影响，她好像一艘没有龙骨的帆船，随着风向摇摆，她缺少一颗"北极星"来引导她关注自己真正的需要。

对于那些与真实的自我紧密联系着的女孩，生活也并不容易。她们也会感到困惑，有时甚至不知所措。但是她们已经对自己做出了承诺，她们要努力理解自己的生活。她们会思考自己的经历，不断试图解决矛盾和建立事件之间的联系，从不放弃。她们可能会寻求父母、老师或心理治疗师的帮助，也会阅读或写日记。她们会犯很多错误，误读很多现实中的事件，但是坚持真实自我的女孩会尽力审视和理解自身的经历。

洛丽非常善于在做决定时审视自己的内心，她会仔细考虑各种问题，然后决定什么才是对她最好的。从那以后，她对同辈压力就有了免疫力。她开始为自己的人生掌舵，坚定地按照自己认为合理的方式行事，而不是随波逐流。

家庭中的自我

在美国，青春期在心理层面就相当于学步期。幼童学走路时，他们和父母之间的距离越来越远，青少年也在拉开与父母之间的情感距离。父母和孩子会不断讨论距离的问题。孩子想要探索世界，父母想要保护他们的安全。学步的幼童和青少年都有一个自由和安全之间的理想平衡点，若与父母对此有分歧，他们就会感到愤怒。

当然，自 20 世纪 50 年代以来，家庭环境发生了变化。离婚在我小时候并不常见，但在 20 世纪 90 年代却变得很普遍——每两段婚姻中就有一段以离婚告终，重组家庭成为最常见的家庭类型。平均每个成年人至少经历过一次离婚，一半孩子的一部分童年都是在单亲家庭度过的。许多家庭中，成年人无法保护他们的孩子，或未曾提供过保护。一些成年人挣扎于自己的问题，如抑郁症、吸毒、酗酒、极度贫困，往往没有精力尽父母之责。有些家庭的父母经常虐待或忽视孩子。许多孩子无家可归，住在寄养所或收容机构。

尽管如此，大多数父母还是在积极地为孩子尽最大的努力。不幸的是，在某种程度上，青春期的脚本中就包含着青少年和父母之间的冲突。在我的来访者中，当父母想要保护试图以危险的方式获得独立的女儿时，冲突就会发生。巨大的社会压力迫使青少年抛弃家庭，让自己融入同辈文化，并且成为独立自主的个体。

许多来访者不再想与父母有肢体接触。当父母靠近时，他们表情痛苦，惊惶而逃。这部分是因为他们对自己的身体有了新的认识，部分是因为他们想要表明自己的成熟。同时，这也是他们的宣言：“我需要足够的空间来做我自己。”

与此同时，女孩想和父母保持亲近，她们甚至会通过争吵的方式来保持与父母之间的联系。吵架既可以保持亲密关系，又可以表明距离。为此困惑的父母，尤其是母亲，会说她们的女儿总是故意挑起争端。一位母亲说：“我们甚至会争论天空是否是蓝色的。”另一位母亲说：“我们每天吵十次架，都是因为一些最可笑的事情。我感觉就像不断被小鱼咬，直到被咬死一样。”

女孩的很多行为与父母对此的理解相差甚远。她们的表面行为并不是全部，其深层结构是对独立自我的不断追求。这种疏远和敌意不是针对个人的。但理解女孩行事的原因并不能消除父母的所有压力。可爱的女儿拒绝被别人看到和父母同时出现在公共场合，女儿对"今天过得怎么样"的回答是摔门而去，父母因为打呵欠或削土豆皮的方式而受到批评，这些时刻都是令人难受的。

由于父母往往会忽视世界的变化，进一步的误解就会产生。父母会认为自己的女儿生活的世界与自己在青春期经历的世界相似，但他们大错特错。他们的女儿生活在一个被媒体信息渗透、被垃圾价值观淹没的世界里。女孩离开父母后，就向这样一个世界寻求成为成年人的指导。她们紧紧抓住新的东西，摒弃旧的东西。

音乐对大多数女孩来说很重要，它把女孩从家庭弹射到同伴的世界。文字无法完全表达她们情绪的强烈程度，而音乐可以。在音乐中，爱情攸关生死，小事件被戏剧化、被纪念。音乐比一般的成人语言更贴近女孩的情绪体验。不幸的是，很多女孩听的音乐给她们提供了大量与性相关的信息。在许多青少年喜欢的音乐中，谈及女孩的部分并不尊重女性，女孩甚至被看作发泄性欲的机器。

20 世纪 90 年代时，一个朋友给我讲述了她和她 11 岁的女儿谈到性这个话题时的经历。朋友非常尴尬，但又想给她女儿提供比她自己在这个年龄段得到的更丰富的信息。她艰难地说完了关于性的硬知识，然后分享了她关于健康的恋爱关系的看法。她也承认自己婚前有过性行为。女儿静静听着母亲分享她的性价值观。

一个小时后，她走进女儿的房间。正在播放的 MTV 中，一个穿着皮质比基尼的年轻性感女子爬上了一个年轻肌肉男的身体。她用口型唱出歌词，赞美他们前一天晚上的性经历。那个年轻肌肉男喝得醉醺醺的，已经记不起来前一天的场景了，于是她用一些露骨的细节动作来唤起他的记忆。我的朋友说："那时候我意识到，我和我的女儿生活在不同的世界，说着不同的语言。我女儿无法理解我进行婚前性行为的羞耻感，就像我无法理解这个穿着皮质比基尼的女孩一样。这是一个令人难过的发现。"

女孩会告诉我，进入青春期，她们与父母的关系发生了多么巨大的变化。她们中的很多人说自己曾经是"乖乖女"，但到了青春期，她们就不再是好孩子了。她们撒谎，做事鬼鬼祟祟，喝酒，抽烟，大喊大叫，不听话。这些女孩能意识到，她们做的选择是自我毁灭性的，但她们被紧紧束缚着，不得不这样做——她们认为只有书呆子才会和父母保持亲近。

像夏洛特一样由虚假自我操控生活的女孩，更有可能和她们的家人产生感情上的决裂。她们更容易受到同辈压力的影响，被迫拒绝听从父母的建议。她们更有可能引发严重的家庭矛盾。在虚假自我的操控之下，她们无法对同辈文化保持清醒的判断。她们放弃了自己最需要的关系，而只有这些关系才能保护她们免受那些自我贬低的经历的影响。

坚持真实自我的女孩更有可能保持和家人之间的关系的活力。她们虽然会和一些家人有所疏远，但不会完全抛弃自己的家庭。洛丽始终都爱着自己的父母，并且信任他们，即使她也有典型的青春期心理反应，比如，想要更多地远离父母，以及会为父母的小缺点感到难堪。

到 20 世纪 90 年代，父母扮演的角色已经有了显著的变化。父母本来是会帮助自己的孩子适应社会文化的，但到我写这本书的时候，许多父母在反抗那些会给自己的女儿带来伤害的文化。洛丽的父母和夏洛特的父母都是如此。他们想延长女儿还未涉及性、毒品、酒精和精神创伤的时间，让自己的女儿在此期间健康地成长和发育。社会环境对女孩来说是毁灭性的，而父母在其中奋力反抗，试图保留女儿在还未有显著的女性特征时的特质以及她们的完整性。大多数父母不再是社会文化的代理人，而是他们的女儿在青春期所面对的文化灌输的敌人。他们负隅顽抗，以拯救女儿真实的自我。

同辈中的自我

在 20 世纪 90 年代，女孩与父母渐行渐远，同龄人是她们世界中的一切。几乎和父母没有任何交谈的青少年会和朋友彻夜聊天。同龄人赞同她们的决定，支持她们新的独立的自我。这是一个在各种关系中不断深入探寻自我的时期。她们在不断试验他人会给自己怎样的反应。通过与朋友交谈，她们在不断确认一个重要的问题："我还行吗？"许多家长能证实，他们的孩子和朋友之间的交谈没完没了。切断青少年和朋友之间的联系是最严酷的惩罚，就像一个女孩所说："青春期的孩子如果被禁足，一定会发疯的。"

同龄人可以让青少年感到满足，促进青少年成长，然而，尤其是在青春期早期，同龄人也可能对成长产生毁灭性的影响。女孩会互相做替罪羊，这在美国是许多女孩很熟悉的一种普遍现象；那些不完全符合社会文化对女性特质的定义的女孩也会遭到许多女孩的憎恶。

和所有新近开始坚信某种思想意识的人一样，青春期女孩极有可能成为社会文化最有力的执行者和传播者。女孩无法实现那些不可能的目标，但会惩罚同样无法实现这些目标的其他女孩。她们争抢着使自己成为各种标准的设立者，以避免别人把他们的标准强加给自己。这些标准五花八门，比如必须穿设计师款的牛仔裤或皮衣，必须吸烟或画夸张的眼影等。其中的重点是，若不去取悦他人，那就是自杀式的社交。

对那些不怎么注意到社交压力的女孩来说，被当作替罪羊是社会控制的最终形式。做替罪羊的女孩会以一百种不同的方式被拒绝、戏弄、欺负和骚扰，聪明、果断、自信、太漂亮或不够漂亮的女孩很有可能会成为替罪羊。

女孩通常不会直接表达愤怒。与男孩不同，她们不能与敌人进行身体上的搏斗。她们通过阴谋诡计和戏弄他人来表达愤怒。她们会这样惩罚一个女孩：打电话给她，告诉她有一个聚会，但她没有被邀请，或者侮辱她的穿着或身材。她们用绰号和贬义的标签来实施惩罚，或者会针对某个女孩——通常是一个相对快乐的女孩，让她的生活痛苦不堪。

当然，这种回避是有代价的。这种痛苦常常使少女陷入绝望。就像一个女孩说的："你只能忍受别人的贬低，久而久之你自己也会相信他们的话。"

初中的时候，我的同学帕蒂很胖，行动有点儿迟缓。她受害最深。她的绰号是"猛犸象"，其他女孩当着她的面这样叫她。她做的任何事都会受到蔑视。有一年，她母亲在万圣节时带来了可爱的红色爆米花。大多数女孩不去吃它，即使她们光看着碗就会流口水，因为她们担心，如果吃了"猛犸象"妈妈做的爆米花，就会被"细菌"

感染。

我的同学经常拿这种"细菌"的说辞避开不喜欢的人。不受欢迎的女孩被认为携带了"细菌",任何接触到她们的人都会被"感染",除非立即把细菌传给另一个女孩。她们将很多课间时间都花在了"清除细菌"上。我从来没有参与过这种游戏,但我讨厌那些自己被贴上"细菌"标签的日子。而在那之后,我了解到这种游戏在全美各地是多么普遍。

和我十几岁时相比,1994 年时,毒品和酒精更容易获得,使用也更广泛。我在大学教课时,一位演讲者在课上讲述了他 20 世纪 60 年代初在内布拉斯加州一个小镇的生活。他说自己高中时,周六晚上,他的朋友送约会对象回家后,他们会买半打啤酒,然后划船夜游。演讲结束后,班上一名女生说,20 世纪 90 年代时,她就在那个演讲者的家乡生活。那个演讲者问她的生活有什么不同,她说:"孩子们不再只买半打啤酒,而是会买成箱的酒,而且女孩子也会喝醉。"

到了 20 世纪 90 年代,大部分青少年在七年级之前就已有过被提供毒品的经历。在摇滚演唱会或者夜场电影院,空气中充斥着大麻的气味。贩毒团伙在州际公路边进行交易,霹雳可卡因在郊区被贩卖。

许多女孩曾说自己在学校受到过性骚扰。虽然初中的男生经常会用与性相关的话题让女生难堪,但这种行为的程度也有不同。女孩会因为关于性的一切而被嘲笑:口交、阴毛、月经、外阴的形状。在90 年代,女孩经受的骚扰在数量和强度上都达到了前所未有的程度。她们受到的评价更关乎外表,更刻薄,对她们更具控制性。

1993 年,美国大学妇女联合会发表了一篇题为"敌意满满的走廊"的研究报告。报告称,在学校,70% 的女生经历过性骚扰,50%

的女生经历过非自愿的触摸。1/3 的女生自述有过关于自己在性方面的流言在学校传播的经历，1/4 的女生自述曾经被猥亵。这项研究发现，学校的教室和走廊是最常见的性骚扰发生地点。许多女孩因为惧怕受到更严重的骚扰而不敢说出自己的经历。

性骚扰通常会从言语评论发展到肢体接触。虽然也有女孩说自己曾被男性老师骚扰，但通常情况下，学生才是进行性骚扰的主力。一般来说，女孩不会把这些事告诉学校，但是一些女孩会因为此类事件而拒绝去上学。她们告诉我，她们就是无法面对在学校发生在她们身上的事。夏洛特在重返学校时也十分困难，在学校，当她经过走廊时，会有人叫她"荡妇"。另一位来访者曾抱怨，走向自己的储物柜时，男生会拍她的臀部、抓她的胸部。还有一个女孩不愿意乘坐校车去学校，因为男生会不断地用性话题使她难堪。

音乐、电视节目、电影，甚至色情音像制品，这些媒介让青少年直接接触到野蛮的、不带任何感情色彩的性。在社会文化关于性的混杂观点中，女孩被困在两难的境地。性，既是通过上帝联结的两人之间的神圣行为，却也是推销美黑乳液最有效的方式。

同辈压力迫使女孩成为某种特定的样子，但坚持自我的女孩会对此做出反抗。比如洛丽，她知道自己不会因为其他孩子在聚会上强迫她而喝酒或者抽烟。在性方面，她也有自己的看法，在自己没有准备好的情况下，她不会因为同辈压力就在性方面变得主动。她不会为了让自己变得超级受欢迎而做出任何妥协。她非常明白，要想被所有人接受，她必须放弃自我。

而夏洛特极其努力地想要得到同龄人的认可。在学校，她在性方面表现得非常主动。她想要在男生中变得受欢迎，最后却事与愿违。

她做出选择时，并不是根据自己的真实需求，而是根据其他人想要从她这儿得到什么，尤其是她的男朋友梅尔。正因为过于依赖同龄人的认可，她遇到了太多的困难。在我们初次会面时，她已经完全丧失了自我。

心灵的自我

历史上的许多理想主义者，比如安妮·弗兰克、圣女贞德，都是处在青春期的女孩。青春期的女孩会积极探求宇宙中的意义和秩序。通常，青春期是宗教危机或对人生问题的探索出现的时期。比如，女孩会问："人死之后会发生什么？经受苦难的意义是什么？"一些女孩会在宗教方面更加虔诚，并表示愿意为自己的信仰牺牲一切；而另一些女孩则会经历信仰危机。

我 13 岁时是一个虔诚的卫斯理宗信徒。后来，我读到了马克·吐温的短篇小说《斯托姆菲尔德船长漫游天国记》，在小说中，马克·吐温嘲笑天国，说天国里的人四处闲坐，整天弹琴游乐。这篇小说让我开始仔细审视我的信仰。15 岁时，我阅读了安·兰德的《源泉》和罗素的《我为什么不是基督徒》，和我的牧师、朋友争论上帝是否存在。

我的一位来访者在她 13 岁生日时正式接受耶稣为自己的救世主，并皈依了基督教。她遵循基督徒的生活模式，并且每天都会反省自己。她认为和上帝之间的联系最为重要，祈祷的时候是最重要的时间。她成为家里的宗教领袖，她父母的行事方式与基督教教义不符时，她就会指责他们。她还带领弟弟妹妹每天研读《圣经》。

青春期是理想主义盛行的时期。许多女孩在这个年龄阶段成为环境保护主义者，或者主张为穷人或病人提供救助。20 世纪 90 年代时，萨拉的一个朋友把自己的部分零花钱和午餐的三明治了无家可归的人。她把食物带到他们所在的街角，在他们狼吞虎咽时询问他们的生活状况。很快，她记住了大部分流浪者的名字。萨拉的另一个朋友参与监管金枪鱼罐头产业，确保在捕捞金枪鱼时没有海豚误入渔网；在商场里，她也对售卖皮毛制品提出抗议。

许多女孩在青春期成为素食主义者。她们喜欢小动物，并且为争取动物权利而积极行动。我认为，动物弱小无助、无法为自己发声，女孩因此很容易与它们产生情感认同，所以保护动物的事业才在女孩之中如此受欢迎。我认识的一个女孩曾经常常带着一枚徽章，上面写着："我们要为动物发声。"女孩和温顺的、毫无防御能力的动物产生认同，并且以强烈的理想主义和充沛的精力为拯救动物而努力。

20 世纪 60 年代是乐观主义和理想主义的时代。人权运动异常激烈，美国国内经济蓬勃发展，整个世界充满了各种可能性。许多女孩说自己向往那个时代的生活。在 20 世纪 90 年代，坚持乐观主义和理想主义则要困难得多。坚持真实自我的女孩会找寻到一些获得心灵安慰的方法，她们会为了让世界变得更好而努力。而由虚假自我控制自己行为的女孩则通常对于让世界变得更好抱有愤世嫉俗的态度，她们已经放弃了希望。只有与比自我更重要的东西产生联结，青春期女孩才能重获能量，与文化环境共处，为拯救世界而抗争。

青春期是一个变化密集发生的时期。身体、情绪、思想、学业、社交和心灵等各个层面的发育和变化，都发生在这一时期。在女性的一生中，青春期是性格形成最关键的一个时期，她们在这一时期的选择甚至会预示她们接下来的人生。

当然，这些对青春期的高度概括并不适用于所有的女孩。有的女孩小时候生活很艰辛，小学时期就没有快乐的经历；还有的女孩则在保护之下平稳度过了她们的初中时期。不同女孩面对的问题的程度也不同，她们出现问题的时间也各不相同，从9岁到16岁左右都有可能。

另外需要注意的是，我对初中女生的了解都是从高中女生那儿得来的。我听她们讲述了在初中时，各种规章规范的约束力都消失之后所发生的事情。许多女孩在初中阶段的想法、情绪和经历过于混乱，因此无法清晰地讲述出来。她们对成年人的信任度也非常低。初中的女孩都身处于飓风中心，与外界没有太多的交流。

从20世纪60年代到90年代，世界发生了巨大的变化。但在20世纪90年代，青春期女孩的发展需求却几乎没有任何改变。我青春期时需要（20世纪90年代的女孩同样需要）父母的关爱、正确的价值观、有用的知识、友谊、人身安全、行动自由、对自我独特性的尊重以及对成长为一个终有所成的成年人的鼓励。

像洛丽这样幸运的女孩，经历过各种艰难险阻，仍保持着真实的自我。但是，所有女孩都会感受到痛苦和困惑，没有人能够轻易地解决这一阶段困难而复杂的问题。所有女孩都十分了解朋友的苦恼、要变得美丽的压力，以及作为女性所要面临的危险。所有女孩都在压力之下牺牲了自我的完整性，以使自己被他人所爱。正如《哈姆雷特》中的奥菲莉娅一样，所有女孩都有溺亡的危险。

1994年时，青春期女孩似乎都有很大的麻烦，她们会在怀孕、忍受性传播疾病、酒精和毒品成瘾、学业不佳时前来接受心理治疗。

在父母面前，她们心情阴沉、毫不顺从，经常和家长发生冲突。在1994 年到 2007 年间，女孩的心理健康水平几乎在所有方面都有所提升。女孩自述自己拥有更多幸福感、自信心和稳定感。女孩的家庭关系也有所改善。学校也做出了切实的努力，以鼓励女孩学习数学和科学。毒品和酒精问题、抑郁症、扰乱公共秩序的行为和违法行为都迅速被女孩所摒弃。接着，随着手机的出现，女孩的心理健康指数骤降。

如今，女孩更加顺从，表现也更好。她们喜欢自己的父母，并通过语言和肢体动作来表达自己对父母的爱。但是，我们还是认为1994 年的女孩更加幸运——她们的问题就在表面，我们所有人都能清楚看到，并且最终会与她们讨论；她们更多地经历着现实世界的创伤，但也更多地被治愈。在很多案例中，她们因为自己的经历而变得更强大，她们掌握了适应性的技能，并且更愿意和朋友一起向外探索世界，同时社交能力也得到了发展。因此，她们中的大多数人在离开家庭庇护时，已经变得足够独立。

今天的女孩往往会独自在房间里看电视剧或者玩手机。她们依赖父母生活的时间会更长，并且不再对自己的生活技能有信心。青春期女孩独立处理问题和照顾自己的机会更少了，父母常常就在她们身边，或者接到女儿的电话后就会马上出现。她们的父母通常扮演着保护者、司机、生活必需品供应者的角色。总体来看，如今的父母会感到和女儿距离更近，但他们常常觉得自己并不了解女儿，因为他们无法走进女儿的网络世界。父母明白自己应该帮助女儿适应快速变化的文化环境，但他们不知道自己如何才能履行这一职责。没有人能知道未来会发生什么，也无法为之预加防备。

　　与 1959 年或 1994 年相比，在 2019 年，青春期发展更加缓慢。许多女孩到 20 多岁时，父母依然是她们的经济来源。年轻女性参加工作时的年龄更大，并且会在快要 30 岁或 30 岁出头时才结婚，甚至不结婚。父母通常会认为，即使在女儿高中毕业很长时间之后，自己作为保护者的职责也应该一直延续下去。

　　贝莉是我们为这本书的新版采访的对象之一，她在美国东北部一个为高中女生开设的夏令营中做辅导员。这个夏令营指导女孩攀岩、野外定向和悬崖蹦极，并且通过冥想、成果日记、自我表扬等形式，让女孩认识自我、尊重自我，从而变得更加强大。

　　贝莉说，她在做辅导员时，看到了女孩非常喜欢夏令营，并且每一天都变得更坚强、更自信。她们也体验到了真正的集体感和共同建立起的团队精神，特别是在完成了一项全新的巨大挑战后（比如激浪漂流），她们会士气大振。

　　贝莉讲述了夏令营中极度开心的一天——女孩在那天成功徒步登顶，她们筋疲力尽，但兴奋极了。徒步结束后，她们回到巴士上，便立刻掏出了自己的手机。她们从团队中脱离出去，查看未读的信息时，心情变得暗淡。数秒之间，兴奋和快乐都消失不见了，大家都像泄了气一般，丢失了刚刚建立起的自信心。

　　贝莉回忆起另外一天，她的营员在歌唱和徒步中度过了下午的时光。她们看到了一头黑熊在一个瀑布边踩水玩。所有人的心情都非常欢快，贝莉让她们回房间去换泳衣，并且告诉她们："5 分钟之后回来集合。"

　　在独处的 5 分钟之内，所有的女孩都查看了自己的手机，并且在回来之后心情大为不同。一个女孩收到了父母发来的短信，并为之大哭；一个女孩被卷入了一场"评论之战"，并且学校里的一个女生小团体全都取关了她；一个女孩发现自己的男朋友给她好朋友的一张露骨自拍点了赞，便不断在想这件事意味着什么；还有一个女孩因为一个表情符号而忧心忡忡。

这些女孩都喜欢野外夏令营。她们在家时，生活中塞满了各种计划，生活节奏也很快。而在夏令营时，日程安排非常轻松，她们相互交流和睡眠的时间都很充足。她们白天都在户外度过；到了晚上，就在星空下围坐在篝火边。她们以团队的形式参与，互相支持着彼此的成长和技能提升。

贝莉希望夏令营能有一条"零电子设备"的规定，然而，她认为这样做也会非常复杂。有些父母希望能够和自己的女儿随时保持联系，他们坚持认为必须允许女孩们使用手机；有些父母则支持这一规定；还有许多女孩说如果不允许她们使用手机，她们就不会来参加夏令营了。

正是因为网络，青少年各个层面的发展（身体、认知、情绪、社交关系和心智成熟度）都发生了变化。女孩不再工作、读书、学习、和家人或邻居交流、运动，或思考自己的人生，而是把全部时间都花在网上。她们也不再向外探索世界以迎接人生中的真实挑战。

如今的女孩和 1994 年的女孩一样，经历着情绪的跌宕起伏。她们的情绪很难得到调节，并且抗压能力还在发展过程中。格雷西找不到鞋子时，就会朝着妈妈大呼："快来帮帮我啊！我遇到大麻烦了！我找不到鞋了，我要迟到了！"然后她找到了鞋子。她笑着大叫："危机解除！"

邻居家一个可爱的 13 岁女孩有一次说："我这个星期已经发了

20 次脾气，然而今天才周一！"

由于激素水平的变化、身体的发育、中学生活，以及其他许多到13 岁时会遭遇的挑战，女孩的生活变得极度戏剧化，甚至像歌剧一般夸张。手机和平板电脑上时不时跳出来的信息更增强了她们日常生活的戏剧化程度。

《i 世代》这本书中写道，比起在 20 世纪 60 年代和 1994 年，如今的女孩花在学习和读书上的时间更短了。在焦点小组中，肯德尔说："女孩在推特和 Snapchat 上了解新闻，但想想那些标题党的内容就知道，这并不是理想的方式，然而我不知道还有谁会从报纸或者电视上了解新闻。"杰达开玩笑说，她不再会从书本中寻找答案，而是会直接去询问"谷歌大学"。当然，如果社交媒体成为女孩最重要的老师，那么教育的质量将会大打折扣。

另一个因素也很重要。研究表明，经常使用社交媒体会大大缩短注意力集中的时间。女孩学会了如何在一毫微秒之内思考和行动，这会引发多动症，增强行为冲动性。成熟的心智代表着耐心、毅力和冲动控制，而冲动正是我们期望看到的成熟心智的反面。

青春期的女孩会与朋友保持持久的联系，但 96% 的联系是通过电子设备进行的。2009 年到 2015 年间，和朋友一起共处的青少年数量下降了 40%。如今，青少年很少会和朋友一起去购物或看电影，甚至很少以面对面的形式与同龄人度过一段时间。事实上，相比过去的青少年，这一代青少年甚至更少参加派对。虽然这会使父母更安心，但青少年若没有共处的时间，会错过培养社交技能、互相讨论内心感受和生活难题的机会。他们也无法学会如何与他人分享、如何解决矛盾。青春期是发展建立社交关系的能力的时期，这一能力对成为成熟的成年人是必要的，但这一能力无法通过推特或 Instagram 获得。

即使女孩面对面交流的机会减少了，同龄人还是拥有比过去更强大的影响力。同龄人会全天候不间断地传递赞同或反对的信号。依赖于网络的社交关系是朋友、家人和社群的劣质替代品，它的稳定性更弱、回应性更强、共情程度更低。

霸凌的情况总有发生，但女孩在网络上经历的刻薄、令人不快的行为比面对面交往时更甚。人们在线上交流时，不会与任何人有眼神交流，因此恨意更容易传达。在社交网络上，青春期女孩也更有可能残忍地对待老师和其他女孩。在一次小组访谈中，一个女孩告诉我："我们有一个发泄对老师的厌恶的网站，同学们在上面发了很多糟糕的东西。我一开始也发了，但后来我决定不再那样做。"

所有线上霸凌和语言侮辱都会增强女孩的受害者心态，降低她们的自信心、控制感和共情能力。明尼苏达大学发表了一份对 1979 年到 2009 年间 72 项研究的综述，并得出这样的结论：与 1979 年相比，2009 年的青少年和大学低年级学生的共情能力下降了 40%。长时间地使用电子设备也导致了人与人之间的不信任，带来被背叛的感觉。事实上，女孩盯着屏幕的时间越长，就越容易产生抑郁情绪。

在 2019 年，成年人可以为青少年提供的最有力的支持就是帮助他们与他人进行面对面的交流——鼓励他们参加体育活动、参演话剧，或者参与其他有组织的、有真正人际交流的活动。父母可以鼓励女孩举办或参加睡衣派对、舞会，或者野外露天烧烤等能够让青少年参与合作、互相沟通的活动。

同辈辅导也可以体现出面对面交流的重要性。通过咨询和辅导，青少年帮助彼此学习如何与他人进行深度讨论。为达到一个共同目标而与他人合作时，学生所具有的积极行动的精神也会帮助他们成长和变得更成熟。

好消息是，如果女孩有机会与外界产生真正的联结——与他人谈心、阅读，或进行创造性活动，那么她们终将绽放。如果她们能够与他人或真实自我保持联结，她们会拥有更多幸福感，并且会在情绪、社交等方面获得成长。她们的同理心会得到发展，会感觉自己坚不可摧，会对自己的能力更有自信。

我们的焦点小组和个人访谈表明，女孩喜欢深度的对话，也希望有机会能够反思自己的真实自我。如果有成长和学习的机会，女孩会热情高涨地去探索自我和世界。所有青春期早期的女孩都会以自我为中心，社交媒体更是增强了这一倾向。但是，如果她们以有意义的方式与真实的人进行交往，她们很快就会在判断力和道德想象力方面有所收获。我们成年人可以帮助女孩从不同方面感受与真实世界、有意义的工作和各个年龄段的朋友之间的真正联结。

第 *4* 章

从过去到现在
(1959—2019)

凯茜让我想起了我的少女时代——她有着棕色的长发、蓝色的眼睛、笨拙的平胸身材，看起来似乎与我有亲缘关系。我们都喜欢在树林里散步，我们读诗的时候都会因感动而流泪。她想参观大屠杀博物馆，并且想加入和平队[①]。比起穿着打扮，她更喜欢读书，并且对钱毫不在乎。她爱她的父母，尽管他们现在正在商议离婚，没有精力照顾她。在学校里，她害羞、勤奋、善于倾听。

　　我在 1963 年时 15 岁，凯茜在 1993 年时 15 岁。我像她这么大的时候，从来没有过接吻的经历，而她正在因为遭到性侵犯接受治疗。她双手叠放在膝盖上，低着头，低声讲述了事情经过。

　　凯茜被代数课上的一个女生邀请去参加一个聚会。这个女生的父母都去了外地，她本应和一个朋友住在一起，但她却组织了一个聚会。孩子们可以用她父母的热浴盆，而且可以轻易打开他们的酒柜。凯茜接受了邀请，但她打算在大家开始失控的时候就赶紧离开。她把自己的真实计划告诉了母亲，只是没有提到那个女生的父母不会在

---

① 和平队（Peace Corps）是根据 1961 年美国肯尼迪政府的行政命令，以"促进世界和平和友谊，帮助其他国家和地区的人民获得训练有素的人力资源"为目标而成立的一家志愿服务组织。——译者注

场。她母亲正忙着办理离婚手续，没有过问更多的细节。

一开始，聚会进行得还算顺利，虽然有很多吵闹的音乐和令人不适的玩笑。凯茜很开心自己参加了那个聚会——一个经常一起吃午餐的男生邀请她跳舞，还有一个她并不熟识的啦啦队队长邀请她去看电影。但是，到了晚上 11 点钟，整个房子里挤满了人，大家都在喝酒。一些孩子在呕吐，另一些在做爱。一个男孩把桌子上的灯碰掉了，还有一个男孩在墙上踢了一个洞。凯茜想回家了。

她溜到楼上的卧室去取外套，却没有注意到一个男生跟着她进了房间。他知道她的名字，并且让她亲他。她摇头拒绝，在床上的一堆衣服里找她的外套。他蹑手蹑脚地走到她身后，把手伸进了她的衬衫里。她叫他停下，并试图把他推开。然后事情发生得很快。他抓住她，叫她贱货。她想挣脱，但他把她按在地上，捂住她的嘴。她想反抗，但力气不够大，也没有足够的攻击性。他肌肉发达，喝得醉醺醺的。她对他乱踢，他却丝毫感觉不到疼痛。因为吵闹的音乐声，楼下没有任何人听到她的声音。十分钟后，一切都结束了。

凯茜打电话给她母亲，让她来接自己回家。她母亲到达之前，她自己在外面瑟瑟发抖。凯茜把事情的经过告诉了母亲之后，她们一起哭了起来，给凯茜的父亲和警察打了电话，然后开车去了附近的医院。凯茜接受了身体检查，见了一位危机干预心理顾问。

两周后，凯茜来到我的诊室接受治疗，不仅因为她被强奸了，还因为她在学校受到了指责。对她实施性侵犯的那名男生在审判结果未定时，已被田径队暂时除名，于是他的朋友迁怒于凯茜，因为她使这名男生遇上了麻烦。还有学生认为是凯茜勾引了他，或者认为她去参加那个聚会就活该遇到这样的事。

　　凯茜让我意识到一个重要的事实：1993 年的女孩的经历与我和我的朋友在 20 世纪 60 年代的经历完全不同。在 20 世纪 90 年代，要想帮助女孩，我必须去探索一个全新的世界。我必须放弃我对她们的世界原有的看法，必须用新的眼光来看待她们的处境。我必须先向她们学习，才能为她们提供帮助。

　　我在青春期时，住在一个只有 400 名居民的小镇上，我的母亲是一位医生，父亲卖玉米种子、养猪。我在骑自行车、游泳、读书、弹钢琴、和朋友在杂货店喝柠檬汁中度过每一天。我养过各种小动物——从猎人那里买来的小土狼、从高速公路上捡来的乌龟、春天时被大雨从树上冲下来的小鸟、被狗从窝里拽出来的老鼠、在城镇边的田野里抓到的蛇和兔子。

　　我有 11 个叔伯婶娘和 30 个表亲，他们会经常来看望我。女性长辈一起做饭，照看婴儿；男性长辈一起打马蹄铁和钓鱼。晚上，所有人一起打牌。我的祖父会背几首打油诗，或者给我们表演纸牌魔术。谈话是我们最主要的娱乐，我们表兄弟姐妹之间互相谈论自己镇上和家里发生的事情，哥哥姐姐的世故给弟弟妹妹留下了深刻的印象，孩子也会坐着听大人讲故事和谈论政治。我最美好的记忆就是在隔壁房间的谈笑声中入睡。

　　我们的词典中没有"媒体"这个词。我在 6 岁时才第一次看电视，我躲去了沙发后面，因为牛仔的枪把我吓坏了。我 8 岁多时，家里才有了一台黑白电视机。我们只能看一个频道，电视屏幕只有颗粒状的图像，并且它大部分时间都在测试模式中。

　　十几岁的时候，我看了《米老鼠俱乐部》、《美国舞台》和《埃德·沙利文秀》。父母不让我看《梅森探案集》或《荒野镖客》，因为他们认为这些电视剧有太多暴力元素。镇上有一家每隔一周就会上映一部新电影的电影院。这家影院的老板非常顾家，他会仔细挑选放映的电影。他的妻子会卖给我们咸爆米花、可可软糖和可乐。孩子们会在周六下午去看电影，大部分时间在互相暗中观察，或者和朋友一起大笑。

20世纪60年代早期，45转黑胶唱片非常流行。我听了很多埃弗利兄弟、罗伊·奥比森和猫王的伤感歌曲。我最喜欢的歌曲是猫王的《降服》，这首歌的歌词让我振奋，让我充满了对未知事物的渴望。我父母不让我听鲍比·达林的热门歌曲《乘法》，因为它太具有暗示性。我学会了扭摆舞———一种当时被认为非常大胆的舞蹈。

在我生活的群体里，金钱和炫耀性消费是被淡化的。有些人确实比别人富有，但炫耀高收入会被认为是粗俗的。我们买东西都会去西奥博尔德杂货店和瑞克苏尔药店，都会从西尔斯和杰西潘尼的商品目录上订购衣服。一位患有哮喘的农场主遗孀家里有全镇唯一一台空调。在冰激凌店和台球厅出手阔绰会被认为是愚蠢的。

放学后，我在母亲的诊所工作。我给注射器和橡胶手套消毒，或者清点药片的数量。我把挣的钱存进了我的大学账户。到了初中，我把收到的大多数礼物（瓷器、皮箱、字典和手工刺绣的枕套）放进了我的嫁妆箱里。

当时，美国国家卫生总署还没有发布关于吸烟危害的报告，到处都有人抽烟。在卫理公会青年联谊会上，我们看了一些关于饮酒或吸食大麻的人如何堕落的电影。电影中的女性因为接触酒精而走向堕落和毁灭。看完这些电影后，我们在绝不喝酒或吸食大麻的承诺书上签字。上了大学后，我才打破这份承诺。

正如托尔斯泰深知的那样，无论哪个时代，无论身处何地，幸福的家庭和不幸的家庭都同时存在。20 世纪 50 年代，家庭的不幸在多数情况下是不会公开的。离婚并不常见，并且被认为是可耻的。我没有任何父母离异了的朋友。我们所有的痛苦都会隐藏起来，即使是发生了身体和性虐待，也不会宣之于口。生活在虐待家庭中的儿童和妇女只能默默受苦。对于那些生活不幸的人来说，他们无处可去。我朋友苏的父亲在地下室上吊自杀后，她缺了一个星期的课。她回来后，我们像以往一样对待她，就像什么事都没发生过一样。我和苏在第二十五次的班级聚会上才第一次谈起她父亲离世这件事。

那时也有残忍之事——酗酒者和毒品上瘾者会被当众羞辱，而不是得到帮助；患有精神疾病和身体残疾的人也会被嘲笑。《绿河条例》被强制执行，该条例允许人们将不受欢迎的人——陌生人、商贩，尤其是来自外地的有色人种——拒于门外。

大多数母亲是家庭主妇，她们在放学后给孩子们端来巧克力蛋糕和牛奶。她们可能因为终日为男人、孩子和整个社群服务而过着悲惨的生活，但当时还是一个孩子的我并没有注意到这一点。

大多数父亲在市中心开店，中午会步行回家吃午饭。几乎没有人会雇保姆。所有人都去同一个辣椒酱集会①和镇上的集市。大人总在附近密切注意着周围的一举一动。有一次，我从一位老太太的灌木丛中采了几枝紫丁香，还没来得及把花束拿回家，她就给我父母打了电话。

---

① 辣椒酱集会（Chili Feed）通常是城镇内的小范围集会，人们可以在集会上品尝或展示自己的辣椒酱，并且参加集会的门票钱多用于募捐。——译者注

　　成年人对规则有共识，并且会按规则去执行。青少年从未接触另外的价值体系，并且他们叛逆的方式也更温和——梳大背头、穿紧身裙和听摇滚乐。大人会开玩笑说青少年有多么麻烦，但大多数父母为他们的孩子感到骄傲，他们没有 20 世纪 90 年代青少年家长那种紧张的面孔和焦虑的谈话。

　　男性掌握着大部分的公共权力。州长、参议员、众议员、市长和市议会议员都是男性，在市中心经营商店的也是男性。我的母亲是镇上第一位"女医生"，因此遭受了一些痛苦。人们认为她不像其他女人那样有女人味或淑女风度，而且不像隔壁镇上的男医生那样医术高明。

　　不自觉的语言使用会显示出词语的特指性——人们用"he"（他）指称领导，用"she"（她）指代飓风和秘书，人类的英文是"mankind"（字面意思为"男人的类属"）。男人创造了历史，写下了巨著，赢得了战争，指挥了交响乐，创造了永恒的艺术作品。我们上学时读的书是男人写的，内容也是关于男人的。女教师和我们分享了这些故事，她们没有对自己被排斥发表任何评论。

　　肯特、萨姆和我是优等生。老师称赞他们聪明、有创造力，而我受到表扬的原因却只是学习努力。老师鼓励肯特和萨姆去外州的大学学习法律或医学，而我却被鼓励去州立大学学习成为一名教师。

　　一种无处不在、低调的厌女症充斥着我们的世界。岳母、女司机、丑女都是幽默的笑料，男人必须是"一家之主"。傲慢的女人很快就会受到惩罚，她们的丈夫也是如此，因为他们允许自己"怕老婆"。女人的言谈被认为不如男人的言谈那么重要。女孩被告诫说"聪明是不明智的"，我们应该"让男孩追我们，直到我们抓住他们"。

到了初中，女生活动就和男生活动大为不同了。为了让我们养成优雅的步态，我们会头顶着书在体育馆里走来走去，男孩则在做运动。男童子军会去露营和钓鱼，女童子军则去卖饼干，学习缝纫、烘焙和照顾孩子。

有一年夏天，我如饥似渴地阅读《彻丽·埃姆斯》系列小说，其中的每一部中，彻丽都会遇到一个新的年轻医生，然后在美丽的布景下发生一个天真的浪漫故事。谢天谢地，我还读了《南希·德鲁》和《达娜女孩》这两组系列小说。那些少女侦探能干而自信，敢于冒险。她们对我来说，是活泼好动的典型榜样。她们有男朋友，但她们总是抛下男朋友而去解谜。

在 20 世纪 50 年代和 60 年代，男孩更喜欢和在各个方面都不如自己的女孩约会。只有女孩的吸引力不受影响时，女孩的成就才会受到重视。过高的教育水平或过大的野心被认为是毫无魅力的。我在高中的一次集会上获得博二伦科学奖时，快要尴尬死了。

性被视为是一种由上帝控制的强大力量。凡事都有其具体规则和委婉说法。"除了清洗的时候，否则别碰你的私处。""永远不要轻易和男人上床，否则他第二天早上会对你毫无尊重。"性是我最困惑的问题：我不确定女性身上有多少个孔口；我知道女孩和男孩一起做某些事将会带来孩子的出生，但我无法想象那具体是什么。我不理解黄色笑话，也不懂充斥于歌曲中的性暗示。上初中的时候，我以为"通奸"这个词的意思是"像成年人一样行事"[①]。

我一个女生朋友的表姐会把言情小说杂志藏在床底下。有一天，

[①] 在英语中，"adultery"（通奸）和"adult"（成年人）词根相同，所以作者会有这样的误解。——译者注

她去参加一场棒操比赛时，我们偷偷溜进她的房间去看那些杂志：年轻漂亮的女人被欲望征服，被英俊的英雄征服。细节模糊不清。两个人倒在床上，女人的衬衫解开了。她的心扑通扑通地跳着，脸色苍白。接着作者会描述窗外的狂风骤雨，或者床边花瓶里的花瓣轻轻掉落。我们离开时，对到底发生了什么仍然感到十分困惑。

性有着可怕的一面。我一个朋友的父亲告诉她："千万不要怀孕！如果你怀孕了，来找我，我会用上好子弹的枪等你！"我一个表亲因为怀孕而不得不结婚。她曾私下对我说，她是被男朋友勒索才和他发生性关系的。她是返校舞会的最佳女生候选人，而他说只有她让步，他才会和她一起去舞会。他声称自己下体疼痛，只有性才能消除这种痛苦且不健康的状态。

洛伊丝和卡萝尔给了我最重要的教训。洛伊丝14岁，身材矮胖，不喜欢出风头，她最大的成就是连续八年坚持在主日学校全部出勤。一个星期天的早上，她没有出现，我提到这件事时，老师却避而不答。那一段时间，没人告诉我洛伊丝发生了什么事。最后，我太着急了，我母亲终于告诉了我她的事情——洛伊丝和一个在她父亲杂货店工作的中年男人发生了性关系，而后怀孕了。他们结了婚，住在城南的一辆拖车里。她被学校开除了，至少在孩子出生之前，她不会再去教堂了。我再也没见过她。

卡萝尔是一个身材瘦削、长着雀斑的女孩，她生活在一个农场，有着一个大家庭。她寄宿在我们的邻居家里，在城里读高中。晚上，做完家务后，卡萝尔会过来和我一起玩。一天晚上，我们正站在前院，一辆载满男孩的车经过，叫她一起去兜风。她犹豫了一下，然后同意了。一个月后，怀孕的卡萝尔被送回了她家的农场。我很担心

她，因为她告诉我她父亲会用皮带和衣架打孩子。我父亲告诉我要从
卡萝尔的错误中吸取教训，尽量不要和男孩子一起坐车。我把他的话
奉为真理，过了好几年，我才能心无芥蒂地和除了表兄弟外的其他男
孩一起坐车。

在我们镇上，为男孩定的规则很清晰——他们应该喜欢性行为，
并且只要有机会就去做。他们可以期待和放荡的女孩发生性关系，但
是不能和好女孩，至少要和她们约会很长一段时间才可以。对男孩来
说，最大的问题是需要获得经验以证明自己是男人。

为女孩定的规则要复杂得多。人们告诉我们，性会毁了我们的生
活和名誉。我们被鼓励要性感，但不要放荡。人们对"欲迎还拒"的
女孩和"故作高冷"的女孩都嗤之以鼻。女孩很难在诱惑和拘谨之间
找到恰当的平衡。

这些为男孩和女孩定下的规则使他们在周六晚上的约会中彼此都
很别扭。男孩试图争取他们想得到的东西，而女孩试图阻止他们。这
导致了许多令人汗流浃背的摔跤比赛和被毁的舞会之夜。违反规定的
最大危险是怀孕。那时，避孕药还没有普及，堕胎也还未合法化，梅
毒和淋病是最常见的性传播疾病，这两种疾病都可以用新的神奇药
物——青霉素来治疗。

社群的价值观不包括性开放和对性的宽容。意外怀孕的老师一旦
显怀，就必须离开学校。我的女生朋友都不承认自己有性行为。整
个社群都否认任何乱伦和强奸行为，官方也没有任何对相关事件的
报道。

还有很多虚伪的人和事。我们镇上有一个有钱人，大家都知道他
是个吝啬鬼。女孩都说他像"龙虾"一样紧紧钳着自己的钱，并且我

们都知道要避开他。但是因为他的家庭显赫，没有人告诉他不应该那样做。

在我们镇上，男同性恋会遭到无情的嘲笑。大家都知道的一个同性恋是一个牧师的儿子。他因为向另一个男孩索吻而犯下"滔天大错"，从此过着孤独和被取笑的噩梦般的生活。在上大学前，我从来没听说过"女同性恋"这个词。

镇上的"外人"，如社会主义者、印第安人或黑人，在小社群里会受到排斥。餐馆的招牌上写着"我们有权拒绝为任何人提供服务"，以此来阻止非白人顾客。成年人会讲种族主义笑话，对他们从未遇到过的种族抱有种族歧视。我上大学时，父亲警告我不要和"黑鬼"跳舞或说话，否则人们会认为我是下等人。"犹太式砍价"（Jewing someone down，指大幅度的砍价）和"印第安式赠礼者"（Indian giver，指将礼物送出后又绞尽脑汁将其索回的人）这样的词语是日常语言的一部分。

在万圣节推倒垃圾桶和独立厕所就是所有的犯罪行为。镇上没有人会紧锁家门，我们镇的治安官的主要任务是寻找走失的宠物和超速者。无论是天黑之前还是之后，我都可以去任何地方，我的父母也不会担心。我最痛苦的经历是读了《安妮日记》后，意识到在某些地方，人们可能是非常邪恶的。

当我回忆起我的童年时，马克·吐温的那句话提醒了我："年纪越大，我就越清楚地记得那些从未发生过的事情。"记忆更像是做罗夏墨迹测验，而不是调出电脑档案——它是高度选择性的，能揭示一个人的深层性格。当然，其他人的经历可能截然不同，但我的记忆里，小城镇的生活节奏更慢、生活更安全。所有人都认识彼此。有时这让人感觉世界很舒适，但有时这让人感觉世界又小又压抑。

我的来访者凯茜就读于一所有 2300 名学生的高中。她从来不认识老师的孩子，也不认识邻居的表亲。她结识别人时，不会试图在一个复杂的亲属关系网络中给他们确定一个位置。她去买牛仔裤时，从没有指望过店员会问候她的家人。

凯茜很少会去看望大家庭中的亲人，在她父母离婚后更是这样。她的亲戚散住在全美各地。她所在社区的大多数成年人都有工作。到了晚上，人们不会坐在门廊上，相反，他们更喜欢后院平台的隐私空间，这保护了他们的私人生活。空调更是让每个家庭都与世隔绝。在炎热的夏天，无论白天还是晚上，人们都在室内"乘凉"。凯茜更了解媒体上的名人，而不是同一个街区的其他任何人。

比起我那个时候的青少年，凯茜与父母的争斗更为激烈——她大喊大叫，咒骂他们，指责他们试图控制她，并威胁要逃跑；她的父母也比前几代人更能容忍这种暴露在外的愤怒。我不确定我这一代的女孩是更压抑还是更快乐。有时我认为，这种情绪外露是一种进步，但是，尤其是当我和那些饱受困扰的母亲交谈时，我又会产生怀疑。

凯茜一出生就被媒体包围着。她家有一台录像机、一套立体声音响系统、两台彩电和六台收音机。凯茜在收音机的声音中醒来，在去学校的路上会打开汽车音响，在学校会看录像，然后回到家还有音响、收音机、电视或电影可供选择。一天 24 小时内，她可以在 40 个频道中进行选择。她也会边听音乐边学习。

凯茜和她的朋友从一出生就被广告淹没了，他们非常了解品牌名称和商业广告。虽然她的大多数朋友认不出高速公路边上的内布拉斯加州州花——秋麒麟，但她们能在一百码开外的地方就认出一个广告牌上的苏打水品牌，也会没完没了地唱那些广告歌曲。

多年来，凯茜一直都在接触复杂的广告。她在广告中听到，幸福来自消费正确的产品。她能识破那些小谎言，并且知道大人经常为了赚钱而对孩子撒谎。她并不认为这是一种罪恶，她称之为"营销"。但我不确定她是否识破了这个弥天大谎——消费品对幸福至关重要。

凯茜比我有更多的机会接触到书。我的选择范围被限制在一个只有快餐店大小的城市图书馆和一个流动图书馆，而她则拥有一个有六个分支的公共图书馆系统和一个像体育馆那么大的学校图书馆，她还订阅了几本流行杂志。但她读的书比我少，尤其是我喜欢的经典名著，如《简·爱》《白鲸》和《还乡》，它们那空洞的、装饰性的散文风格使她感到厌烦。关于如何打发时间，她有更多选择。

20世纪90年代的女性杂志和我十几岁时买的差不多，它们的内容都和化妆、痤疮产品、时尚、减肥和吸引男孩有关，甚至有些标题可能都是相同的：《真实个性测验》《打造吸引男孩的装扮》或《发型十诫》。其他的标题看似有所更新，但与20世纪90年代相关的话题也只是浅尝辄止：《牛津大学两位女生引领校园灰色时尚》《我该去做艾滋病检测吗》，或《压力山大时，别忘了让你的面容焕发光彩》。

凯茜听"死亡挤奶者"乐队、"一万个疯子"乐队、"涅槃"乐队、"明日巨星"乐队的歌，会伴着麦当娜的歌曲《Erotica》跳舞，这首歌中有关于施虐受虐癖的歌词。带有性别歧视的歌词和以年轻女性裸体为卖点的产品营销，是她生活的一部分。凯茜最喜欢的电影是《哭泣游戏》和《不羁的天空》。而这两部电影当时都没能通过我家乡的影院老板的审核。

到 20 世纪 90 年代，我们的文化已经从一个很难从中获得关于性的信息的文化转变为一个不可能逃避性元素的文化。压抑和羞耻已经消失了。在 20 世纪 50 年代，电视上的一对已婚夫妇不得不睡在两张单人床上，因为双人床暗示性太强。而在 20 世纪 90 年代，所有的事情——乱伦、月经、阴部瘙痒、阴道气味——都在电视上被讨论和描绘过了。

爱情电影的情节也不同了。在 20 世纪 50 年代，人们争论、相爱，然后接吻。到了 70 年代，人们争论、相爱，然后做爱。90 年代，人们相遇、做爱、争吵，然后可能才会坠入爱河。好莱坞电影中的情侣们不会讨论节育措施、过去的性伴侣，或者一段性经历可能对双方产生怎样的影响，他们直奔主题。如果有人仔细检验，就会发现好莱坞电影中的性行为模式是最有害的，最容易误导人。

凯茜在本地的 CVS 药店和便利店的货架上看到了《花花公子》和《阁楼》。我们城市有禁止青少年进入的三级电影院和成人书店，而她已经有过在旅馆房间里的弹簧床垫上蹦蹦跳跳地看成人频道的经历。那些广告中的色情内容让我感到困惑，却对她毫无影响。当我告诉她我 20 岁的时候才第一次听说"性高潮"这个词时，她用狐疑的目光看着我。

与我那时的世界相比，凯茜的世界对性更宽容、更开放。她的夏令营的朋友自编自演了一部叫作"索多玛的女同性恋吸血鬼"的话剧。她在自己房间的糖果碟里放了一枚"薄荷之吻"避孕套，以此来开玩笑。她的世界对有孩子的女孩也更仁慈、更温和。1994 年，1/5 的婴儿是由单身母亲所生。她的一些同学会把自己的孩子带去学校内部的幼儿中心。

在某些方面，凯茜比我更了解性。她在学校里读过有关青春期和性行为的书，看过有关分娩的影片。她看过露骨的电影，长时间地听过露骨的音乐。但凯茜仍然无从得知她最感兴趣的问题的答案，没有人帮她去思考什么时候进行性生活，怎么说"不"，或者什么是好的性体验。

凯茜和我一样，会在男孩子面前张口结舌，她对何谓"得体的举止"感到更加困惑。她在家里和教堂学到的价值观，与媒体所传播的和同龄人所提出的价值观不相一致。她从小就被教育要爱自己、重视自己，然而在社会中，庞大的色情行业将女性物化为身体器官。电影和电视告诉她，成熟的人在性方面是自由和自发的，与此同时，她又被警告说，随意的性行为可能会带来死亡。她被强奸了。

凯茜认识一些女孩，她们会和几乎不认识的男孩发生性关系。其中一个女孩做爱的理由是"为了完成这件事"；另一位同学发生性行为是因为她的两个闺蜜都发生了性行为，而她不想感觉被落下。发生在她学校走廊里的性骚扰比发生在我学校里的要多。女孩子被称为"婊子"、"贱货"和"荡妇"。

凯茜对暴力已经麻木了。她看过关于乱伦和性侵犯的电视电影，也在小屏幕上看到过成千上万起谋杀案。

天黑后，凯茜不能单独出门，她的家人会锁上门和自行车。她的钱包里装着电击棒，车钥匙上挂着一个哨子。如果她回家晚了，她的父母会立即警觉起来。当然，在20世纪50年代，也有女孩受到伤害；在90年代，也有女孩过着受保护的生活，但在此期间这些比例已经发生了显著的变化。我们深刻地感受到了这一点。

我在本书第一版中对比我和凯茜的青春期时，并非想说我们的童年能代表美国所有其他女性的童年。在某些方面，凯茜和我的童年生活都有不寻常之处：我在一个偏远的农村地区长大，接触电视的机会比那个时代的孩子少得多；凯西住在一个比大多数城市更安全的城市，她来自一个富有的家庭。即使考虑到被强奸，凯茜的情况也绝不是最糟糕的。她生活在中产阶级的环境中，有很多让生活丰富起来的机会。她的父母没有精神问题，没有虐待行为，也没有吸毒。

我并不是想说我生活在美好的过去，而凯茜生活在邪恶的现在。我不想美化20世纪50年代，那不是一个黄金时代，那是乔·麦卡锡和吉姆·克劳的时代。那时有很多关于性、宗教和种族的不宽容。许多家庭有可耻的秘密，一旦被揭露，就会受到公开的侮辱，而不是得到社群的帮助。我尽早地离开了我的家乡，并且在成年之后，在一个更开阔、结构化程度更低的环境中更快乐地生活。我的许多朋友来自小城镇，他们都有无法适应环境的可怕经历，尤其是其中那些聪明的女性。

我想说的是，我们的故事共同表明，对于青春期女孩，世界的哪些方面保持着原貌，又有哪些方面发生了变化。我们的共同点是，我们的身体会发生变化，而这些变化会让我们感到焦虑。随着青春期的到来，我们都努力以新的方式与男孩和女孩相处。我们试图变得有吸引力，并理解自己的性冲动。我们和男孩在一起很尴尬，又会被女孩伤害。我们努力成长并定义自己为成年人，都与父母有所疏远，并因此感到孤独。我们寻找自己的身份认同时，会越来越困惑、悲伤。我俩都有喜怒无常、遮遮掩掩、不善表达和善于自省的时候。

虽然我们有一些相似的经历，但大部分经历仍是截然不同的。凯茜所在的社群是全球化的，而我的社群只是一个小镇。令50年代的青春期女孩感到震惊的事情，只会令1994年的女孩厌烦地打哈欠。以前人们一听到"平胸"这个词就脸红，而到了这个时代，一家人会一起看像《风月俏佳人》这样的电影。我们已经从一个门上没有锁的世界变成了一个只有门锁和手枪的世界。那些在我上大学时困扰我的问题——"我应该在什么时候做爱？我是否应该喝酒、抽烟，或者和坏孩子出去玩？"——现在的女孩在青春期早期就必须开始考虑了。

20世纪50年代和90年代都没有为青少年提供完全满足他们需求的环境。我的童年是有组织的、安全的，但这种安全的代价是对多样性的有限的包容、对正确行为的严格规定和个人隐私的缺乏。正如一个小镇上的人所说："我不需要担心自己的生意，因为有那么多人在帮我留意着。"虽然我所在的社群中，在亲生父母之外，孩子还有许多其他的"家长"，以及社群中明确的对错规则，但这种结构经常被用来执行严格的社会和阶级规范，以规避人们的越轨行为。

凯茜生活在一个对角色要求不那么严格、更支持人们自主性的地方，但她几乎没有受到保护的空间。凯茜比我选择多，但在某些方面，她也没有那么自由。在夏日的夜晚，她不能独自散步去看银河。小城镇可以提供归属感，也会压抑一个人做自己的自由，而一个理想的社群应该能够以某种方式将这种归属感与自由感结合起来。青春期女孩的乌托邦应该是这样一种地方：她们在其中感到安全和自由，能够在包容和多样化的气氛中成长和发展，并受到关心她们最重要利益的成年人的保护。

要在一本书中囊括三代人，很难不做任何概述；而这本书如果不反思几十年来不断变化的文化对女孩的影响，就毫无价值。在这次再版中，我参考了皮尤研究中心的研究和《i 世代》这本书，以及来自朋友、邻居和访谈的轶事和故事。然而，就在我根据所读所见得出结论的同时，我也想提醒读者，总会有例外的情况。

20 世纪 60 年代、90 年代和 21 世纪的第一个十年在太多方面有所不同——有些意义重大，有些则微不足道。例如，今天与八年级学生发生性行为的中年男子将会因性侵犯未成年人的罪名入狱。洛伊丝，就是我在上文中提到的那个 14 岁女孩，在今天不会被迫辍学，嫁给那个和她发生过性关系的中年男人，而是会接受心理治疗。

然而，这两代人也惊人地相似。在过去的 60 年里，女孩一直注重外表和时尚，她们担心自己的受欢迎程度和所处的社会阶层。她们将流行乐队当作偶像，会对名人产生崇拜。她们对父母保守秘密，同时又非常需要父母的引导。她们对如何处理与异性的关系感到困惑。60 年来，虽然看似不可能，但青春期的女孩展现出了一种将自我中心和理想主义结合起来的特质。

在这本书的新版中，我们尽了最大的努力来避免有高低区分的比较和怀旧。每个十年都有其积极和消极的一面。例如，在 1959 年，种族隔离仍然是合法的，投票权法案直到 1965 年才通过。1994 年，人们仍然被允许在公共场所吸烟。同样，在 20 世纪 60 年代，几乎没有法律保护儿童免受家庭暴力或性虐待。到 2019 年，我们有了更多关于虐待的报道，有了更合理的法律和更有效的执法，以保护家庭成员免受暴力侵害。

2019 年，经济上的不安全感和不平等程度比前几十年更严重。在 20 世纪 60 年代，只需要父母中的一个人去工作，来养家、买房和买车。到 1994 年，通常父母双方都有工作，并且许多夫妇能够过上高质量的生活。到 2019 年，即使是两个成年人都有工作收入的家庭，也往往难以负担住房、高质量的医疗和孩子的大学学费。

1965 年，84% 的美国人是非拉美裔白人。1994 年，美国的人口结构变得更加多样化。现在，只有 53% 的美国人是非拉美裔白人。现在的女孩可能有不同种族和族裔出身的朋友。她们很少会对有色人种抱有成见或消极态度。

对比 20 世纪 90 年代和今天时，我最震惊的是科技几乎改变了我们生活的所有方面。20 世纪 90 年代，一家人外出旅行时，十几岁的孩子要么读书，要么伴着车载收音机的音乐唱歌。他们会和家人聊天，会在望向窗外时感到无聊，会不情愿地和弟弟妹妹玩拼词游戏。由于平板电脑和耳机的出现，如今的青少年在公路旅行时，与家人或窗外的世界互动对他们来说不再是必需。

在我这一代和萨拉那一代，很多女孩周末和暑假要工作。如今，青少年不太可能去工作。我们在 16 岁生日那天，都参加了驾照考试。为了庆祝生日，我和朋友开车去洛基山度了个短假。萨拉这一代的大多数人在 16 岁时也拿到了驾照，但他们中在周末或暑期去工作的人更少了。如今，1/4 的高中毕业生没有驾照，也不太可能在高中时期就去工作。

开车曾经是享有独立和自由的重要标志。没有车的女孩更可能宅在家中。琼·特文格发现，在约会、饮酒和无成人监督时段的行动等方面，2019 年，18 岁的青少年表现得像 2009 年 15 岁的青少年，而现在 15 岁的青少年和过去 13 岁的青少年行为更加相似。

如果要我为我们正在讨论的三代人各找出一个形容词，我会说我们这一代人"自信"，萨拉的 1994 年那一代人"叛逆"，2019 年，女孩都很"谨慎"。

如今的女孩有很多感到脆弱的合理的理由——经济条件恶劣，气候变化的威胁巨大，校园枪击事件司空见惯。青少年描述了在他们的学校或社群中发生的危险事件。一个女孩告诉我们，一个男孩在派对上试图阻止性侵犯事件时反被刺伤。然而统计数据显示，现在的美国比 1994 年的美国安全得多。现在的青少年被谋杀和抢劫的频率降低了，交通事故和与酒精相关的死亡案例也减少了。然而，根据他们每天接触到的事实，大多数青少年（还有成年人）都对这组数据感到惊讶。

总的来说，这一代人的性别认知环境比上一代人宽松。女孩在穿着和举止上更有男孩子气，事实上，如果太女孩子气，她们可能会被嘲笑。在线命名网站 Nameberry.com 上有一整套中性名字。为女孩取的新名字——哈利、埃利奥特和萨顿，则反映了这种新潮。就好像是父母在宣称："我想让这个孩子自由地成为她想成为的人。"

女孩仍然必须接受自己的性别，但在这个时代，女孩有更多的机会探索自己的性别认同。她们可以是无性恋、双性恋、泛性恋、女同性恋或跨性别者。而且，她们也可以随时改变想法，尝试其他身份。

性别认同是被广泛讨论的话题。在一次焦点小组访谈中，高中高年级学生乔丹自述说："我认识的每个人都在质疑自己的性取向，我还认识一个对任何一个性别都没有认同感的人。"

"我们这一代人接受所有的性少数群体，"阿斯彭表示赞同，"我们有一个不分性别的毕业舞会。女孩可以穿燕尾服，男孩可以穿裙子。我的朋友都相信性别平等，支持同性婚姻。"

1994 年，同性婚姻是不可想象的，也是不合法的。到 2016 年，65% 的美国人支持同性婚姻。然而，在许多学校，是同性恋的孩子仍然会受欺负。许多女孩在初中时会对自己的性取向保持沉默，但到了高中就会出柜，因为到那时她们更容易被接受。

跨性别者在 1965 年几乎闻所未闻，在 1994 年也很是罕见。而到目前为止，我们采访的大多数女孩至少认识一名跨性别高中生。心理学家玛格丽特·尼克尔斯在《心理治疗网络工作者》中写到了性别谱系的问题。她发现，如今许多青少年不喜欢刻板的性别定义。他们不会严肃对待性别角色，更能接受性别的流动性。然而，接受和倡导的趋势可能有所夸大。尼克尔斯指出，跨性别青少年的自杀率仍然高于他们的同龄人。

现在很多女孩认为自己是跨性别者。我们听到一些女孩迫切希望自己的父母和朋友接受自己是跨性别者，也接触到一些父母担心自己的女儿过快地走向了人生的重大转变。许多心理治疗师主要接待考虑变性的个人和他们的家庭，并且关于这个问题的相关指导已经较为普及。我们不是这个复杂领域的权威专家，但是，从我们的角度，可以做一些观察。

自我认同为跨性别者，将会为一个女孩和她的家人开启一次发现之旅。我们不可能对所有在努力解决这些问题的女孩一概而论，但我们知道的是，如果父母以开放的心态倾听孩子，鼓励孩子进行深入思考和诚实的情感表达，他们就为孩子提供了最有效的帮助。不要轻易下判断，这将使双方更能真诚地交换想法，并有利于建立信任和尊重。

当女孩第一次探寻自我身份认同时，重要的是多关注过程而非结果。一个合适的过程应该考虑到时间、教育、心理治疗和强大的支持网络等因素。父母可以帮助他们的女儿找到同伴、导师和讨论小组。与此同时，我们支持父母根据女孩的选择来称呼她们，特别是青少年，这种身份可能会随着时间而改变。然而，肯定孩子在青少年时期获得身份认同的愿望，这是尊重他们的标志。我们认识到，这段旅程可能会让父母感到焦虑。我们鼓励他们在帮助女儿探索自己不断演变的性别认同时，也去寻求能为自己提供支持的社群的帮助。

宗教和种族也会影响对性别问题的看法。福音派和保守派教会经常教导人们，除异性恋外都是罪恶。另一方面，一些教堂支持性少数群体，并为他们提供精神家园。

"有人和我说，我长得太漂亮了，所以不适合做同性恋，男孩子因为我不愿和他们约会而生气，"玛尔塔在焦点小组中告诉我们，"但我是一个坚定的基督徒，这对我有很大帮助。我的教会互助小组在帮助我应对所有的批评，帮助我成为一个自豪和自信的女同性恋。"

当然，红州和蓝州对性少数群体的态度是不同的。正如来自内布拉斯加州一个小镇的奥利维娅憎恶地说："地界狭小，心胸狭隘。"

如果自己的父母恐同，女孩就会很焦虑，她们通常在高中之前都不会出柜。一个女孩告诉我们，她知道自己是同性恋，但一直保持沉默。她说，有一次在看电影时，她的母亲嘲笑了一个同性恋角色，并严厉地批评了那种"生活方式"。这个女孩什么也没说，只能回家后趴在枕头上哭泣。

另一些父母对孩子性取向的态度相当轻松。当阿斯彭告诉她的父母她是双性恋时，正在喝水的父亲被呛住了。然后他笑着说："好吧，但是在你长大之前不要交男朋友或女朋友。"

玛尔塔 14 岁向父母出柜时，父母都惊呆了。她说："他们丝毫不能理解。在他们看来，我的外表和行为都像是一个异性恋。"但经过几周的讨论，她母亲告诉她："你的性取向对我们来说不是问题，我们只是想让你找到一个爱你、尊重你的伴侣。"

自 20 世纪 60 年代初以来，最重要的变化发生在人们的社交方式上。我在一个安静、生活节奏较慢的世界里长大。我的社交关系或多或少和我长辈的社交关系有所重合。萨拉那一代人仍然生活在一个有许多社群的世界里，她的父母与亲密的朋友、邻居、唱诗班、棒球队或同事组成了一个大"家庭"。而如今，尽管人们仍然渴望面对面的交流，但大多数联系存在于数字世界。

在过去的 50 年里，人们变得越来越孤独。20 世纪 50 年代，大多数人更多会觉得拥挤，而不是孤独，许多人被一生的朋友和家人包围着。70 年代，每个人平均有 3 个亲密的朋友。这个数字一直在稳步下降，许多美国人现在说自己没有亲密的朋友。

时至今日，大多数女孩已经完全理解了性，她们已经接触到了大量的网上性行为。但她们对爱情、性和人际关系的态度，就像 50 年代的我们和 90 年代的萨拉那一代人一样没有把握。现在有些女孩已经被同化为搭讪文化的一部分，但这些女孩也需要别人的帮助才能和潜在的约会对象进行交谈。在她们看来，交谈是一件可怕的事情。

儿童交际、沟通的基本方式和成人是不同的，然而我们正在创造一种新的人类。在人类历史上，青春期女孩第一次不再主要通过面对面的交流来建立联系，她们的社群是一个由社交媒体网站和表情符号组成的虚拟社群。

与此同时，我们已经充分认识到，虚拟社群是真实社群的拙劣的替代品。对和他人之间的联系、群体纽带的渴望是原始人类的基本需求，至少已经有 200 万年的历史。从诞生之初，人类就会分享食物、讲故事，挤在一起感受温暖和安全。

没有人知道我们不断改变的行为将把我们引向何方，但我认为，除非我们能够重新过上非虚拟的生活，恢复一些过去的社群的特征，否则我们将失去人性中许多值得拥有的东西。

第 5 章

家庭的
力量

弗朗切丝卡（14岁）

贝蒂和劳埃德来接受治疗是为了和我讨论他们的女儿弗朗切丝卡，她出生在内布拉斯加州西部的拉科塔苏人保留区。弗朗切丝卡三个月大的时候，天主教社会服务中心把她安置在了贝蒂和劳埃德的家里。贝蒂给我看了一张弗朗切丝卡在婴儿秋千上的照片，她说："我们从看到她的那一刻起就很喜爱她。她有闪亮的头发和深橄榄色的眼睛。"

劳埃德说："贝蒂家里有些人反对收养这个孩子。他们自称没有偏见，但担心这个孩子遗传了不好的基因，而且也不确定弗朗切丝卡是否能融入我们的环境。"

贝蒂为她的家人辩解："他们都来自小地方，我们花了不少时间教他们改口把'印第安人'称为'美洲原住民'。但他们一见到弗朗切丝卡，也都爱上了她。"

劳埃德双手交叉放在肥大的肚子前，看上去很清醒。他说："每个人都尽力了。我们不会为所发生的事情责怪他们。"

"到底发生了什么？"我问。

劳埃德和贝蒂解释说，弗朗切丝卡度过了普通的童年。劳埃德是一名药剂师，经营着自己的药店；贝蒂在家照顾弗朗切丝卡，弗朗切丝卡上一年级后，贝蒂去了劳埃德店里做兼职。弗朗切丝卡二年级时从自行车上摔下来，摔断了腿。她有轻微的言语障碍，在三年级时通过言语治疗得到了纠正。他们住在一个宁静的社区，那里有很多孩子。生日派对、暑假、女童子军、陶艺课……这些弗朗切丝卡都经历过。

劳埃德补充说："上小学时，弗朗切丝卡的成绩很好，在同学中很受欢迎。她性情温和，总是在微笑。"

贝蒂表示同意，说："我们从来没有因为她是被收养的或是拉科塔苏人就对她区别对待。当时，我们觉得这样做是正确的；但现在我想，我们是不是掩盖了一些需要讨论的事情。"

劳埃德看起来很惊讶，问："什么意思？"

"弗朗切丝卡因为是美洲原住民而在学校被嘲笑，我们知道后就去阻止了那些孩子，但我在想我们是否了解所有类似的事情。我们告诉她，被收养并不重要，我们和其他家庭是一样的，但其实我们和其他家庭并不一样。她有着棕色的皮肤，而我们是白人。"

我想了想 20 世纪 80 年代以前收养是怎么处理的。收养过程往往是封闭的。社会服务机构向父母保证，被收养的孩子会和他们自己的孩子一样。这一点对父母来说比对孩子来说更重要。父母倾向于立即建立关系，但孩子总是觉得收养让他们和别的孩子不同。

特别是青少年，他们关注自己的身份认同，收养对身份的意义让他们感到挣扎。通常，他们对自己的内在挣扎保持沉默，因为他们不想表现得不忠于家庭。如果是跨种族收养，问题就会变得更加棘手。

在美国，我们很少有关于种族差异的有益讨论，以至于光是承认差异都会让大多数人感到内疚。相反，差异往往被忽视，对差异的感受成为可耻的个人秘密。

"弗朗切丝卡七年级的时候，开始来月经了，她时常很暴躁，"贝蒂继续说，"我觉得是激素的作用。以前，她总是把所有事都告诉我们，但她七年级之后，便总是躲在自己的房间里。我和我姐姐谈过这件事，我们一致认为青春期的孩子都会经历这样的阶段。事实上，她的女儿们当时也都让她大发脾气，所以我们就顺其自然。但是后来弗朗切丝卡的成绩有所下降，这让我们很担心。"

她叹了口气，说："我们给辅导员打了电话，他说很多孩子在升初中的第一年都会遇到困难。我们让弗朗切丝卡每晚学习两个小时，她的成绩提高了一些。她没有去和她的朋友玩，但我们也没管。"

"我们没多管的事太多了。"劳埃德说。

"今年太糟糕了，'贝蒂坦言，"劳埃德是在家里立规矩的人。他其实并没有那么严格，只是为弗朗切丝卡立了一些普通的规矩——我们需要知道她要去哪里、不准喝酒、所有科目及格，但她的反应会让你以为劳埃德在揍她。她几乎不和劳埃德说话，这让他很伤心。她会和我多谈一些，但次数也不是很多。而且，她不和我们一起去教堂了。"

劳埃德在座位上扭了扭身子。"她和一群粗野的人一起疯跑，还喝酒，"他说，"我们在她身上闻到过酒味。她对我们撒谎，还鬼鬼祟祟的。"

"上周我们让她和朋友去看球赛，结果她没回家，我们担心得要命。"贝蒂说，"劳埃德开车去找她，一直找到天亮。第二天她回到家时，却不肯告诉我们她去了哪里。"

"我想见见弗朗切丝卡。"我说。

劳埃德回答说："她不想来，但我们会让她来的。"

"就一次，"我说，"我通常会让孩子自己决定是否再来第二次。"

一周后，弗朗切丝卡僵硬地坐在我的办公室里。她穿着绿色牛仔裤和一件欢乐世界游乐园的 T 恤，乌黑的长发向后梳成马尾辫，眼睛里充满泪水。起初，她很安静，闷闷不乐。她看着我身后悬挂的各种文凭，点头回答我的问题。我努力寻找可以让我们建立联结的问题——学校、朋友、书籍或她的父母。她几乎不回答我的问题。我问她领养的事时，注意到了她呼吸节奏的变化。

弗朗切丝卡抬起眼睛，打量着我。她深深地吸了一口气，说："我和他们住在一起，他们很好，但他们并不是我的家人。"她停了一下，看看我对此做何反应。"每天早上我醒来时，就会想我的亲生父母在做什么，他们准备好去上班了吗？他们照镜子时，看到的是和我相像的脸庞吗？他们做什么工作？他们会说起我吗？想知道我是否幸福吗？"

大颗泪珠涌了出来，落在她的衬衫上。我把纸巾盒递给她。

她擦了擦脸颊和下巴，继续说："我总是觉得自己进错了家。我知道如果我的父母听到我这样说会伤心欲绝，但我无法驱散这种感觉。"

我问弗朗切丝卡，她对自己的亲生母亲了解多少。

"我三个月大的时候，她就抛弃了我。也许她很穷，也许她没结婚，但我相信她从没想要伤害我，我从心里感到她是爱我的。"

窗外，雪花飞扬。我们看着雪。

"身为一个美洲原住民的感觉如何？"

"有很长一段时间，我都假装无所谓，但突然之间，它就变成了最重要的事。"弗兰切丝卡叹了口气，"我很小的时候就因为是美洲原住民而被嘲笑，而我的部落甚至不知道我的存在。"弗朗切丝卡谈到了多年来听到的嘲讽、外号——"红种人"、"印第安小媳妇"，以及类似于"醉鬼"、"福利欺诈"和"小气鬼"的对原住民的刻板印象。她最后说："最糟糕的是那句话——'只有死去的印第安人才是好印第安人。'"

我问弗朗切丝卡对美洲原住民了解多少。

"我看了《最后的莫希干人》和《与狼共舞》。在那之前，关于原住民的电影都让我不适。你看过《独行侠》吗？你还记得他的朋友 Tonto 吗？你知道 Tonto 在西班牙语里的意思是'傻瓜'吗？"

她停顿了一下，说："有时候我会在无家可归的人中看到原住民，我甚至不知道他们是不是拉科塔苏人。我的亲生母亲可能就在其中。"

我问："你想更多了解你的种族吗？"

弗朗切丝卡望着窗外的雪，说："在某种程度上，我不想，但也想。更多的了解只会让我更抓狂、更悲伤。但我又觉得，只有对这个种族有更多了解，我才能真正了解自己。"

我写下了一位美洲原住民作家的名字，齐特卡拉-萨，告诉她："也许你可以借一些她的书来看。"

"你会觉得我对我的家庭不忠诚吗？"

我想了想该怎么回答，说："你对自己过去的兴趣就像这场雪一样自然。"弗朗切丝卡给了我一个微笑——这是她的第一个微笑。

弗朗切丝卡很喜欢齐特卡拉-萨的作品。齐特卡拉-萨是南达科他州扬克顿保留区的苏族人，生于 1896 年。齐特卡拉－萨写道，她在保留区被掳走，远离家人，然后被送到一所印第安学校。在阅读了齐特卡拉－萨的经历后，弗朗切丝卡让贝蒂和劳埃德带她去热那亚参观一所现在已经废弃的印第安学校。

他们的旅途很顺利。他们绕着那座三层砖砌建筑走了一圈，透过布满灰尘的窗户，看到了里面的旧缝纫机和工作台。后来，他们在主街的咖啡馆里边吃烤牛肉三明治边谈论要去的其他地方。在接下来的几个月里，他们去参加了"帕瓦"①，还参加了大平原部落的会议，主题为"复原圣环"。

在接下来的几个月里，弗朗切丝卡参观了美洲原住民中心，并自愿做起兼职工作。她被分到给老人煮咖啡和发饼干的工作。她和老人们开玩笑，听他们的故事。从他们那里，她了解到许多关于苏族和保留区生活的事情。

我们的治疗中有几次是家庭治疗，我们试图把收养、种族和青春期问题区分开。弗朗切丝卡认为父亲对她太严厉，母亲太不在意她的个人边界。她觉得劳埃德和贝蒂仍然把她看作一个小女孩。劳埃德的死板教条让她深受打击，贝蒂则总让她心烦意乱："没有具体的原因，我就想冲她大喊大叫。"

劳埃德妥协了，取消了宵禁，但他坚持每天都要能及时知道弗朗切丝卡在哪里；贝蒂答应不擅自进入弗朗切丝卡的房间。在这一系列交流之后，弗朗切丝卡又开始和劳埃德开玩笑了。放学后，她会坐在

---

① 现代诸多美洲原住民族裔定期举行的一种集会，一般会有盛大的歌舞比赛。时间长短不一，短期的帕瓦可能只有一天，但意义重大的盛大的帕瓦集会可能会连续举办七天。——译者注

厨房里告诉贝蒂她这一天的经历。

我们不再假装这家人对收养没有任何想法。每个人都会有一些想法：劳埃德担心弗朗切丝卡会酗酒；贝蒂担心弗朗切丝卡有一天会找到她的亲生母亲，然后抛弃他们；弗朗切丝卡觉得自己生活在一个棕色世界和一个白色世界之间，而且没有完全被这两个世界中的任何一个所接受。她爱劳埃德和贝蒂，但无法从他们身上找到关于自己身份认同的线索。我们谈论这些问题时，我想起了拉尔夫·埃里森写过的一句话："如果你不知道自己来自哪里，那么你就很难知道自己是谁。"

弗朗切丝卡告诉贝蒂和劳埃德，她想知道有关她生母的信息。他们对此态度矛盾，但仍同意让她调查自己的健康背景和部落背景。弗朗切丝卡很高兴能了解更多的情况，但她还想知道更多。她告诉贝蒂和劳埃德："总有一天我会找到她的。"

在我们的个人治疗中，弗朗切丝卡努力解决了许多问题。她拿不准该和谁交朋友。"我以前的朋友都很肤浅，"她解释说，"但我的新朋友都有他们自己的麻烦。"

我建议她考虑交一两个亲密的朋友，不要因为不属于任何一个群体而感到忧虑。我提醒她，美洲原住民中心的人也都是她的朋友。

弗朗切丝卡开始向伟大的圣灵祈祷，祈求他的指引——她需要将两个世界相结合，需要将两段历史融合起来。她有意识地在两个世界中选择了要保留给自己的东西。她会与贝蒂和劳埃德住在一起，也会去保留区，更多地了解苏族人。她会和父母一起去他们的教堂，也会礼拜伟大的圣父。

在解决自己问题的同时，弗朗切丝卡在大部分人为白人的初中成了美洲原住民学生的支持者。她决定挑战所有种族主义言论，并推动在学区课程中加入更多有关美洲原住民文学和历史的内容。

最后一次治疗中，弗朗切丝卡穿着蓝色牛仔裤和一件针织上衣。贝蒂和劳埃德骄傲地坐在她的两侧，劳埃德穿着他白色的药剂师夹克，贝蒂穿着一套涤纶长裤套装。劳埃德说："我已经会说几句拉科塔语了。"贝蒂补充说："这项研究为我们打开了一个新世界。"弗朗切丝卡说："我属于两个家庭，一个白人家庭和一个有色人种家庭。但是在圣环里，我所有的亲人都有自己的位置。"

弗朗切丝卡是反映 20 世纪 90 年代美国家庭生活复杂程度的一个例子。14 岁时，她就开始面对种族和收养问题，以及关于酒精、性、宗教和学校的问题。她在寻找一种身份，通过反抗父母和对父母保密来疏远父母。然而，她爱她的父母，也需要他们的支持。从外表上看，她似乎有点儿不听话，但她的行为确实表明，她的内心在挣扎着寻找自我。

用劳埃德的话说，弗朗切丝卡和她的家人差点儿就"被鳄鱼吞了"。幸运的是，这家人寻求了帮助。结果证明，他们是一个充满爱的家庭，组织合理而灵活。父母有规则和期望，也有精力去执行规则和实现期望，他们也能够随着女儿的改变而成长和改变。当意识到弗朗切丝卡需要与她同种族的人接触时，他们对美国原住民的习俗也渐渐产生了兴趣。他们对多样性有了更高的欣赏能力，甚至对多样化的宗教信仰也更包容。随着时间的流逝和每个人的努力，生活安定下来了。弗兰切斯卡正在发展自己的身份认同，并仍然与父母保持着联系。她在探索真实的自我，并且她的探索方式不会让她走向自我毁灭。

　　20 世纪 90 年代，在纽约的惠特尼双年艺术展上，我站在一个名为"家庭传奇"的场景造型前。其中，四个人——母亲、父亲、儿子和女儿——赤身裸体地站成一排，它们是由海绵状的棕褐色材料和真头发制成的娃娃，身高和性发育水平都一样。我把这个作品解读为对 20 世纪 90 年代生活的评论。在我看来，它就像是在说："童年不再存在，成年也不再存在。孩子没有安全感，大人也无所事事、浑浑噩噩。"

　　当我们想到 20 世纪 90 年代的家庭时，大多数人脑海中仍然会浮现传统家庭的画面：父亲出去工作，母亲待在家里带孩子，至少在孩子上学之前是这样。事实上，只有 14% 的家庭是这样配置的。自 20 世纪 70 年代以来，家庭人口结构发生了根本性的变化。70 年代，只有不到 13% 的家庭是单亲家庭。而到了 1990 年，有 30% 的家庭是单亲家庭。（90% 的单亲家庭中，由母亲来抚养孩子。）

　　我们的社会文化却还没有承认这些数字的真实性。在 20 世纪 90 年代，一个家庭可能代表着一对女同性恋（男同性恋）和他们亲生或收养的孩子；或是住在城市公寓里的一个 14 岁女孩和她的孩子；或是一个同性恋男子和他的儿子；或是两个最近结婚的成年人，他们在青春期还和别人发生过亲密关系；或是一个祖母和死于艾滋病的女儿留下的双胞胎婴儿；或是一个养母和被动吸食冰毒的婴儿；或是一个坚持传统风格的多代家庭；或是因为爱而在一起生活的本不相关的人。不管家庭的组成结构是什么，他们都被种种困难所包围。父母更有可能过度劳累、过度投入，饱受疲惫和贫穷的折磨，无法得到外界的支持。

　　钱是个大问题。我们社会的阶层分化越来越严重，有些孩子生活在奢侈的世界里，目之所及都是名牌服装、私立学校和营地；而另一些孩子则要走过危险的街道，去条件很差的学校上学。

在 20 世纪 90 年代，对孩子的监管也是一个挑战。帮助家庭抚养孩子的联系紧密的小型社群越来越少，电视变成了许多家庭的"保姆"。

美国人对个人独立的高度尊重会在家庭中引发一些问题。当时，一位哲学家朋友对我说："你难道不为你的女儿感到骄傲吗？她变得跟你和你丈夫都大为不同。还有什么是对成功养育更好的定义呢？"当我为我和萨拉之间的距离感到伤心时，另一个朋友说："你还想要什么别的相处模式呢？"

我们国家的历史开始于独立宣言和独立战争。我们赞美好胜的个人主义者，我们的英雄是探险家、开拓者和打破传统的人。我们尊敬斯托夫人、索杰纳·特鲁斯、罗莎·帕克斯、阿梅莉亚·埃尔哈特和鲁斯·巴德·金斯伯格。

我们的社会文化所重视的自由，在家庭中也得到了同样的重视。美国人认为青春期是孩子在情感上与父母分离的时期，这种假设可能会实现。20 世纪 90 年代，女孩以人们期待的方式行动，甚至是以人们期望的方式进行反抗，这颇具讽刺意味。她们疏远父母，批评父母的行为，拒绝父母的教导，对父母保守自己的秘密。

这种对父母的疏远在家庭中造成了很严重的紧张关系。父母为保护女儿的安全而设限，女儿则会大谈特谈自己拥有的权利，认为父母只是在努力假装她们永远长不大，并对此感到不满。当女儿冒着巨大的风险来证明自己的独立时，父母感到恐惧和愤怒。对大多数家庭来说，激烈的战斗从女儿升入初中时就开始了。

父母成长在一个有着不同价值观的年代，他们对他们的女儿学习的东西并不满意。他们觉得自己已经比自己的父母付出了更多的努力，但自己的女儿却有更多的麻烦。那些在他们十几岁时还管用的东西现在已经不管用了，他们把女儿酗酒、过早的性化和叛逆心理视为自己不称职的证据。他们断定，家庭功能已经失调。

当时我的假定是我们的社会文化已经失调。几乎所有的父母都希望自己的女儿成长为一个健康、有趣的人。然而，我们所处的危险的文化环境、我们的文化传递给年轻女性的信息，以及我们的社会观念——女孩要想真正长大，就必须与父母（甚至是慈爱的父母）决裂——阻碍了父母为帮助女儿而付出的努力。

20 世纪 90 年代，我家所在的社区遍布着三层楼高的房子、可爱的橡树和枫树。大多数父母努力地养育孩子，但十几岁的孩子让他们抓狂。正如一位律师在一个街区派对上对我说的：“做父母是生活中唯一一件让我感到无能、失控、像个彻头彻尾的失败者的事。”

在一次新年晚会上，我问另一对夫妇，他们十几岁的女儿们怎么样。丈夫面无笑容地说：“我真希望她们从没出生。”

女孩自己感受到的苦恼是另一个使她们与父母分离的原因。到了初中，许多女孩失去了童年的快乐和热情。由于她们所在的发育阶段，女孩会倾向于认为父母对此负有责任。她们还很年轻，希望父母能保护她们，让她们开心。遭遇了更强大的力量，并且发现自己很痛苦时，她们会责怪自己的父母，而不是社会文化环境。

父母并不是对 90 年代的青春期女孩最主要的影响。相反，女孩的朋友会对她们产生很大的影响，而她们的朋友的观点则来自大众媒体。青少年平均每周看 21 个小时的电视，相比之下，他们花在家庭作业上的时间为 5.8 小时，阅读的时间为 1.8 小时。青少年社群变成了摇滚乐、电视、录影带和电影组成的电子社群，而且进入这个群的仪式是很危险的。在媒体的呈现中，成年意味着酒精、消费和性生活。

大众媒体的目标是从青少年身上赚钱，而父母却希望培养出快乐的、适应能力强的成年人。这两个目标并不相容。大多数父母抵制他们的女儿所接受的媒体诱导的价值观，女孩则会发现自己与父母以及她们习得的常识相冲突。

例如，亚娜的父母相对年长，都有工作。她是独生女，身材娇小。上初中前，她都爱着父母，也被他们爱着。但到了初中，她面临着两个选择：做父母期望的好女儿，或者变得受欢迎，再找个男朋友。

"整个初中期间，我愿意做任何事来融入大家。我尝试和不同的人交朋友，就像尝试不同的冰激凌口味一样，但最终我还是适应了'大众口味'，"她告诉我，"我上的是一所天主教学校，那里的修女告诉我们，如果说脏话，就会下地狱。但为了装酷，我不得不说脏话。所以我要么受到永远的诅咒，要么不受大家喜欢。"

我们随着她哀怨的语气一起笑了起来。她接着说："初中时，数学课上有个男生喜欢我，我也喜欢他，但是他不受欢迎，所以我没有和他约会。"

有一次，亚娜的父亲发现她深夜溜出去见朋友。亚娜说："他坐在沙发上哭了，给我讲了强奸之类的事情。"还有一次，她喝了很多"紫色激情"鸡尾酒，喝醉了才回家。访谈结束时，她低声对我说："父母压根不知道我遇到了这么多麻烦，否则他们会被彻底震惊到。"

青少年及其家庭也对精神卫生专业人员构成了挑战。我们需要在尊重父母、保护孩子的责任，和支持青少年作为个体发展并进入更广阔的世界的需要之间取得平衡。

埃莉诺·麦科比和约翰·马丁研究了家庭教育和孩子未来发展之间的关系。他们主要关注两个方面。首先是情感。这个轴的一端是接受孩子、回应孩子和以孩子为中心的父母，而另一端则是拒绝孩子、缺少回应和以自我为中心的父母。其次是控制力。在这个轴的一端是没有要求、控制力低的父母，而在另一端是要求苛刻、控制力很强的父母。

这两个维度的相互作用会对青少年产生不同的结果。低控制力和低接纳程度的父母会导致青少年出现各种问题，包括犯罪和药物依赖。控制力强、接纳程度低的父母（专制型父母）培养的孩子缺乏社交能力和自信。低控制力和高接纳程度的父母（纵容型父母）培养出的青少年容易冲动、不负责任、缺乏自信。控制力和接纳程度都高的父母（严格但慈爱的父母）培养出的青少年独立，有社会责任感和自信心。根据这项研究，在理想的家庭中，孩子会从父母那里收到这样的信息："我们爱你，同时我们也对你抱有期望。"

露西（15 岁）

十几岁的时候，露西正在从白血病中恢复。和许多患病的孩子一样，她与父母关系密切，这在她与疾病斗争时是合适的。但现在她已经恢复了健康，这种亲密的关系阻碍了她自我意识的发展。

露西胖乎乎的，有着慢性病患者那种柔软苍白的皮肤。放疗和化疗使她的头发全都脱落了。我在心理治疗中心见到她时，她刚开始长出粗而短的新头发。她去上学或购物时，会戴一顶紫色的针织帽子。她第一天来我办公室时，我能看到她的头皮。

露西平静地坐在父母中间，听他们解释她的病史。两年前，她被诊断出患有白血病，并且已经接受了一系列的住院治疗。医生对她的长期预后持乐观态度。

我问他们，这种疾病带来的混乱对这个家庭有什么影响。露西的母亲西尔维娅说："我们做了需要我们做的一切来拯救露西的生命。她住院的时候，我从没离开过她的身边，弗兰克每天下班后都会来。"她看了看丈夫，"弗兰克是一个警察，他今年没有得到晋升。我知道他的队长以为他为家里的事忙得不可开交，没法做事，但他还会有其他晋升机会。我太讨厌医院了。可露西活下来了。我没有什么可抱怨的。"

弗兰克出言谨慎："我们的儿子也经历了最艰难的时期，他目前和我姐姐住在一起。露西被放在第一位。"

"我回家后，马克就像个调皮的孩子。"露西打断了他的话。

我问了露西在住院期间感受如何。"除了化疗后的恶心和呕吐，还不算太糟。妈妈会读书给我听；我们也会玩游戏，我知道桌游'脑力小试'里所有问题的答案。"

重返学校对她来说很困难。每个人都对她很好——几乎是太好了，好像她是来自另一个星球的访客。但是在很多事情上，她都是被排除在外的。她之前的朋友都有了男朋友，而且她们都在参加新的活动。她住院时，她们会带着鲜花和杂志来看望她。现在她已经好多了，但她们似乎不知道该怎么对待她了。

弗兰克说："露西的性格变了，她更安静了。过去她经常胡闹，现在她更认真了。在某些方面，她似乎长大了。她遭受了更多的痛苦，也目睹了其他孩子的痛苦。但在其他方面，她似乎并没有长大，反而变小了，因为她错过了很多。"

露西错过了九年级毕业典礼、高中开学、派对、约会、体育运动、学校活动，甚至错过了青春期（白血病推迟了她的月经初潮和身体发育）。她在太多事情上都要赶上大家的步伐。她是如此脆弱，以至于她的父母对她有很强的保护欲，这是可以理解的——他们不想让她感到疲惫，不想让她吃垃圾食品，不想让她忘记吃药，不想让她冒不必要的风险。她的免疫系统很弱，即使是最轻微的伤害也会给她带来麻烦。露西不像大多数青少年，她不会对父母的担忧撇嘴，她把这些烦恼和自己最基本的生存联系在一起。

我第一次单独与露西见面时，她很害羞，甚至说不出话来。她坐在那里望着窗外，因担心而皱起了眉头。她能轻松说出母亲或医生认为她应该思考什么或做什么。露西主动说，她看电视时，对剧中人物的活力感到惊叹："他们走来走去，听起来神气满满。光是看着他们，我就觉得累，但也会嫉妒他们。"

我问她哪些事情会让她觉得有趣，她什么也想不出来。我说，到下一次治疗时，也许她就会有答案了。露西同意每天独自静坐十分钟，想想她喜欢什么。

第二次来时，露西灰心丧气。她虔诚地遵照我的指示行动，但最主要的发现是，她根本没有自己的想法："我所想到的，都是我应该做的事，而不是我想做的事。"

我说，意识到这一点就是她对个人想法进行探索的开始。我们聊到了露西与她的父母和弟弟有何不同。一开始对话进行得很困难，但随着交流继续，她开始表现出兴趣，并活跃了起来。这是我们见面以来她第一次这么积极。她描述的差别都很小："我喜欢糖果，妈妈不喜欢。我喜欢摇滚乐，马克喜欢乡村音乐。"但之后她描述的区别变得更重要了。"妈妈忍受苦痛时从不抱怨，而我喜欢告诉别人我正在遭受的一切。我难过的时候或者马克生气的时候，我就会哭。我喜欢在我担心的时候有人在身边，而爸爸喜欢独处。"我们讨论了这些不同之处，但没有做任何评判，露西似乎很高兴认识到自己能在与家人不同的同时仍然和他们保持亲近。

第二个星期，露西带着愉快的微笑走进来。"我知道我喜欢什么了，"她说，"上周四，我的家人去参加幼童军会议了，而我待在家里。我想，我该如何度过这个晚上。我意识到我想做的是在电视上看一部老电影。电视上正在放映《卡萨布兰卡》，我很喜欢。"

露西骄傲地说："没有人告诉我要这样做，也没有人关心我是否喜欢电影，我这样做只是为了我自己。"

我称赞了露西的洞察力。尽管她自我发现的内容很浅白，但过程很关键。露西发现了关于自己的一些事情，并且尊重这些发现。

在这第一个想法之后，露西慢慢地建立了一个更加独立的人格。她写文章记述她在医院的日子。起初，她写了一些礼貌的感受——感谢医生和护士，感谢父母坚持与她保持亲近。后来，她写出了她对死亡感到恐惧，为自己身患癌症感到不平，对痛苦的治疗过程感到愤怒，以及对那些没能活下来的孩子感到悲伤。

露西靠自己的努力回到了学校和朋友的圈子里。她参加了学校的西班牙语社团。她邀请一位老朋友来她家过夜。西尔维娅担心这些活动会使露西感到疲惫。在与白血病斗争的过程中，西尔维娅的担忧是非常适时的，但现在露西正在恢复，这样的担忧就不再合适了。五次治疗之后，露西说，因为自己在深夜打电话，母亲和她吵了起来。我如释重负地笑了。

对他们的家庭治疗变成了创伤后应激障碍的案例报告，露西的白血病影响了每个人的生活。西尔维娅说，露西化疗后每隔 15 分钟就会呕吐一次。她晚上从医院回来，走进露西空荡荡的卧室，会躺在露西装饰着独角兽的四柱床上。她会抱起露西的玩具小马哭起来，直到觉得眼泪都哭干了为止。

弗兰克谈到自己的二作有多困难。他在给超速司机开罚单时，也在想躺在医院病床上的露西。"有时超速行驶的人会很粗鲁或很暴躁，"弗兰克说，"我直想揍他。"

马克因为露西生病而生她的气。"我以为她这么做是为了得到更多的关注。有时我以为她在装病，有时又确信她会死去。她得到了很多礼物，爸爸妈妈会做她想要的任何事情。这让我也想生病。"

八个月后，露西准备停止心理治疗。她的声音变得更坚定、更有活力了。她长出了光亮的棕色短发。她开始了一项锻炼计划，身材也变得苗条而结实。她来了月经。她重新联系了一些老朋友，也结交了一些新朋友。病人那种过于严肃的性格正在她身上淡去。她知道她可以不同意父母的意见，没有人会对此感到不妥。她可以说出自己的想法，并且可以成为她想成为的人。

利娅（18 岁）

利娅出生在一个家庭观念与美国不同的国家。在越南，青少年会被安置在大家庭中，他们将永远和家人在一起。由于越南的贫困，利娅没有经历过西方世界的信息爆炸。

我在利娅的高中对她进行了访谈，当时她上高一。她穿着随意的印有加菲猫图案的卫衣和牛仔裤，但精心修饰了长长的冰蓝色指甲和发型。只有微微长歪的牙齿暴露了她在越南一定经历过贫困。

利娅出生于 1975 年。她的父亲是一名美国海军陆战队队员，母亲是一名越南妇女——她之前在战争中失去了丈夫，努力养活了自己的四个孩子。利娅的父亲离开越南时并不知道利娅的母亲怀孕了，而利娅也从未见过她的父亲。他给利娅的母亲留了家里的地址，利娅若有所思地给我写了一份。她像念咒语一样大声念出那个地址，又补充道："我永远不会去打扰他。也许我父亲已经结婚了，他会为我感到难堪。"

利娅在越南长大，是家里的宝贝。她的母亲长时间工作以养活孩子们。利娅说："我常坐在窗边哭着等妈妈下班回家。她到家后，我便到处跟着她，并乞求能坐在她的腿上。"

利娅说她的童年很快乐。一家人住在一所房子里，她的哥哥们结婚后，也会把妻子带回家生活。利娅不用工作就能拥有所有想要的玩具："我的哥哥姐姐都在保护我，争相要来抱我。"

我问她是否会和母亲吵架，她说："我为什么要和妈妈吵架？她给了我生命。"

我又问她是否违反过母亲的规定，她说没有。她解释说："她是我的妈妈，所以我应该服从她，当然也不仅仅是这个原因，她知道什么对我有好处，她的规矩有益于我的生活。"

在我们访谈的三年前，作为难民，她和母亲来到美国。她会想念哥哥姐姐，但正如利娅解释的："我们在那边没有钱，我九年级之后就不能继续上学了。"

起初，她和母亲住在一间没有家具的小公寓里，穿着从慈善机构买来的衣服。难民中心帮利娅的母亲在当地一家罐头厂找到了工作，她有了一份足够丰厚的收入，甚至还能把富余的钱寄回越南。

晚上，在母亲睡着后，利娅会写信给她的哥哥姐姐。节假日的时候，特别是越南的新年时，她会备感孤独。尽管如此，她还是很高兴能来到美国——她现在的高中比越南的学校好得多，她还和一些越南学生交了朋友。"老师更友善，我们也能用电脑。"

我让她描述一下她一天的生活。

"我起得很早，好给妈妈做早餐。看到她努力工作赚钱，这让我很难过，所以我会力所能及地帮她。"她解释道，"然后我步行去学校。放学后我会打扫房间，准备晚餐。到了晚上，我会学习，并帮妈妈学英语。"

当我询问她的爱好时，利娅说："我喜欢听越南音乐，尤其是悲伤的音乐。我也会写关于越南的诗歌。"

利娅认为自己现在约会还太早。"我绝不会在婚前发生性行为，"她告诉我，"那对我的家庭来说将是极大的耻辱。"

在利娅的计划里，到 20 多岁的时候，她会和越南籍男性约会，并且他必须答应让她和母亲永远一起生活。她给我看了她的班级戒指和银手镯。"妈妈给我买了这个。我求她不要给我买，但她想让我看起来有美国少年的样子。我永远不能离开我的妈妈，她把一切都给了我，自己却什么也没有留下，我是她现在所拥有的一切。"

利娅和她的朋友大多数时候说越南语，美国同龄人也不会来打扰他们。她还没有看过一部美国电影。当我们谈到美国青少年时，利娅犹豫了一下自己的措辞，显然是担心自己会显得粗鲁。然后她说："我不喜欢美国孩子 18 岁时就离家生活，他们会抛弃自己的父母，然后惹上一堆麻烦。我认为那是不对的。"

利娅喜欢美国的自由和繁荣。"在这里，谋生更容易，"她说，"我迫不及待地想完成学业，找到一份工作，这样我就能养活妈妈了。"

在利娅的家庭文化中，自主和独立并不是美德，理想的越南家庭是和谐而忠诚的。比起满足家庭成员的个人需求，家庭利益更为重要。孩子被要求一辈子都住在家里（儿子和父母生活在一起，女儿和丈夫的父母生活在一起）。没有人预期孩子会反抗或反对他们的父母，并且孩子确实很少表示反对。权威是不容置疑的。如果权威是明智而仁慈的，那么可能还过得去；但如果权威是恶毒的或使人误入歧途的，那么就将造成悲剧。

这些关于服从和忠诚的信念让利娅有了一个不那么混乱的青春期，她不需要为了成长而疏远她的家庭或排斥家庭信仰。

这次访谈给我提出的问题让我很纠结——为什么一个女孩在这样一个传统的（甚至以美国标准来看）控制力过强的文化环境中长大，却在心理上如此自洽？为什么她能对大人如此慈爱和尊敬？为什么她看起来那么满足和自信？

我意识到，利娅的许多选择是别人为她做好的，她的生活受到了她的文化和家庭传统的影响。在 20 世纪 90 年代，美国主流文化的多样性给青少年带来了压力，迫使他们面对各种复杂的选择，但大多数青少年还没具备必要的认知条件来做出选择。青少年不能很好地处理矛盾的问题。如果父母是慈爱的、以孩子为中心的，那么孩子就会因为这些清晰的感受而感到安慰，也会在规矩中感到安心。像利娅这样的青少年被保护着，免于经历同龄人必经的一些事情。她面临着可以预见的挑战——与学校、家务和对家庭的忠诚有关的挑战。

阿比和伊丽莎白

我最喜欢的家庭之一是比尔和娜恩一家。比尔是个热心肠的人，他会弹尤克里里，还成立了我们州的男性反性暴力协会地方分会。娜恩是一位致力于有机种植的园丁，她总是在百乐餐聚会上带来奇特的菜品，比如用荨麻做的砂锅菜、羊肚菌和野洋葱沙拉、桑葚芝士蛋糕。

比尔和娜恩都是社群组织者和积极参与政治议题的人，他们开着一辆破旧的皮卡，把钱全都花在了公益事业上。我经常在支持人权和环保的游行队伍中、在和平议题研讨会和植树活动中看到他们的身影。他们有很多同伴——外国交换生、路过的朋友、亲戚和政治盟友等。每年夏天，他们都会带女儿去野营一个月，这是他们的度假方式。

比尔能把所有人逗笑，他可以用一个笑话或一首歌来缓解房间里愤怒之人的紧张情绪。他给每个人都起了他们想永远保留下来的绰号。每年七月底，娜恩的蔬菜便占据了这个社区所有的餐桌，她会挨家挨户地请邻居们收下她种植的西葫芦和青椒。有一次，他们的猫"黑豹"生了六只小黑猫，他们用朋友的名字给它们命名，吸引朋友来收养它们。不出所料，这个方法奏效了。

阿比长着一头金发，身材苗条，是家里最严肃的成员。在小学时，她赢得了全州的拼字比赛。伊丽莎白个子稍矮，长着红色头发，作为一个女孩，她却是一群爱冒险、喜欢恶作剧的孩子的首领，我们把他们称为"疯孩子"。阿比和伊丽莎白都参加了各种各样的活动——政治、戏剧、音乐、运动、野营，也会去教堂。每年的第一场雪、春分那一天、拿全 A 成绩单的日子、五一劳动节，这些都是他们全家聚会的理由。他们的父母既慈爱又低调，所有家庭问题都会通过讨论得到解决。父母相信阿比和伊丽莎白会为自己做选择，她们有决定自己要成长为什么样的人的自由。

这两个女孩在青春期都遇到了问题。阿比在八年级时得了抑郁症，她因为过敏和胃病缺了好几个星期的课。她的成绩下降了，也不参加任何活动。她避开了家庭聚会，也不再和父母一起出去玩。

令她父母惊慌失措的是，阿比远离了她的邻居朋友，转而加入了一群瘾君子的小团体。她对自己的行踪守口如瓶，还会锁上自己房间的门。她的父母想知道她是否在酗酒或吸烟。有一次，她回到家里，红着眼睛，处于半清醒状态，比尔和娜恩急忙把她带到急诊室做毒品检测。结果是阴性的，之后他们再没有测试过。这对每个人来说都是太大的创伤。

在阿比的青春期，比尔建议他们一起去骑自行车，阿比却只会狠狠地瞪他一眼。娜恩会烤醋栗派，阿比却说它是"黑暗料理"，拒绝吃它。她不再和家人一起吃饭。他们试图和她谈一谈这些变化，她却要么缄口不言，要么指责他们说的话没有来由。

娜恩和比尔不明白出了什么问题。娜恩有抑郁症的家族病史，但她自己从来没有为此担心过。阿比小的时候，情绪也是平静而稳定的。他们带阿比去看心理医生，但阿比一言不发。她声称可以靠自己的力量解决生活中的问题。

两年后，伊丽莎白也遇到了困难。她脱离了"疯孩子"的团体，总是待在自己的房间里，把它变成了一个黑暗的洞穴。她会听音乐，读科幻小说。伊丽莎白也开始讨厌学校，在八年级时三门课程都不及格。她唯一的朋友是和她一样对科幻小说感兴趣的科林。

尽管后来伊丽莎白的成绩有所提高——升入高中之前她又成了优等生，但她和其他同学保持着距离。她和科林成为男女朋友，并创造了他们自己的小世界。比尔和娜恩鼓励她也去和其他朋友交往，她会因此与他们争吵。与阿比不同的是，伊丽莎白没有吸过毒，但她总是处于愤怒状态。她辱骂父母，对自己的生活只字不提。

当伊丽莎白第一次陷入困境时，娜恩和比尔又找了一位心理治疗师。这位治疗师单独和伊丽莎白谈了谈，然后向娜恩和比尔保证，他们做了正确的事情。治疗师说："我从来没想到这么健康的家庭也会出现这么多问题。"娜恩后来告诉我，她不知道自己应该对这句话感到高兴还是难过。

心理治疗可能对一些人有所帮助，但这两个女孩都把她们经历的困难归咎于比尔和娜恩。似乎一对完美的父母就会保护她们，让她们不受她们正在进入的混乱世界的影响。尽管阿比很聪明，但她最后只能勉强从高中毕业，也没上大学。伊丽莎白高一时怀孕了，最终决定生下孩子。

起初，我对这个家庭遇到的困难感到迷惑。我在想是否有什么我不知道的问题，比如娜恩或比尔是否有什么不为人知的恶习，或者两位女孩是否被亲戚或家人的朋友侵犯过。后来，读了关于不同控制力和情感水平的家庭的研究后，让我更能理解这个家庭的处境。

比尔一家是情感水平很高的家庭，但控制力极弱，他们想让自己的女儿体验这个世界所有的混乱和光辉。他们的女儿成长的结果和研究预测的差不多——自尊水平较低，容易冲动。显然，在她们青春期早期，更多的规矩本可以让她们从中受益。

比尔夫妇相信自主、宽容和好奇心的力量。他们培养的女儿乐于体验，渴望尝试新事物，有社会意识，并且有很强的独立性。像这样的女孩在 20 世纪 90 年代是如此开放和敏锐，当到了初中，她们就会被飓风的强劲风力全面侵袭。当所有的压力袭来时，她们会一时不知所措——她们面对的事情太多，却不能很快地处理。通常，她们会像阿比和伊丽莎白那样，变得孤僻和沮丧。她们会把整个世界屏蔽在外，以给自己留出时间来处理所有复杂的事情。

阿比和伊丽莎白现在 20 岁出头，正处于青春期经历的"恢复期"。阿比在一家食品合作社做农产品经理，她讨厌毒品，甚至对咖啡因也很反感，只喝花草茶。她喜欢在食品合作社工作的志同道合的人，她会和娜恩一起去买要在春天种植的药草和蔬菜，并一起为食品合作社的熟食店调制天然食品配方。她还和比尔一起骑行穿越了艾奥瓦州。

伊丽莎白现在有一个可爱的红头发女儿，成了一位好母亲。在她怀孕期间，她和科林成熟了起来，决定恪守对彼此的承诺，共同抚养孩子。他们和女儿住在城外一个租来的农场里。伊丽莎白在农场里喂山羊和鸡时，邻居的孩子们会围着她转。等她的女儿再长大一些，伊丽莎白打算重返校园，学习生物学。

罗斯玛丽（14 岁）

加里经营着丝网印刷生意，卡萝尔给孩子们上课外的小提琴课。他们有三个孩子：上八年级的罗斯玛丽和比她小三岁的一对双胞胎弟弟，他们是社区足球队的明星。

卡萝尔和加里是新时代的父母。加里戴着串珠，扎着马尾。卡萝尔收集各种各样的水晶，会去创意书店里的脑电波实验室。他们想把罗斯玛丽培养成为独立的人。他们没有以任何方式塑造她，而是相信要让她的性格充分展现出来。加里说："我们最担心的就是破坏她的心灵。"

他们试图在自己的关系中树立平等的榜样，并使他们的孩子摆脱性别角色的限制。罗斯玛丽会修剪草坪，双胞胎兄弟会洗碗和摆好餐具。加里教罗斯玛丽投球和画画，卡萝尔教她读塔罗牌和用《易经》卜卦。

这是一个以孩子为中心的家庭，非常民主，强调自由和责任，而不是顺从和控制。这对父母不赞成给孩子设置太多的限制，相反，他们觉得孩子自己可以通过尝试和错误来认识到自己的局限。他们都喜欢把自己描述成是孩子的朋友。他们教罗斯玛丽如何捍卫自己的权利，并把展现她的坚定自信的故事分享给其他大人和孩子。卡萝尔和加里不惜一切代价为他们的孩子提供体验丰富经历的机会。罗斯玛丽向镇上最好的老师学习美术，每年夏天都参加棒球训练营。双胞胎兄弟则参加了球队、基督教青年会夏令营和瑜伽课程。

我们第一次见面时，卡萝尔和加里似乎很脆弱，很不安。

"我想要回我以前的女儿。"卡萝尔说。她说到了罗斯玛丽在小学时的快乐和自信。她一直是个好学生，六年级时还当上了学生会主席。她对所有人和事都很感兴趣。他们很难让她放慢步调，休息一会儿或吃点儿东西。她曾经对她的美术老师说："我不就是你最好的学生吗？"

但青春期的罗斯玛丽变了。她讨厌自己原本苗条的身材"变成了面团"。在父母面前，她仍然很有主见，甚至很多时候都很多嘴、咄咄逼人，但在同龄人面前，她很安静、循规蹈矩。她不知道如何才能取悦所有人，别人小小的拒绝都会让她伤心欲绝。很多时候她都会哭着回家，因为她只能独自吃午饭，或者有人对她的长相指指点点。

她不再争取好成绩，因为她觉得成绩已经不重要了，是否受欢迎才是最重要的。她很在意自己的体重和容貌。她锻炼、节食，经常在镜子前花上几个小时的时间。

突然之间，她更想被男生运动员喜欢，而不是自己成为一名运动员。她变成了她父母所说的"花痴"。男孩发现了她写的便条，字里行间充满了性暗示。她总是在说关于男孩的事，也经常打电话给他们。之后，她被一些正在对性行为和饮酒跃跃欲试的九年级男生邀请去参加聚会。

"我们被罗斯玛丽弄得不知所措，"加里坦诚地说，"她现在在做一些我们认为她到大学才应该做的事情。我们甚至不能保证我们能够保护她。"

"我希望我们能找到一个安全的地方，让她在那里生活六年，直到她成人。"卡萝尔补充道。我们都笑了。

"我俩都来自小城镇，"卡萝尔继续说，"我们像罗斯玛丽这么大的时候，没有经历过这些诱惑。我们现在也不知道该怎么办了。"

卡萝尔递给我一张他们在她房间里找到的 CD。"看看她在听什么歌,《本人觉得你他妈应该闭嘴弹琴》、《吸毒屋》和泡泡女孩的《你太烂了》。加里说,'我们家有条规定,有人说了脏话,就要放一枚 25 美分的硬币在罐子里,等罐子装满了,我们就一起出去吃饭。听了那张 CD 后,我们才意识到,存在于这个家里的脏话其实是另一个数量级的。'"

加里盯着自己的手:"我们教她要自信,要照顾好自己,但她所有的自信似乎都被用来对付我们。她总是把事情搞得乱七八糟。她有时是一个真正的戏精,爆发的时机也真是无可挑剔。她总会在我冥想的时候,或者在我和客户打电话的时候发脾气。"

在过去的一年里,他们一直为罗斯玛丽感到担心。在心理治疗开始的前一个周六晚上,她和一个男孩在一场演唱会结束后去了一家酒店过夜。她撒了谎,说自己要和闺蜜去她们其中一人的家中过夜。

我答应和罗斯玛丽见面。她身材娇小,有着一头黑发和一双引人注目的眼睛。她穿着名牌牛仔裤和耐克鞋,拿着一本平装的《无政府主义者食谱》。她和我说,她想让我帮助她的父母放松一些。

我只是听着。我知道,任何对她的建议听起来都会像父母的话,这对她来说是不可接受的。我问她正在担心的事,她说担心自己的体重和外表缺陷,她觉得自己需要再减 10 磅,而且左侧轮廓"难看极了",皮肤上的斑点太多。她试过节食,但节食期间她感到暴躁和沮丧,最终只好屈服,又开始正常吃东西了。

罗斯玛丽觉得她和她的朋友都是外貌协会成员。她害怕自己不够漂亮。她说:"无论在哪里,我环顾四周时,总会看到有人比我漂亮。这让我抓狂。"

我们聊到了那些性感的长相不自然的模特，以及视频和电影中对女性的呈现方式。罗斯玛丽一方面很讨厌这种压力，另一方面又执着于流行的外表和打扮；她很蔑视外貌协会，但还是禁不住以外貌来评价他人。

我们谈到了她的生活从小学开始经历了怎样的改变。罗斯玛丽说到和爸爸一起打棒球、画画时笑了。她曾经那么爱她的父母，并且觉得和他们很亲近，但是现在她不这样了。"他们不明白我正在经历什么，他们总是给我愚蠢的建议。他们就是不想让自己的小女儿长大。"

罗斯玛丽感觉和她的朋友很亲密，但她也承认，维持友谊也是有困难的。她担心被背叛和遭到拒绝。社交局面每天都在变化。她在男孩面前为自己辩护时，会感到不安。她会做一些她内心并不赞同的事情以融入受欢迎的群体。

比起她自己的经历，我们更多地谈论了她朋友的经历。她有朋友在和男友发生性关系后被甩了，也有朋友被强奸或去堕了胎。大体上，她觉得自己不会遇到同样的麻烦，但也承认自己有过几次侥幸脱险的经历。

当我们谈到男生的时候，她显得异常有洞察力。她非常想要一个男朋友，为了赢得好感，她甚至会去做任何事情。她说："有男生喜欢我，我才会对自己感觉良好。我会不惜一切代价来达成这个目标。"

我们的治疗进行得很不规律。对一个"无政府主义者"进行心理治疗，是会有一定困难的。我和她的父母一样，希望在她成长的过程中保护她的安全，同样，我也必须谨慎为之，否则我可能就会说错话。如果她把双臂交叉放在胸前，向窗外望去，我就知道，治疗没法进行下去了。

罗斯玛丽以严格的分类标准来看待世界。对于不理解的东西，她要么过度概括，要么简化，要么否认。她的感受很混乱，经常会失去控制。她需要同龄人的认可，特别是男生的认可，这将她置于危险的境地。她拒绝那些要强制和她发生关系的男孩时，也并不轻松。此外，她决心靠自己解决所有的问题。当我偶尔提出建议时，她会摆出畏缩的姿态。

我想到了这个家庭的许多讽刺之处。这对在新时代关注心灵世界的父母，却有一个几乎只关心自己体重的女儿。在艾滋病和毒瘾盛行的年代，父母对孩子放任自流的做法并不那么明智。卡萝尔和加里一直小心翼翼地在一个不被性别观念限制的环境中抚养罗斯玛丽，她却变得非常女性化，以便吸引和留住男孩。他们教她要坚定自信，但她只对大人使用这些技能。最具讽刺意味的是，罗斯玛丽成长在一个有冥想室的家中，她自己却需要练习定心。

这些来访者的家庭都很有爱，但她们的父母在对孩子的期望和管教上各不相同。利娅来自一个控制力很强的家庭。弗朗切丝卡和露西来自控制力适中的家庭，而罗斯玛丽、阿比和伊丽莎白则来自控制力低的家庭。

利娅的家人认为，预防不良思想出现的最好方法就是对孩子进行监管审查，他们必须对孩子的发展进行小心的引导，以便使孩子的思想符合家庭的价值观念。在家庭的庇护下，利娅免受暴风雨的侵袭，她所面临的各种挑战的难度和强度都是她自己能应对的。但这种保护是有代价的，她牺牲了自己的自由和对自己人生的掌控。

露西和弗朗切丝卡的家庭给予了她们合理的保护，同时也允许她们按自己选择的方向自由成长。不出所料，他们女儿承受的压力比阿比、伊丽莎白和罗斯玛丽更小，但又不会像利娅那样乖。

阿比和伊丽莎白的家人以及罗斯玛丽的家人都认为，抵御不良思想的最好办法是提出更好的想法。他们更自由、民主，更倾向于和孩子谈判。他们更看重具体的经历，而不是大局上的安排和组织；更看重孩子的自主发展，而不是对家长的服从。这些家庭有很多优点，尊重个体差异，致力于发掘女儿的潜力。但是这些女孩并没有准备好面对那些关乎自我存在的选择，而且经常会做出错误的决定。在青春期早期，这些女孩看起来饱受痛苦，无法掌控局面。然而，后来她们也都变成了自立、自信的成年人。

在一个完美的世界，所有的女孩都会被爱。青春期的女孩会受到家庭的保护，但她们也允许作为个体而绽放。家庭将在不牺牲过多个人自由的条件下，在道德方面进行清晰的指导。但在现实中，这种理想条件是不可能达到的。所有家庭都面临各种选择，较少的规矩和组织安排可能会在短期内给女孩带来更大的风险，也会对她们的个人成长产生长期的潜在影响；较多的规矩和组织安排则会减少短期的风险，但更有可能在之后影响女孩适度的遵从和温和的态度。青春期女孩的家人很难在安全和自由，以及家庭价值观和自主性之间找到平衡，取得这种平衡需要做出许多价值判断。这些问题很复杂，并且如果女孩犯错，大家就要付出很高的代价。家长可能会被这些问题的强度压垮。完美的平衡点，就像一条线段上精准的黄金分割点，它只存在于抽象的世界中。

现在，父母与青少年的关系与1994年时有了很大的不同。令人吃惊的是，青春期的叛逆心理不再是文化期待的内容。青少年不再需要那么多监管，因为他们不那么调皮了。2019 年，离婚现象比 1994年更少见。事实上，当前美国的离婚率正处于 40 年来的最低点，大多数家庭更加民主，父母之间的关系也更加平等。父亲和女儿的关系更密切，母亲在家庭和工作中有了更大的权力。

在 20 世纪 60 年代早期，大多数父母认为美国是一个美好的社会，并渴望教育他们的孩子如何在其中生活。到 1994 年，父母发现自己在代表那些通常都很叛逆的青少年，与更广泛的有害的社会文化做斗争。到了今天，父母和青少年都认为美国的社会文化是很难驾驭的。没有人希望女孩过早或单枪匹马地进入社会，父母最担心的是如何让他们的女儿为未来做好准备。

那些在 1994 年十分重要的事情，在今天看来已不那么重要了。一般来说，今天的家庭氛围更融洽、更轻松了。然而，在电子设备使用方面，明确的约定和限制是至关重要的。父母首先应该限制自己使用智能手机和电脑的时间。（根据数字未来中心的数据，成年人平均每天上网 6 小时以上，他们每 7 分钟就要查一次邮件。）一家人可以议定一个都不用电子设备的时间段。解决方法胜于惩罚措施，主动的计划比被动的损害控制更加容易。

和以前一样，在情感水平和控制力都很高的家庭中，青少年更有可能苗壮成长，但现在这样的家庭已经不多了。现在，大多数家庭有着高情感水平和低控制力。开放交流、一起聊天或参加一些活动、强调拥有自己的观点和韧性，这些都是培养健康、平衡的儿童和青少年的关键。我们接下来要讨论的第一代美国公民，就体现了许多这些积极的品质。

现阶段的另一个变化是，美国拥有更多其他国籍的父母。美国是一个有着多元文化的国家，有许多家庭在适应新文化的同时，还保留着本国的很多传统。在这些家庭中长大的女孩往往具有一些"典型的"美国特征，同时又坚守着她们的本土传统。

丽贝卡（16 岁）

"我父母的飞机在暴风雪中降落在纽约，他们从肯尼亚的难民营出来后走了近两天。我妈妈当时已经怀了我，但她还不知道，她那时才 16 岁。"

我为本书的新版对丽贝卡进行了访谈，她身上有着很迷人的东西。她是一个好看的女孩，有着黑色的皮肤和齐腰的辫子。她投射出一种既平静又愉快的能量，"她肯定不缺朋友"——她的能量只能让我这样猜测，甚至连我也想成为她的朋友。

丽贝卡的父母萨米亚和约翰都是苏丹难民，他们被美国政府重新安置到内布拉斯加州林肯市的一间小公寓中。几个月后，丽贝卡出生了。萨米亚和约翰于 2002 年来到这里，也属于"苏丹失落男孩"[①]这个群体。（这个称呼其实用词不当，因为很多女孩和年轻女性也在当时移民了。）

萨米亚不会和医生、护士说英语，她只能自己接生女儿，那是立春那天。她和约翰都是虔诚的基督徒，所以给他们的女儿取了一个来自《圣经》的名字——丽贝卡。他们希望这个名字能帮助女儿融入新

---

① "苏丹失落男孩"是为在第二次苏丹内战中流离失所或成为孤儿的孩子取的称号。——译者注

的文化。

　　很快，萨米亚和约翰又生了四个孩子。后来，在丽贝卡上一年级的时候，约翰在一场冰暴中死于车祸。萨米亚不识字，却要养活五个孩子，她必须立即找到一份工作。丽贝卡承担起照顾弟弟妹妹的担子，她的母亲则在一家鸡肉加工厂上班，每天轮班工作12小时。

　　"自从爸爸去世后，我就在家中负起了责任，"丽贝卡解释说，"我一直都很可靠、很严格，像一个妈妈。我不会让弟弟妹妹随心所欲地看电视，还要确保他们吃健康的食品。"

　　"我能在你身上看到这一点，"我回答，"说实话，有时我还会为你担心。你没有经历过典型的美国童年，夏天的时候，你不去游泳，不去骑自行车，不去参加野营。我认识你的这段时间里，你也一直在照顾你的弟弟妹妹。你厌烦过这件事吗？"

　　"我其实挺喜欢的。"丽贝卡耸耸肩，笑了，"我不需要请朋友来家里玩，因为我身边一直都有朋友——弟弟妹妹就是我最好的朋友。"

　　"我知道你的童年有很多努力学习英语和成为妈妈的得力助手的经历。跟我谈谈中学的经历吧。"我提议道。

　　"我记忆深刻的一件事情是，在上六年级的第一周，我第一次来了月经……真是糟糕！我不得不在家待了几天，因为腹部抽搐时太疼了。在学校里，我的大多数朋友是美国黑人孩子，我们没有太多的钩心斗角。"

　　"就在我上中学之前，我妈妈再婚了，她嫁给了一个叫雅各布的男人。我们都很爱雅各布，他在成为我们的继父之前，就像我们的叔叔一样，但我们还是有很多事情要应对。一眨眼间，我去了一所新的学校上学，而我妈妈又怀孕了。"

"你有没有继续照顾你的新朋友？"我问。

"有，也没有。因为雅各布有一份好工作，我妈妈可以休一段时间的产假。我仍然主要负责大一点的弟弟妹妹。有一件事让我沮丧——高中社团会在下午放学后一起活动，我却不能参加，因为我必须离开学校，去小学接弟弟妹妹。我现在仍会想，如果当时加入了合唱团该有多好。"

"想想那些表演服装！爵士乐的手势！姑娘，你错过了好多呀！"我说。

丽贝卡大笑起来，说："我的加入肯定会让整个合唱团都更酷。"

她仍然咯咯地笑着，继续说："我真的很害怕上高中，教学楼很高。第一天我很紧张，但后来开始上音乐课，我找到了'我的小组'。现在，我在学校里参加了三个不同的唱诗班。我爱唱诗班的朋友……我们都很搞笑。"

丽贝卡拿出了一台屏幕上有裂缝的 iPhone 手机，给我看了她和同学一起创建的 Instagram 账号 @choirgrrrls。我很高兴地看到大部分的照片中，她都被一群表情夸张的朋友围绕着。

"你已经进入了青春期，现在和妈妈的关系怎么样？"我问。

"妈妈是我最好的朋友。她很严格，但我们从不争吵。她总是会支持我、肯定我。老实说，我觉得她从来都没有经历糟糕的时候，即便有，她也不在孩子面前展现出来。我们在同一个地方工作——内布拉斯加大学校园的食品服务部门。她做饭，我在沙拉吧台里补充食物，我们还会盯着可爱的大学男生看。我喜欢和妈妈一起工作。"

"你会用哪些词来形容你的母亲？"我问道。

"美丽，积极，快乐。她会向任何情绪低落的人传递她的善意，我们之间的友谊确实和我们的亲情一样深厚。

"我听到过朋友抱怨她们的母亲，但我无法理解，"丽贝卡继续说，"我妈妈不会问我要去哪里，因为她信任我。她不会因为我的成绩而烦我，因为她知道我在学校会尽力。有一次，她对我穿的打底裤有一些意见，但那也没什么大不了的。"

"你今天也穿了打底裤。"我注意到。

丽贝卡眨了眨眼，说："没什么大不了的。对吧？"

"丽贝卡，你是如何认同自己的身份的？你觉得自己是苏丹人还是美国人？或者非裔美国人？"

"我觉得我是一个内布拉斯加州的女孩。我对苏丹文化有一些了解，但是我不会说那里的语言，所以亲戚来拜访的时候，我没法和他们交谈，"她承认，"我的朋友都没有问过我的苏丹背景，我猜他们认为我是非裔美国人。我妈妈希望我们会说苏丹语，同时也能融入这里的生活。"

"问一个尴尬的问题，现在你在和谁交往吗？"我问。

"我不会在高中期间有男朋友，可能是因为我妈妈那么年轻时就怀孕，"丽贝卡说，"她说我上了大学才能开始约会，我可以接受，我不喜欢和男孩子调情或'聊天'，我只想和他们做朋友。我会在 Instagram 和 Snapchat 上看看我的朋友都在做什么。我就坐在家里，听男生和女生还有他们约会的八卦，但在我的生活里我可不想有那些事！"

"你是个专注的学生，而且一周还要工作 20 个小时，那你有什么兴趣吗？"

"我喜欢在家和弟弟妹妹一起唱歌。我离不开他们。我喜欢和孩子们在一起！"丽贝卡又拿出手机给我看了一段她最小的弟弟妹妹跟着凯蒂·佩里的歌说唱和跳舞的视频。她在屏幕外挥舞着镜头，欢快地带领他们唱完副歌。

"他们好可爱啊。"我说。

"对吧？还有什么比这更有趣的呢？"她接着说，"我想成为一名儿科医生，这样就可以一直和孩子们在一起了。奥马哈有一家儿童医院，我想去那里工作，但又想继续住在林肯市，离我的家人近一些。他们是我的一切。"

尽管她的家境贫穷，在公立学校之外获得丰富经历的机会也有限，但丽贝卡是一个幸运的女孩。她有一个充满爱的家庭，也有很多责任和挑战。她觉得自己是有用的、被珍视的，她有信心在未来实现自己想要的一切。而许多其他的青春期女孩就没这么幸运了，她们可能有慈爱的父母和更多的资源，但缺乏丽贝卡的能力和使命感。

如今，许多女孩拥有在自己生活中参与度很高的父母，他们极其保护孩子，这是教科书上对"直升机父母"的定义。他们通过电话和短信与女儿保持联系。有了 GPS（全球定位系统）追踪应用，他们可以随时知道孩子在哪里。十几岁的女孩可以随时打电话向父母寻求帮助。这给了她们安全感，而代价则是她们的自我效能感。

讽刺的是，尽管父母经常开车送女儿去学校，并经常与她们联系，但他们实际上并不知道自己的女儿在网上看什么或做什么。一位母亲告诉我："我觉得自己好像是在用指甲紧紧抓着女儿。"

"我和丈夫感觉我们和女儿仿佛生活在不同的国家。"她继续说道，"我们没有地图，也不会说她的语言，不知道该如何帮助她处理她所面对的那些复杂的事情。"

如今的女孩离开家时，比 1994 年的同龄人更缺乏应对能力和韧性。"成人"现在是一个动词，而许多青少年在逃避"成人"。他们更厌恶风险，许多人对自己基本的能力产生了怀疑。他们很正确地意识到了自己有一些技能上的缺陷。现在的女孩成为犯罪受害者的概率已经没有 20 世纪 90 年代那么高，但她们觉得自己更容易受到伤害，因为她们独自应对生活的经验非常有限。

如果孩子被过度保护、没有任何压力，就不会茁壮成长。压力对个人发展是至关重要的。我们因迎接挑战而成长，问题的关键在于要找到正确的压力源、把握压力的强度。理想情况下，孩子应该经历足够的压力，适度的压力会使他们成长为坚强的人，拥有丰富的技能和良好的应对策略，但又不至于让他们不堪重负。

父母的主要工作之一就是帮助孩子成长为独立的成年人，使他们在面对快速变化的文化时也能够适应。这一点说起来容易，做起来很难。我们什么时候应该保护我们的女儿，什么时候应该鼓励她们克服恐惧？许多女孩不能忍受过于艰难的困境，父母也因为担心而无法强行让她们去应对，即使他们知道压力在人类生活中常见且必要。

特别是如果女孩有惊恐发作、自杀企图或自残的历史，父母就很难退回到女儿正常的时候思考问题。然而，过度保护和缺乏保护一样危险，受到过度保护的青少年在进入职场或大学时会遇到更多困难。如果没有任何内在的方向感和自我支持，他们就有可能酗酒、吸毒、考试不及格或故意错过工作面试的时间。

也许父母能给孩子的最好的礼物就是为生活做好准备。这意味着要教会他们批判性思维和人际相处技巧，鼓励他们走出舒适圈，赢得困难的挑战，并与他们就人际关系、政治和社会如何运作进行深度对话。

如果父母认为孩子是虚弱的，孩子就会变得虚弱；如果父母期待孩子产生力量，就会给孩子带来力量。但时机非常重要，父母必须每天评估孩子面临的挑战的强度是否合适。父母可以和女儿共同决定她想要达到的目标。例如，在多大的时候，女儿可以独自待在家里、去杂货店购物、为家人做一顿饭，或者安排她自己的社交活动？在女儿多大的时候，她才可以照看年幼的孩子或做兼职工作？女孩也可以为自己设定目标。例如，她们可能想过什么时候自己可以独自乘飞机旅行，或者她们会自己决定什么时候想乘坐公共交通工具在城市中穿行。

当然，并不是所有的家庭都有随时在场的父母，尤其是那些在经济上更困窘的父母，他们经常工作很长时间，无法陪伴孩子。焦点小组中的成员乔丹只有在她母亲开车送她去学校的时候才能和母亲见面，她母亲的工作有两个轮班，所以经常要到第二天早上乔丹才能再见到她。但是，和许多其他母亲工作时间很长的女孩一样，乔丹比受家人保护的同龄人更独立，能力也更强。

此外，有些父母会被派去服兵役；美国政府有时会把移民父母和他们的孩子分开；有些父母患有精神或身体疾病；有些父母身陷囹圄，或酗酒、吸毒成瘾；有些父母无法从经济上支持孩子。然而，无论环境如何，所有的父母都面临着宠爱孩子和限制孩子的双重挑战，他们既要帮助孩子成长，又要给孩子独立发展的空间。时至今日，父母给孩子的限制往往与时间和电子设备有关，而这两者都是难以管理的。

第 *6* 章

母亲的
力量

我母亲在堪萨斯州和内布拉斯加州的一些小镇做全科医生。在母亲那个年代，大多数老人会在家里死去，而医生做的大部分事情就是和病人以及病人家属一起静坐等待。她曾经告诉我："老人去世之前，意识会变得混乱，脱离现实，去往别的地方。男人会再次变回农夫，在暴风雪中赶着马回家。他们会喊，'驾，继续走！已经不远了。'他们看到窗户里的灯光，呼吸便放松下来。他们会看到妻子在等着自己回家，并如释重负地大笑。'我回来了！'他们会大叫。他们会拍打床褥，鞭策他们脑中的马匹继续穿过风雪。'驾！我们快到家了。'"

　　"那女人呢？"我问。

　　"女人会呼唤她们的母亲。"

　　我10岁的时候，母亲经常要到深夜才回家。她穿着剪裁考究的深色套装，涂着口红，脚上穿着黑色高跟鞋。她留着短短的卷发，眼神总是很疲惫。当她拿着她的医生工作包和风衣回到家时，我会跑到她身边，一直和她待到睡觉时间。我看着她吃重新温热的炖肉，翻看信件，换上家居服和拖鞋。我会揉揉她酸痛的双脚，问她今天过得怎么样。

　　我也会陪她出诊，和她一起去离我们镇16英里^①外的医院。她会给我讲她在牧场度过的童年时光——她杀过响尾蛇，在河床上发现过化石，为了躲冰雹把自己埋在干草堆里，还作为高中篮球队队员参加过冠军赛。大萧条时期，她捡过牛粪当燃料。我求母亲告诉我更多事情："给我讲讲你怎么在田里吃西瓜的，给我讲讲那些远道而来的吉卜赛人，给我讲讲那对因为喝鸡舍里的水而死了的双胞胎，给我讲讲特技飞行员在县集市上坠机的那件事。"

　　初中的时候，我变得对母亲充满愤怒。她肚子很大，头发稀疏，没有朋友的母亲漂亮。我想让她待在家里，做金枪鱼炖菜或者教我缝纫。我想让她的电话别再响了。

　　1965年，她带我去了旧金山，作为我高中毕业的礼物。我们去了北湾的一家咖啡馆，那里有"垮掉的一代"的诗人在朗读。而我当时却坚定地认为每个人都在盯着我母亲看，所以尽管我喜欢诗歌，但我坚持要早点儿离开。

　　成年后，我带着丈夫、孩子去母亲家吃节日晚餐，她会为我准备我最喜欢的食物——蟹肉冷盘、蔬菜汤和山核桃派。她会给我的孩子很多糖果和礼物。晚上我睡觉前，她会主动提出给我煎牛排，或是和我一起出去散步，只为能让我再和她讲一个小时的话。到了该走的时候，她会陪我走到车上。"你什么时候再回来？"她总是这样问。

　　在她生命的最后一个月，我一直在医院陪坐在她身边。她喜欢我给她读书或讲故事。我帮她梳头刷牙，给她喂葡萄，一次只喂一颗。

---

① 1英里≈1.61千米。——编者注

一天晚上，她因为药物作用而变得神志不清。恍惚中，她在为 12 个人做意大利面。"把那些西红柿递给我，把洋葱切碎，他们很快就要到了。"另一个晚上，她以为自己在接生。"用力，用力！"她说，"把孩子包起来。"我睡在她身边时，她就能安稳睡着。

我与母亲的关系就像所有的母女关系一样，异常复杂，充满了爱、渴望、分离和融合，同时需要保持亲密和一定的距离。我尊重她、嘲笑她，为她感到羞耻和自豪，和她一起欢笑，为她的小缺点感到恼火。我在她家待了超过 24 个小时后就会感到浑身不舒服，然而她幸福，我就会感到更加幸福。

在她葬礼的第二天，我开始写这本书。我和我母亲的经历，使得我对各位母亲有很大的同情心。20 世纪 90 年代是一个对母亲进行普遍抨击的时代，而我决心写一本书，让女孩和自己的母亲更亲密。我希望这本书发出支持每一位母亲的声音。

西方文明的传统对母亲有着不现实的期望，人们都认为母亲要对孩子的幸福、全家人的社会归属感和心理健康负责。母亲要么像圣母玛利亚一样被理想化，要么被神话故事和现代美国小说抨击。我们都在用弗洛伊德所说的"原发过程思维"来看待母亲，即幼儿的思维方式。我们缺少成熟的思维，很难把母亲看作平常人。

西方文明对父母养育子女有双重标准：孩子与父亲的关系被描述为是有益的、成长导向的，而与母亲的关系则被描述为是倒退的、依赖的。父亲会因为参与孩子的活动而受到赞扬。而母亲如果没有做到在参加孩子活动的种类和数量上都恰好合适，就会受到批评。和孩子疏远的母亲会被嘲笑，但和孩子过于亲近的母亲则会因为不给孩子留出空间和过度保护而被指责。

就青春期的女儿而言，她们带给母亲的信息是最矛盾的。人们期望母亲保护她们的女儿不受社会文化的伤害，即使母亲是在帮助女儿适应文化环境。她们要鼓励女儿长大成人，同时又不能让女儿受到伤害。她们要为自己的女儿无私奉献，又要鼓励女儿离开自己，寻求独立。母亲要全心投入地去爱女儿，还要确切地知道自己何时应该在情感上和身体上与女儿保持距离。

女儿和母亲一样，对文化环境抱有的期望感到困惑。女孩被鼓励与母亲分开，她们与母亲的关系会遭到贬斥。她们应该尊重母亲，却不能喜欢母亲。在我们的文化中，爱母亲意味着依赖、被动和退步，而拒母亲于千里之外则意味着个性、主动和独立。与母亲保持距离被认为是女孩迈向成年的必经之路。

萨拉15岁的时候，她开了一个玩笑，我觉得很有趣。平时我喜欢带她去游泳、散步或出去吃午饭，我们半开玩笑地把这些外出活动称为"母女联谊"。后来有一天，萨拉开始称这些活动为"母女束缚"，我俩都笑得直流眼泪。直到今天，我们还称我们的郊游为"母女束缚"。

成长要求青春期女孩排斥与她们最亲近的人。女孩非常害怕变得像她们的母亲一样，这是她们被社会化的结果。对大多数女性来说，最大的侮辱莫过于有人对她说："你就像你妈妈一样。"然而，讨厌自己的母亲本质上就是讨厌自己。

大部分美国女孩的经历与上一章提到的利娅截然不同。利娅在尊重母女关系的文化中长大，而在西方文化中，母女关系的紧张缘于女儿在努力成长为一个成年人，成长为一个区别于母亲、不依赖母亲的个体。由于文化的混杂信息，母亲和女儿之间的冲突是不可避免的。

若要有自我，女孩就必须排斥自己身上来自母亲的那一部分特质。母亲和女儿总是要在距离问题上反复挣扎——太近会被吞没，太远就会被抛弃。

20 世纪 90 年代的问题加剧了由来已久的母女关系的紧张程度。我的来访者大都是企图以积极的方式定义其关系的母女，部分原因是母亲不理解自己女儿生活的世界。她们的经历不同。例如，大多数母亲在初中时因为其身体和女性特征被男生逗弄。她们听到女儿抱怨在学校发生的事情时，会认为这与自己的经历相似，但事实并非如此。今天的"逗弄"变得更生动，更刻薄，更持久。而她们的女儿所经历的不再是挑逗，而是性骚扰，它使许多女孩不再想去上学。

母亲常常对女儿的行为方式感到措手不及。有些女孩会辱骂自己的母亲，叫她们婊子，或者叫她们闭嘴——这使这些母亲感到震惊，因为她们从来没有这样咒骂过自己的母亲。20 世纪 90 年代的女孩通常在年龄更小的时候就有性行为。她们的母亲在一段严肃的关系中，会一直在与性相关的问题上挣扎，而她们的女儿对性的随意态度实在让她们深受打击。这些母亲也曾对自己的母亲保守秘密，但她们不了解自己女儿的秘密与自己当年的秘密之间有多么大的区别。

在 20 世纪 90 年代，大多数母亲会尽最大的努力培养身心健康的女儿，但常常不知道如何操作。例如，一个邻居从小就培养她的女儿要争取自己的权利，并在任何人试图控制她时进行反抗。后来，她的女儿在 11 岁的时候经常在学校遇到麻烦。这个女孩和那些她认为不公平的老师吵架，还打那些欺负其他人的孩子。从女性主义的角度来看，这个女孩的争强好斗令人钦佩，但这也给她带来了麻烦。其他孩子都渐渐认为她好斗，并经常和她发生小冲突。她的母亲不知道自己做得对不对。

　　一位朋友积极鼓励她的女儿们坚持体育运动，少化妆，多吃有营养的食物，多在课堂上发言。然而在青春期，她的女儿们却被女性特征更为明显的女生朋友嘲笑和嫌弃。

　　我表姐认为她的女儿不该在八年级毕业晚会上穿一件200美元的低胸礼服，但是她女儿的所有朋友都有一条这样的裙子。我表外甥女央求我表姐也给她买一条，因为她担心自己在毕业晚会上像个书呆子。

　　我表姐对酒精和青少年持有强烈的看法，她坚决反对提供酒精饮料的青少年聚会。可是我表外甥女坚持说，所有受欢迎的孩子都会去参加聚会，如果她不去，就会被大家孤立。于是我表姐在对酒精的恐惧和希望女儿能被同学接受之间左右为难。

　　母亲希望自己的女儿去约会，又害怕女儿遭遇强奸、意外怀孕、染上艾滋病或其他疾病。她们希望自己的女儿独立，但也明白这个世界对女性来说有多危险。她们希望自己的女儿对外貌的态度能轻松一些，但也知道，如果女孩不漂亮，在社交方面就会吃亏。

　　女孩想要努力发展出自己的个性，但也需要母亲的指导和爱。但是，即使在进入危险区域时，她们也不愿接受母亲的保护。当母亲就潜在的危险对她们发出警告时，她们会很生气，因为她们自认为比母亲更了解这些危险。

　　20世纪90年代的大多数女孩小时候与母亲关系亲密，许多人在成年后也会再次回归这种亲密关系。但在初中和高中，很少有女孩能和母亲保持亲近。女孩在最脆弱的时候，拒绝了那个最想了解她们需求的人的帮助。为了找到最合适的亲密程度，母女之间的交往经常是跌跌撞撞的。比如，杰西卡和母亲布伦达的关系原本非常亲密，然而到了青春期，杰西卡拒绝母亲给她的一切。索雷尔和母亲费伊的关系很好，她们相互尊重、相互理解。惠特妮和母亲伊夫琳的关系非常矛盾，她似乎比母亲更加成熟。

杰西卡（15 岁）和布伦达

杰西卡和布伦达这对母女是对比强烈的研究案例。母亲布伦达快 40 岁了，是一名社会工作者。她穿着随意，胖乎乎的，一头金灰色头发略显凌乱。她说话时语气诚挚，语速很快，喜欢用手势来加强她话语的表现力。布伦达对于她和杰西卡遇到的每一个问题都有自己的看法和理论。杰西卡坐在她旁边，像一座冰雕一样沉默而疏远。杰西卡很瘦，一头长长的黑发，脸色苍白，穿着黑色的丝绸衬衫和长裤。

布伦达说："我对杰西卡已经无计可施了。她不去上学，而相关机构又认为我不是一个称职的母亲。这真的让我很尴尬，我是一个社会工作者，但又不能把她拽去学校。"

她叹了口气："我不能让她做任何事。她整天都在睡觉、看手机、看杂志。她不做家务，也不和朋友出去玩。她在浪费自己的生命。"

我问杰西卡她一般怎么打发时间，她只是看向别处。布伦达回答了我的问题："她喜欢在我的卧室看电视。我上班的时候，她整天躺在我的床上，到处都搞得一团糟。我给她单独买了一台电视机，但她还是会进我的房间。她说我的床更舒服。"

杰西卡猛地抽了一下鼻子，布伦达继续说下去："杰西卡出生的时候我还没结婚，她缺少父亲的陪伴。这影响了她的自我形象。"

当母亲谈起她时，杰西卡皱起了眉头，但她拒绝为自己辩驳。

"杰西卡和我过去常常一起做事，她优秀且充满热情。我对现在发生的事感到吃惊。"她叹了口气，"我在她面前做什么都不对。如果我问她一个问题，她会认为那个问题很蠢；如果我不说话，她又会说我在暗暗责怪她；如果我跟她说话，我就是在对她'说教'。我鼓起勇气来面对她，但她经常对我大喊大叫。"

布伦达拍了拍女儿的腿，说："我知道她很自卑，但不知道如何帮助她。我还能做些什么？"

我让杰西卡离开房间。她显然对这番谈话感到厌恶，又很不愿意离开。在接下来的半小时里，布伦达向我讲述了杰西卡的生活。然后杰西卡过来敲门说："我不舒服，我要回家。"

我递给杰西卡一张预约卡，告诉她："星期二我们单独见面。"

我很高兴这对母女来接受心理治疗。也许是因为布伦达社会工作者的身份，她不愿轻易给女儿下判断。她非常害怕拒绝杰西卡，所以她的态度并不坚定。她把养育和虐待弄混了，她如此努力地想要对女儿好，以至于她拒绝给杰西卡一个成长的机会。布伦达处于根据自己的"理解"将杰西卡一路送上青少年法庭的极大危险之中。

星期二，杰西卡穿着黑色牛仔裤和黑色高领毛衣来了。她静静地坐在沙发上，等着我先开口。我努力克制自己对这一小时中将会发生的事的悲观情绪。和她在一起度过三分钟后，我已经觉得自己在拖着一艘驳船穿越沙漠了。

"你来这里觉得怎么样？"

"还好吧。"

"你真的感觉还好吗？"

"我不明白为什么一定要来这儿，不过早上看电视也没那么开心。"

"你和你妈妈在哪些方面有不同？"

杰西卡抬起一边的黑眉毛："你这是什么意思？"

"你们对生活有不同的价值观和想法吗？"

她嘲讽地笑了笑，说："她的所有想法我都不同意。我讨厌学校，而她喜欢学校；我讨厌工作，而她喜欢工作；我喜欢看电视，而她讨厌电视；我穿黑色的衣服，而她从来不穿。她想让我不要埋没自己的潜力，而我觉得她在胡说八道。"

我本想说她的人生目标似乎就是让她的母亲感到挫败，但转而问她："你以后想做什么？"

她的眼睛睁大了，说："我想做模特，但妈妈讨厌这个主意。她认为这个职业充满性别歧视，还很肤浅。"

我建议她自己审视一下当模特这条路，先对这个职业做一些调查："你现在应该学习哪些东西来为以后做准备？你需要在哪里接受培训？你生活的地方有相关的工作吗？工资多少钱？"

杰西卡走后，我对家庭关系进行了思考。之前，布伦达把自己的生活都投入在保证杰西卡的幸福中，而到了杰西卡的青春期，她们之间亲密的母女关系却成了问题。杰西卡试图通过叛逆来保持和母亲的距离，但布伦达过于宽容了，她原谅了杰西卡，继续爱她。于是，杰西卡更加难以相处，而布伦达却更加宽容。我们见面的时候，杰西卡觉得自己被母爱淹没了，只要能和布伦达分开，她愿意做任何事情。她几乎完全把自己定义为"布伦达的反面"。

那天晚些时候，我见到了布伦达，我提醒她："无论你在做什么，都不要表现出对杰西卡的模特调查有任何兴趣。你不要主动帮助她，也不要告诉她你会因为她在做一些有意义的事情而感到开心。"

我又问起布伦达她的生活状况，她说："杰西卡和我的工作就是我生活的全部，我没有时间做别的事情。我本来以为她十几岁的时候我能有更多自己的时间，但事实并非如此，我需要经常在她身边。我每天早上叫醒她，中午回家给她做饭，否则她就不吃东西了。你看她多瘦！晚上我也要陪着她，这个可怜的孩子没有其他人的陪伴。"

"你需要有自己的生活。"

她点了点头："我知道你是对的，但是……"

我说："让我为你计划一些有趣的事情。"

我继续分别接待布伦达和杰西卡。她们彼此联系紧密，排斥外人。我们的治疗过程让我想起了一个老笑话：

> 换一个灯泡需要多少个心理治疗师？
> 一个，但前提是灯泡自愿被换下来。

我极力让布伦达在女儿之外拥有自己的生活。她能偶尔和朋友一起吃午饭，或者晚上和邻居一起散步吗？她喜欢读书、听音乐或者做手工吗？于是，她决定在为学校发行公债，或参加每周一次的例会时，将杰西卡一个人留在家中。她第一次这么做的时候，杰西卡打电话来说自己身体不舒服。但第二次时，杰西卡以良好的状态熬过了那个晚上。布伦达回家的时候，杰西卡还做了爆米花和柠檬水。

一开始，布伦达的担忧都集中在杰西卡身上。她担心杰西卡会生病、孤独或者遇到麻烦。在晚上离开女儿时，她会感到内疚和焦虑。

后来她承认，她也有自己的担忧，由于这些年的社交生活空缺，她在社交方面极度不安，担心会有男人约她出去。

她夸张地说："我永远不会去约会。"

"这就是你和杰西卡相似的地方，"我说，"你们都不想和异性打交道。"

和杰西卡见面时，我问了她一些问题，希望能帮助她在和母亲分开的语境下定义自己。杰西卡认为母亲的想法很愚蠢，但她很清楚这些观点是什么。我们在模特调查上取得了最大的成功，在接受心理治疗期间，杰西卡一直在运行这个调查。她托别人去打听习班和学校的情况。她读了一本名模的自传和一本关于如何成为职业模特的书。她尝试不同的发型和妆容。有一天，她穿着宝蓝色的衣服来与我见面。我看起来很惊讶，她说："黑色不适合我。"

离开学校三个星期后，杰西卡回到了学校，并且决定参加摄影社团。我对杰西卡的所有治疗都是通过她想当模特的愿望完成的。我注意到有肌肉的模特很受欢迎，便鼓励她多锻炼。她开始健身后，变得不那么沮丧、更有活力了。

我提到模特需要自信来应对所有的竞争。杰西卡同意这一点，并为之努力。她会每天记录三件令她自豪的事。她在记录中写道："我喂了猫，去上学，没有对妈妈大喊大叫——今天这三件事让我感到自豪。""我洗了头发，按时交了作业，还对体育课上的一个女孩微笑——今天这三件事让我感到自豪。"

后来，她买了一个计数器，只要做了一件让她高兴的小事，她就按下它。这让杰西卡开始积极地寻找她喜欢自己的地方——是她自己而非她的母亲或其他人决定了她的价值所在。她的自我价值感来自内心。很快，杰西卡就能每天按下五六十次了，我们把"胜利"定义为她努力实现了长期目标。之后，杰西卡经常向我汇报她的"胜利"时刻，还报名参加了基督教女青年会的一个健美操班。她和一个同样对模特感兴趣的朋友聊天，她们同意互相交换有关当地比赛和表演的信息，又冲洗出了一套自己的照片。

我鼓励杰西卡写下她的想法和感受，并整理出她想要保留或拒绝的母亲的价值观。渐渐地，杰西卡不再只是回应布伦达的要求，她得到了发展自己想法的乐趣，而不是单纯反抗布伦达。

有一天，杰西卡说："妈妈不尊重我的选择时，我就很讨厌她，这比她不爱我更糟。"这引出了我们关于母亲对她的尊重的重要性的讨论。她迫切地希望母亲承认她正在成长为一个独立的人。

在这个案例中，我需要抛开自己的判断、保持谦逊。我和布伦达一样，也很讨厌模特行业，但在心理治疗过程中，我会尽量避免强调外表，以帮助来访者培养其他的好品质。而且，我需要信任杰西卡，让她去做对她有利的事。最终，杰西卡对模特的兴趣帮助她重新进入了这个世界，并发展出了自我意识。

在最后一次共同治疗时，杰西卡穿着一件合身的绿色衬衫和亮黄色的紧身裤。她眼睛炯炯有神，谈吐自如。她得到了为当地一家商店做服装模特的机会。虽然她的成绩一般，但她在商业数学和商业规划课程中的成绩都是 B，她为此感到骄傲。

布伦达坦言："我不喜欢模特这个职业，但杰西卡开心，我就开心。她没有必要选择我想让她选择的东西。我在努力承认杰西卡的成长，承认她正在成为她自己。这是我希望发生在她身上的事。"

"你也需要自己的生活。"杰西卡说。布伦达点了点头，说："我正在努力。"

我对她们说了一句老话："爱的枷锁最难被打破。"

索雷尔（16 岁）和费伊

冬日的一天，接近傍晚的时候，费伊和索雷尔来到了我的办公室。一周前，女儿索雷尔告诉母亲费伊她是同性恋，费伊敦促女儿寻求帮助，好弄清楚这对她的人生意味着什么。母女俩都穿着牛仔裤、深色毛衣和旧登山靴。我问了索雷尔作为一个女同性恋的感受。

"很久前我就知道自己与众不同，但我说不清这是怎么回事。六年级的时候，我会想象自己亲吻啦啦队队长和漂亮的老师……但我不认识任何其他女同性恋。我只知道这个词是令人羞辱的。所以，即使我喜欢女孩，也拒绝给自己贴上女同性恋的标签。"

她看着母亲，费伊点头鼓励她继续说下去。索雷尔长吁了一口气，说："我找到了一些心理学家写的关于同性恋的旧书，但它们一点儿用都没有。我想知道像我这样的女孩的故事，但我找不到。当艾伦·德詹尼丝将自己的同性恋身份公之于众时，我非常高兴。她很有才华、很漂亮，正是我想认识的那种女孩。"

费伊说："索雷尔一直都是一个非常独特的女孩。"

"我两岁的时候，爸爸就离开了我们。我对男人都心怀不满。"索雷尔说，"妈妈嫁给霍华德后，我让她的生活变得一团糟。"

"索雷尔的爸爸从不参与我们的生活，"费伊解释说，"之后我很冲动地嫁给了霍华德。"

"霍华德是个浑蛋。"索雷尔打断妈妈的话，"他试图控制我，把我变成一个乖乖女。"

费伊表示同意："霍华德想让她穿裙子，她拒绝了。他坚持说我们必须让索雷尔知道该听谁的话，我们为此吵了起来。我从来没有试图去控制索雷尔，我喜欢她的独特之处，我希望她能成为真正的自己。"

"我11岁的时候，妈妈和霍华德离婚了。"索雷尔说，"我打算之后再也不和男人一起生活了。"

费伊继续说："索雷尔还在小学的时候，就与众不同。大多数时间，她独自阅读或画画。她也会收集石头和树叶。"

索雷尔打断说："我喜欢未被人类接触过的东西。"

我问她们，其他孩子是怎么和索雷尔相处的。索雷尔回答说："我的朋友不多，除非把我假想的朋友也算上。比起女孩，我更喜欢男孩。女孩一般都又狡猾又肤浅。"

"我无法时刻保护她，"费伊说，"但我还不至于想要去改变她。她现在这样就很好，我努力使我们的家成为她的安全港。"

索雷尔说："初中是一个大坑。我觉得我来自不同的星球，我在学校里是大家无法靠近的人。"

她看着费伊，轻声说："妈妈不喜欢听这些，但我有过自杀的想法。我无法融入学校，我甚至不敢承认我为什么与众不同。"

一提到自杀，费伊就眉头紧蹙，但她保持沉默，让索雷尔继续讲自己的故事。

"我活在自己的世界里。现实世界充满了敌意，所以我创造了新世界。我画了很多关于我的幻想的画。"

费伊微笑着说："索雷尔对世界有她自己的看法。"

"画画拯救了我。"

我问索雷尔我能在哪些方面帮助她。

"我需要和其他的女同性恋交流，我要知道我不是唯一的女同性恋，我想更多地了解像我这样的女孩。"

我们说到了当地的妇女资源中心和附近的女性书店，我还告诉了她青少年同性恋互助小组这个组织。

费伊提醒我们，除了性取向，索雷尔在很多其他方面也与众不同。她比其他女孩更自立。她敏感、直觉力强，能敏锐地感知周围的世界，有时甚至敏锐得让费伊担心她的洞察力和反应性会给她带来灾难。

索雷尔说："我要赞美妈妈对我的支持，她一直支持我保留自己的奇怪特质。"

费伊笑了，说："我想要让她明白，思想和才智上的反抗是件好事。索雷尔能给这个世界带来很多美好的东西，我也在尽力保护她的天赋。我小时候有很多恐惧，我想合群，成为受欢迎的人。因循守旧让我失去了很多。成年之后，我花了好几年的时间才从高中时期的混乱状态恢复到正常的生活。我决心要帮助索雷尔进行反抗。"

在 20 世纪 90 年代，索雷尔无法融入社会文化对年轻女性划分的任何一个范畴。她属于一个不受关注的群体——青少年同性恋。特别是在初中，她因为与众不同的"原罪"而经受磨难。幸运的是，费伊拥有非比寻常的能力，能给女儿无条件的爱。费伊接受了女儿本来的样子，当别人不尊重索雷尔的时候，费伊却依然珍视她。费伊抵制住了诱惑，没有催促索雷尔去顺从和融入外界的环境。她使自己的家成了女儿安全的避风港。

惠特妮（16 岁）和伊夫琳

惠特妮和伊夫琳长得很像，她们都有金色的头发，圆圆的脸上长着雀斑，但两人的风格迥然不同。女儿惠特妮穿着牛仔裤和高领毛衣，看上去很放松，也很健康；而母亲伊夫琳则穿着优雅的套装和配套的鞋子。很明显，伊夫琳年轻时非常漂亮，而且她现在仍然会花很多时间来打造完美的外表。多年前的一天，伊夫琳在我的办公室里，举止僵硬，看上去很不自在。惠特妮外向而灵活，而伊夫琳却安静而拘谨。当我问她们为什么会来接受治疗时，伊夫琳苦笑了一下。

"孩子的爸爸萨姆坚持要我们来，他已经受够了我们的争吵。他担心我们，尤其是惠特妮。"

惠特妮却说："是我自己想来。一年前我就问妈妈我们能不能去看心理医生，但她说心理治疗费太贵了。"

伊夫琳说："我觉得这不会有什么用的，但愿意试一试。我答应了萨姆。"

我首先和伊夫琳谈了谈，她告诉我，自惠特妮出生的那天起，她们之间就麻烦不断。她经历了难产和严重的产后抑郁症。惠特妮出生后，伊夫琳就对萨姆说她不会再要孩子了。伊夫琳从前一直是个害羞乖巧的女孩，而惠特妮的性格却活泼开朗。从出生的那一刻起，惠特妮就开始占据萨姆全部的注意力。

伊夫琳显然对萨姆和惠特妮的关系感到不满："他觉得惠特妮无所不能，他看不出她的那些鬼鬼祟祟的小心思，也看不出她只以自己为中心。他被惠特妮完全蒙蔽了。"

我问了伊夫琳和萨姆的关系现状。她说，他在身边的时候一切都很好。萨姆经营着一家跨国企业，长期在国外工作。伊夫琳觉得如果不是惠特妮，她和萨姆会相处得很好。他们经常为惠特妮而争吵——伊夫琳觉得萨姆宠坏了惠特妮，而萨姆觉得伊夫琳冷漠无情。

在伊夫琳的话语中　她的孤独感给我留下了深刻的印象。我看不出她是否爱她的女儿。她没有亲密的朋友，似乎完全依赖萨姆的陪伴和支持。然而萨姆的陪伴是件稀缺品。她全心全意地爱着萨姆，并且憎恨惠特妮要和她分享萨姆的爱。

伊夫琳说："萨姆不像我这么了解惠特妮。她经常喝酒，而且已经有过性经历。我可不是那样长大的。我在结婚前都还是处女。"我问她和惠特妮之间的关系怎么样。伊夫琳说："她太多嘴了，我从来没有对我妈妈大喊大叫过。我不想让她和我有肢体接触或者语言交流。我在数着日子等她搬出去。"

事实上，惠特妮的表现良好。她在一家体育用品商店做兼职，在学校也成绩优异。她是学生会成员，在青年共和党联合会中也很活跃。她和交往了一年的男友有性行为，但她诚实地告诉了父母这件事，并为自己准备了避孕药。

我怀疑伊夫琳的反感来自她内心深处，也许是她自己对爱的需求未得到满足，也许因为惠特妮不是她自己的复制品，这让她感到失望。伊夫琳无法随着时代的变迁而改变，无法理解惠特妮生活的世界与她自己少女时期的世界已大不相同。她坚持认为所有事情都应该保持原样。

当我单独与惠特妮见面时，她对母亲的态度积极得令人吃惊。她显然尊重母亲在操持家务、装扮自己和裁制服饰方面的才能。她渴望在母女之间建立更多的联系，减轻火药味，但她不知道如何才能做到这一点。她说:"我不能为了取悦母亲而使自己变得虚假。"

惠特妮觉得自己和父亲更亲密。她知道父亲爱她,但是他经常不在身边。父亲回家后,也是小心翼翼的,不敢站在惠特妮的一边。"妈妈会在意爸爸先拥抱谁,"惠特妮说,"她会给爸爸添油加醋地说一些事情,让爸爸生我的气。"

"因为我有过性行为,妈妈就叫我'荡妇',"惠特妮继续说,"我做的所有事情她都觉得不对。她对我很冷淡,有时我甚至不知道她为什么生气。"

我们谈话时,她哭了起来:"我需要我的妈妈。有些事我希望能向她倾诉,但我又不敢那样做。"

我让她举一个例子。她说:"最近,我放学后在停车场会被一些坏家伙骚扰。他们盯着我看,给我起各种外号,其中一个男人还想钻进我的车里。如果我告诉妈妈,她会说这是我自己的错,罪有应得。"

惠特妮还有其他问题。她工作的时间太长,不知如何均衡地安排时间。她爱她的男朋友,但他们每天都会吵架。惠特妮也想和我交流如何改善这段关系。她没有把这些事告诉她母亲,因为确信她会因为自己遇到的困难而受到责备。

在第一次心理治疗结束前,我又和伊夫琳见了面。伊夫琳说:"最根本的问题是,我无法认同惠特妮的道德准则。"

惠特妮说:"不是这样。我们需要更多的沟通,我需要你理解我。"

伊夫琳说话时嘴唇都白了:"我永远不会赞成你所做的事。在我的家里,事情不该是这样的。"

我心里想:但惠特妮不是你,世界也不一样了。我努力使这次治疗在积极的基调中结束。这是一个特殊的案例，因为母亲已经剪断了她与女儿之间的纽带。伊夫琳似乎比惠特妮更脆弱，她的思维也更僵化。只有等到伊夫琳获得良好的自我感觉时，她才会开始关心惠特妮。伊夫琳需要更多的朋友和兴趣，除了等待萨姆回家，她还需要有自己的生活。我问萨姆下次能不能跟她们一起来，并称赞了伊夫琳的真诚——我得先关爱和照料她，她才有能力关爱她的女儿。

回想 20 世纪 90 年代时，我为那些努力与女儿相处的母亲而难过，也为那些感受着原因不明的背叛感和愤怒的女儿而难过。那个时代对至关重要的母女关系并不友好。幸运的是，我那时认识的大多数母亲和女儿现在相处得更好了，但那个困难重重的时期留下的痕迹和张力依然存在。

这些 20 世纪 90 年代的女孩如今都已是十几岁女孩的母亲，她们常常为自己的女儿如此可爱而感到惊喜和宽慰。基于她们自己在青春期的行为，她们从不指望自己的女儿容易相处、乐于合作。这些母亲不像她们自己的母亲那样痛苦，并且社会文化已经以某种方式准许她们的女儿去爱她们了。

来自 2019 年的好消息是，母亲和女儿的关系总体上变得更加和谐了。坦率地说，这个消息令人惊讶。母亲对女儿必须面对的失衡的社会文化有了更深的认识，女儿也更信任和尊重她们的母亲。她们想变得有个性，但是不需要通过刻薄地对待自己的母亲来获得个性。当然，矛盾仍然存在，但在大多数家庭中，矛盾已大大减少。而且，在家庭内部和整个文化环境中，对母亲的指责和抨击也更少了。

青春期的女孩都是以自我为中心的，这是由她们的发展阶段所决定的。然而，在美国，由于人们的生活比之前更困难了，女孩都很感激母亲为她们创造了一个积极的家庭环境。接受访谈的女孩会公开表示对母亲的感谢。而在1994年，公开对母亲表达关爱是罕见的。

尽管如此，我们还是发现，母亲对女儿的网上生活往往一无所知。女孩总是会有自己的秘密，但如今，女孩对父母隐藏了更大一部分的生活。

由于母女关系的重要性，我们就这一问题对几对母女进行了访谈。毫无疑问，我们仍然观察到了"典型的"母女问题。我的朋友帕特告诉我，当她的女儿劳蕾尔所在的高中军乐队在大街上列队游行时，劳蕾尔向每个人挥手微笑，唯独对她不理不睬。帕特还说，在好几年的时间里，面对劳蕾尔时，她和丈夫就是隐形人。但现在他们的关系已经有所好转，他们的女儿已经过了那个易怒的年龄段。

劳琳和她叛逆的女儿艾迪生之间也有矛盾，因为艾迪生在参加足球夏令营时打了唇环。劳琳承认，艾迪生上八年级的那一年里，她每天都不想下班回家，因为家里有太多的争吵和矛盾。但在艾迪生升入九年级的时候，劳琳和女儿协商休战，一起制定新规则。之后，情况就有了很大改善。

在对女孩进行焦点小组访谈时，母女问题的程度之轻也让我们诧异。

奥利维娅温和地抱怨道："我退出军乐队时，我妈妈很生气。"

阿斯彭说："妈妈一边催促我去上更多的高级课程，另一边又让我去找一份工作。我告诉她这两件事不能兼得。"

"虽然妈妈不是我最好的朋友，但她也不是我的敌人，"乔丹说，"我们的喜好一致。而且幸运的是，她不会让我感到尴尬。"

"我妈妈就是我最好的朋友，"肯德尔承认，"她总是在我身边，我们从未有过那种奇怪的母女关系。随着我不断长大，我更加欣赏她了。"

艾迪生给我们讲了她高三时候的故事。那年她下巴骨折，好几个星期都不能吃固体食物。她的母亲把食物弄成糊状，并让艾迪生用吸管喝冰沙。正如艾迪生所说："她哄我、抱我，帮我熬过了那段时间。"艾迪生边讲达哭，最后说道："我永远爱我妈妈。"

如今，母亲对女儿的担忧主要集中在学业、花在社交媒体上的时间和过于紧凑的日程安排上。在我们的焦点小组中，母亲们叙述的大都是亲密的、积极的关系，特别是和她们年龄较大的女儿，在中学阶段的女儿更倾向于争论和批判。

在我们的焦点小组中，没有一个母亲了解她们女儿的网上生活，她们似乎从来没有意识到我们从受访的女孩那里听到的许多问题。她们喜欢互相讨论她们的女儿，常常在会议结束后说自己学到了很多东西，并且希望能有更多这样的讨论。

"我女儿对我很坦诚，"金说，"在中学的时候，她和朋友之间的关系有波动，我非常努力地控制自己不要指示她该怎么做。我忍住不说，只是问了一些问题。我上初中的时候，从来不会和我的妈妈谈论我的烦恼。我很感激我的女儿能和我谈心。"

"因为我是被收养的，我的女儿凯特兰是我人生中第一个和我有血缘关系的人，"苏泽特解释说，"当我感受到她对我的爱时，我开心死了。她一直是我的心肝宝贝。"

从五年级开始，凯特兰经历了一段困难的时期。她所有的同学都迷上了《暮光之城》，女同学的乳房开始发育，而她的男生朋友变成了"激素怪兽"。"我记得她总是在观察她的同学。她弄不清楚自己的定位，几乎每天都会在学校的卫生间给我打电话。有时，到了星期一她拒绝上学，她就是不想去，对此我试着温和对待。到目前为止，我为凯特兰的自我意识和情绪的成熟而自豪。最近她说，'我开始意识到，我不会只把自己认同为一个篮球运动员、一个天主教徒，甚至一个女孩……这些都是我的组成部分，而我的自我是更加深刻的。'"

我们问这些母亲，她们是否觉得有足够的时间来向女儿传达自己的价值观和世界观。

唐娜说："我们有时在车里聊天。我们不会坐下来进行正式的对话。"

"我尽量让自己有更多的时间，"金说，"我女儿会步行或坐公交车上学，所以我们没有机会在车里交谈，但我们会在一起做饭和洗碗的时候说说话。我每天早上上班前都会给她留小纸条。"

苏泽特点点头，插话道："在我家，吃饭时间是神圣的。晚餐时，我们有一个禁止使用电子设备的规定，这有助于我们一起交谈。"

安娜说："我家没有太多机会聚在一起吃晚餐，因为我们的时间被各自的活动挤满了，但我们的确会努力挤出时间来一起吃周末的早午餐。但说实话，我们都不是喜欢说话的人。大多数晚上，如果都在家，那么我们会一边吃饭一边看《喜新不厌旧》的重播。"

当我们问及孩子在哪一个阶段最难相处时，所有的母亲都认为初中阶段是最糟糕的；到了高中，她们的女儿则会更快乐、更容易相处。唐娜告诉大家，她女儿曾经给她发过这样的短信："我恨你，你这个愚蠢的婊子！"唐娜看到后有些失控，并回了短信："闭嘴，你这个小垃圾！"所有人听了这个故事都笑了，并附和着说出了类似的经历。

"我十年级的女儿有一小群亲密的朋友，但当她们之间出现矛盾时，她没有其他后备群体可以加入，"孔苏埃拉说，"我真幸运，因为她到现在还没有对男孩子产生兴趣。她告诉我，当一个女孩说自己在和某人约会时，意思就只是他们都会把合照发到 Instagram 上。这场约会只是在社交媒体上的展示。"

"没错，就是这样。"珍宁点点头说，"我女儿很少出门，她在学校和她的朋友见面，回家就一直和他们打电话。"

我们添了茶和咖啡，并请大家一起享用无麸质的肉桂饼干。

"我们多聊聊社交媒体吧。"我们提议。谈到这个话题时，母亲们都摆出一副挫败的表情。

"我是高中老师，经常没收学生的手机，"埃米说，"校方注意到孩子们吃午餐时不再互相交谈，于是就禁止孩子们带手机了。"

她叹了口气，接着说："学生都很害怕我会看他们的手机，他们对手机的依恋程度让人难以置信，他们把自我完全藏匿在自己的手机里了。"

许多母亲表示，她们给女儿买手机是为了知道每次课外活动结束的时间，好去接她们。但她们都说，没过多久她们就失去了对女儿社交媒体使用情况的控制。唐娜对女儿有个规定——她在任何时候都可以看女儿的手机，查看她的短信。

"那你看过吗"萨拉问道。

"从来没有，"她承认，"不然肯定会吓到我女儿的。"

"我们和女儿有一个约定，"金说，"我们可以随时看她的手机，她不能拍露骨的自拍照，也不能把手机带到床上，晚上手机必须放在厨房里充电。但我们从来没有利用这个约定来看她的手机。"

珍宁说："当我们的女儿调皮捣蛋时，我和丈夫不能用关禁闭的方法来惩罚她，因为她会哪儿也不去，就坐在电视机前的沙发上，对着笔记本电脑和手机一动不动。如果我们要惩罚她，唯一对她有效的方法就是禁止她用电子设备。"

"我女儿对'即时满足'的需求让我很担心，"安娜说，"我要做决定的时候，会和朋友讨论，并花时间来仔细考虑。但对她来说，一切都只有一键之遥。"

"我女儿很外向，"安娜继续说，"她会在周六邀请朋友来家里，但他们不是给其他朋友发短信，就是录制化妆教程上传到 YouTube 上。我猜这也是一种创造性的发泄方式……对吗？"

"我比女儿更善于社交，"孔苏埃拉说，"我在周末时尽情放松，经常开派对。我本以为我家会是艾丽西娅和她的朋友聚会的地方；我会在冰箱里放满苏打水和零食，做一个'酷'妈妈。但现实完全不是这样。我鼓励艾丽西娅去和朋友玩，但她甚至不喜欢和朋友打电话，更别说去参加聚会或邀请别人来我家。"

时间慢慢过去，我们把话题转到了性和约会上。没有一位母亲曾顺利地与自己的女儿对这些话题进行过探讨。

"我试着和她讨论安全性行为和感情观的话题，但我女儿直接冲出了房间。"苏珊笑着说，"显然，她不想和我谈这些事。"

这些母亲都说，她们的女儿虽然经常穿性感的衣服，也经常看到与性相关的图片，但不喜欢直接谈论有关性或者交往的话题。

"我女儿告诉我，已经不存在约会这件事了，"金耸耸肩，"现在青春期的孩子之间只有两种状态——互发短信或者热恋中，没有任何介于中间的过程。"

"她对此做何感受？" 安娜问。

金沮丧地回答："她不肯告诉我。" 母亲们都笑了。

孔苏埃拉说，艾丽百娅 13 岁时月经初潮。她的身体发生了很大的变化，一夜之间，她变成了七年级的玛丽莲·梦露。男孩不停地追求她，她的手机也总是响个不停，不断有短信通知。孔苏埃拉甚至威胁她要把手机扔出车窗。

然而，艾丽西娅 16 岁时才告诉孔苏埃拉她从未被亲吻过。孔苏埃拉叹息着解释道："我觉得这都是因为现在的青少年大都生活在虚拟世界里。"

"我女儿高三了，" 唐娜说，"她的朋友中大概 1/5 都有交往对象。"

我们询问了女儿们的抑郁和焦虑情况，大多数母亲只是提到学业和经济问题会带来一些压力。然而，也有少数母亲承认，她们的女儿正在与焦虑、抑郁或自残行为做斗争。

"有关全球危机、恐怖袭击和环境威胁的信息 24 小时不间断，这是我们这一代人没有经历过的，" 金说，"我女儿和她的朋友每天都听说不同的创伤事件，他们也害怕校园枪击。对他们来说，真实生活要复杂得多。"

"我们的父母认为，如果我们上了大学，就能找到工作。" 金继续说，"我的女儿却觉得，她必须把每件事都做好，这样她才能从一所好大学毕业，并且没有太多的债务，找到一份能负担生活开支的工作。我上大学时认为，我应该在那段时间探索更多选择和了解我自己；我女儿却认为上大学只是获得经济保障的一个途径。"

几个母亲点头表示同意。

"我的大女儿有很严重的焦虑症，" 珍宁说，"这源于她决定进到班级名次的前百分之三。她想上私立大学，那需要一大笔奖学金，但是她选了一门成绩没有加权的课，所以她得到的 A 没有别人的作用那么大，这让她焦虑得睡不着觉。"

"我丈夫和我都很担心自杀的问题，因为我们的女儿身边都是成绩优异的女孩，她们都有'永不满足综合征'，"唐娜说，"她和她同学都学习到很晚，不知道如何放松自己。我们认识的一个非常优秀的女孩就自杀了，因为她没有被理想的大学录取。那个女孩的事让我夜不能寐。"

"我的许多学生似乎都长期患有轻度抑郁症，"埃米说，"但他们好像不太在意，也不和老师或其他孩子交流。我觉得参与拓展交友活动或在流浪者收容所工作会对他们有帮助，毕竟他们目前对世界的看法还相当有限。"

埃米接着又提到了这一代人的性别流动性。

"我认为，在面对与性相关的问题和性少数群体时，现在的青少年有很好的想法和同理心。"她说，"我看到他们对各种性偏好或性取向，以及对性别身份的不同定义都更加开放。我的大多数学生都有同性恋朋友。"

"我从我的侄女那里第一次知道了'泛性'这个词，"安娜说，"我还要去网上查才能明白这个词的意思。"

参与我们焦点小组的母亲们对这种新的性别流动性提出了自己的看法。金觉得青少年需要尽可能多的自由和掌控力。唐娜认为，女孩会对彼此带来很大的影响，并且在某些圈子里，同性恋、双性恋和跨性别者会被认为是很酷的。埃米却指出，在她女儿所在的高中，性少数群体学生仍会受到一些同龄人的排斥。大多数母亲都很感激我们的文化正朝着理解和包容的方向发展。

珍宁脸红着说："我和我女儿去看了《请以你的名字呼唤我》。这部电影里面有一些真实的同性恋性爱场景，我们这对母女就坐在那儿一起看着他们。在前几代人身上，这是绝对不可能发生的——我妈妈会晕倒的！她现在说到'同性恋'这个词的时候，还是会把声音压得很低！"

"如果我们的孩子大部分社交活动在网上进行，性别就不再重要了，"埃米说，"虽然他们最终会和对方见面，但几乎所有的准备工作都是在网上完成的，所以现在他们的关系建立过程更多是由个性引导的。"

当太阳开始落山，几部手机都开始发出提示和短信的嗡嗡声时，我们最后请母亲们为她们的女儿确定目标。

"我妈妈想要我实现的东西，我也想让我的女儿实现，"珍宁说，"那就是，在她的人生中，她最终需要相信的，是自己内心的声音。只要她幸福，我也会感到幸福。"

"我不希望赚钱是艾丽西娅生活的中心。我希望她能帮助更多的人。"孔苏埃拉说。

"我们花了很多时间讨论她的未来。我希望看到她忘我地投入一件事，虽然现在还没有确定具体是什么事，"安娜说，"她正在探索真实的自我。我希望她能了解真实的、多方面的自我，并相信自己的判断。"

参加焦点小组的母亲们来自不同的背景、不同的种族，有着不同的收入水平，但她们对女儿的期望基本上是一样的——她们希望自己的女儿成长为健康、有创造力的、真诚的成年人。这些目标几十年来都没有改变。

令我们感到震惊的是，尽管这些母亲爱她们的女儿，与她们保持着温暖、关爱的关系，但她们对女儿的网上生活几乎一无所知。女儿们虽然也与母亲关系密切，却仍保守着许多秘密。

达妮卡和塞阔雅就是反映当前母女关系中一些最积极的特征的典型。她们在坦诚沟通和相互合作方面表现突出，这使得她们的小家庭运转良好。不过，她们也都有一些恐惧，这种恐惧也困扰着许多现代的家庭。

达妮卡和塞阔雅（14 岁）

"在她出生八年前，我就选好了她的名字，"达妮卡说，"我妈妈死于一场车祸。她是一个威卡教信徒，所以我家里所有的女性都聚在一起，在我家的农场上为她举行了一个小小的葬礼。那天，我向家人宣布，如果我有了孩子，就要给她起名为塞阔雅·德鲁希拉，它的意思是'力量之柱'。"

达妮卡伸手摸了摸女儿那令人羡慕的卷发，继续往下说："我的妈妈就是单身妈妈，所以做单身妈妈对我来说一点儿也不吓人。在和塞阔雅的父亲约会了几次之后，我怀孕了，所有人都以为我会去堕胎，我本来也这样打算。但我打电话给我最好的朋友，她说，'你知道吗？你是可以留下这个孩子的。'"

"我当时非常需要这句话，因为在我内心深处，我知道我想要留下小塞阔雅。"

我瞥了一眼塞阔雅，以为她会像典型的青少年那样翻白眼，但她一边吃着胡萝卜和自制的甘薯鹰嘴豆泥，一边对她妈妈露出鼓励的微笑。塞阔雅家有两只搜救犬，其中一只正趴在她的腿上，她会在吃东西的间隙挠它的肚子。

"塞阔雅小时候非常好带。"达妮卡说。她捏了捏女儿的脸颊，假装惊奇地说："是不是呀？"

我们都笑了起来。她继续说："第一年我和我叔叔婶婶住在他们的农场里，所以我确实人他们那里得到了一些帮助。我没有工作，所以宝宝睡着的时候，我也随时能去睡觉。但最终，我俩真正依靠自己独立起来，直到现在。"

"塞阔雅小学的时候是什么样的？"我问。

"我肯定比现在开心多了，"塞阔雅插嘴说，"那时有更多无拘无束的笑声。打扫房间的时候，我们会休息一下，跑到餐厅一起跳舞。"

"我很怀念这样的小事，"达妮卡补充道，"她非常高兴、充满活力。现在，她的自我意识明显增强了。我会用眼角的余光偷看她跳舞，但她不再会和我一起跳舞了。只要还能看到那个傻傻痴笑着的女孩在发光，我就已经很开心了。"

"我并不是有任何预设，但我猜你们已经经受住了一些财务上的挑战。"我说。

这对母女不约而同地点点头。"钱一直是个问题，我们向来会谈论这个问题，从不彼此隐瞒。"达妮卡说道。她现在是一名律师助理。"她上幼儿园时，我就告诉她，'如果想上大学，你需要奖学金。'她可能对这一点理解得有点太过了……这影响了她，给她带来了压力。我从来都会坦率地说明我们能负担得起什么，负担不起什么。我会向她解释我们的收入花在了哪些地方，如果什么东西是她想要或必需的，那可能得等一阵才能拥有。"

"你是如何使自己的'父母心'与财务现实相协调的？"我问。

她说："我送她到一所对种族和经济条件包容性更强的小学读书。我不想让她为穿二手店的衣服而感到担心。这对我很重要。我觉得我做得很好，我会确保她得到所有的必需品以及大部分她想要的东西。我不希望她会觉得自己不配拥有好的生活，或者觉得自己很贫穷。我试着履行这样一句话——'我会在节约开支的条件下让你过得舒适自在'。"

塞阔雅笑着加入了对话。"我们是一个团队，这就是我们的生活之道。我很了解钱的用处，但我该怎么面对它呢？当然，给我 100 万美元我也会要，但我从来没有对什么东西有过真正的欲望。我不觉得自己贫穷。"

"你在抚养塞阔雅时，有没有再和别人约会？"我问达妮卡。

"我有了塞阔雅之后，就不再有这些关系了，"她回答说，"我知道没人会像我一样爱这个女孩。还有，我小的时候，我妈妈经常约会，这对我产生了不好的影响。没有什么比待在自己家里却感到不舒服更糟糕的了。"

她转过身来凝视着女儿，说："此外，我从不感到孤独。我觉得如果我有一个伴侣，生活也未必会更好。"

我转向塞阔雅："现在你上中学了，有什么变化吗？"

"我已经体会到了青少年阶段的强烈讽刺，开始变得悲观了。"塞阔雅承认道。

"我的挣扎在于，作为她的母亲，我是有权威的，但我也意识到她必须自己做出选择。"达妮卡补充道。

"我们的沟通方式也发生了变化。我意识到，她已经有了独立的人格，成了一个年轻的女性。在她成长为真正的女性和做她的母亲之间，有一种微妙的平衡。"

"我对你大吼大叫的时候更多了。"塞阔雅轻声说。

"是的，当然，但我觉得我们处理得很好，"达妮卡回答，"这种情况发生的频率并不像我知道的其他母女关系中那样高。"

"从六年级开始，我的社交生活就不一样了，"塞阔雅说，"我确实对学业感到更有压力。中学时，我在小学的朋友都没有能和我一起上的课，所以在遇到新朋友之前，我感到有点儿孤独。为了更好地融入，我费了很大的劲儿。我知道我不会成为一个很酷的孩子。我也是在那儿第一次遇见一些富人家的孩子。他们太肤浅、太烦人了，他们经常哗众取宠，并且做很多愚蠢的事。"

"目前我最关注的是她如何内化她的学业压力，因为她对自己真的很苛刻，"达妮卡说，"她有着全 A 的成绩，但成绩带给她的压力非常严重。她因为数学考试没考好就情绪崩溃了。她关心自己的成绩，这让我开心，但我担心她如何应对这些情绪，以及她会在多大程度上被这些情绪所影响。关于压力管理，我们已经有了很多讨论。

"虽然说了这么多，但我还是觉得很幸运，因为我们没有遇到任何教育或行为上的问题。她是个发展均衡的孩子。"

"你们如何进行那些'大对话'？"我问道，"你们是刻意地坐下来进行严肃的谈话，还是自然而然地交谈？"

"我经常对眼前的事情发表评论，比如我在电视上注意到什么，我会说，'性不是这样的。'"达妮卡笑了，停下来把一个萝卜塞进嘴里。

"塞阔雅会阅读和观看很多新闻报道，所以我会花点儿时间和她聊聊，尤其是和青少年有关的新闻。我的想法一直是，'当孩子问问题时，他们就已经准备好接受知识，家长要正面回答他们的问题。'"

达妮卡补充道："每次她走出家门，我都很害怕。我听说过很多校园枪击、绑架等事件。"这些担心与达妮卡轻松悠闲的性情并不相符。"关于这类事情，我们没聊过太多，只说过如果有人想绑架她，她应该怎么做。我告诉她，任何人都没有权利伤害她，永远没有。她有权利捍卫自己，让别人听到她的声音。"

"这倒是真的。"塞阔雅点点头，"我妈妈对我说，'你永远不应该受到伤害。这一点在任何时候都不会变。就算你一丝不挂地穿过一群兄弟会的人，你也不应该受到伤害。'"

"明年的高中生活会是什么样子？"我问。

"我现在正在申请 IB 课程，"塞阔雅回答说，"我已经对学校申请感到压力倍增，所以之后的情况可能会变得更糟。花时间专心阅读有助于我放松，我也会在屋里唱歌。一些小事情就能让我开心。"

"这对我们来说也是一个新的领域。"达妮卡说。然后她转身对塞阔雅说："我想在你崩溃之前，在你哭泣之前，就帮助你意识到压力的存在。更重要的是，我想让你意识到学习成绩并不能代表你。你是一个很棒的人，成绩并不能衡量你作为一个人的素质。你的善良和智慧才是真实的。"

"你的理想是什么？"我问塞阔雅。

"目前，我想成为一名医生。我想上斯坦福大学。我喜欢吸收新的知识，也喜欢和科学相关的话题，我觉得这很酷。"

"我只想让她过上快乐的生活，"达妮卡说，"最近我突然想到，对一些人来说，必须有人来教他们如何变得快乐。即使你的生活中有很多压力，你也可以成为一个快乐的人。我的意思是，我知道不好的事情会发生……生活不会停止。但是，做一个快乐的人，是在你生活细节之外的事情。你可以决定自己是否快乐。

"这就是我对塞阔雅的全部要求。我希望她成功，希望她快乐。我完全不关心她是否会成为一名医生。"

"我也喜欢辩论，也许我应该成为一名律师。"塞阔雅沉思着。

"塞阔雅五六岁的时候，还想当图书管理员和肚皮舞演员呢。"达妮卡咧嘴一笑，"但我对她的要求永远不会变。"

见证母亲和女儿之间的爱和尊重是非常令人鼓舞的。当然，这些关系从来都不是完美的，常常处于紧张状态。但大多数母女不再相互敌对，这种变化对女儿们大有裨益。在许多案例中，现在的女孩都渴望成为像她们母亲一样的人。这就是母女关系的进步。

第 7 章

父亲的
力量

我的父亲在奥扎克长大，那时正值大萧条时期。他是个英俊的南方人，说话慢条斯理。他在第二次世界大战时参军服役，离开了南方。这期间他去过夏威夷、日本，后来又去了朝鲜。在旧金山，他遇到了在海军部队服役的母亲，并娶她为妻。在我小的时候，父亲靠着《退伍军人权利法案》所赋予的权利上了大学，后来又去了墨西哥旅行。但直到1973年去世时，他仍然坚持着20世纪30年代的南方人对种族的认识。

　　我是他的第一个孩子，他坚持以圣母玛利亚的名字为我取名为"玛丽"，以英国女王的名字为我的妹妹取名为"伊丽莎白"。他半夜醒来时，会检查我是否还在呼吸。每当他下班回家，他就会放本尼·古德曼的唱片。我六个月大时，听着这张唱片，就会在我的小床上手舞足蹈。他会抱起我，和我在小客厅里旋转跳舞。

　　我5岁时，他教我钓鱼。我们走到一个满是蓝鳃太阳鱼的池塘，在岸边一坐就是一下午。我们一边聊天，一边把钓到的鱼放进粗麻布袋里。后来，在我们这个农村县城的乡间小路上，他教我开一辆1950年产的蓝色的水星汽车。他坐在我旁边，抽着契斯特菲尔德香烟，喝着胡椒博士饮料，黑色的卷发在微风中飘动。他是个没有耐心的老师，总是抓着方向盘大喊："转方向盘，转方向盘，该死！"

12 岁时，我告诉父亲我喜欢新书的味道。我说我喜欢把它们贴在脸上，猛嗅它们散发出的芳香。他看起来很惊慌，说："不要告诉别人，他们会觉得你是个变态。"

当他和母亲开车送我去州立大学时，他给了我很多建议："你只能和新生约会，但也不要和他们太认真。不要和抽烟喝酒的人混在一起。离外国人远点儿。不要在学习上落后。"他离开时拥抱了我，这是多年来他给我的第一个拥抱，他说："我会想你的。我平时和你说的话比和任何人说的都多。"

我和父亲最后一次谈话是在他去世的前一天，他打电话来问我是否通过了心理学的综合考试，我告诉他我通过了，他很高兴。然后我推脱着挂了电话——有人要来吃晚饭，我得去做沙拉。他说："我为你感到骄傲。"第二天，他中风了，进入昏迷状态。机器的哔哔声停止时，我正在重症监护室陪伴着他。

我的父亲是世上最好的父亲，也是最坏的父亲。他愿意用自己的生命换来我的生命。他为我的成就感到骄傲，甚至到了令人尴尬的程度。他天真地认为我一定会成功，但他对性别问题有着双重的标准，对女性持有刻板僵化的看法。简而言之，我们的父女关系典型而复杂，我们可能比 20 世纪 50 年代的大多数父女更加亲密，因为我俩总是喜欢一起夸夸其谈、乐此不疲。

所有的父亲都是时代的产物。自 20 世纪 50 年代以来，社会对父亲角色的看法已经发生了很大的变化。在那时，一个男人如果不酗酒、有谋生能力、对妻子忠诚、不打孩子，就可以成为一个好父亲。

没有人指望父亲拥抱女儿，向女儿表达自己的爱，或者和女儿谈论更私人的事。但在 1994 年，除了要做到 20 世纪 50 年代对父亲的要求，他们还要提高情感上的参与度。许多父亲并没有从自己的父亲那里学到如何做到这一点。他们没有受到过任何训练，他们因此感到迷茫。

大多数父亲在年轻时也接受了大量带有厌女色彩的教育，这在养育女儿方面给他们带来的危害是最大的。他们一直被引导着轻视女性，但现在他们要爱的人却也是女性，他们因此陷入了尴尬的境地。

长久以来，人们认为，母亲只要犯错，就会对孩子造成严重的伤害；但父亲只要对女儿有所关注，就能产生积极的力量。如果女儿很坚强，人们往往会将此归功于父亲。但根据我的经验，坚强的女儿往往出自拥有坚强母亲的家庭。

在 20 世纪 90 年代，大多数女孩与母亲关系亲密，虽然她们与母亲也时常陷入矛盾。她们与父亲的关系则各不相同。一些女孩几乎不和父亲说话，一些女孩则与父亲关系融洽，有共同的兴趣爱好。一个来访者说："我几乎感知不到父亲的存在，我们之间没有任何共同之处。"另一位来访者说："我最喜欢爸爸的就是每天晚饭后，他都会和我一起练习二重奏。我们都喜欢小提琴，从我 3 岁起，我们就一直一起度过晚饭后的时光。"

父亲其实也有很大的杀伤力。如果他们充当了社会文化的代言人，那么他们甚至有可能摧毁女儿的心理。刻板的父亲会限制女儿的梦想，摧毁她们的自信。性别歧视的笑话、厌恶女性的玩笑、对强势女性的消极态度都会伤害女孩。有性别歧视的父亲会告诉他们的女儿，她们的价值在于取悦男性。在他们与女性的关系中，他们以两性之间的权力差异为蓝本。

　　一些父亲过于热切地让自己的女儿被社会文化所接受，鼓励自己的女儿变得漂亮或者苗条。他们养育出的女儿会认为自己唯一的价值就是通过外表吸引男性。这些父亲低估了女性的智慧，并让自己的女儿也同样低估了自己的价值。

　　而秉持女性主义的父亲会帮助他们的女儿学会做出对自己有利的反抗。他们会鼓励女儿保护自己，甚至对他人进行反击。他们会教女儿一些技能，比如如何换轮胎、投掷棒球或者搭建露台。他们会帮助女儿了解男性的观点以及社会文化给男性带来的压力。做得最好的父亲会正视自己的外貌歧视和性别歧视观点。在扮演各种角色时，父亲可以成为建立良好的男女关系和尊重女性的榜样。这些父亲会反对对女儿价值的狭隘定义，支持女儿保持完整的自我。他们会告诉自己的女儿，女性不会因为聪明、大胆、独立而不被接受。

　　在20世纪70年代，我对父女关系进行了一些研究。我对一些高中女生进行了访谈，她们之中1/4的人的父亲已经去世，1/4父母离异，剩下一半的父母还在一起。我对父女关系如何影响女儿的自尊、幸福感以及对男性的反应很感兴趣。

　　我很快发现，父亲的在场与否，与父女关系的质量并没有多大关系。有些女孩的父亲就住在家里，但她们很少和父亲说话；而有些女孩从未见过父亲，温暖和被接纳的记忆却一直支持着她们。关键的变量是情感支持的可获得性，而不是物理存在的可接触性。我注意到三种父女关系：支持型关系、疏远型关系和虐待型关系。

　　支持型父女关系中的女儿有很强的自尊和幸福感。这些女孩更容易对男性产生好感，在与异性的关系中更易感到自信，也更易预知到自己未来的幸福。在她们的描述中，父亲是有趣而和善的，并会深度参与她们的生活。

然而，大多数父女关系属于疏远型关系。这些父亲可能想要和女儿建立良好的父女关系，但他们不知道该怎样做。身处疏远型父女关系中的女儿会说，她们为父亲带回家的收入而感恩，但除此之外，父亲没有其他值得欣赏的地方。除了主要劳动力，父亲通常只有一个角色——规则执行者。疏远型关系中的父亲通常会被认为比母亲更死板，更缺乏理解力，更不愿意倾听他人。就像一个女孩说的："如果爸爸搬出去，我们会更穷，但家里会更安宁。"这些疏远型关系中的父亲通常是充满善意却不知变通的，他们的工作时间很长，很少有时间和精力去费力和青春期的孩子建立联系。疏远型关系中的父亲不懂得如何与复杂的处于青春期的女儿保持情感交流。他们还没有学会如何用同理心、灵活性、耐心和谈判技巧来处理错综复杂的父女关系。他们指望自己的妻子来为他们做这件事。

有些疏远型关系中的父亲不仅有交流技能或时间上的缺失。由于他们的社会化角色是男性，他们不重视那些保持亲密长期关系所必需的品质。他们认为对孩子的哺育和共情是懦弱的行为，他们与女儿的关系是冷冰冰的、机械的。

第三类是在情感、身体或性方面虐待女儿的父亲。这些父亲会给他们的女儿起不好听的绰号，会嘲笑和羞辱她们的错误，甚至会伤害或猥亵女儿的身体。

凯蒂的父亲对她非常支持。然而，因为父亲的病情，凯蒂为父亲承担了太多的责任。霍利的父亲戴尔缺乏必要的技能来帮助女儿——戴尔是好心的，却很冷淡。克拉拉的父亲也属于疏远型的父亲——他是一个性别观念严苛的父亲，把自己对女性的定义强加给女儿。这些父亲在他们女儿的生活中都扮演了重要的角色，不管是好是坏。

凯蒂（17岁）和皮特

皮特是一个单身父亲，他的妻子在女儿凯蒂3岁时死于车祸。由于患有肌肉萎缩，皮特的身体状况不佳，只能长期待在家中。他有一家电脑咨询公司来养活自己和凯蒂。

凯蒂上高中时，皮特坚持要她去接受心理治疗，他担心凯蒂对他的爱会妨碍她过自己的生活。凯蒂在强迫之下走进来，声称她可以和皮特分享她所有的想法和感受。

凯蒂是那么有爱心和洞察力，她看起来好得令人难以置信。与大多数青少年不同，她能感觉到自己的工作对其他人的重要性。她照顾皮特，在附近的药店工作，并且努力学习。对于充满问题的生活，她一次又一次做出了正确的决定。

我问了她和皮特的关系。"他一直都很信任我，"她说，"当我遇到问题时，他坚持让我自己想办法解决。他说我会做出正确的决定。我们可以谈论任何事情——性、男生、毒品、月经，任何你说得出来的话题。他是世界上最好的倾听者。"

我问她是否怀念有母亲的时光，她停了下来，看着窗外。她说："我不记得我妈妈了。当然，我希望她能和我们在一起，但我有世上最好的爸爸。"

当我问起皮特的健康状况时，她的语气变了。她脸色暗淡下来，轻声说："他的身体状况越来越糟了，所以我不愿离开他太久。他的未来很让我担忧。"

当她详细描述皮特的身体状况和不良预后时，她的声音清晰而坚定，但充满了痛苦。关于自己想为皮特付出什么，她考虑了很多，但却很少考虑需要为自己保留什么。我尊重她对父亲全心投入，我想要谨慎一些，不去触碰原本就完好的父女关系，但凯蒂需要更多地为自己的生活考虑。皮特是对的：凯蒂的生活需要更多的朋友和乐趣。

当我和她分享我的这一想法时，凯蒂说："爸爸已经非常好了，所以我不需要朋友。我知道这听起来很奇怪，但我喜欢我现在的生活。"

我想见见这个好爸爸，于是在一个周六的下午，我开车去了他们在郊区的小房子。皮特躺在一张铺着被子的沙发床上，床上还卧着三只暹罗猫，他的电脑和电话都在手边。他身体羸弱，但笑容满面、态度开朗。

皮特和凯蒂开玩笑说我的黑色外套受到了白色猫毛的攻击。我们聊到了周末侵袭我们这座城市的冰暴以及凯蒂的厨艺，似乎我们都不急于提出有关皮特健康状况的话题。

我称赞皮特在抚养凯蒂方面做得很好。他笑了，说："是她把我养大的。她比我成熟多了。"

我同意凯蒂非常成熟，但我也注意到她需要更多的社交生活。我猜想，她对与同龄人交往的抗拒部分是来自她对父亲的担心，但部分也可能源于普通青少年的社交焦虑。

"通常我尊重凯蒂的判断，但她需要在这方面多审视一下自己，"皮特表示同意我的看法，"她和我在一起要比和同龄孩子在一起自在得多。她讨厌挫败感，她知道和我相处一定不会产生挫败感。"

我主动提出要做凯蒂的"社交生活顾问"，她也同意让我做一段时间，但我看得出她是在迁就我们。

我改变了话题："等凯蒂高中毕业了，有什么打算？"

皮特和凯蒂交换了一下眼色，皮特笑了。他说："我们在这个问题上有很大的意见分歧。我们有我妻子的保险金，所以凯蒂可以去任何她想去的地方上学。她可以进哈佛大学或耶鲁大学，她的成绩是第一等的。"

"我就想在这里上大学。"凯蒂打断了他的话。

皮特继续说："凯蒂已经计划好了一切，她想住在家里，照顾她生病的老父亲，但我不会让她那么做的。"

"你从来没有吩咐过我该做什么，你现在也不能指使我。"凯蒂说。

我们都笑了。

然后泪水充满了凯蒂的眼睛，她说："你是我唯一的家人，我不会离开你。我无法在其他地方生活。我不是要留在家里照顾你，我留下来只是因为我想这么做。"

皮特摇了摇头。

"如果我可以每天都回家看看，那我也可以住宿舍。"她说。

"你觉得我会做什么？"皮特开玩笑说，"吸毒，还是赌博？"

凯蒂仍坚持自己的立场："我知道你会继续做现在在做的事情，并且你需要我的帮助。一些事情你可以雇人来做，比如购物和打扫，但我每天都要来看看你，就是这样。"

"你的女儿真的很固执，"我说，"但我建议你接受凯蒂的提议。

一个家庭团结在一起，既不会有任何害处，也没有任何错。"

"我也没有其他的选择，"皮特说，"我觉得凯蒂现在也不会接受我的命令。"

凯蒂确实不会接受命令，但我感觉到她的心态足够健康，可以对谈话和鼓励做出回应。我知道，在某种程度上，她知道自己在躲避同龄人。但我也欣赏这个家庭的亲密关系，我不想把这段健康的父女关系和这个坚强的女孩归为病态。我说："还有很多妥协的方式。我们可以等她来我办公室后再谈。"

"我认为凯蒂会坚持故她想做的事。"皮特朝她笑了笑，"她就是我要背负的十字架。"

霍利（14 岁）和戴尔

霍利自杀未遂后，我在医院见到了她。她独自待在一间白色房间里，穿着医院规定的长袍，头发梳得很整齐，身边还放着一本《滚石》杂志。当我做自我介绍时，她彬彬有礼，但态度冷淡。我问她关于自杀的事。霍利凝视着窗外 11 月的凛冽天气，说："我的生活结束了。"在我们剩下的谈话时间里，她用含糊不清的单音节词回答问题。

霍利的父亲戴尔走进她的房间，向我讲述了他们的生活。霍利的母亲爱上了一个邻居。有一天，当霍利在幼儿园上学，戴尔在固特异工厂工作的时候，霍利的母亲悄然离开了，之后他们再也没有见过她。遗弃之伤和单亲家庭的重大责任击垮了戴尔。

妻子离开后，戴尔的日子还是一样。他回到家，准备晚餐，洗碗，然后坐在电视前的躺椅上。有许多个晚上，他在 10 点新闻之前就睡着了。他很少参加霍利学校的活动，也没有自己的兴趣爱好。有一次，一位同事想要给他安排一次约会，但他拒绝了。他不会再冒这种险了。

戴尔对霍利物质上的照顾和监护已经有完备的安排，但他既没有精力也没有理解能力去提供多少情感支持和陪伴。他对霍利的想法和感受几乎一无所知。很明显，他很关心他的女儿，但是他不知道如何用有益的方式来表达他的关心。他和霍利很少交谈，以至于现在霍利陷入了危机，他们也没有共同渡过难关的基础。

我向他们建议，将家庭治疗和霍利单独的心理治疗相结合。他们互相看了一眼，同时慢慢地点了点头。

在我与霍利的第一次会面中，她的自负震撼了我。母亲离开后，霍利很快就学会了照顾自己。她保持卧室整洁，自己洗熨衣服。她只是模模糊糊地知道，其他女孩有更多的朋友，参加更多的活动，还有带她们出去郊游的父母。她从不学习，但她的成绩令人满意。

上小学时，她和戴尔一起看电视，但到了初中，她不再看电视，喜欢上了音乐。霍利迷上了 Prince 的音乐。她在墙上贴满了他的海报和唱片封面。她加入了他的粉丝俱乐部，每周给她的偶像写一次长信。她一遍一遍播放他的音乐，直到记住所有的歌词。因为 Prince 喜欢穿紫色的衣服，所以霍利只穿紫色的衣服。她把头发染成红色，并弄成刺猬头的发型，因为 Prince 在一次采访中提到他喜欢红色的头发。

戴尔几乎没有注意到这一点，直到学校辅导员打来电话说其他学生嘲笑霍利的紫色衣服和怪异的头发。辅导员还担心霍利除了追星，没有什么朋友和兴趣爱好。她鼓励戴尔为霍利报名参加社团活动、体育活动或戏剧课程。

　　戴尔问霍利是否愿意参加一个社团，她说不。他愿意为她支付任何她想上的课程的费用，但她尽数拒绝。戴尔给她买了色彩鲜艳的新T恤，霍利把它们原封不动地放在抽屉里。戴尔意识到霍利的问题可能与家庭生活有关，但他不知道自己还能做些什么。他放弃了，又回到了电视机前。

　　后来，霍利遇到了瘦削的九年级学生莱尔。莱尔穿着一件镶有铆钉的黑色皮衣，身上文着"及时行乐，早日解脱"。和霍利一样，莱尔选择音乐作为自己应对孤独的方式。除了上课，他醒着的时候几乎每分钟都在听音乐。他在学校里因为在午餐休息时公放音乐而惹上了麻烦。莱尔和霍利是在英语课的后排座位认识的。霍利看到莱尔把一个索尼随身听偷偷带进了学校，便害羞地问他是否喜欢 Prince。莱尔不像大多数男孩，他不认为霍利受到嘲笑的头发和紫色衣服是什么缺点。他告诉她，是的，他也喜欢 Prince。他请霍利放学后到他家听音乐。

　　到了周末，他们的关系确定了下来。霍利把她倾注在 Prince 身上的大部分感情转移到了莱尔身上。她早上第一件事就是给他打电话，叫他起床，然后在学校南边的拐角处和他碰面抽根烟。她上课时给他写纸条，和他一起在学校的自助餐厅吃午饭，放学后去他家。晚上，她会给莱尔打好几个小时的电话。

　　看到霍利有了一个朋友，戴尔松了一口气。他告诉我："莱尔有点儿奇怪，但他是个好人。"戴尔感觉到这么快就变得这么亲密可能会有不利影响，但他不确定该怎么办。他向霍利提起关于性的问题，霍利生气地告诉他，她自己可以处理好。他对此表示怀疑，但不知道下一步该说什么或做什么。

接下来的三个月，霍利都在为莱尔而活。之后，莱尔突然要和她断绝关系。他告诉霍利，他还没有准备好开始一段认真的恋情，他想要更多的时间练习吉他，和其他玩音乐的人一起出去。莱尔的母亲打电话给戴尔，警告他这个消息可能会对霍利有很大的影响。她说，虽然他们都喜欢霍利，但她和丈夫觉得事情进展得太快了，莱尔需要放慢脚步。毕竟，他们只是九年级的学生。他们已经和莱尔谈了他们的担忧，莱尔同意冷静一段时间。在挂断电话之前，她告诉戴尔，霍利和莱尔发生过性关系。

戴尔对这个消息感到震惊。他建议霍利做一次早孕测试，但霍利拒绝了。事实上，她拒绝与他讨论关于莱尔的任何事情。戴尔晚上回到家时，她逃回自己的房间，摔上了门。之后的几天，霍利不停地哭，滴水不进，也不去上学。她的眼睛哭红了，脸也浮肿了。她每天都给莱尔打电话，但他们的谈话并不顺利。她的恳求使他更加决意分手。直到后来的一天，霍利吞下了家里所有的药片。

幸运的是，戴尔在午餐时回家查看霍利的情况。他发现她在一堆呕吐物中睡着了，立即拨打了911。也就是在那时，我进入了他们的生活。

在我们合作的初期，我给学校辅导员打了电话。辅导员说："霍利没有真正的生活。她以 Prince 为中心，构建了一个幻想的世界，她就生活在其中。她试图用莱尔代替 Prince，但现实中的人对她来说太复杂了。"

慢慢地，我开始和霍利建立关系。每周她都会穿着一套不同的紫色套装出现在我面前，然后我们会开始谈论 Prince。我鼓励她带一盘磁带，我们可以一起听。为了考验我，她播放了 Prince 的"性感"歌曲。之后，我对所有我能欣赏的东西都说了赞美之词。

"我喜欢停留至晨光散露那句歌词。"

她耸耸肩说："那是他的老歌了，听这首。"

听完歌，我问："这首歌对你来说意味着什么？"

霍利说："这是两个人一起对抗整个世界，是永恒不灭的爱。"

"永恒的爱是非常美好的想法。我们都希望和家人、朋友之间能有永恒的爱。"我回应道。

"你要开始说我的妈妈了吗？"她生气地问道。

霍利经常用 Prince 的歌来回答我的问题。我听了这些歌，从歌词中找出主题，以便进一步思考。我在等待霍利用她自己的话与我交谈。最后，我建议她写一首 Prince 风格的歌来表达自己的感受。

第二个星期，霍利递给我一首歌。它很像 Prince 的歌，主题是孤独和遗弃。我称赞这首歌时，她咧嘴一笑。从那以后，我和霍利主要通过她写的歌来交流。她每周都会带来一首新的歌曲：一首关于她母亲离开的歌，一首表达她对离婚的愤怒的歌，一首想知道她母亲在哪里、为什么不打电话给她的歌，还有一首关于孩子有多么残忍的歌。我听了这些歌，和她讨论写歌的过程，问她这些歌对她的生活有什么意义。

除此之外，我温和地鼓励她交个朋友。由于母亲的抛弃和来自其他女孩的嘲笑，霍利不信任女性。她摇了摇头，不接受去跟其他女孩交流的建议。我又建议她去上音乐课，或者组建一个乐队。

几个月后，我觉得我们的关系已经足够牢固，我可以提出关于性的问题了。我建议她约医生检查一下。我告诉她关于性的基本事实，用我的话说，那就是："所有女孩都好奇，但又不敢问。"

我们谈到她在第一个对她说"我爱你"的人面前是多么脆弱。莱尔是个正派的人，像霍利一样孤独而天真，但下一个人可能就不会是这样了。我说，"我爱你"通常也是变态男性对受害女孩说的第一句话。

霍利很容易犯青春期女孩常犯的错误——用性来获得爱情。她需要的是爱，而不是性，并且她最需要的是来自父亲的爱。我们讨论到她和她的父亲对待彼此像是陌生人一样。我邀请戴尔也来参与心理治疗。在第一次联合治疗时，他甚至比霍利还别扭。他僵硬地坐着，双臂交叉放在胸前，对我所有问题的回答都是"是的，夫人"。

"我们从不交流。"霍利指责说。

"你妈妈在这方面做得更好，"戴尔说，"我从来没有和孩子交流的经验。"

我问他们是否想要更亲近一些。霍利用她的小手指捻着她的头发，害羞地点点头。戴尔哽咽着说："这就是我想要的。不然我活着还为了什么？"

我建议他们慢慢来。两人都没有太多的沟通经验，也都很容易被失败的尝试击垮。我说："也许你们可以一起做顿饭，或者开车四处看看圣诞彩灯。"

当我建议他们去听一场假日音乐会时，两人都显得有些惊慌。我让步了，建议他们每天晚上聊十分钟，谈谈他们这一天是怎么度过的。

在接下来的治疗中，他们报告说，开始的时候交谈很困难，但练习之后就容易多了。戴尔问起了霍利的学校生活。她告诉他自己在嘈杂的自助餐厅吃午饭的情形。霍利问她爸爸上班时都做什么，这是过了这么多年之后，他第一次向她解释自己的工作内容。

在治疗过程中，我们小心翼翼地接近了他们对霍利母亲的离开埋藏已久的感受。戴尔说："我试着把它抛在脑后。既然我不能改变它，那为了这件事伤心又有什么意义呢？"

"我不敢提这件事，因为爸爸看起来总是那么伤心。"霍利说，"过了第一个月，我再也没有提起过妈妈。好长一段时间里，我都是哭着睡着的。"

我让霍利和戴尔通过写信来表达他们对家人离开的真实感受。这些信不是要寄出的（事实上，我们甚至不知道该把它们寄到哪里），而是要让霍利和戴尔对创伤事件进行重新处理。

一周之后，霍利和戴尔大声朗读他们的信。一开始，戴尔的信很正式，感情上也很压抑，但后来就更加激昂。多年压抑的愤怒爆发了出来，在愤怒之后，是悲伤，在悲伤之后，是对自己的负面评价。他是个失败的丈夫，他不能清楚地与人沟通或表达爱意。他为妻子的离去而自责。

霍利仔细听着爸爸的来信，递给他纸巾。她拍着他的胳膊说："这不是你的错，是我的错。"

霍利读了自己的信。和戴尔的信一样，她的信开头也正式而有礼貌，但随后，她的热情也逐渐高涨。她最初体验到的就是失去，这也是她对这件事最强烈的情绪反应，她的母亲选择离开，再也没有见过她。她怀疑自己一定出了什么问题，有某种她辨识不出的隐秘的缺陷。这件事发生后，她一直很伤心，不知道该如何表达，甚至不知道该如何承认这种痛苦的感觉。

自从母亲离开后，霍利就讨厌被女性触摸或赞扬。如果老师拍拍她，她就会往后畏缩。她没有向女性寻求支持，而是努力使自己坚强起来，这样她就不需要其他女性的帮助。她不喜欢到其他女孩家里去——看着她们和她们的母亲在一起，她太嫉妒了。

她为母亲遗弃自己而自责。她曾经是个"多嘴的小孩"。母亲离开后，霍利不再多嘴，几乎不说话了。她不再相信言语能帮助她。

自从被母亲抛弃后，莱尔是第一个让她动情的人。他给了她希望，让她感受到自己是值得被爱的。他倾听她说话，抱着她，告诉她她很美。他离开的时候，霍利的痛苦程度很强烈。这使她想起了母亲的离去，使她确信自己不值得得到另一个人的爱。

这次治疗结束时，霍利和戴尔都哭了。我意识到霍利和戴尔都非常需要对方，他们是生死相依的。他们两个人都觉得自己不值得被爱，而唯一亲密到足以改变对自己基本看法的人就是彼此。通过让他们的关系变得更有爱，他们可以向自己证明他们有能力爱别人，并且自己值得被爱。我说："你们两个可以互相学习如何表达爱。"我希望这句话能够成真。

这就是我们处理问题的过程。戴尔表现淡漠，是因为他自己有未消解的痛苦，也是因为他缺乏处理人际关系的技巧。事实上，可能正是因为缺乏这种技能，他失去了婚姻。霍利表现淡漠，是因为她被遗弃了。她父亲也让她很容易与之保持冷漠态度。Prince 是完美的爱慕对象，因为他在千里之外，完全不可接近。她可以不冒任何风险地爱他。

渐渐地，霍利和戴尔形成了关爱的关系，他们会更多地谈论个人话题。例如，霍利问起戴尔的同事，戴尔说他会避开他们。他告诉她，他们会看《花花公子》，并且他们谈论女人的方式让他感到不舒服。霍利跟他讲了学校里男孩怎样取笑她，以及当男孩在走廊里碰她时她的不适感。这使他们进入了关于两性关系的深度讨论。他们都有东西要向对方学习，也有东西要教给对方。

戴尔变成了一个参与度更高的家长。他限制自己每晚只看一小时电视，其余的时间都用来和霍利聊天或看她的作业。他主动要求看霍利的校报，并要她讲讲自己当天的生活。到了这个年龄阶段，大多数青少年不愿意参与这样的事，但霍利太孤独了，所以她很欢迎父亲的关注。戴尔不是一个严厉的批评者。霍利明白了无论成功还是失败都要相信父亲，他总是会和自己站在一边，支持自己做的任何事情。

他们去参加了在城市礼堂举行的接吻乐团演唱会。霍利与戴尔分享了她写的歌，戴尔提出支付霍利吉他课的费用。霍利的母亲有一副好嗓子，他希望霍利从她那里继承了这一点。霍利为自己的歌谱了曲，并同意当地一支名为"力量蜜桃"的乐队演唱她写的歌。

因为本书版本更新，我们又对一些女孩进行了访谈。她们中的大多数人与她们的父亲非常亲近，这是一个惊喜。在 20 世纪 60 年代，父亲的主要角色是养家糊口。母亲负责照顾孩子，而父亲虽然慈爱，却往往和孩子距离更远。到了 20 世纪 90 年代，父母大多有工作，并且父亲也在加强与孩子的联系。到了现在，父亲的参与程度更高了，家庭组织形式更加民主。总体来看，女性家庭成员可以是坚定而自信的，男性家庭成员则可以展现内心的脆弱。

如今，大多数父亲希望自己的女儿成为坚强勇敢的人。他们可能把坚持女性主义看得更重要，而不是对它心存恐惧。他们尊重妻子，并希望自己的女儿在未来能够得到一样的尊重。许多父亲在体育运动中指导女儿，或在音乐、艺术或旅行方面和女儿拥有共同的热情，他们能够帮助女儿树立自信并坚持真实的自我。

当然，我们也知道，世上总有疏远甚至虐待女儿的父亲，但几乎我们采访的所有女孩都说她们和父亲的关系是有爱的。事实上，除了父亲不在身边的情况，参与我们焦点小组的女孩中没有一个说她们和父亲之间有距离感，她们对父亲重复最多的描述是"有意思"。

乔丹说她和父亲每天早上都会去慢跑两英里。肯德尔说，她和父亲都热爱解谜，他们会比赛看谁能更快地解出数独。

"我爱我的爸爸。他在家工作，所以我们经常在一起，"玛尔塔说，"我妈妈工作很忙，大部分时间在出差，所以我和爸爸更亲密。"

奥利维娅悲伤地说："我爸爸得了癌症，他的压力很大，这让他脾气暴躁。他太累了，没法和我一起做太多事情，但我尽量陪在他身边。"

"我爸爸是个很棒的厨师，"阿斯彭说，"他在网上看到好吃的东西就会和我一起做。昨晚我们用炸蔬菜卷、咖喱和印度烤饼做了一餐印度菜。"

尤其是在 Metoo 运动影响越来越大的现在，父亲们都想帮助自己的女儿成为坚强自信的女性。在最好的案例中，我们看到了一种新的父亲——积极反对性别歧视的父亲。例如，玛蒂的父亲告诉我："我过去常常评论女性的外貌，但随着玛蒂进入青春期，我再也没有那样做过。我不想物化女性。"

"我希望我的女儿受到怎样的对待，我就怎样对待我的妻子，"我的邻居格兰特说，"我会特意询问她们的社交生活。我正在教她们如何捍卫自己的权利。"

阿妮卡（17 岁）

阿妮卡是家里三个孩子中的长女，他们一家住在艾奥瓦州的一个小镇上。她爸爸是她高中的辅导员。她的母亲在同一个镇上当初中老师。我在奥马哈市一家装修新潮的咖啡店里采访了阿妮卡。她热切地谈论着她的父亲，从她对父女关系的最早的回忆讲起。她把黑色长发撩到耳边，说："我小时候很崇拜我的爸爸。我觉得他很完美。他会一连好几个小时唱歌或者读书给我听。他和我还有弟弟摔跤，逗得我们大笑。他是那么善良。我每天都盼着他下班回家。"

回忆起另一件事，阿妮卡大声笑了起来，她的眼睛闪闪发亮。她说："小的时候，我想嫁给我爸爸。我还问过他，如果妈妈死了，他是否愿意娶我。"

我问她和爸爸在一起度过的时间是否够长，她欣然地点了点头。

"他做所有事时都会和我们在一起。如果他在建一个狗屋或者在种树，我们就会给他打下手。他教我们做饭，拍精心构图的照片。从我 3 岁起，爸爸总是会和我一起度过星期六的下午。我想做什么，我们就去做什么。我们会一起去冒险。我们唱歌跳舞，外出买冰激凌吃。如果下雨，他会用整个下午读书给我听。如果他读的是个悲伤的故事，我就会一起把它表演出来，这样我就可以在表演的时候哭出来，宣泄疏解自己的情绪。我们可能演了 300 多遍《夏洛特的网》中夏洛特死去的场景。

"我上了高中之后，通常都很忙，没法和爸爸在周六下午待在一起，这让他很伤心。我们偶尔会挤出点儿时间一起度过。我们会去图书馆借书，然后去咖啡馆读书。其实和独处的时间没什么两样，只不过是一起独处。

"当我还是小女孩的时候，我觉得他很完美；现在我觉得他是一个完整且真实的人。他也会犯错误，他也会很不耐烦。事实上，我的很多缺点也遗传自他。"阿妮卡做了个苦脸，我俩都笑了。她继续说："但如果他犯了错误，他会道歉。他并不完美，但已经接近完美了。尽管如此，我还是很难放弃自己的幻想。"

我问他们现在有什么问题。阿妮卡说："我爸爸是一个在情感上乐于倾听的人，他希望我把一切都告诉他。我没有他的那种个性。我更像我的妈妈，并且我还处在青春期，我不想让爸爸知道我生活的一切细节。"

她停顿了一下，叹了口气。"有时候，当他追问我这一天的事情时，我就会推开他，这伤害了他的感情。他认为这是针对他个人的，其实不是。我只是想要我自己的生活。

"他有时会让我很烦，但在某些方面，当我明白他是一个真实的人时，我就更爱他了。尽管如此，我也还是很难放弃他是完美的这一信念。"

"听起来他是个很棒的人，"我说，"他有心情不好的时候吗？"

"他的工作很难，"阿妮卡承认，"他面对的是被虐待或性侵的儿童。他会接触到有行为问题或有自杀倾向的孩子，但当他走进家里的前门时，他就会把这些不快都暂时抛开，他会面带微笑走进来。没一会儿，他就开始给我们做饭和说笑话了。最重要的是，他对自己的时间安排很用心，他承诺过要关心他的家人。我敬佩他对生活的那份热情，他总是在寻找美，并且也教我这么做。"

"你还从你父亲那里学到了什么？"我问道。

"我看到他在努力做一个诚实和善良的人。他对我妈妈非常好，他教我们如何拥有健康的亲密关系。我对和我约会的男孩都有很高的要求。"

阿妮卡把她的杯子望可回收垃圾箱扔去，它正中目标，她挥了挥拳头。

"我还是想嫁给像我爸爸那样的人。"

在我开车回家的路上，我想起了阿妮卡和她父亲之间那种可爱的关系。我注意到了她和她父亲围绕着个性化出现的问题。他曾经和她亲密无间；现在，当她想要更多的空间时，他就会感到悲伤和受伤。像他这样高度参与孩子生活的父亲正在经历的感受对母亲们来说并不陌生。阿妮卡和她的同龄人已经准备好开始自己的生活，而她们的父亲则在想："等等，再陪我一会儿。"

卢纳（19 岁）和史蒂文

"十年前，我被一家全美性的环保组织雇用，担任他们内布拉斯加州环保倡导议题的主要负责人。"史蒂文说。40 多岁的他神态轻松，留着山羊胡子，戴着一副亮闪闪的黑色眼镜。"卢纳当时在上中学。我去学校接卢纳的时候，她总是戴着耳塞听音乐。尽管如此，我还是会告诉她我的工作，我是怎么被雇来反对建造某条石油管道的，以及它为什么会对我们州的环境构成威胁。我以为我在自言自语，但不一会儿她将一个耳塞拽了出来，紧接着拽出另一个，然后转过来对我说，'爸爸，你一定要阻止他们！'"

卢纳笑了，捏了捏爸爸的膝盖。在一家印度餐厅里，我们坐在壁炉旁的扶手椅上，边喝印度茶，边吃蔬菜咖喱角。

"我也记得那一天。"卢纳说，"在中学时，我不想听爸爸说话。当时我正在用 iPod 听 Lady Gaga 的歌，但后来我爸说的话激起了我的兴趣，更重要的是，他说到的那些危害也让我感到气愤。那就是引起我兴趣的点。"

"在讨论你们参与环保行动之前，我们能不能先回顾一下之前的情况？当卢纳还是个小女孩的时候，你们的关系怎么样？"我问史蒂文。

"我觉得她很酷，"史蒂文说，"从出生开始，她就有趣、聪明。我喜欢和她一起去公园，喜欢和她一起犯傻，听她对世界的看法。我想向她表达，'我永远支持你。'"

"我很小的时候父母就分开了，我没有机会去体验他们作为父母在一起的感觉。"卢纳解释道，"我爱我的妈妈，但她更像一个家长。而爸爸并不严厉，他制定的规则也很重要，但我总觉得我可以对他坦诚……在任何事情上。我真的很高兴我有这样一个爸爸。他让我了解了自己是谁。"

"坦诚相待对我来说很重要，"史蒂文补充说，一边把他穿着登山靴的脚放在一个纱丽印花的脚凳上，"我们一起经历了很多美好的冒险。"

卢纳补充说："当我们参与到环保行动中的时候，我们真的开始接近彼此。"她把自己的脚靠在父亲的脚旁边；她穿着亮紫色的匡威高帮鞋。"这就像有了一个犯罪同伙。无论我们去什么地方，都只有我们两个人；无论我们做什么，爸爸总是会在旁边鼓励我。"

"我经常看到你们以强大的父女环保行动团队的身份出现在报纸上。你们是如何转换到这一角色的？"我问。

"关于我们州发生的事情，爸爸跟我说得越多，我就越觉得有必要参与进来。"卢纳说，"我尤其觉得，作为一名青少年，我需要为这个州的年轻人发声，因为我们余生都将不得不面对石油管道带来的所有环境影响。于是，我们开始参加抗议活动。然后，在我九年级的时候，我在州议会上做了证。"

"在那之前，你和我一起去了华盛顿。"史蒂文提醒她，"我和我的上司说，我想让我的女儿和我一起参加国会、环境保护署和国会办公室的会议。我本想她只会倾听和观察，但我仍然认为这对她来说会是一次宝贵的经历。实情恰恰相反，每当我们走进会场，卢纳总是把自己认定为代表内布拉斯加州年轻人的积极分子。她在我们代表团的其他成员面前表现得很出色，而且她可以提出尖锐的问题而不被责怪，因为她就是这样一个迷人可爱的少女。这就是开始。"

在接下来的几年里，卢纳成为环保集会和立法听证会的常客。她多次在州议会作证，并总是能看到环境危机与内布拉斯加州年轻人的未来之间的联系。

"我第一次作证时，都快吓坏了，"卢纳承认，"我当时 14 岁。但后来，我高兴得喘不过气来，因为我有了话语权，而且我使用了它。同年，我们去华盛顿参加一个集会。我们在白宫周围组成了三人宽的人链。能和 16000 人在一起，关心同一件事情，真是难以置信。"

"我记得我们去林肯参加早期的一次立法听证会时，我告诉卢纳她可以过来看看。"史蒂文补充道，"我明确表示，她不需要参与其中。

相反，她坐下来，在不到一个小时的时间里写下了极为有力的证词。我从来没有告诉过她‘你需要做这个’或者‘你应该做这个’。好像我没有怎么鼓励过她，参与其中是她自己的主意。"

"这些对你有什么影响？"我问卢纳，"这一切都发生在你的青春期。你的同伴对你参与环保行动有什么反应？"

"我的高中老师都很支持我，我的辅导员也总是问我的旅行和活动进展如何。"卢纳说，"我的朋友知道我在做什么，他们觉得我做TED演讲和参加‘青年与崛起’气候会议很酷，但高中生还是更专注于自己的生活。"

"你和爸爸的关系有什么特别之处吗？"我问。

"每当我提起我爸爸，我的朋友总是说，‘他是最可爱的人。我喜欢你爸爸。’"卢纳自豪地说，"我的一些朋友有过可怕的经历。他们有的害怕对父母出柜，所以过着私密的生活；有些朋友的父母根本不在乎那些对他们来说最重要的事情。有些朋友的父母对他们说，‘读诗歌就是浪费时间。’这种话让我很沮丧，因为诗歌对我建立自信和保持心理健康有过很大的帮助。亲生父母不尊重真正的自己……我会觉得这无法想象。拥有一个支持我的爸爸对我来说有很大的帮助。"

"你怎么看待现在的青春期女孩？"我问。

"我这个年龄的女孩都渴望成为女性主义者，"卢纳回答，"她们会举着标语去参加抗议活动。现在的行动主义是关乎个人的事。

"说实话，看到希拉里·克林顿——她花了一生的时间把每件事都做得很好，获得了那么多项教育和专业技能——在选举中失败后，我就在想，‘像特朗普这样的人都能够参选并获胜，参与政治和公共事务还有什么意义？’"卢纳沮丧地摇了摇头。

"我认为像我这样的老顽固可以从卢纳和她的朋友身上学到很多东西，我希望看到更多两代人之间的对话，"史蒂文说，"例如，我很喜欢的一些乐队是由 20 多岁的乐手组成的。我的许多同龄人从来没有意识到当代音乐的重要性。我们需要让人们相互交流，而不是相互分类和隔离。"

卢纳点头表示同意。

"最重要的是，我们必须照顾自己和彼此。参与到行动中会让人筋疲力尽。特别是当你年轻时，你想要带来很多变化，但最重要的是要照顾好自己和朋友。有时你们承受的压迫真的很重，如果你们都病了或者抑郁了，那么所有运动都会失去年轻的力量。当你真的很难过的时候，花一分钟听听碧昂斯的歌，放松下来吧。"

这些新型的、积极的父女和母女关系，让两代人享受到了彼此的陪伴，并让他们为共同的目标一起努力。尽管所有的家庭成员都在网上花了大量时间，但当父母和孩子互相交谈时，他们也享受其中。

在我们的个人访谈和焦点小组访谈中，我们一再对现在的女孩对父母的尊重印象深刻。她们真正理解父母为给她们创造一个安全的家和经历丰富的生活付出了多大的努力。她们钦佩父母的职业道德和技能。许多女孩说父母是她们最好的朋友。这可能是我们能分享的自 1994 年以来社会文化变化的最好消息。我们希望，这种尊重和爱的态度能够引导父母和女儿双方建立长达数十年的和谐的关系。

第 *8* 章

父母离异
带来的影响

朱莉娅（14岁）

身着商务套装的珍是一位充满活力的女性，她告诉我她的未成年的女儿朱莉娅因持有含酒精的饮品而被逮捕。朱莉娅穿着粉红色的弹力裤和一件超大号的毛衣，戴着鲨鱼形状的耳环。她嘟囔地抱怨着，双臂交叉放在胸前。

"我就喝了一罐啤酒！"

我听珍讲述了他们复杂的家庭。朱莉娅的父母两年前离婚了，因为她的父亲和一个更年轻的女人有了婚外情。后来，他娶了那个年轻的女人，搬到了附近的一个小镇上。三个月前，他们生了一个女儿，自此之后，朱莉娅的父亲就再没有见过她。他打了几次电话，但照顾刚出生的孩子和他的新妻子让他忙碌不堪。珍甚至没有告诉他朱莉娅被捕的事。

珍在一家会计师事务所工作，一家人都依靠她的收入勉强度日。珍、朱莉娅和朱莉娅10岁的弟弟雷诺已经搬到了镇上房租更便宜的地方，住进了一所更小的房子里。孩子们不得不转学，朱莉娅与她最亲密的朋友的联系也被切断了。

一年以前，在"单身父母"组织举办的活动中，珍认识了阿尔。阿尔是三个男孩的父亲，经营着一家小型印刷公司。她立刻就喜欢上了他的善良和幽默感，而他喜欢她的精干和知性。几个月来，他们每周六晚上都会一起吃饭、看电影。他们还带着孩子一起去参加家庭野餐和迷你高尔夫郊游。三个月前，他们结婚了。

珍、朱莉娅和雷诺又搬到了阿尔的家里，和他的儿子们一起生活。今年秋天，朱莉娅转学到两年内上的第三所初中。珍说："雷诺没有遇到什么麻烦。他现在有了几个兄弟，而且他还是个运动健将，一进垒球队就交到了朋友。但是父母离婚对朱莉娅来说是个坏消息。当时她刚上七年级，在她的第一个学校，她很害羞，没有交到什么朋友。在下一所学校里，她和一些抽烟喝酒的孩子交了朋友。我确信她被捕这件事与所有这些变化有关。"

我想，大多数青少年就像植物一样，并不能适应被移来移去的生活。

朱莉娅把脚蜷曲在身下，身体陷进沙发里。"我知道爸爸妈妈相处得不好，但我当时感觉还好。他们离婚后我一直不快乐。"

她看着母亲，说："阿尔不是个坏人——他对妈妈很好，但我讨厌他的儿子。他们被宠坏了。我得帮他们收拾玩具，帮他们洗碗。将来就算他们杀了人，阿尔也会帮他们逍遥法外的。他们就是浑蛋。"

"朱莉娅确实做得比她分内应做的要多。阿尔的孩子从不做家务，阿尔是个心软的人。"珍说。

"大多数再婚重组家庭需要进行家庭咨询，尤其是有青少年的家庭，"我说，"组建一个新家庭太难了，因此他们需要来自咨询师的建议。"

朱莉娅说："很长一段时间，我都希望爸妈能重归于好。现在我只希望我和雷诺能与妈妈单独生活，我不喜欢阿尔家的聒噪和脏乱。"

珍摸了摸女儿的胳膊，说："你并不常在家。"

"我只是在逃避回家。"朱莉娅说。

"上周朱莉娅在一次聚会上被抓了，"珍说，"之后，其中一位妈妈建议我们聚在一起，为孩子制定规则。我们都要工作，所以放学后没有人在家管孩子。"

朱莉娅打断道："斯奈德夫人是个奇葩。你不能参加。所有人都在喝酒！你对这件事一无所知。"

"现在的孩子不一样了，"珍叹着气说，"朱莉娅八年级时，我曾为她的生日举办了一场轮滑派对，这让我大开眼界——孩子们会说脏话，溜冰场还有保安检查他们是否带着毒品。相信我，溜冰场跟我小时候不一样了。"

"当然不一样了，"朱莉娅回答道，"那为什么你仍然要用老一套来对待我？你对我制定的愚蠢规定和你的妈妈对你制定的一样。难道你不明白我不能按那些规矩生活，也不能没有朋友吗？"

珍看着我，说："我只是想保证她的安全。"

很显然，朱莉娅要应付的事情太多了——父母离婚、父亲的缺席、新的生活环境和学校，以及继父和新弟弟们。此外，她还有所有青春期女孩都会遇到的问题。像许多父母离异的少女一样，她会求助于朋友。她找到一群朋友陪着她逃离家庭，这给了她一种归属感。她利用酒精来忘却烦心的事情。

朱莉娅需要一个地方倾诉她所失去的一切，她需要和父亲重新建立联结。我怀疑她也需要一些关于性方面的指导、关于毒品和酒精的影响评估，也许还需要一个青少年毒品或酒精成瘾者的互助小组。如果她能理解和接受自己的痛苦，就不再需要用毒品和酒精来暂时逃避它了。

我建议他们采取家庭治疗方案。关于家务分担的规则应该是公平的，阿尔的孩子需要更多的管教。珍同意和阿尔讨论这个。

我问朱莉娅是否愿意单独过来。她伸开腿，盯着我说："可以，只要你不对我说教。"

我承诺我不会。

在做心理治疗师的这些年里，我对离婚的看法发生了变化。在20世纪70年代末，我认为，孩子与快乐的单身父母在一起会比与婚姻不愉快的父母在一起生活得更好。比起在糟糕的婚姻中挣扎，离婚似乎是一个更好的选择。到了20世纪90年代，我更深刻地理解了离婚对孩子的影响。在一些家庭中，孩子没有注意到他们的父母并不快乐，但父母离婚至少在一段时间内使他们受到了重创。当我问一个女孩每个月只有一个周末才能见到父亲的感觉如何时，她说："我尽量不去想这件事，这太令人受伤了，我尽力逃避这些感受。"

当然，有些婚姻确实是无法正常运转的。有时候，尤其是当涉及虐待或成瘾行为的时候，走出绝境的最好方法就是离开。成年人有权利做出自己的选择，有时他们必须先照顾好自己，即使这会伤害到他们的孩子。和为了孩子而勉强维持婚姻的不快乐的父母生活在一起，对任何人来说都不是理想的。但是，离婚往往不会让父母双方更幸福。它会压垮父母，切断许多父母与孩子的联结。

很多时候，婚姻之所以失败，是因为人们缺乏维系关系的技能。

伴侣之间需要学习谈判、沟通、表达情感和分担责任。有了这些技能，许多婚姻可以得到挽救。一个人如果没有在第一次婚姻中学到这些技能，那么他在以后也将不得不学习，否则下一次婚姻也注定失败。在 20 世纪 90 年代，我比在 20 世纪 70 年代的时候更努力地让夫妻维持婚姻，并教给他们与另一个人共度一生所需要知道的东西。

20 世纪 90 年代，大多数成年人至少经历过一次离婚，许多孩子在单亲家庭生活过一段时间。单亲家庭对每个人来说都很艰难。父母长期因为工作而疲惫不堪，没有时间留给自己——没有时间锻炼，没有时间交朋友，没有时间学习，甚至没有时间睡觉，他们经常抱怨生活难以平衡。他们往往要独自为自己的孩子做出艰难的决定。当他们尝试执行规则和对孩子实施必要的惩罚时，也没有人支持他们。如果单亲家庭的父母是疲惫的、暴躁的或武断的，那么孩子往往没有别的地方去倾诉。单亲家庭中成长的孩子也会错过近距离观察夫妻关系的机会。

离婚几乎总是会让家庭遇到更多的经济困难。离异家庭通常要搬家，孩子会发现新学校里都是陌生人。他们离开了长期相伴的老朋友，这些朋友本可以帮助他们渡过难关。他们经常要为添置衣服、买车和上大学的钱而担忧。

父母离婚对青少年来说尤其艰难。一部分是因为青少年所处的成长阶段，另一部分是因为青少年需要很多来自父母的关注。青少年需要父母同他们交谈，监督他们，帮助他们保持条理，并在他们沮丧时提供支持。然而，离婚后的父母通常没有这么多精力，这会让青少年感到巨大的丧失感——他们会觉得自己失去了父母、家庭和童年。和更小的孩子不同的是，当他们试图表达自己的痛苦时，很可能选择一些危险的方式。

青少年不成熟的思维使他们很难处理父母离婚的问题。他们倾向于以非黑即白的方式看待事物，因此很难对事物有客观的看法。他们的判断是绝对的，期望父母能做到尽善尽美。他们很可能会对父母的失败感到难为情，对父母的一举一动都提出批评。他们期望父母能保证他们的安全和幸福，并对父母违背誓约感到震惊。青少年也倾向于拒绝轻易原谅他人。

在青春期时，觉察到事情和以前不同，就意味着觉察到事情偏离了正常的轨道，而父母离婚恰恰会让青少年觉察到事情的改变。如果父母穿了不合适的鞋子会让一个十几岁的孩子感到丢脸，那么正在离婚的父母就会让他感到彻底的羞耻。青少年是以自我为中心的，他们认为每个人都知道自己父母离婚的所有细节。他们为自己的家庭感到羞愧，认为他们的家庭尤其不正常。

青春期的孩子会逐渐离开父母、走向独立，但也会经常回来寻求父母的支持和指导。当与父母失去联系时，孩子就失去了要离开或返回的基地。他们还没有准备好独自面对这个世界。父母离婚会使青少年感到被遗弃，他们对这种遗弃很愤怒。他们也对父母让他们失望感到生气。他们经常觉得既然自己的父母破坏了规则，那么现在他们也可以这样做。他们不再认为父母具有道德权威，相反，他们会说："你们有什么资格告诉我该怎么做，你们把自己的事情都搞得一团糟！"

直到青春期末期，孩子才会把父母看作与他们有各自不同需求的人。在此之前，父母被视为关心和照顾的提供者。大多数青少年无法与他们的父母产生共情，希望父母即使不快乐也要维持婚姻。他们对父母之间的关系破裂感到害怕。他们认为如果父亲和母亲的关系可以被打破，那么父母和子女的关系也可以被打破。

离婚的父母彼此之间常常存在怨恨，这使得他们很难管教自己正处于青春期的孩子。青春期的孩子确实也能驾驭离异的父母。他们让父母互相竞争，或者选择和规则最少、监督最少的人生活在一起。青少年并不总是能很好地判断自己需要什么，他们常常选择与承诺给他们买新音响或带他们去度假的一方生活，坚持要求他们做作业和做家务的一方往往是他们所回避的。

法律诉讼，特别是对监护权的争夺，会使青少年感到分裂。通常，他们会因为自己所经历的痛苦而责怪父母双方，但这样他们就不再有可以信任的人了。由此，他们不再考虑相信成年人，只依赖同龄人来获得安慰和陪伴。

父母离婚对已经受到社会文化压力的青春期女孩来说尤其困难。当家庭破裂时，她们会遭遇排山倒海般的压力。女孩会采取各种各样的方式处理这种情况。有些人会因此而抑郁，并通过自杀或者更慢性的酒精和毒品来伤害自己。有些人会退缩，躲进内心深处去疗愈自己的创伤。大多数人通过叛逆行为做出自己的回应，不可思议的是，也有一些人能应付自如。

塔琳（14 岁）

在被女儿推搡后，洛伊丝打电话向我请求紧急预约。那天下午，在我的办公室里，她轻声地说话，说完每句话都紧张地看着她的女儿。她的女儿塔琳有一头黑发，肌肉发达，直言不讳。她在对话的空隙就会插嘴、反驳，并且侮辱她的母亲。塔琳善于责备，而洛伊丝则善于接受责备。看着她俩的互动，我了解了她们之间的冲突是如何升级为暴力的。

两年前，在父母离婚之前，塔琳都一直过着条件优渥的独生女生活。她的父亲是银行家，母亲是听觉矫治专家，他们住在一个离我们的城市100英里远的小社区。在那里，塔琳就像是池塘里最强大的那只鸭子。她父亲的祖父母是那个小镇的建立者，每个人都认识并尊重她的家庭。

洛伊丝有一次去洛杉矶参加了会议，回到家后她就提出了离婚。她在这次会议期间发生了一段风流韵事，但那不是真正的问题。这段婚外情让她意识到自己的婚姻已经失败，她和丈夫的关系已经僵到无法修复了。她提出要搬到一个可以建立新生活的城市。

我看着这个娇小害羞的女人，惊讶于她的勇敢。"我知道这件事是不对的，我已经向兰迪和塔琳道歉了，但离婚对我来说是正确的，"洛伊丝说，"我从来没有像过去的这一年这么开心过。"

塔琳抱怨道："是啊，但是我和爸爸呢？你毁了我们的生活！"

洛伊丝两手向上摊开，做了一个绝望的姿势，恳求地看着我。我看得出来，她想为自己辩护，但因为过于内疚而什么都说不出。我让塔琳谈谈父母离婚后发生了什么。

"一开始，我和爸爸待在一起，但那行不通，他所有的时间都在银行和乡村俱乐部里。"

她怒视着洛伊丝，而洛伊丝则接着讲后面的事："塔琳没有得到太多的监督。她的成绩下降了，还逃了学。兰迪控制不了她。他总是把管教孩子的事情丢给我。最后，他放弃了，把她送到了我这儿来。"

洛伊丝看着她的女儿，说："自从我们分开后，我试着离她近一些，但她怒气太大了。兰迪把塔琳带过来的时候，我很想和她重建关系，但也很害怕。我第一次有了自己的生活，有了一份好工作和朋友。我不想让塔琳的愤怒把这一切都搞砸。"

"没有人想要我。"塔琳甩了甩她的黑发，"我就是很生气。我想念我们的大房子，现在我们住在一个狭小的公寓里。我想念我的男朋友。我讨厌妈妈的朋友和学校里的孩子。整件事真是太讨厌了！"

洛伊丝说："这对她来说很难。她认识原来镇上的每一个人，并参与了一切——音乐、体育活动和教堂。搬到这个城市是一个巨大的改变。我以为我们能和好，但最近塔琳竟然开始打我。"她给我看她左臂上的瘀青，"我不知道该怎么处理这种情况。"

塔琳怒视道："我没有打你，我只是推了你，你总是过度反应。"

在第一个小时剩下的时间里，我们制定了一份关于打人的协议。双方都同意，如果塔琳再打母亲，她将被禁足一周。洛伊丝离开时感到宽慰，而塔琳则因为感受到了她母亲的影响而生气地走了。

第二周，我单独和塔琳见面。和许多青少年一样，母亲不在身边的时候，她显得更加愉快。她说自从我们谈话后，她就没推搡过母亲，然后很快就把话题转到了父母离婚上。她讨厌和父亲住在一起，因为父亲总是情绪低落，而且只顾自己。她已经吃腻了速冻比萨，厌烦了自己洗衣服。

塔琳怀念还是一个好家庭主妇的母亲。虽然洛伊丝当时也有工作，但她总有时间陪塔琳。洛伊丝会辅导她做家庭作业、缝制学校活动的服装、制作节日装饰，还为她准备可口的食物。她会组织镇上每个人都喜欢的聚会。总之，洛伊丝很好地照顾了塔琳和她的父亲。

塔琳说："在妈妈离开后，有些晚上，我独自坐在我们又大又旧的房子里，看着爸爸、妈妈和我的照片，我会骂妈妈怎么那么自私，毁了我们的家庭。"

随着谈话的进行，我发现事情似乎不那么简单，甚至塔琳自己也注意到了这一点。尽管她父亲能挣很多钱，但他很难相处，他指望洛伊丝会照顾好这个家和塔琳。他下班后会去喝酒，有时兴高采烈地回家，有时则闷闷不乐。他把大部分怒气发泄在了洛伊丝身上，因为她不善于为自己辩护。看着母亲的遭遇，塔琳决定永远不会接受任何虐待。但当她母亲做出同样的决定时，她还是很生气。

塔琳说："我现在生她气的一个原因是，在我小的时候，她是一个很棒的妈妈。"

"在你妈妈宣布想离开这个家后发生了什么？"

"爸爸和我做过她的工作，"塔琳说，"爸爸把她的婚外情告诉了所有人。家庭双方都在对妈妈施加压力，她几乎崩溃了。"

我勉强微笑，说："听起来你妈妈跟你一样固执。"

我们谈到了塔琳现在的社交生活。她在家乡时很受欢迎；但现在，她从一所只有225名学生的学校转到一所有3000名学生的学校后，反而变成了独行侠。即使她想交朋友，也会很困难，而且她也并不想那么做。塔琳很想念男朋友，他是她最重要的知己。他给她写过一段时间的信，但现在他已经有了另一个关系稳定的女朋友。

塔琳不仅有着处于青春期早期的孩子的脆弱，还有失去家庭的痛苦。她对他人的信任度为零，而且因为过于愤怒和灰心，她根本不愿交朋友。我很惊讶她能和我说话，当她离开时，我说我为她愿意再信任一个成年人而感到庆幸。

第二次心理治疗开始时，塔琳描述了她和洛伊丝的一次争吵。当她告诉我，她妈妈拒绝给她买一台能放在她自己房间里的电视机时，她大声嚷嚷起来。

"她说她买不起，但我知道她能借到钱。"

我问她针对这件事，除了愤怒，是否还有任何其他的感受。

"我感到尴尬。我知道叫她'婊子'是不对的。"她说，"我几乎想杀了她，我真是气疯了。"

我们谈到了对愤怒情绪的控制。我建议她下次生气的时候试着打枕头。我还建议她尝试慢跑，跑到摆脱愤怒的情绪为止。人在身体疲惫时是很难生气的，我鼓励她写下自己的感受："写下你能想到的一切。把你内心涌出的感受写在一张纸上，然后你可以把那张纸扔掉。"

塔琳给我带来了她写的东西。起初，她所写的是纯粹的愤怒——母亲是她生活中所有痛苦和宇宙中几乎所有邪恶的根源。但随着持续的文字表达，她的愤怒逐渐缓和了。她开始写父母离婚给她带来的问题——她所熟悉的生活的丧失、对男友的思念、对新学校的恐惧，以及对人际关系能否正常运作所缺乏的信心。

我对塔琳的文字能更专注于自身而感到欣慰。她太执着于自己的母亲了，以至于她无法关心自己的问题。太多的愤怒就像太多的顺从，会阻碍一个人的成长。总是责备他人的人不可能担负起对自己生活的责任，也很难有所进步。几个月后，塔琳承认她曾希望母亲只为她而活，但现在她明白这是不现实的，这让她们双方在某些方面都失败了——洛伊丝无法拥有自己的生活，而塔琳无法认识到她也可以让自己快乐。塔琳仍然有生气的时候，但她可以控制自己的脾气了。在争吵的间隙，洛伊丝和塔琳也会一起度过快乐的时光。

随着塔琳的愤怒逐渐消退，她有了更多的精力来关注自己的生活。她哀悼自己的过去，随后又为自己的未来设定了一些目标。她提高了学习成绩，经常锻炼，甚至考虑参加田径比赛。她克服了内在的恐惧，开始和班上的同学说话了。

埃米（12 岁）

琼带着埃米来接受心理治疗，是因为她和丈夫查克正在考虑离婚。之前，埃米还很活泼、无忧无虑、喜欢玩耍。一年后我见到她的时候，她安静、内向、严肃。

琼是个能言善辩的教师，她对丈夫查克的评价非常尖刻，她说查克是邪恶的化身，是阿道夫·希特勒式的丈夫，且没有任何值得肯定的地方。琼把愤怒都发泄了出来，而埃米则更深地缩进沙发里。母亲说话时，埃米看起来像是要蒸发消失。她那严肃的小脸看起来变得更小了，身体也变得更像孩子一样弱小无助。

琼解释了她和查克是如何尝试进行心理治疗的，虽然查克就是一个心理治疗师，但他在参加心理治疗时并不愿意合作。她已经尽力了，但查克破坏了她挽救家庭的努力。现在她已经提交了离婚申请，而他却想尽一切办法来毁掉她的生活，让埃米和她作对。

琼列举了她对埃米的担忧。自 5 月以来，她已经瘦了 5 磅。她避免与人交流，不与朋友交往，也不参加任何活动。琼最后说："我觉得她是被她爸爸的行为搞得抑郁了。"

我想知道查克的具体行为。"他做的事情一整天都说不完。"琼说道，"我们在争夺监护权，他不断对埃米施压、贿赂，让她选择他。

他总是贬低我，故意激怒我。上周，他三次打电话来改探视埃米的时间。但他说要来的时候却没来，这让埃米很失望。"

"他说来的时候就来了。"埃米反对道。

琼继续说着，好像没听见似的。"我们有心理学家对埃米的监护权决定进行评估，但我希望有人能帮助她缓解父母离婚所带来的压力。"

我有所保留地要求和埃米单独谈谈。在过去的几个月里，她与律师、法官和心理学家进行了多次交谈，她对成年人的信任跌到了历史最低点。在她看来，我只是另外一个本应该提供支持却没什么实质性帮助的成年人。

我问埃米夏天过得怎么样，她回答的声音那么轻柔，我不得不让她重复一遍。她说："雨下得很多，我还没能尽情地游泳。"

她小心地回答了我，可能也这样回答了所有人。她已经明白，不随便说话就不会给她带来麻烦。我和她谈了离婚这个话题，谈了父母离婚是如何给孩子带来压力，并让他们感到孤独和怪异。我说我见过很多孩子，他们对父母的离婚感到既伤心又生气。我给她讲了一些其他青少年的故事，他们成功应对了父母的离婚，然后继续生活。埃米在我说话时很放松，并问了我一些关于那些孩子的问题。但当我问起她时，她又恢复了凝固的表情。

我说："大多数孩子讨厌选择和父母中的某一方生活在一起。"

"他们都想要我，但我不想伤害他们的感情。"埃米痛苦地摇了摇头，"此外，有时我恨爸爸，有时我恨妈妈，有时他们两个我都讨厌。"

我问了一下她目前的生活安排。"我和妈妈现在还住在家里。爸爸在他工作的镇上有一套公寓。我不认识那里的任何人，我不能忍受他所在的地方。不过妈妈说她也必须搬家，尤其是爸爸得到我的监护权的话。"

她坐直了身子说："我现在不想和他们中的任何一个人生活在一起，他们两人都把事情搞砸了。我想离家出走。"我们谈到了逃跑——它的危险和吸引力。像大多数 12 岁的孩子一样，埃米也想要离家出走。大一点儿的孩子通常想去海边或者搬去和朋友住在一起，埃米则梦想着去在明尼苏达州的祖母家。她请求父母的允许，但双方都不同意。

一旦埃米对我敞开心扉，她就变得喜欢说话了。她告诉我她在爸爸家开始来月经的事。她在妈妈那里有一些生活用品，但在她爸爸那里没有，她不得不让爸爸去给她买卫生巾。后来她妈妈和她爸爸为此吵了一架，因为她爸爸没有把她带到她妈妈家。她妈妈想和埃米一起经历她的第一次月经。正如埃米所说："她认为这应该是母女之间的事。"

她告诉我，父母都想用礼物来买她的爱。"如果我想要，我现在就可以要求拥有一辆竞速自行车或一台电视。"最糟糕的是她父母谈论彼此的方式。"他们都假装不去诋毁对方，但他们总是暗示对方是他们所认识的人中最疯狂、最刻薄的人。"

她最担心的事是自己明年要开始上初中了。如果她和爸爸生活在一起，就要转到一所没有朋友的新学校；如果她和妈妈住在一起，所有的同龄人都会知道她父母离婚了。她说："我不知道以后怎样才能完成我的家庭作业。妈妈会帮我学数学，但爸爸懂法语。"

她告诉我，她对父母离婚感到多么羞耻。她曾试图保守这个秘密，但没有成功。当善良的成年人向她表示同情时，她会感到很尴尬。她避开朋友，因为他们可能会提起这件事。她确信自己的父母是全美最不可理喻的父母。

"相信我，他们离'最不可理喻'还差得远呢。"我说。

她第一次笑了，我也隐约看到了她在父母离婚前的样子。

这次治疗结束后，我给琼打电话，建议埃米和她的祖母待几周，同时让大人来解决问题。等她回来后，我们会再次见面，也许埃米可以加入一个父母离婚的青少年互助团体。

琼说："查克不会同意的。"我主动提出由我来给他打电话。查克听说我和埃米见了面，马上就生气了。我跟他谈了有关责任豁免、同意治疗和保密的问题。等他平静下来，我问他埃米怎么样。他说："自从我和她妈妈分居后，她就变成了另一个孩子。"当然，他对埃米有自己的一套看法。

"别告诉别人，"他说，"琼是世界上最贱的人。"

在他说琼的坏话时，我耐心地听着。他说话的时候，我想，这两个人让对方多么痛苦，而他们离婚又是多么正确。但不幸的是，因为他们有埃米，他们不能彻底分开。事实上，在某些方面，他们需要更多地协商和合作，因为他们现在已经是在不同的家庭里生活了。那些破坏他们婚姻的因素，同样可能会让他们在接下来的几年里无法好好抚养埃米。

我提醒自己，在父母的愤怒之下往往隐藏着痛苦。毫无疑问，他们都需要一些指导来解决这段失败的婚姻。但我的工作是帮助埃米。我担心，如果这对父母无法安定下来，埃米就有很大的风险会患上抑郁症，也许以后还会有其他的不良行为。我不确定这对父母是否能把埃米的需要放在第一位，并像一个团队一样一起努力。如果我帮助他们那么做，那会是百利而无一害的。我建议查克和琼过来，进行离婚咨询。

我告诉查克，在心理治疗师的办公室里谈论埃米比在律师办公室里更好。因为收费更便宜，而且不会有双方之间的对抗性。也许因为他自己是个心理治疗师，他不得不同意了。查克说他愿意，但他怀疑琼是否会做这件事。也许等埃米从祖母家回来、开始上初中的时候，她的父母就会像成熟的成年人一样面对目前的情形，把自己的情绪和需要暂时放在一边，尽力去关心孩子。

贾丝明（12 岁）

在我与贾丝明见面很久之前，我就见过她的父母，那时他们正在进行婚姻治疗。乔和乔治安妮都是正派、讨人喜欢的人，但他们的婚姻并不成功。他们高中一毕业就结婚了，因为乔治安妮怀孕了。乔性格外向，喜欢寻求刺激，而乔治安妮则很安静，喜欢循规蹈矩的生活。一方面，当乔在身边时，乔治安妮似乎总是处在阴影中。另一方面，乔现在大多数晚上待在家里，而他本来更喜欢外出社交。他们这样互相妥协了很多年——也许他们妥协的次数太多、太频繁了。

他们做了所有夫妻为挽救婚姻都会做的事情。他们尝试了沟通练习、阅读自助书籍、外出约会和度第二次蜜月，但是"火花"已经消失。他们并没有怎么争吵过，但已经准备好分手了。

现在他们在离婚这件事上向我请求帮助。他们都很爱贾丝明，希望离婚不会对她造成伤害。他们不确定是否应该告诉她离婚的事，也不知道该如何处理以后的生活安排和开支问题。我建议他们一起给贾丝明做一个简短而诚实的关于离婚原因的解释。我鼓励他们向她表明，他们都爱她，并会继续照顾她。同时，我建议他们让贾丝明的生活尽可能如常。然后，我要求与贾丝明单独见面。

贾丝明像她母亲一样身材娇小，长着金色的头发，像她父亲一样健谈。我第一次见到她时，她知道离婚的事才三天。他们宣布这件事时，她大为震惊。我问她，父母告诉她这个消息时她感觉如何。贾丝明说："一开始我以为这是个玩笑。当我意识到他们是认真的，我就不听他们说话了。我用手捂住耳朵，跑出了房间。"

她向我办公室的窗外望去，说："我仍然觉得他们会复合，这只是他们正在经历的一个阶段——你们管这叫什么？中年危机。但即使这样，他们现在也不应该这么做。他们甚至从不争吵，我们在一起的日子很开心。"

我问她有没有把这件事告诉她的朋友。她点点头说："我告诉了我最好的朋友，她试图理解，但她做不到。我昨天生了她的气，因为我嫉妒她。她有完整的家庭，而我没有。我没有告诉其他同学，但这个消息传得很快。爸爸昨天从家里搬出去了，有一辆搬家公司的卡车停在我们的车道上。"

贾丝明拥有所有青少年通常会有的烦恼：她会住在哪里？她能见到父亲或母亲吗？维持生活的钱够吗？她会被迫做出选择吗？

"我以为离婚是在其他家庭中才会发生的事——你知道，就是那些父亲酗酒或打孩子的家里，"贾丝明说，用手捂住了脸，"我不敢相信我的父母也会这么做。就在上周，爸爸回家时还给妈妈买了玫瑰花。"

我建议她参加一个父母离婚的青少年互助小组，她同意了。我们讨论了她还能做些什么来应对她的感受。贾丝明说:"给我提供了最大帮助的是我的小猫咪,我会和它一起躺在床上听音乐。我把一切都告诉了它。"

在第一次治疗之后,我在贾丝明和她的父母之间交替进行治疗。我跟乔和乔治安妮谈了有关生活安排和共同监护权的事。他们都在为自己的问题而挣扎,但仍然致力于帮助贾丝明度过这一切。乔在附近找到了一套公寓,这样贾丝明就可以步行在两家之间来回,也方便她上学以及和朋友交往。

对于那些易怒的夫妇来说,共同监护权往往行不通。所有破坏婚姻的因素也会破坏共同监护权。但是乔和乔治安妮都低调且理性,他们可以在基本的问题上达成一致。他们可以没有争执地谈论与贾丝明相关的事宜。他们确实在规则和期望上有一些分歧,但这是正常的。贾丝明可以学着在两个家里遵守不同的规则。重要的是父母不能互相指责或猜疑。

这对夫妇都对自己和女儿在一起的时光感到满意。他们尽可能努力像往常一样和贾丝明相处。贾丝明要做家务、做功课、预约牙齿矫正医生,还要和父母一起出去玩。钱很紧张,但钱对这个家庭来说从来都不是什么大事。他们都知道如何在不花很多钱的情况下玩得开心。乔和贾丝明会一起远足、打沙滩排球;乔治安妮会带着贾丝明去参观美术馆和博物馆。

和所有成年人一样,乔和乔治安妮在离婚后也过得很艰难。乔治安妮在之后的六个月时间里都在服用抗抑郁药。乔在公寓里太孤单了,他觉得自己要疯了。但他们都设法不让自己的痛苦过多地影响到抚养女儿的过程。他们都是真正意义上的成年人。

在心理治疗的第一年，我每个月都会和贾丝明见一次面。此外，她还参加了一个互助小组。孩子们互相帮助，和彼此谈论自己的感受，在互相的鼓励下度过困难时期。她还有最好的朋友和心爱的猫。

在最后一次治疗中，我们谈到了过去的一年。贾丝明说话的时候看起来很放松、很有活力，和一年前那个被动摇、震惊的女孩非常不同。我很欣赏乔和乔治安妮对贾丝明所怀有的感情。

贾丝明很喜欢她的生活安排。在母亲家，她的卧室是老式风格的，里面摆满了过去的纪念品。她在父亲家的卧室是艺术风格的，有嵌入式书架。她还给她的猫准备了一个运输箱，用来带着它在两个家之间来回。

她仍然抱有父母会重归于好的小小希望。她为他们离婚感到难过，但已经不再为此而生气了。

"他们试图让婚姻维持下去，但最终失败了。"她承认，"我知道我的父母也是普通人，也会像其他人一样犯错误。"

她也承认，她的父母似乎都更快乐了。"爸爸不在的时候，妈妈更外向了，她比我想象的更强大。"

贾丝明绷起了脸，说："爸爸正在和别人约会。我还没准备好这件事，所以我尽量避开爸爸的约会对象。"

她很高兴她的父母相处得很好。他们都参加了她的学校活动。贾丝明说："他们喜欢在一起吹嘘我的优点。他们爱我，这成为他们之间的纽带。"

树苗的根系能够帮助它们在飓风中存活下来。伴随着父母离婚，根系分裂开来。女孩通常无法获得支持，至少暂时无法。她们在没有家庭基地支持的情况下面对强风，处于被风吹倒的危险之中。

尽管如此，离婚并不总是可以避免的，也并非总是一个错误。但父母和女孩对离婚所带来的影响都有一定的控制能力。如果女孩来自父母之间关系良好的家庭，女孩能感觉到父母双方的爱，或者家庭没有经济上的困难，那么她们可能会做得很好。如果女孩既不被父母操纵也不被允许去操纵父母，如果她们能得到适当的监督和安全的环境，那么她们会做得更好。

贾丝明的父母以一种灵活适当的方式处理了家庭的破裂。由于再婚家庭的问题以及失去和父亲之间的感情，朱莉娅的日子更难过了。埃米的父母极其不和，她的日子过得最艰难。塔琳了解到她的母亲有独立于她的生活，在父母离婚后的几年里，她开始学会为自己负责。就像所有处理得当的经历一样，父母离婚也可以是一个成长的机会。

美国国立健康统计中心的数据显示，20 世纪 90 年代的离婚率几乎是现在的两倍。那时美国的文化混乱而纵容，各个年龄层的人都不安定，经济发展的形势也足够强劲，人们的经济条件能支持离婚。最重要的是，离婚并不会使人们的社会地位一落千丈。

目前离婚率处于 40 年来的最低点。2015 年，每 1000 名已婚女性中有 18 人离婚。人们通过婚姻在一起生活，是为了情感稳定和经济需要（例如住房费用、医疗保险和儿童保育费用）。此外，当我们的制度和体系不能将我们联系在一起时，我们拥有的便只有自己和他人之间的关系。关系不好的成年人往往会选择继续在一起，并学会与彼此相处。

对于上述结论最大的例外是，与 1994 年相比，网络上的关系和色情音像制品会导致更多的婚姻危机和离婚。在 1994 年，大多数成年人不上网，在线色情音像制品也没有得到广泛传播。如今，许多男性沉迷于色情片，成年男女有时会与其他成年人保持"秘密通信"。婚姻破裂是因为这些新的数字世界中的行为。

这些年来，女孩对父母离婚的反应没有太大变化。离婚几乎总会给女孩带来痛苦。通常，女孩会对父母感到愤怒，并可能以自我伤害的方式表现出来。今天的女孩仍然在与父母分离带来的挑战做斗争。当她们最需要家庭的支持来应对青春期的新世界时，她们会感到自己被抛弃了，并且无法抵御外界的伤害。

大多数离婚事件发生时，想要准确评估其带来的影响几乎是不可能的。没有人可以完全了解他人的婚姻是什么样的。此外，随着时间的推移，孩子对父母离婚的感受会发生什么改变，也是难以预测的。有时，分开对每一位家庭成员来说都是最好的选择。有时，经过几年的时间，孩子会表现得很好，他们的父母也更快乐。但是，如果随着时间的推移，他们并没有感到更快乐，就会怀疑离婚是不是一个错误。如果出现这样的情况，即父母中的一方可能更快乐，而另一方仍深陷悲伤或愤怒之中，往往就会使这种结果评估更加复杂。

总的来说，离婚率下降会使孩子受益。然而，如果离婚是必要的，像所有其他的父母一样，加入一个能够提供支持的社群，单身父母就能做得更好。德茜的父母离婚了，至少在一定程度上是因为她的父亲在网上与前女友重新建立了联系。尽管这是导致离婚的一个非常现代的原因，但即使在经历了最痛苦的分离之后，他们还是会继续前行。德茜的经历证明了青少年最终会适应他们的新常态，会从伤痛中痊愈，并再次找到幸福。

德茜（18 岁）

"在我上高一之前，我的家庭一直很稳定。我和两个兄弟姐妹相处得很好。你知道的，就是兄弟姐妹所能做到的最好程度。"德茜耸耸肩，她那光滑的棕色马尾左右摆动着。

"当我的父母离婚时，事情变得困难起来。在我们家原有的房子和爸爸的新公寓之间来回奔波让人很沮丧，和兄弟姐妹一起玩也变成了一件困难的事，因为我们并不总是在同一时间出现在同一个地方。"

"你的父母在离婚期间会认真尽责地支持你吗？"我问。

"一开始，我以为我必须选择一个立场。父母分居时，一切都很紧张。爸爸和他在 Facebook 上找到的前女友出轨了，我妈妈特别生气，我们也都很生气。现在，他们不再互相说对方的坏话了，但有一段时间我听到的都是，'她做了这个'或'他做了那个'，我被夹在中间。"

德茜放学后和我在一家漂亮的小咖啡馆见面。她勉强把我们的谈话安排在春季音乐排练聚会的间隙。

"现在，我和妈妈的关系很好。我小的时候，觉得她会反对我所相信或想做的一切。在他们离婚期间，有一段时间我和父母都不太亲近，只是躲在我的卧室里。"

德茜停下来查看一条刚收到的短信，并迅速回复了一下，露出带着歉意的微笑。

"他们刚分居的时候，我很难过，对妈妈总是很不满。我们一直在争论，因为我们都想证明自己是对的，都想做最后的决定。"她笑了，"我和我妈妈是如此相似。"

"现在我已经不那么年幼无知了，我发现她总是把我的最大利益放在心上。我已经长大了，我对自己生活中发生的事情更加坦诚，这使我们的关系更加牢固。"

"那你爸爸呢？"我问。

"我小的时候，我们的关系更好。我们一起打网球、摔跤，一起看美国网球公开赛。但现在我和妈妈关系更亲近，而我很难和爸爸建立联系。自从他们离婚后，我觉得我必须优先考虑他们两者之一，我仍然对他的婚外情感到气愤。我真不敢相信他欺骗了我妈妈，以及他在 Facebook 上搞的一切事情！"

"在你的青春期，有没有经历特别困难的时期？"

"初中对我来说是最艰难的时期，七年级是最糟糕的。"

德茜颤抖着，似乎她在头脑里回到了过去。

"每个人都在探索自己究竟是什么样的人，女孩之间会发生很多戏剧性的事情。这一切并不是很有趣。

"在那期间，我的父母开始越来越多地争吵。如果我父母在早上对着彼此大喊大叫，那么这一整天在我离开家之前就被毁了。我最好的朋友的父母也在经历离婚，我就在想我的家庭是否也会变成那样。最重要的是，我超级害羞，非常在意自己的外表。我当时简直一团糟。"

"你升入高中的时候，这些压力是否有所减轻？"我问。

"我最好的朋友去了另一所学校，这对我是毁灭性的打击。高一那年，我的很多新朋友开始吸毒，而我不想参与其中，所以我把自己从他们的生活中撤了出来。我哥哥就吸过毒，这对我们家来说简直是一场噩梦。最后他进了戒毒所。"

"你和三年前有什么不同？"我问。

"毫不夸张地说，'年轻生命'组织改变了我的一切。高二的暑假，我参加了'年轻生命'的夏令营，之后，我开始做组织里的领导者。我在夏令营结识了朋友埃尔西。我们会聚在一起讨论《圣经》和我们的生活。实际上，我们讨论的大部分内容是生活中的高潮和低谷，而不是《圣经》。我们知道，我们可以说任何我们想说的话，并且说过的话也不会被外传，每个人都值得信任。"

"在混乱的高中生活中，找到一个安全的群体一定会让人感到很安心。"我说。

"完全正确。那可是高中啊！当然，在'年轻生命'这个组织中，也有小团体，也有八卦，但它基本上是一个安全且积极的地方。

"高三时，我开始在'年轻生命'的初中分会工作，即'狂野生命'。我和埃尔西在我以前的学校领导着这个团体。我喜欢和她合作，我们了解彼此的长处和短处，并在成为领导者的过程中互相支持。所有的小女孩都很尊重我们。这些女孩遇到的最大挑战是社会地位、受欢迎程度以及与父母的关系。我们已经经历过这些，所以能给她们提供一些指导。

"我还想开展模拟祷告及与耶稣交谈的活动，"德茜继续说，"我想告诉她们，交流和敞开心扉是可行的，因为当别人知道你的真实感受时，对你自己也很有帮助。"

"你哥哥怎么样了？他在戒毒所的日子有用吗？"

"哦，我的天哪，你永远也不会相信，"德茜开始说，热情地用手指敲着桌面，"他已经两年没吸毒了，六个月前还出柜了！他现在有一个叫帕克的男朋友，他们在一起很开心。"她抓起手机，给我看他们两人的照片。

我无法掩饰自己的惊讶。"我本来以为作为一名基督徒，你可能不会对有一个同性恋哥哥有什么热情。"我说。

德茜断然地摇了摇头，说："每个人都可以决定自己爱谁、信仰什么。爱我的哥哥与我的信仰并不冲突。"

"你对自己的了解程度令我印象深刻，"我说，"我很高兴你能成为更年轻的女孩的导师。"

"我的信仰确实帮助我走到了今天。我仍然祷告并请求上帝指引我的生活，帮助我了解如何照顾我的父母和照顾自己。我经常写日记，写作是我处理自己感受的方式。我每天都会读《圣经》，我知道上帝一直在听。"

"我的父母告诉我他们要分手时，我不知道该如何度过那段时间，我崩溃了。但后来，我意识到，与上帝对话越多，我的感觉就越好。祂知道我能克服这些，知道我足够坚强。"

父母离婚仍然是孩子一生中经历的最痛苦的事情之一。父母离婚后，他们的生活在一开始并不容易，有时甚至再也不会让他们感到轻松。然而，最近的研究表明，大多数家庭能从离婚中恢复过来，5年之后，许多家庭成员的幸福程度与离婚前一样，甚至更高。正面结果的实现取决于诚实、信任、良好的沟通和公平，而所有这些在任何体系中都是很难协商办到的。

观察到离婚率呈下降的趋势是令人振奋的。至少，这意味着孩子们的生活不那么混乱了。这也可能意味着家庭实际上更幸福了，因为父母彼此相爱，懂得如何处理冲突、协商分歧和表达感情。

第 *9* 章

青春期抑郁症和自残行为

莫妮卡（15 岁）

莫妮卡是被她心地善良但和社会文化有些疏离的父母带到我办公室来的。莫妮卡的母亲在接近更年期的时候才生了她，她是家里唯一的孩子。父母对她缺乏朋友和患有抑郁症的现状感到担忧。莫妮卡的父亲认为她之所以没有朋友，是因为她的智商高达 165，相比其他孩子，她太聪明了。母亲则认为这是因为他们的家庭与众不同。这对父母都是教授、知识分子和政治激进分子。莫妮卡没有太多常见的童年经历，比如看电视、去迪士尼乐园、野营或参加体育运动。

她的母亲笑了："我们是一个奇怪的家庭，我们会在晚餐时谈论哲学和科学，我们对混沌理论的了解比对电影明星的了解还多。"

莫妮卡直截了当地说："这都是因为我的长相——我是一条长满粉刺的鲸鱼。"

莫妮卡的父母急切地想把她交给一个更年轻、更了解青少年的人。我同意和莫妮卡见面，讨论"同伴关系"。莫妮卡并不积极，她很绝望。

莫妮卡土褐色的帐篷似的衣服以及沮丧的举止之下，隐藏着她真正的个性。她对自己的处境发表了一些富有洞察力的评论，但带有讽刺意味的扭曲。她已经放弃了社交活动。"全校 500 个男孩都想和仅有的 10 个厌食症女孩出去玩。""我擅长音乐，但是没有多少男生会去找一个能演奏巴赫前奏曲的女孩。"

"男孩子即使只是和我说一句话，都会被其他人取笑。"她抱怨道。大多数男孩见到她，就好像她身上涂满了让自己隐形的墨水。有几个男孩骚扰她。一个男孩称她为"虎鲸"，并装出害怕她会来撞飞他的样子。她的西班牙裔实验室搭档一看见她就忍不住傻笑。

莫妮卡也放弃了女孩这个身份。她说到了和那些"正在节食却抱怨自己有多胖的身材娇小的女孩"坐在一起的经历。"如果她们都觉得自己胖，那么一定把我当成一头大象。"一些女孩会对着她咯咯地笑，也会当面取笑她。大多数人只是选择更漂亮的人做朋友。没有人想在星期六晚上被人看见和莫妮卡在一起。

莫妮卡对自己的问题比大多数同龄女孩更有洞察力，但不幸的是，洞察力并不能消除痛苦。她悲伤地告诉我，她讨厌自己肥胖的身体，因此也讨厌自己。她给我看了她写的诗，里面充满了对她那没有人爱的身体的绝望。

她说："面对现实吧，这个世界并不欢迎像我这样的女孩。"

她努力抵制了社会文化对女孩价值的定义，但她累了。她说："我走过学校的走廊时，感觉自己像个可怕的怪物。我理解父母的观点，他们认为外表在成年后并不那么重要，但我现在还没有成年。"

我鼓励莫妮卡通过定期锻炼来对抗抑郁。

莫妮卡说她就是一首诗中孤零零的一句。她同意打破过去的习惯，去走路和骑自行车。她之所以选择这些活动，是因为她可以独自完成，也不用穿泳衣。

一开始，她遇到了麻烦。她告诉我："我讨厌流汗。出去十分钟，我的脸就红了，还像马拉松运动员一样流汗。"有一次，她红着脸，喘着气，骑自行车经过一个网球场，一些家伙指着她哈哈大笑。她想出了一百万个不锻炼的借口，但她还是成功地实现了每周三次骑自行车或散步的目标。

她还决定打扮一下，买了一些"半朋克"风格的衣服。她让一个比较了解她的人给她剪了头发，还化了一点儿妆。

她尊重她的父母不是大众文化的主要消费者这一事实。她说："在某些方面，这是好事。我没有接触到诸如女性是性幻想对象以及身体才是重要的等信息。但我还没有准备好面对现实生活。"

当我让她对此进行更详细的阐述时，她解释说："我本以为会和朋友围坐在一起讨论我们读过的书，结果我被所有人的肤浅震惊了。"

我们讨论了莫妮卡想要什么样的人际关系。她希望别人能欣赏她的智慧和音乐天赋。她希望别人把她看成一个人（而不是衣服的尺码），她希望朋友更在意她的想法而不是她的体重。

我建议她慢慢开始。我提出让她去结交一些新朋友，不要担心自己的受欢迎程度。虽然莫妮卡也觉得这个主意不错，但对实施它所需要采取的行动犹豫不决。她曾频繁被拒，以至于现在不愿再去冒更多的险。

因为她学习过铃木中提琴教程，我便用铃木教学法来解释我们将如何开展行动。铃木镇一博士相信，任何学生都能学会演奏最难的古典作品。必要的就是步骤要细，练习要有规律。因此，一个小孩子要依次练习握弓，用弓接触琴弦，正确地弯曲手指，弹奏出优美的音符。最终，这个孩子将能够流畅地演奏一曲维瓦尔第协奏曲。我们可以在社交实践方面取得同样的成功。小小的进步就会让她的社交生活更加充实和丰富。

莫妮卡开始要求自己在课堂上发言，在走廊里微笑。这很可怕，因为有时她会得到赞扬，有时则会遭到蔑视。被拒绝会带来刺痛。我鼓励她专注于自己的成功而不是失败，把她偶尔受到的拒绝视为通往健康社交生活道路上的小小绊脚石。她学会了绕着它们走。

莫妮卡参加了学校的写作和政治俱乐部。有一天，她对我说，她"正在用政治讽刺把青年民主党人撕得粉碎"。还有一天，她说自己被选为写作俱乐部的秘书。"这是留给顶端怪才的职位。"她自豪地说。

我鼓励她不要把男孩子当作约会对象，而是当作朋友。莫妮卡从她的写作俱乐部里选择了一位敏感的诗人。她害羞地跟他开了个玩笑，他笑了。他也开始和莫妮卡开玩笑。几周后，他主动让莫妮卡看他写的诗。

她在交了一些朋友的同时，仍然意识到有很多同学永远不会给她机会。她说："我能觉察到很多人会上下打量我，认为我没有吸引力，然后把目光移开。对他们来说，我并不是一个人，而是一个被观察的物体。"

莫妮卡高二的大部分时间都在接受心理治疗。她渐渐喜欢上了锻炼，即使这和她的预想是相反的。

正如大多数不符合我们对美丽的文化定义的青春期女孩那样，莫妮卡需要很多的支持来度过这段时间。当遭受奚落和拒绝时，她的自尊心崩溃了。不过，莫妮卡还是建立起了一些友谊。她和她的诗人朋友以及其他人一起度过了一些时间。她仍然喜欢通过电脑与全美各地的青少年交流，但这已不再是她主要的社交场所。她可以在周六晚上出去玩了，这种经历极大地缓解了她的抑郁状态。

莫妮卡在一个陌生的环境中找到了自己的位置。她更快乐了，但她仍然意识到自己的生活将有多么艰难。她知道她永远不会是一个漂亮的花瓶，许多男生会被她的聪明吓到。她知道有些人不喜欢她平凡的外表，根本不会给她机会展现个性。

她很好地适应了这个恶劣的环境。她没有通过否定自己的智慧或音乐才华来融入周围的环境，而是学会了一些技巧来化解她的天赋所带来的紧张感。她用幽默来转移自己对肥胖感受到的痛苦。

莫妮卡很幸运，尽管 20 世纪 90 年代的文化对她的发展充满敌意，但她拥有许多自己的资源。她的生活使她接触到流行文化没有触及过的思想——她对自己的经历有一些深刻的见解。她的父母绝不是流行文化的代理人，他们都是女性主义者，都谴责当时女性角色的狭窄和女性公共权利的缺失。他们尽其所能地帮助莫妮卡度过青春期——上音乐课、骑自行车、买新衣服和接受心理治疗都是他们努力的途径。他们鼓励莫妮卡对自己保持真实的态度，对来自同龄人的信息保有抵御能力。他们知道自己的女儿是非常优秀的。

莫妮卡有轻微的抑郁症。抑郁症有很多症状，它会使一些年轻女性变得迟钝和冷漠，也会使一些女孩感到愤怒，充满仇恨。有些女孩会绝食或在身体上刻字；有些女孩会退缩，深入自己的内心；有些女孩会吞下药片自杀；有些女孩用酗酒或性爱作为镇静剂；还有一些女孩拒绝去上学。这是 20 世纪 90 年代的一个普遍问题。无论抑郁的外在形式是什么，其内在形式都是对自我迷失的悲伤，那个曾经真实的女孩随着青春期的到来而消失了。

　　这种"死亡"会以多种方式出现。一些青春期女孩可能会为了被社会接受而破坏真实的自我。一些女孩努力变得女性化，却失败了。她们只是没有在正确的时间以正确的方式变得足够漂亮、足够受欢迎。有些人为了实现完全的女性化而做出必要的牺牲，即使她们知道自己正在遭受伤害。她们知道自己已经背叛了自己，并为自己的决定而自责。她们选择了一条更安全的道路，但这条道路上没有真正的荣耀。她们在世界上失去了主观的方位感时，就会漫无目的、漂泊无助，她们的自尊就会被别人的想法所绑架。

　　有些女孩抑郁是因为她们失去了与父母之间温暖、开放的关系。现在，她们必须背叛曾经爱过的人以及爱过她们的人，以适应同辈文化。此外，同龄人不鼓励她们表达对失去家庭联结的悲伤，她们甚至认为表达悲伤就是承认自己的软弱和对家人过分依赖。

　　所有女孩在成长的这个阶段都会经历痛苦。如果这种痛苦被归咎于她们自己，归咎于自己的失败，就会表现为抑郁。如果这种痛苦被归咎于他人（父母、同伴或者文化），就表现为愤怒。这种愤怒常常被错误地打上叛逆心理，甚至是不良行为的标签。事实上，愤怒往往掩盖了对自我的极度厌弃和巨大的丧失感。

　　青春期是成长和文化都会给女孩带来巨大压力的时期。如此多的事情同时发生，以至于我们很难给这些经历贴上标签并将它们分类。这一时期也会出现很多实际的伤亡。例如，一个经历着轻度青春期痛苦的女孩可能会试图自杀，这并不是因为她的生活整体看来是痛苦的，而是因为她冲动且消极，无法正确看待当下遇到的小挫折。一些女孩自杀是因为心理创伤，而另一些女孩则是因为一时的困惑和困难。那些有自杀倾向的女孩需要得到不同类型的关注，但所有青春期女孩都面对着潜在的危险，必须得到认真对待。

我在做心理治疗师的头十年里，从来没有见过一个割伤或烧伤自己的来访者。到了 20 世纪 90 年代，这种情况虽不常见，但也不足为奇，是一些青春期女孩的首诉症状。女孩通过抓自己的皮肤、烧伤自己、用剃刀或小刀割伤自己来处理内心的痛苦。越来越多的年轻女性带着这个问题来到我的办公室，我不禁问自己：为什么现在会发生这种情况？为什么年轻女性在这个特殊的时期选择（甚至是发明）了自残的行为？是什么样的文化变迁促成了这个新兴问题的发展？

正如抑郁可以被描述为向内的痛苦，自残可以被描述为以与身体最直接相关的方式转向外部的精神痛苦。对此，有一些相关的解释：20 世纪 90 年代，女孩承受了更大的压力，但缺少多样且有效的应对策略来应对这种压力，可以依赖的内部和外部资源也更少。

根据我的经验，在大量人群中独立自发产生的行为，往往意味着背后有巨大的文化过程在起作用。自残行为很可能是对 20 世纪 90 年代存在的压力的一种反应。它作为一个问题的出现，与我们社会中毒害女孩的文化有关。我们的文化要求年轻女性把自己切割成在文化上可以被接受的碎片，自残可以被视为对这一要求的具体解释。作为一种隐喻性的叙述，自残可以被理解为一种服从行为："我会按照文化的要求去做"；或者是一种抗议行为："我会比文化要求我做的更极端"；或者是一种呼救声："别让我用这种文化所鼓励的方式伤害自己"；或者一种试图重新控制局面的努力："我伤害自己的程度将超过文化伤害我的程度"。

一旦女孩开始割伤和烧伤自己，她们很可能会继续下去，对身体造成伤害变成一种发泄行为。身体上的痛苦比情感上的痛苦更容易忍受，在没有更好的应对策略时，自残成为一种让自己冷静下来的方式。久而久之，这个习惯变得根深蒂固，所以年轻女性越早寻求帮助越好。

如何治疗？在理想情况下，我们应该改变我们的文化，那样女孩在生活中就不会有如此之多的外部压力需要应对了。但就目前而言，年轻女性必须学习更好的应对策略，开发更多的内部和外部资源来应对压力。

心理治疗可以教会女孩及早识别自己的痛苦。她们需要给自己的内心状态贴上痛苦的标签，然后思考如何继续下去。她们必须学习新的方法来处理强烈的痛苦。她们惯用的方式就是伤害自己，她们必须学会对痛苦有所觉知并帮助自己。

幸运的是，这种在处于精神痛苦时对身体造成伤害的倾向是可以治愈的。年轻女性可以通过思考和交谈来处理痛苦，而不是惩罚自己。大多数年轻女性对关于如何停止这种行为并培养出更恰当的行为的指导反应迅速，就像我在20世纪90年代治疗过程中遇到的这些例子所显示的。

塔米（17岁）

塔米是在她妈妈发现她割伤胸部后过来的。艾丽斯在凌晨三点左右醒来，发现塔米的卧室里亮着灯。她进去看塔米，发现塔米坐在床上，周围都是血淋淋的报纸，手里拿着一把剃刀。艾丽斯叫醒了布赖恩，他们开车送塔米去了医院。医生缝合了比较深的伤口，并为这家人预约了到我这里来接受心理治疗的时间。

艾丽斯和布赖恩因恐惧和焦虑而脸色苍白，布赖恩尚能平静叙述那晚发生的事情，艾丽斯则止不住地哭。塔米的脸因流泪而又红又肿，但此时她没有哭，相反，她不愿看我，只能凑近了才能听到她在说什么。

尽管遇到了目前的危机，这个家庭似乎是一个相当典型、传统的家庭。布赖恩是一个小教堂的牧师，周末在一个爵士乐队演奏萨克斯。艾丽斯在家教钢琴。塔米在四个孩子中排行第三。更大的两个孩子在上大学，最小的是一个 10 岁的男孩。一切都很好。艾丽斯的家族有抑郁症病史，除此之外，这个家庭以前并没有任何问题，因此显得很特别。

这家人每年都会有长长的暑假。他们经常在星期天晚上演奏音乐，一起唱歌。艾丽斯曾担任家长教师组织的负责人和女童子军领袖。布赖恩是一个有点儿心不在焉的人，他会在看到电影中的暴力镜头时闭上眼，在婚前验血时还晕倒了。

尽管塔米的脸有点儿浮肿，但仍能看出她是一个漂亮的女孩，有着长长的金色头发和雪白的皮肤。她穿着皮夹克、时髦的蓝色牛仔裤和及膝长靴。布赖恩说她是一个好学生，性格也随和。她每学期都是优等生，并且是高中乐队的一名指挥。像她的父母一样，她热爱音乐，在教堂和学校的合唱团唱歌，在学校的管弦乐队中吹长笛。布赖恩说："她是家里所有孩子中最好的音乐苗子。"

艾丽斯补充说："我们都吓坏了。"

我和塔米单独谈了谈。

"你知道你为什么这样做吗？"我温柔地问道。

她把目光移开，说："我和男朋友吵了一架。"

我们谈论了她的男朋友马丁，她在高二参加全州的音乐夏令营时认识了他。马丁在本州最大的一所学校弹贝斯。他具备一个高中女生梦寐以求的一切——英俊、健壮、受人欢迎。

塔米说："所有的女孩都在追他，但他选中了我，我很惊喜。"

"你们的关系怎么样？"

塔米叹了口气，说："我们经常吵架，马丁的嫉妒心太强。"

"还有什么？"

"他会做我父母不喜欢的事情。他会抽大麻和喝酒。"她停顿了一下，心存疑虑地看着我。

"你和他有过性关系吗？"

她痛苦地点点头。

"你觉得怎么样？"

"我不知道，我害怕怀孕。"

她说话轻声而急促："马丁真的很喜欢性。今年跨年夜，他开了个派对，还租了一些色情视频给所有情侣看。男生都很喜欢，但我们女生觉得很尴尬。"

"你第一次因为吵架割伤自己是什么时候？"

塔米把头发从脸上拨开，说："是元旦后的周末。我们去参加了一个聚会，我喝了一罐冰镇果酒。马丁很生气，因为我和他的一个朋友说了会儿话。他提前送我回家，把我从车里推了出来。我摔倒在家门口的车道上，之后他把车开走了。那天晚上我生气得不知道该怎么办。"

"试着准确地回忆你的感受。"

塔米说："我溜进了自己的房间，这样爸爸妈妈就不会看到我。我觉得我要疯了。我的梳妆台上有一把剪刀，于是就有了割破自己的念头。我都不知道我是怎么做到的。但后来我的手臂上有了伤口，我感觉好多了，可以去睡觉了。"

她看着我，说："你会觉得我疯了吗？"

我说："我想你是害怕了。"

塔米说："之后，这种事又发生了。每当我和马丁吵架，我都觉得需要再次割伤自己。在割伤自己之前，我无法放松下来。"

"马丁打过你吗？"

塔米点了点头说："别告诉我父母。他不是故意的，但他脾气有点儿暴躁。事后，他也是真心觉得很抱歉。"

我说："我必须告诉他们足够的信息以保证你的安全。"

我把艾丽斯和布赖恩叫进来，说我想对塔米单独治疗一段时间。我解释说，她已经养成了在情感痛苦时伤害自己身体的习惯。幸运的是，她的自残是一种新养成的习惯，因此容易改过来。我补充说，是马丁引起了她的悲痛。我建议他们限制塔米和他在一起的时间，也少让马丁去他家。塔米低头看着自己的手。

艾丽斯说："马丁看起来是个好人。"

"父母并不总是知道发生了什么，我们只是想让塔米在情感上和身体上都安全。"我说。塔米感激地看着我。

我心想："这位牧师和他的妻子不知道，对于他们可爱的吹长笛的女儿，这个世界有多么复杂。"我小心翼翼地不泄露塔米的秘密，但我说："塔米需要做出一些决定。"

丹妮拉（15 岁）

丹妮拉和塔米很不一样。她年龄更小，用她自己的话来说，"还被困在初中的教室里"。她的穿着暗示着自己的"与众不同",她的头发一半剃光了,一半染成了紫色。她有一个鼻环、八只耳环(大部分是头骨和蛇的造型),左臂上有龙的文身,每根手指上都有小小的文身。她穿着一件污迹斑斑的 T 恤,上面印着"自由"的标志字样,黑色牛仔裤的膝盖处有破洞,还穿着一双沉重的靴子。

她是一个艺术家庭的大女儿。她的母亲是一名舞蹈家,父亲是一名雕塑家。丹妮拉的家庭虽然经济拮据,但在文化上却很富足。他们负担不起旅行、买新车或漂亮的衣服,但负担得起交响乐的便宜门票、二手书和心理治疗。

丹妮拉的父母斯蒂芬和谢莉都是热心肠,但有点儿古怪,他们待在心理治疗师的办公室里感到有些不太自在。谢莉的第一句话是称赞我装得快要溢出来的书柜。她说:"我看你喜欢荣格,我也喜欢。"

我问他们为什么来我的办公室。丹妮拉向窗外望去。谢莉和斯蒂芬面面相觑。斯蒂芬说:"我们本不想透露丹妮拉的事情,是我们今天叫她来的。"

谢莉说:"尽管从她上初中开始,我们就一直很担心,但上周六晚上,我们发现她在用香烟烫自己,于是我们决定必须做点儿什么。"

"上初中之前,丹妮拉是家里的明星,"谢莉继续说,"她真是个开心果。学校认为她很有天赋,所以她有资格在大学里接受特殊的导师指导。她的艺术作品被送进了州博览会。"

"她拥有一切,"她的父亲补充道,"她有很多朋友,还是学校里的喜剧演员。她曾通宵读书,然后第二天接着去上学,成绩很好。"

谢莉说:"她很能干,很独立。我们没有预料到她会遇到麻烦,没有预见到问题的到来。"

我转向丹妮拉，她正在饶有兴致地查看我的书架。我问她："在初中发生了什么？"

丹妮拉语速很慢，言辞非常准确。她说："我讨厌被关进仓库一样的教室，听到铃声就要被从一个房间送到另一个房间。我觉得自己像一头饲养场的牛。我上'天才班'的时候会受到嘲笑，而我对常规课程又会感到无聊。我喜欢艺术课，但刚一进入状态，下课铃声就会响起。"

"其他孩子呢？"我问。

"你知道 20 世纪 60 年代的口号'性、毒品和摇滚'吗？"我点点头，她接着说，"在 20 世纪 90 年代，那就是'手淫、酗酒和麦当娜'。我不适合那种环境。"

"丹妮拉从一个外向的女孩变得内向了，"斯蒂芬说，"她谁也不喜欢。也不再有人打电话给她。"

"初中并不是我人生中最糟糕的，"丹妮拉说，"我为自然环境感到难过。我晚上睡不着，因为我担心石油泄漏和热带雨林。我也无法忘记索马里或者波斯尼亚，就好像整个世界都要崩溃了。"

作为 20 世纪 90 年代的心理治疗师，我经常在聪明、敏感的女孩身上看到这些问题。成年人希望她们在情感上成熟起来，但她们以青少年的情感强度对自己的痛苦和全球性悲剧做出反应。虽然我治疗过的那些聪明女孩有足够的洞察力，能看穿同龄人的空洞价值观和浅薄行为，但她们也有青少年的社交需求。她们在痛苦中感到完全的孤独。她们在某些方面具有成年人的智力，能够理解世界性问题，但又只具有青少年的情感能力和政治能量。

丹妮拉做了许多像她一样的女孩的选择。她避开坚持主流的孩子，逐渐找到了一些自己的同类。她发现了当地一家咖啡馆里烟雾弥漫的后屋，非主流的人聚集在那里聊天。她和男同性恋、女同性恋、逃亡者、辍学者以及像她一样不快乐的知识分子交了朋友。她打了耳洞，然后打了鼻洞。不幸的是，这群人也有自己的问题。许多人在吸毒，把毒品既当作止痛药，也当作幻觉体验的生产者。很快，丹妮拉就开始抽大麻、吸食合成大麻素了。

与此同时，她在学校的生活也变得更加困难。丹妮拉是班上唯一戴鼻环、有文身的女生。当她走过时，同学们指着她咯咯地笑。到九年级时，她读过的关于自然环境的书比她的科学老师还多。简单的课程使她对教育持怀疑态度。她的成绩下降了。她逃学去公园抽大麻。

斯蒂芬和谢莉知道丹妮拉那时的生活并不顺利，于是鼓励她尝试接受心理治疗。她拒绝了。后来她最好的朋友搬到了加州，丹妮拉又孤身一人了。在我见到她的一周前，他们发现她被香烟烫伤了。

一周后，我单独见了丹妮拉。她穿着同样的靴子和牛仔裤，T恤上面写着"生活会一直糟糕下去，然后你就死了"。我想起了艾伦·金斯堡关于"被绝对现实洗脑的醉酒出租车司机"的那句诗。在青春期早期，这些诗与丹妮拉发生了碰撞。

我告诉她，30年前，我在家乡的小镇读过《安妮日记》。我说："当我发现人们对彼此所做的坏事时，简直想死。我真的不想成为出现纳粹的种族的一员。"

丹妮拉同意我的观点，她说当她听到公共电台关于波斯尼亚妇女被强奸的报道时，也有这种感觉。

"你知道，强奸并不是一个孤立的事件，"她告诉我，"它一直都存在。"

我回答说："读薇拉·凯瑟、简·奥斯汀和哈珀·李的书救了我。在我读到安妮·弗兰克的故事之后不久，我就发现了她们。那是在夏天，我会带着书去树林里。我在那里看书，看着风吹过一片片树叶。日落时分，我坐在后廊上看书。这些女性对浅薄的人和肤浅的思想来说是最好的解药。"

丹妮拉说："和朋友一起去公园对我很有帮助，但现在他走了。"

"跟我说说烫伤你自己的事吧。"

"这不是刻意的，"丹妮拉说，"我在房间里抽烟，感到非常无助和愤怒。我意识到的下一件事就是我正在烫自己的手臂，这种感觉很好，很纯净。我很小心地烫了上臂，这样可以把那些痕迹藏起来。之后，我感觉平静多了。"

"你把你对这个世界的所有愤怒都用来反对你自己了，"我说，"你需要一种更好的方式来表达愤怒和反击。"

我们谈到了抗议游行、可回收品循环利用以及对一些产品的抵制。所有这些建议似乎都太抽象了，只有采取直接的行动，丹妮拉的绝望才有可能得到缓解。尽管她很年轻，我还是鼓励她到当地的救济站为无家可归的人服务。她需要为真实的人创造一个更美好的世界。丹妮拉同意先对这件事做一些调查。她离开时，我把我的那本旧书《我的安东尼亚》递给了她。

丹妮拉来了好几个月。大部分时间里，我鼓励她谈论和写下她的痛苦。随着我们越来越熟，她越来越多地谈起她目前的生活。她的一个同性恋朋友被检测出了 HIV 阳性。她的一个女性朋友吸毒过量，差点儿丧命。

她制订了一项应急计划，以应对那些忍不住烧伤自己的时刻。她会掏出一个笔记本，写下她感受到的每一种痛苦和愤怒的情绪。她需要把这些情绪从身体中释放出来，写到一张纸上。

她后来和我分享了她写的一些东西。她写了学校里那些欺负贫困学生的势利的女孩，她写了关于背后中伤、卑鄙小气以及争夺合适的衣服、合适的朋友的事情，写了她努力工作的父母一生所面临的贫穷；她写了索马里的儿童、波斯尼亚冬天里被冻死的老人，以及无家可归的人。

她不停地写，直到烫伤自己的渴望消失。有时这种渴望不会消失，她就请求她的父亲或者母亲抱着她、安慰她，直到她入眠。有时她会打电话给我，我就会让她平静下来。当然，有时她的那种渴望太强烈了，她屈服了就会再次伤害自己。但随着她逐渐学会谈论和书写自己的问题，这种情况越来越少了。

这有助于丹妮拉享受自己的生活。她喜欢救济站的其他志愿者和许多救济对象。她在街上看到无家可归的人时，会和他们打招呼，并停下来和他们聊天。她知道她以后会给他们分发食物。尽管她做出的贡献很小，但这些事情减轻了她的绝望。

如今，丹妮拉的外表已经有了轻微的变化。她的头发又长回来了，显出可爱的红褐色。在最后一个治疗阶段，我们邀请了她的父母加入进来。

谢莉说丹妮拉的笑容回来了，还会和妹妹们一起玩。她的电话也开始响了，她交到了有趣的朋友。斯蒂芬说他很高兴丹妮拉又开始创作她的美术作品了。她的作品基调似乎变得更积极了，她又回到了人间。丹妮拉对心理治疗带给她的改变给予了肯定，她将其比作"春季大扫除"："你可以除去所有东西上的灰尘，并把它们分类整理。你要扔掉很多垃圾。"

在 20 世纪 90 年代，许多女孩是性创伤的受害者。她们叛逆、冒险，惹上各种各样的麻烦。大多数成年人并不了解她们的生活是什么样子的。但是，经过混乱和困难的 20 世纪 80 年代和 90 年代初期，女孩开始稳步地前进。在心理和社交健康的每一项指标上，青春期女孩都表现出了真正的改善。

然而，如今女孩的扣郁率急剧上升，到 17 岁时，36% 的女孩曾经或正在经历抑郁。此外，根据 2014 年全美毒品使用和健康调查，许多女孩说自己在 12 岁时就感到了抑郁。这些结果令人困惑，因为我们知道，现在的女孩与家人在一起感到更快乐，父母的离婚率更低，少女怀孕事件也更少发生，女孩与执法部门的交涉也更少。

为什么今天的抑郁症患病率如此之高？大多数研究无法帮助我们确定因果关系。这些研究可以告诉我们哪些因素联系在一起，但不能告诉我们为什么。然而，正如饮食失调症会随着广告和大众媒体宣扬极瘦的女性而增加一样，我们可以合理地确定，文化上的变化正在导致抑郁和焦虑的广泛流行。恐怖主义、色情、校园枪击事件、对制度的信仰松动、公开的种族主义、全球气候变化、政治两极分化以及其他文化因素都在起作用，女孩也因为线上生活带来的孤独而痛苦。

约翰·哈里在他的书《业已失去的联系》（Lost Connections）中提出，抑郁症被认为是一种断开联结的状态。2019 年，我们与我们的历史、我们的未来、我们的身体、我们的组织以及彼此之间都断开了联结。他假设，人类之所以存在，是因为我们生活在一个个部落中，照顾彼此。成年人一起工作，孩子一起玩耍。人们晚上围坐在火堆旁讲故事。这种部落式的生活方式在许多地方一直延续到 20 世纪。社区是充满活力、相互联系的地方。今天，我们几乎都与我们的部落或社区失去了联结。

此外，许多家庭正面临严重的经济问题。他们可能无法获得医疗保障，也买不起房子。许多青少年参加免费食物计划，或者住在临时住房，或者住在流浪者收容所；还有一些青少年因为父母被监禁或吸毒，住在寄养中心或大家庭里。

12 岁的埃弗里母亲吸毒成瘾，父亲正在坐牢。她和寡居的祖母住在一起。房子快塌了，但她的祖母没有钱和精力来修理。祖母有糖尿病和高血压，埃弗里担心她可能撑不久了。那样的话，埃弗里就无处可去了。埃弗里告诉我们："我担心我爸爸会死在监狱里，我妈妈可能也会死。我的生活就像一个随时可能破裂的鸡蛋。"

斯凯拉的母亲失去了在便利店的工作后，把家搬到了一个流浪者收容所。斯凯拉和母亲睡在女生宿舍里，不得不与她的兄弟们分开——他们必须和其他男性睡在一起。斯凯拉乘公交车去学校。她会一直待在学校，直到最后一个孩子离开课后照顾项目。她在拥挤嘈杂的收容所里很难静下心来学习。斯凯拉是一个有责任心的女孩，想成为一名海洋生物学家，但现在，她连干净的衣服和鞋子都没有。

"我觉得'稳定'这个词只能用在别人身上，不能用在我身上，"她告诉我们，"我讨厌收容所、依赖和贫穷。虽然我没有做错什么，但我感到羞愧。一想到那些可以住在房子里、买新衣服的幸运女孩，我就生气。有时候，我都想放弃了。"

关于女孩和抑郁症最有用的研究将抑郁症与科学技术和社交媒体的使用关联起来。从 1976 年到 2007 年，女孩的幸福指数呈上升趋势。

2007 年的女孩比 1994 年的女孩更幸福。然后，随着社交媒体和智能手机的出现，幸福指数迅速下降。例如，范德堡大学的报告说，从 2008 年到 2015 年，急诊室里有自杀想法和自杀行为的青少年翻了一番。2016 年，12~14 岁的女孩自杀的人数是 2007 年的 3 倍。

如果我们认为一些青少年抑郁是因为迷失自我而悲伤，那么社交媒体导致抑郁的原因是将女孩与真实的自我隔离，甚至用虚拟的自我代替真实的自我。当这种情况发生时，女孩会感到不安、困惑和迷失。抑郁和自杀率反映了女孩对自己与真实自我脱节的深深的悲伤。

有了社交媒体之后，女孩每时每刻都很容易受到同辈压力和其他因素的影响。网络霸凌、错失恐惧症、接触色情内容以及性骚扰都是导致女孩患抑郁和焦虑人数上升的原因。正如我们焦点小组中的一名女孩所说："Instagram 让我的一天变成了赢得最多的'赞'的比赛。"

除了让自己看起来性感苗条的压力，自拍和视频还展示了其他人在海滩、公园或咖啡馆与朋友共度美好时光的场景。女孩很容易觉得每个人的生活看起来都很完美，除了她们自己的。

"我在网上看到了所有这些展示完美脸蛋和身材的照片。我的朋友给我发信息说他们和其他朋友在一起，或者在度一个很酷的假期。我觉得自己像个失败者。"阿斯彭哀叹道，"我总是感到自己能力不足。"

女孩经常在社交媒体上构建虚假的自我。她们会发布照片和视频，展示自己在有美丽景色的地方看上去最漂亮、最快乐的样子。通常，她们发布的信息和她们的感受之间的差异是巨大的。实际上，线上的自我是完美的、非常令人向往。线下的自己可能几乎不离开自己的卧室。这种自我营销是一种有害的假新闻，伤害了所有女孩。

如今，大多数女孩从六年级或七年级开始使用智能手机，也就是青春期和刚上初中的时候。在这段时间里，刻薄达到最高峰，大多数青春期女孩经历了她们最大的挣扎。她们天真，渴望被人喜欢，对边界不确定。她们同时在许多不同的领域面临着陡峭的学习曲线，而且她们生活在一个仅凭谣言或评论就可以毁掉生活的时代。

青春期的女孩根本不具备相应的技能以及成熟的情绪和认知能力，无法很好地应对她们所面临的痛苦。她们试图通过社交媒体或其他成瘾手段使自己镇静下来，但这种方式往往会造成更大的痛苦。在某些时候，女孩需要知道，痛苦可以是她们的朋友。对她们来说，这是一个需要做出改变的信号。如果她们能倾听自己的痛苦并从中学习，就能找到让自己感觉更好的方法。这对一个 13 岁的女孩来说要求太高了。到了 18 岁，许多女孩会拥有这种技能，但这段旅程是艰辛的。

"我的大多数朋友被诊断患有焦虑症或抑郁症，"玛尔塔说，"学校没有教给我们需要学习的东西——如何与人相处，如何找到工作，如何使用银行服务，以及我们基本生存所需；学校也不教我们如何保持情绪健康。"

伊兹说："当班上的一个男孩自杀后，我们聚集在他的储物柜前哭了。"

"我的一些朋友有自残行为和强迫症，"乔丹说，"但他们也是善良、可爱的人，会努力表现得好像没事一样。这令人沮丧，因为我帮不了他们，我自己才 14 岁。"

"我的朋友抑郁时，会打电话给我，"奥利维亚告诉我们，"这是非常可怕的。我已经在很多人的手机上安装了预防自杀的应用程序。"

在我们的焦点小组中，我们和女孩讨论了如何帮助她们的朋友。我们承认不存在一种适合所有的女孩的解决方案，于是我们试着让她们自己提出可能的解决方案。一种方法是直接询问有自杀问题的朋友，如果是紧急情况，可以打电话给自杀预防热线，或者陪朋友去找父母或心理治疗师。

"当我的朋友有心理问题时，我会给予支持，并询问如何帮助他们。"阿斯彭说，"我会鼓励他们和自己信任的成年人交谈。"

"我会邀请她们和我一起参加一项活动，比如跑步或合唱队。"奥利维亚说。

杰达点头表示同意。"最重要的是让你的朋友知道你在乎她，"她补充道，"女孩真的需要听到这些。"她拉着阿斯彭的手，接着说，"但是，请不要独自承担拯救一个朋友的重担，要和你信任的人分享你的担忧。"

自残是抑郁症偶尔并发的表现，指通过割伤、烫伤或其他方式伤害自己，来应对各种绝望情绪。1990 年，3% 的女孩通过伤害自己来缓解情感上的痛苦。到 2008 年，这一比例要高得多。美国医学会发布了由美国疾病控制中心进行的一项研究的报告，报告指出，2016 年，10~14 岁的女孩看急诊的次数是 2009 年的 3 倍，这些急诊大多是由于自残或自杀企图。

如今的女孩为了应对网络霸凌和孤独感，正在伤害自己，但她们也学会了如何在社交媒体上实施这些行为。划伤自己的女孩会在 Snapchat 上或短信中露出伤疤。正如杰达所解释的："这就像她们在比赛，看谁的伤口最多，谁的伤疤最深。"

克里斯蒂娜（15 岁）

克里斯蒂娜在我们市上的是艺术与人文高中。她用水彩画、油画和炭笔画来消磨业余时间。她最喜欢的乐队是"想象龙"和"21 飞行员"。她的短发上染了一条青色条纹，她喜欢读反乌托邦小说。

理论上，克里斯蒂娜似乎适应得很好，也很幸运。她的成绩一直都很好，画作也获奖了。她生活在一个稳定的家庭，母亲是陶艺师，父亲是平面设计师。她有一只橘色的猫，名叫"嘟嘟"。

但克里斯蒂娜并不觉得幸运。她并不受欢迎，在学校里和网络上都被霸凌过。尽管她实际很有魅力，但她认为自己是学校里最丑的女孩。因为有了 Facebook 和 Instagram，她清楚地知道谁在和谁出去玩，知道自己什么时候被丢下了。

她几乎不能把自己从床上拖起来，早餐时也很难对家人彬彬有礼。我们和她说话时，以前的克里斯蒂娜好像消失了，她变成了一个躯壳。她说不出为什么这么沮丧。她知道她的压力来自被霸凌和学习上的压力。很快她就要参加美国大学入学考试并申请大学了。她甚至不能决定午餐吃什么或穿哪件衬衫。决定高中毕业后的生活更是无法想象的。

最近，克里斯蒂娜成了一名"裁剪师"。她开始伤害自己，因为她一直感觉麻木，身体上的疼痛让她觉得自己还活着。她告诉我们，她割伤自己时，她感受到了"纯净"，好像所有的负能量都从她身上倾泻出来了。她还说，她认识的很多女孩都用割伤自己的方式来应对压力和抑郁。在她看来，这并不奇怪，也不可怕。她说，在她的学校，有好几个女孩在手腕和手臂上缠绷带，似乎是为了证明"我比你更悲伤"。

她认为有些女孩只是为了引起注意而割伤自己，但大多数女孩和她一样，只是想感觉好一点儿。她补充道："大多数家长甚至不知道这种情况正在发生。"

克里斯蒂娜是幸运的。一位老师注意到她身上的伤疤，立刻就通知了一位辅导员，而辅导员又联系了克里斯蒂娜和她的父母，并且和他们见了面。她在经历了很少的几次自我伤害后，就开始了治疗过程，她很有希望能相对轻松地克服这种自我伤害的习惯，并学习新的方法来应对痛苦。

阿里尔割伤自己的习惯则更加根深蒂固。即使在治疗师的帮助下，她也需要付出较长的时间和极大的毅力才能痊愈。

阿里尔（14 岁）

"在六七年级的时候，我脑中会闪现一些非常黑暗的想法。我坐在车里，希望另一辆车会撞到我们。或者当有恶劣天气的预警时，我就希望龙卷风能把我们的房子夷为平地，把我弄死。"

阿里尔皮肤呈棕褐色、闪亮的金发，穿着短裤和人字拖，简直可以成为《青少年时尚》杂志的封面模特。她看起来像其他女孩会羡慕的那种女孩，但外表下却隐藏着巨大的悲痛和创伤。

"我妈妈已经让我接受了心理治疗，只是为了帮助我解决上学的事情。我的心理医生塔尼娅问我每天的想法，我告诉了她我对死亡的幻想。我真的认为这些幻想很正常。"

"塔尼娅怎么回答？"我问。

阿里尔笑了，说："她告诉我，我患有抑郁症。我真的很惊讶，这不是胡说吗？我认为一直想象死亡是很正常的。"

除了抑郁，由于学业压力以及与同龄人复杂的人际关系，阿里尔在初中时开始受到焦虑的侵扰。

"去年大约这个时候，我上七年级，我的抑郁和焦虑达到了顶峰。我周围都是刻薄的人。即使他们没有对我刻薄，态度也是可怕的，他们对我们班的一些女孩很残忍。为了逃离，我开始抽大麻和喝酒。这是我与他们相处的唯一方式。"

"你有没有想过结束这些友谊？"我问。

"没那么容易，"阿里尔回答，"你的朋友可能是最坏的人，但他们仍然是你的朋友，他们会支持你。我不想孤孤单单的。"

"你和你妈妈谈过你正在应付的事吗？"

"我什么都没告诉她，"她承认，"我不知道如何描述我的感受，并不是什么大事引起了我的焦虑。在上第一节课的时候，某个女孩会对我很刻薄；然后我在走廊上摔倒，这让我很尴尬；而在放学前，我又会拿到一个很差的科学课考试成绩。每件事情都在增加焦虑，我只是不知道如何阻止它。"

她继续说："大约在去年的这个时候，我开始暴发荨麻疹。我去看了皮肤科医生，他认为压力是病因。每隔几天，我的胸部、腹部和手臂上就会出现这些发痒的红斑。于是，（我知道这是不理智的）我决定下次荨麻疹出现的时候，我要割伤自己。"

阿里尔做了几次深呼吸，然后继续说："我已经这样做了好几个月。我感到压力或悲伤，然后就会割伤自己。这让我感觉好多了。"

"你发展到割伤自己的程度时，你的父母发现过吗？"我问。

"根据他们和塔尼娅的谈话，我的父母知道我在应对焦虑和抑郁，但他们直到去年才发现我有自残倾向，那时我的自残行为达到了顶峰。我加入了一个秘密的 Facebook 小组，里面的女孩都是'裁剪师'。我们会写下自残是如何清理我们，并带走我们的悲伤。有一次，我忘了关闭浏览器，我妈妈看到了那个页面。她把塔尼娅对我的治疗加了一倍，还把家里所有的刀都藏了起来。"

"我知道你已不再割伤自己了，是什么帮助你停下来的？"我问。

"改变是分阶段发生的，"阿里尔回答，"尽管我父母和塔尼娅都支持我，但我知道这是我必须自己去解决的事情。只有我才能改变我的行为。这听起来很傻，当我的皮肤出现斑点时，我就用一块冷毛巾遮住眼睛。我不让自己看它，如果我看不见它，我就不会下决定割伤自己。"

"这个方法听起来既简单又聪明。"我告诉她。

"一旦我决定停止伤害自己，那就不难做到，"阿里尔解释道，"这是一种精神上的东西。我知道我比一些女孩更幸运，我能够依靠自己克服它。"

"你有什么对付抑郁的新方法吗？"我问。

阿里尔的神情亮了起来。"游泳！"她笑着说，"游泳能把我的大脑带到别的地方。游泳的时候，你可以处理所有的事情。而且，它能让我平静下来。在水下，感觉没有什么是不可能的。

"我的朋友圈也变了。现在我和游泳队的孩子一起玩，我不再像上初中时那样经常抽大麻和喝酒了。"

"你有朋友在和抑郁症做斗争吗？有你能分享经验和提供支持的女孩吗？"我问。

"嗯，我的所有朋友都是这样。"阿里尔悲哀地笑了，"抑郁是我朋友经历的最严重的问题。就在昨天晚上，我和朋友奈温聊天。她说，'我觉得我和周围的世界联系得如此紧密，所以当有人受伤时，我也会感到受伤。当世界上发生了一些坏事时，我的身体也会受到伤害。'"

阿里尔用手背擦了擦脸颊上的眼泪："我也有同感。我看到了叙利亚儿童被轰炸的新闻和美国各地的学校枪击事件。有时这超过了我的承受能力，"她说，"但我决心从现在开始用健康的方式来管理我的抑郁症，即使这很困难。我相信我能做到。即使在经历了这一切之后，我仍然相信自己。"

阿里尔的经历可能就严重程度而言是独特的，但她混乱的情绪、与同辈的挣扎以及抑郁都是我们这个时代的典型。心理治疗、锻炼和她自己的适应力都帮助了她。

我们和焦点小组中的所有女孩讨论了对抗绝望和压力的方法。女孩们自己想出了很多应对方法：限制上网时间、和朋友出去玩、走出家门、花时间接触动物、玩或听音乐、冥想、锻炼、从事志愿者工作，以及阅读。杰达建议，感到沮丧时，可以找个人来帮助自己。她说做一件好事会让她感觉好很多。仅仅是谈论如何巧妙地应对问题，似乎就能帮助女孩变得更加自信，因为她们在感情"武器库"中获得了一些工具。

我们鼓励接受治疗、参加互助小组、向家长和学校辅导员倾诉。我们敦促参与者关掉手机到外面去、读一本书、唱歌、听音乐，或者和朋友面对面交谈。我们强调，女孩已经拥有了许多保持快乐的技能——感恩、友谊、共情和善良。

第 *10* 章

青春期焦虑症

美国大学健康协会报告称，在 2016 年，焦虑已经超过抑郁，成为大学新生最常见的问题。事实上，62% 的年轻女性说自己经历过"极度焦虑"，她们最常见的症状是无端恐惧。

乍一看，我们很难解释这种焦虑的上升。当家庭生活已经稳定时，女孩的生活也没有那么混乱了。然而，我们的文化已经变得孤立，两极分化，盛产恐惧。女孩害怕失败、被排斥、被霸凌和来自社交媒体的嘲笑。她们担心校园枪击事件，没有一个地方能让她们感觉到真正安全。许多女孩受到睡眠问题、社交焦虑和强迫行为的折磨。

很多女孩说自己太忙，日程排得过满。她们辛苦地做作业到深夜，为了上学或参加体育锻炼而早起。对大多数女孩来说，好成绩是很重要的，为了达到进入某些大学或获得奖学金所需的成绩和考试分数，她们备感压力。有时父母也会给她们压力，但通常女孩感受到的来自成绩的压力比来自父母的更大。

在我们的焦点小组中，玛蒂提到她对微积分预修课感到挫败。她想得 A，但觉得这不可能，因为这门课对她来说太难了。她告诉我们，她期末考试时因为压力太大而哭了。幸运的是，善良的老师拍着她的胳膊说："学校只是学校。"那位老师帮助她正确地看待问题。尽管如此，玛蒂还是希望她所有的大学预修课程都得 A，被一所名牌大学录取。她告诉我们："学校迫使我怀疑自己智力上的不足。"

"我认为我应该只选加权课程，但这意味着我不能选像陶艺或心理学这样有趣的选修课。"阿斯彭告诉我们，"在我的学校，如果你没有上大学预修课程，大家就不愿意和你交谈。"

"在高中第一学期，我非常担心学校的功课，以至于无法入睡。"乔丹说，"我洗头的时候掉发很严重。"

"我感到了很大的学业压力，"阿马利娅表示同意，"我周末在'美国鹰'餐厅工作。我是学生会成员，也是乐队成员。我从来没有时间睡个好觉。我的父母想让我成为一名医生。"她摊开双手假装沮丧，其他女孩都笑了起来。

"自从开学以来，我没有一个晚上好好休息过。通常我每天晚上会学习 4 个小时。"奥利维娅说，"如果你没有很高的期望，人们就会批评你。期望自己成功才是正常的。"

女孩还担心校园枪击事件和恐怖分子。目前，大多数学校会实施封闭演练，并使用安全入口监控器，但暴力威胁和美国国内新闻中经常出现的枪击报道让女孩紧张不安。

奥利维娅告诉我们的焦点小组，她所在高中的一个男生很受欢迎，看起来"完全正常"。去年秋天，他写了一封遗书，并带了一把装有一颗子弹的枪去学校。他计划在全校集会上自杀。另一名学生看到了枪并报告给了校方，学校行政人员及时进行了干预。

伊兹反问道："学校枪击案这么普遍，为什么就不可能发生在我们学校？"

大学一年级时，肯德尔仍住在家里。她坦承，很害怕参加有数百名学生参加的初级调查课程。她告诉我们，她上的那所大学几乎没有安全相关的规定，学生可以很容易地把武器藏在背包里。

"我坐在教室里想，'哪些学生可能有武器？我怎么才能离开这里？'"她承认。

我们焦点小组中的所有女孩都对校园枪击案的话题进行了热烈的讨论。她们的恐惧程度让我们吃惊。我们原本并不期望她们知道有关安全程序和地区安全政策的确切细节，但这些学生可以查出学校安全措施的漏洞，甚至是最后一扇没锁的门。每个女孩都认为学校的安全措施不到位。

"去年，学校对储物柜进行了两次搜查，并在储物柜里发现了 BB 枪，"阿马利娅说，"警察在学校外面的护根中发现了一把弹簧刀。一个人可以直接走进我们学校开枪杀人。"

"我们学校离市中心很近，而且在一个简陋的社区，"杰达说，"里面很安全，但外面的台阶上就不安全了。监察员在上学前检查书包，但谁知道学生吃完午饭后书包里会有什么。"

撇开校园枪击事件不谈，在青春期女孩的脑海中还有许多其他可以引起焦虑的话题。例如，非裔美国人、移民和有色人种害怕诽谤或种族暴力。寻求庇护者和非法移民的年轻人害怕治安官、警察以及移民和海关执法局的特工。属于任何少数派群体的学生都会受到骚扰。穆斯林和犹太人害怕仇恨组织。毫无疑问，近年来，我们的街区环境变得更加恶劣，种族主义更加盛行。

杰米拉（17岁）

杰米拉住在内布拉斯加州奥马哈市的北部，这个社区以高犯罪率以及警察和居民之间持续的紧张关系而闻名。她9岁的时候，看到警察让她的哥哥和他的朋友排成一列，对他们进行脱衣搜查，并威胁他们，尽管这些青春期的男孩并没有做错什么。他们只是在晚饭后聚集在一个操场上，享受凉爽的晚风，因为他们都没有住在有空调的公寓里。

那次经历永远地改变了杰米拉对执法部门的看法。她不再将警察视为承担"服务和保护"职责的盟友。她不惜一切代价躲避警察，并怨恨地指出，自从六个月前拿到驾照以来，她已经因为是黑人驾驶员而被警察拦住了四次。其中有两次，她被迫下车，在繁忙的十字路口接受搜身检查，一次是因为换车道时没有打信号灯，还有一次是因为在一个四行道停车处缓慢行驶。

"我没见过郊区的白人女孩受到这样的对待。"她指出。我表示同意。

杰米拉的长兄安东因持有大量用于娱乐的大麻，正在州立监狱服7年的刑期。他在高三快要结束时被捕，并以成年人的身份被起诉。在来自监狱的信件和电话中，他谈到自己像个奴隶，从一个地方被赶到另一个地方，过着没有人权和自由的生活。

被捕前，安东是一个受欢迎的、爱玩的篮球运动员，很有希望获得大专奖学金。现在，他患有长期的抑郁症，对未来失去了方向感。杰米拉和她的母亲希望，他在监狱里过完25岁生日后不久就会被释放，她们能说服他重新考虑上大学或职业学校。目前，杰米拉每晚都祈祷哥哥能在监狱里安然无恙，免受黑帮活动的影响和狱警的虐待。

"我访谈过的很多女孩指出，学业压力是她们最大的焦虑来源，"我告诉杰米拉，"其次是对学校枪击事件的恐惧，或者担心美国或全世界的未来。"

杰米拉感伤地笑了。"我明白，"她说，"我也担忧我的成绩。我知道上大学是我找到一份好工作的最好机会，但我更忧虑的是警察的暴行和我们周围无尽的种族主义。每次去街角商店买汽水，我都担心会发生不好的事情。我担心妹妹会被警察开枪或袭击，担心她在乘坐公共汽车或在公园玩的时候被辱骂。这就是让我晚上失眠的事情。"

杰米拉努力解决同龄女孩面临的所有问题，还要背负生活在一个种族主义根深蒂固的国家的额外压力。她的焦虑首先与她家庭的生存状况紧密相关。虽然杰米拉的恐惧与我们采访过的许多女孩不同，但她的故事在今天的美国绝非个例。

如今，许多学生因为不断涌现的关于他们抑郁的新闻而感受到了对彼此的创伤。格雷西担心她那些抑郁的朋友，觉得自己对他们负有责任。她说："我的一个朋友在一次严重的自杀未遂后刚从医院出来。我不知道我是应该和她谈谈发生的事情，还是继续正常生活，就像没有任何问题出现一样。"

她告诉我们，有时当她的朋友说想自杀时，其他孩子会让他们只管去做，有一个男孩甚至唆使别人自杀。格雷西说，有些时候她害怕去上学。她无法面对他们这种刻薄的态度，也担心另一个朋友会突然告诉她自己正在吸毒或自残。

此外，数字世界导致了焦虑。莎伦·贝格利指出，几乎一半的青少年在早上起床之前使用手机。一些心理学家认为，使用智能手机更像是一种强迫行为，而不是成瘾。贝格利发现，社交媒体既增加了焦虑，也减少了焦虑。短期内，使用社交媒体可以让学生平静下来，但久而久之，他们会变得更加焦虑。

当学生被禁止使用智能手机时，他们会表现出紧张的生理迹象，比如心率变快。在 2010 年的一项研究中，200 名学生在 24 小时内交出了他们的手机。之后，他们形容自己变得"痛苦、烦躁、紧张、抓狂、焦虑"。

控制社交媒体使用的最佳策略是从实行严格的限制开始，然后坚持下去。然而，这说起来容易，做起来难。一旦成瘾，女孩就很难戒掉。戒掉不仅仅是意志力的问题，事实上，女孩正在应对一种高度上瘾的强迫行为。

为了最有效地平衡科技带来的影响，高中女生每天只能花大约一个小时在社交媒体上，这要比她们的大多数同龄人少得多。如果女孩花时间与成年人交谈、享受与朋友的面对面聚会、阅读以及到户外放松，她们会变得更坚强、更有韧性。她们还可以从冥想、瑜伽或太极等可以让自己平静下来的活动中获益。

梅根和安妮－玛丽几乎经历了所有常见于青少年的焦虑。幸运的是，她们互相支持，通过练习瑜伽来应对压力。

梅根（15 岁）和安妮－玛丽（16 岁）

梅根和安妮－玛丽是一对表姐妹，她们住的地方相隔两个街区，上的是同一所天主教高中。我去看她们的时候，梅根穿着一件黑色的束腰外衣和格子裤袜，她把长发编成紧紧的辫子，没化妆。安妮－玛丽有一头黑色的卷发和一双淡褐色的眼睛，穿着迷你短裙和背心。

两个女孩都喜欢唱歌和弹钢琴。安妮－玛丽是虔诚的天主教徒，而梅根不信教。梅根的父母坚持让她每周和家人一起参加弥撒，但她打算毕业搬出去后，暂时不去教堂了。

两个女孩都在服药治疗焦虑，而梅根还要与压力性进食做斗争。这对表姐妹都曾在学校和社交媒体上受到霸凌。正如梅根所说："如果你不受欢迎，就很容易被欺负。"

安妮－玛丽讲述了她学校里的一个女孩被在网上骚扰她的霸凌者殴打的故事。

她说："无论他们跟家长是怎么说的，学校都不知道该如何应对霸凌者。"

"这些霸凌者是谁？"我问，"是独立的个体还是特定的一群孩子？"

安妮－玛丽假装打了个哈欠，回应道："他们要么喜欢运动，要么父母有钱，穿着漂亮的衣服，有游泳池和游戏机。"

这对表姐妹都对社交媒体有矛盾的感受，她们认为社交媒体助长了同龄人的残忍行为。但是，和我们访问的许多女孩一样，她们也不愿意放弃自己的电子设备和网络账户。

"我们看到了太多有六块腹肌的人，每个人似乎都比我们成功、快乐，"安妮－玛丽说，"但我们喜欢和朋友保持联系。"

"我在网上看到了很多令人毛骨悚然的东西，"梅根补充道，"有个恋足癖的家伙一直问我要照片。但一般来说，我可以忽略这些东西。最伤人的是来自我们认识的人的刻薄闲谈和评头论足。"

梅根告诉我，她的一些朋友出乎意料地抛弃了她。他们在社交媒体上宣布："我们不再喜欢梅根了，但我们对此并不感到抱歉。"

梅根一直不明白原因。虽然这是两年前的事了，但见到他们时，她仍然会感到不舒服。

安妮－玛丽也谈到了她面临的另一个挑战。六年级时，在看《欢乐合唱团》时，她意识到自己是同性恋。她的教会教导，同性恋是一种罪恶，这让她觉得自己被上帝谴责了。她经常感到恐慌，呼吸困难。她吓坏了，不敢向父母求助。梅根鼓励安妮－玛丽告诉父母这件事，并在她向父母出柜时，坐在她身边支持她。一开始，她的父母很沮丧，但几周后他们平静下来，并向安妮－玛丽承诺他们永远不会停止爱和支持。他们不会去谴责他们善良可爱的女儿。

在告诉我出柜的事时，安妮－玛丽开始发抖，但她承认现在的情况好多了。她去接受了心理治疗，治疗师教她练习深呼吸，让她在恐慌发作时保持镇静。她和梅根现在是一家瑜伽馆的常客，并且她们相互约定，每个星期天都不看社交媒体。

"我们大部分时间都很紧张，但正在学习新的方法让自己冷静下来，"安妮－玛丽说，"至少我们还拥有彼此。"

如今，抑郁和焦虑的女孩比现代历史上任何时期都多。我们从不断上升的自杀率和有记录的急诊室就诊人数中可以发现这一现象。自残行为越来越普遍。我们的焦点小组报告说，在一些社交群中，女孩会竞相炫耀自残留下的严重伤疤。这种极具破坏性和毁灭性的行为正在通过社会关系传播。家长、学校管理人员和医疗专业人员需要对这一现象有更多的认识，并在看到迹象后立即采取行动。

许多女孩去看心理治疗师，她们说这很有帮助。高中学校通常有

女孩的互助组织或女权组织。一般来说，父母急切地渴望帮助到他们
的女儿。我们都可以努力给女孩提供鼓励、爱，并保护她们的网上行
为。由于性少数青少年的自杀风险较高，他们尤其需要我们的关注和
理解。但是所有的青少年都能从与他人、社区、大家庭和现实世界的
联结中受益。

第 *11* 章

暴食症和
厌食症

海迪（16 岁）

海迪在体操训练结束后来到我的办公室。她长着金色的头发，很漂亮，穿着一套闪亮的红白相间的运动服。我们谈论了体操，海迪从6 岁就开始练体操了。我们在 20 世纪 90 年代相识时，她刚刚被选入我们当地的大学接受专业教练的训练。她每周训练 6 天，每天训练 4个小时。她并不期望能进入奥运代表队，但她想获得一所排名前十的学校的奖学金。

海迪谈论体操的时候容光焕发，但我注意到她的眼睛是红的，右手的食指上有一个小伤疤。（如果一只手经常伸进喉咙深处，在嘴中的酸液的作用下，会在手上留下痕迹。）当她表明自己是因暴食症来寻求帮助时，我一点儿也不惊讶。

海迪说：“我有这个问题已经两年了，但是最近它影响了我的体操训练。我太虚弱了，尤其是跳马，这需要力量。我很难集中注意力。”

“我把饮食失调的症状归咎于我的训练，”海迪继续说，“我们的教练每周都会给我们称重，我们会互相数对方的肋骨，如果难以数清楚，我们就有麻烦了。"

我做了个不赞成的鬼脸。海迪解释说，从青春期开始，她就很难保持体重。饭后，她很担心自己是否吃得太多。她计算卡路里，饿了也不敢吃东西。在课上，她捏到身体一侧的肥肉，会吓一大跳。

她第一次催吐是在一次体操比赛之后。教练带她和其他体操运动员去一家牛排店。海迪点了一份双层奶酪汉堡和洋葱圈。刚吃完，她就开始纠结第二天的体重，于是她决定，就这一次，吐掉它们。她溜进餐厅的洗手间吐了一顿。

她脸红着说："这比你想象的要难。尽管我的身体很抗拒，但我能做到。这太恶心了，我想，我再也不会这样做了。但一周后我又做了。刚开始是一周一次，后来是一周两次，现在几乎每天都会这样。我的牙医说酸正在腐蚀我的牙釉质。"

海迪哭了起来："我觉得自己像个伪君子。人们看着我，看到的是一个瘦小的、健康的女孩，但我看到的自己是一个狼吞虎咽、完全失去控制的人。你无法相信我吃了多少食物——我飞快地把食物塞进嘴里，呛得快要窒息。吃完之后，我的胃像要爆炸了一样。"

我解释说，暴食症是一种很难戒掉的瘾。同暴饮暴食及催吐的欲望斗争需要强大的意志力。不像那些对酒精或可卡因成瘾的人，患暴食症的女性无法避开她们成瘾的对象。海迪需要学会控制饮食。抑制暴饮暴食的冲动只是治疗的一部分，她还需要新的方法来应对自己精神上的痛苦。暴食症就像所有成瘾一样，是一种逃避痛苦的方式，海迪需要学会面对自己的感受。我建议她记录暴饮暴食时的感受。之后，我们会检查她写的东西。

海迪的父亲是儿科医生；母亲是家庭主妇，在女青年联盟帮忙做些事情。作为三个孩子中的老大，海迪说她经历了一个美好的童年。她的家人每年夏天都会去旅行，他们去过缅因州海岸、佛罗里达州的萨尼贝尔岛，还有阿拉斯加州。

她喜欢小学的时候。家庭、教会和体操让她很忙碌、很充实。她是其他孩子都喜欢的那种女孩——随和而且精力充沛。海迪停顿了一下，说："我有完美的生活，有超级棒的父母和好朋友，有自己的卧室、带顶棚的床和阳台。我的墙上挂满了绶带和奖杯。"

"你的生活什么时候不再完美了？"我问。

"在我 13 岁生日之后，事情变得艰难起来。我从社区学校毕业后，搬进了一所联合学校。学业更难了，体操也更难了。我开始来月经后，体重增加了，教练让我节食。"

海迪叹了口气，说："社交生活变得更加艰难。女孩们很争强好胜，我却讨厌流言蜚语。至于男孩们，一切都变得与性有关。我和同社区的一些人是朋友，但我们不再一起出去玩了，我也不知道如何处理我们的友谊。"

我问海迪对自己的外表有什么看法。当听到她在初中时觉得自己长得丑时，我并不感到惊讶："外表是我们的主要话题。我试着不让自己陷进去，但我无能为力。我想和其他人一样漂亮。"

正如常见的那样，海迪的暴食症源于对体重增加的焦虑。她属于高风险的一类人——以瘦为生或视瘦为身份的女性，这类人包括体操运动员、舞者、演员和模特。他们中许多人患有饮食失调症，这是一种职业危害。然而，一旦形成暴食症，它就像酒精或其他化学物质一样，能够发挥减压的作用。

我们在第一阶段治疗结束时讨论了期望。海迪说，她对于变得有魅力、健美、受欢迎备感压力。虽然她成功地达到了这些期望，但为此付出了巨大的代价。完美主义对她的身体和心理健康都造成了伤害，她需要放松自己。除非克服暴食症，否则最终她也不会成为一个健美、有魅力或受欢迎的人。

下一阶段，海迪带来了对自己暴食症的仔细记录。繁忙的一天结束后，她会在家里暴饮暴食到深夜。她通常上床躺着，尝试入睡，但几乎总是太过焦虑，难以平静下来，只有暴饮暴食才能缓解。暴食之后，她会睡着，但第二天早上醒来时就会异常难受和羞愧。

海迪写道，在暴饮暴食之前，她感到疲惫，担心她的考试，对训练或男朋友感到沮丧。我们讨论了她除暴饮暴食之外处理这些感受的方法：她可以和别人聊天、写日记、听音乐，或者学习一些放松的技巧。海迪同意在暴饮暴食之前写日记，但她认为这不会让她停止暴食，可能会让她慢下来，也许她会对自己有新的了解。

我们讨论了暴食症是如何改变她的生活的。她不再喜欢家庭聚餐或提供食物的社交场合。和正常吃东西的人在一起让她很紧张，她可以随便吃点儿东西，也可以暴饮暴食，但已经失去了吃一顿正常饭的能力。她担心和家人的周末聚餐会让她失控，所以她尽量不去参加。她想念她的爷爷奶奶，她知道他们也想念她。

海迪因为暴饮暴食所需要的时间和计划而筋疲力尽。有时她熬到深夜，独自一人待在厨房里；有时她会放弃出去玩的机会，因为她知道这时家里没人，可以偷偷地暴饮暴食。她说："虽然父母没有试图阻止我，但他们在身边的时候，我讨厌这样做，我也不想让我的弟弟们知道这件事。

"我男朋友知道，他给了我支持，但这还是伤害到了我们的关系,"她说,"我不会和他一起出去吃饭;有时我只想让他带我回家,这样我就可以暴食了。我会找个借口结束我们的约会。"她看着我,"我讨厌这么说,但我宁愿暴食,也不愿做爱。

"如果有任何事情妨碍了我的暴饮暴食,我就会变得喜怒无常,"她继续说道,"暴食之前,我很烦躁,之后又会抑郁。我好像从来都不快乐。"

我庆幸海迪接受了治疗。"你具备努力工作的自制力和能力,这是对抗这种状况所必需的。"我对她说,"你会恢复的,我知道。"

食物上瘾

在 20 世纪 90 年代,暴食症是年轻女性中最常见的饮食失调。它源于控制体重的策略,但很快它就会自行发展。对于有暴食症的年轻女性来说,饮食、催吐和体重无情地占据了她们的生活,快乐被绝望、疯狂和内疚所取代。

随着时间的推移,患有暴食症的年轻女性面临着严重的健康风险,通常她们会出现牙齿问题、食道撕裂、肠胃问题,有时还会出现危险的可能引发心脏病发作的电解质失衡。

当她们只想暴饮暴食时,人格特质也会发生变化。她们变得鬼迷心窍、偷偷摸摸,时刻寻觅暴饮暴食的机会,事后又对这种习惯感到愧疚。她们会经历很多次失控,从而导致抑郁。通常,她们变得易怒、沉默,尤其是和家人在一起时。

厌食症通常在初中阶段开始出现,而暴食症则倾向于在青春期后期发展,它被称为"大学女生病",因为很多年轻女性是在女生联谊

会和宿舍生活中患上这种病的。得了厌食症的女孩是完美主义者并且
具有超强的自控力，而有暴食症的年轻女性是冲动的，长期处于自我
失控的状态。她们比患有厌食症的同龄人更容易酗酒。与患有厌食症
的女孩不同，患有暴食症的年轻女性体型也各不相同。

患有暴食症的年轻女性，像她们的厌食症姐妹一样，在过度社会
化地扮演女性角色。她们很善于取悦别人。大多数患病女性很有魅
力，有良好的社交技能。通常，她们是啦啦队队长，是返校节女王，
是全优学生，是家人的骄傲。

患有暴食症的年轻女性已经失去了真实的自我。在渴望取悦他人
的过程中，她们形成了一种成瘾症状，这种成瘾会破坏她们的核心本
质。为了拥有完美的身体，她们出卖了自己的灵魂，她们要走很长的
路才能回头。

普鲁登丝（16 岁）

在一个阳光明媚的冬日下午，普鲁登丝和母亲马弗莱妮来到我的
办公室。马弗莱妮是一个胖胖的中年女性，穿着一套时尚的红色羊毛
套装。普鲁登丝也很胖，穿着蓝色牛仔裤、褪色的运动衫和凉拖。

普鲁登丝告诉我，她从三年前开始暴饮暴食，现在每天两次，有
时三次。她把自己的暴饮暴食描述为一种疯狂——陷入迷乱状态，摄
入周围的一切食物。

"我们试着把食物锁起来，"马弗莱妮说，"但普鲁登丝用锤子砸
开了食品柜。当她想暴食时，没有什么能阻止她。"

马弗莱妮说普鲁登丝从不正常饮食。她要么暴饮暴食，要么让自

己挨饿。

"她一直在节食。除了暴饮暴食，其他时候她什么都不吃。"

"我想减肥，但我做不到，"普鲁登丝告诉我，"我现在比以前更重了。"

"这都是我的错。"马弗莱妮叹了口气，"我一直在节食。"

我问了她家的情况。马弗莱妮和她丈夫都在电话公司工作。事实上，他们十八年前在那里相识。马弗莱妮说："我绝对不是那种坚持自己立场的现代女性，我很难表达我内心的想法。"

"妈妈是家里的用人."普鲁登丝说，"她受我爸爸摆布，并为她所犯的任何错误道歉。她需要有自己的生活。"

我经常被女儿们能如此密切地观察她们的母亲，以及她们对母亲行为的强烈感受所震撼。普鲁登丝说她的父亲很尽心地养家，但很安静。马弗莱妮是这样说的："普鲁登丝对他来说就是整个世界，但他们交流不多，我丈夫不是那种爱表露感情的人。"

"家里还有其他孩子吗？"

突然，访谈的气氛变了。马弗莱妮叹了口气，普鲁登丝则咬着嘴唇。马弗莱妮说："普鲁登丝的哥哥三年前死于一场车祸。"

"我不想谈论格雷格。"普鲁登丝说。

我看着这两位脸部僵硬的女子。我怀疑这家人几乎没有讨论过格雷格的去世，他们大部分的悲痛仍悬在心中。我知道这个问题需要解决，但不是在第一次治疗中。

我们把话题转到普鲁登丝的学校，它位于镇上最富有的区域。学生都住在郊区，大多数女孩有名牌服装、洁白的牙齿和美丽的头发。几乎没有哪个女孩是胖乎乎的。这是饮食失调症的完美滋生地。

普鲁登丝笑了："我第一次去那里的时候，觉得所有的女孩看起来都一样。我花了好一段时间才学会区分她们。"

她指了指自己不太传统的套装，说："我拒绝追逐名牌服装，我不是芭比娃娃。我为自己有暴食症而感到窘迫，这是一种校园病。"

下次和普鲁登丝见面时，我请求看一张格雷格的照片。她拿出钱包，给我看了他的毕业照片。"格雷格不是传统意义上的哥哥，他是我最好的朋友。他不介意我待在他身边，即使他的朋友来找他。他会给我建议，保护我。格雷格能说的最坏的话就是他对我失望了。那会使我很快振作起来。如果我说了脏话，他就会教训我。他还教我滑冰。"

我问："他是怎么死的？"

普鲁登丝咬了咬她的下嘴唇，说："州篮球锦标赛结束后，他和朋友出去玩。我知道他肯定会喝酒，但并不担心，因为他的团队有专门的司机。那天晚上，他们的司机也喝醉了，撞到了城外的一座桥上。司机没有受伤，但格雷格当场死亡。"

她给我讲了高中举办的追悼会。来了2000多人。学校的唱诗班唱了歌，格雷格的篮球队队长致了悼词。她讲了教会举行的仪式："家里的每个人都在棺材里放了一些东西。妈妈和爸爸放了他的鱼竿、篮球和他的年鉴。我把我的泰迪熊放在了里面。"

普鲁登丝在讲述他们最后一次严肃的谈话时，忍不住哭了起来。那次，格雷格对她的初中生活以及她将面临的各种诱惑提出警告。他建议她在高中之前应避免性和酒精。

"我听从了他关于性的建议，"她说，"我也真的不想卷入其中。"

她继续说："哥哥死后，我们不再谈论他。妈妈关上了他卧室的门，我们表现得好像他在野营或者睡懒觉。我觉得如果我提起这件事，我们一家就会崩溃。

"唯一能帮我们渡过难关的人就是格雷格，"她说，"他知道该怎么说。"

我递给普鲁登丝一张面巾纸，五分钟后，她接着说："我对上帝很生气，为什么他不把一个想死的老人或者一个谋杀儿童的罪犯带走？他为什么要带走世界上最好的人？"

她哭得更厉害了，在之后她说："谈论这件事感觉很好。"

"你有很多事情要做。"我说。

在那次治疗之后，我看到了希望。普鲁登丝像许多有暴食症的年轻女性一样，已经学会了通过暴饮暴食和催吐来处理情绪。既然她可以面对她最大的痛苦，下次当她沮丧时，她似乎也可以做到和其他人交谈，而不是暴饮暴食。

在接下来的几个月里，我们经常谈论格雷格。普鲁登丝带来了他的其他照片和他在篮球训练营给她写的信。她给我讲了他们一起冒险的故事。她在母亲以及格雷格的前女友面前谈到了格雷格。她甚至试着和父亲谈论格雷格，但父亲坚定地说："普雷登丝，我做不到。"

有一天，我建议她在自然界中寻找一些能让她想起哥哥的东西，一些能让她在看到的时候感到与哥哥有联结的东西。这个方法是我自己发明的，是用来处理失去感的。下次治疗时，普鲁登丝带着她找到的东西来了。她的哥哥让她想起了香蒲，因为他又高又瘦，有一头棕色头发，而且喜欢水。她走到附近的一个长满香蒲的小溪旁，然后想起了他。

普鲁登丝发现，谈论哥哥的那几天，她实际上很少暴饮暴食了。

她学会了通过直面的方法来处理其他的痛苦——通过写日记或与她信任的人交谈。

我鼓励她好好照顾自己。我告诉她戒食会的口号：停下来，不要太饥饿、愤怒、孤独或疲惫。她学会了识别自己的感受，而不是把每种感受都贴上饥饿的标签。她学会了在累的时候休息，生气的时候向别人倾诉，无聊的时候找点儿事情做。

普鲁登丝喜欢戒食会的互助小组。听到别人如此坦诚地谈论自己的饮食失调是一种安慰。一些女性正在康复，情况良好，这让她很受鼓舞。她喜欢这种相互支持和论及感受的交流。她有一个用来增强自我意识的笔记本，里面记录着外貌歧视者和性别歧视者的言论。她带来了宣扬女性苗条的广告。她讨厌女性被描绘成没有个性、目光空洞的性对象。普鲁登丝为自己的独立感到自豪，她甚至直言不讳地反对"荡妇羞辱"。

之后，她下定决心与这种难以置信的暴食欲望做斗争。这是恢复过程中必要和关键的一步，但非常困难，从我的治疗经验中，我了解到与暴饮暴食的欲望做斗争至少和与吸毒的欲望做斗争一样困难。它需要难以置信的自律和对情感痛苦的忍耐力。普鲁登丝学会了向她哥哥求助。她在脑海中勾勒出哥哥的面容，跟他说话，请求他给予她战胜暴饮暴食的力量。成功克服的时候，她感谢了哥哥。

当然，普鲁登丝并不总是成功。但渐渐地，她能将暴食次数降低到一天一次。在接受了四个月的治疗后，她终于做到了在一天内都没有暴饮暴食。她恢复了一些精力，皮肤和头发看起来更健康了，她说有几天她甚至没有想到体重。

普鲁登丝很健谈，对自己和他人的感受比一般青少年更敏感。她慢慢地戒掉了暴饮暴食。她承诺要过一种经过反思的生活。在几个月的治疗之后，她对我说：'格雷格会喜欢现在的我的。"

在富饶的国度挨饿

厌食症是发达国家中存在的一个问题。用彼得·罗恩的话来说，这是一个"在雨中口渴"的问题。厌食症是"年轻女性必须漂亮"这一文化规训的结果，也是对它的抗议。起初，一个年轻的女性努力让自己苗条美丽，但一段时间后，厌食症自行接管了事态的发展。一个厌食症女孩通过她的行为告诉世界："看，我有多瘦，甚至比你想让我达到的更瘦！你不能逼我吃更多。我掌握着我的命运，即使我的命运就是挨饿！"

好女孩（顺从的女儿和有成就的女孩）往往面临着患厌食症的最大风险。厌食症通常始于青春期早期常见的青少年节食，但追求完美的年轻女性非但没有停止节食，反而继续节食。她们会逐渐沉迷于保持体重，对食物的想法也越来越僵化。她们觉得自己在参加一场比赛，想成为周围最瘦的女孩、最美丽的女孩。

"厌食症"这个词意味着没有饥饿问题，但事实上，患有厌食症的女孩总是感到饥饿，她们和任何挨饿的人一样纠结于食物。她们有许多挨饿的生理症状——腹部肿胀，头发暗淡而脆弱，月经停止，虚弱，容易受到感染。她们也有挨饿的心理特征——抑郁、易怒、悲观、冷漠，梦想着盛宴。

家庭成员想尽一切办法让他们的女儿进食——恳求、威胁、说理和欺骗，但他们屡战屡败，因为厌食症女孩在生活中唯一能控制的就是饮食。没有人能让她们的体重增加，她们的苗条已经成为一种自豪、一种荣誉的象征。

患有厌食症的年轻女性往往很受异性的欢迎，她们代表了我们对女性的文化定义：苗条，被动，软弱，渴望取悦。这些年轻女性经常说，在她们被送进医院接受紧急营养补给之前，她们的外表一直都被人称赞。

厌食症是一种比喻。这是一个年轻女性的宣言，宣告她将满足文化对女性形象塑造的要求，那就是她们要瘦并且没有威胁性。厌食症表示一个年轻的女性是如此精致易碎，她需要一个男人在这个她无法掌控的世界中提供保护。厌食症的女性用她们的身体发出信号："我只会占据很小的空间。我不会碍事的。"她们还发出信号："我不会令人感到害怕或感受到威胁。"（有谁会害怕一个70磅重的成年人？）

萨曼莎（16岁）

萨曼莎的母亲维尔玛是德国路德派教徒，她不情愿地把女儿带到了我的办公室。维尔玛穿着外套，双臂交叉在宽大的胸前，解释说，她的丈夫想来，但他在农场里，天气预报说周末会下雪，他需要在那之前把玉米收完。维尔玛说家庭医生诊断萨曼莎患有厌食症，她已经好几个月没来月经了，她的胆固醇水平很低，可能会引发心脏病。

维尔玛说，萨曼莎以前是个活泼开朗的女孩。她来接受治疗的时候，已经变得很少微笑，而且易怒、无精打采。她曾经在农场里干很多农活，现在她只能做最轻松的家务。在家的时候，她几乎不和家人说话，所有的时间都躲在自己的房间里锻炼和学习。萨曼莎是一名全优生，是啦啦队队长，在同学中很受欢迎，但维尔玛说："她不像以前那样喜欢这些事情了。"

当维尔玛谈到萨曼莎的健康问题和行为改变时，萨曼莎毫无表情地听着。她身高 1 米 67，体重 99 磅。她的头清晰地显出脑壳的轮廓。她的眼睛水汪汪的，但凹陷着。她那浅棕色的头发虽然梳得很迷人，却暗淡而脆弱。她穿着衬衫和厚毛衣以掩饰消瘦。她有两只毛茸茸的胳膊，这是厌食症患者常有的症状——这种柔软的茂密的体毛的生长是为了补偿脂肪细胞的减少。

我问萨曼莎，她对母亲的描述有什么看法。萨曼莎说："她说得太夸张了，我吃得很多。就在昨天晚上，我吃了比萨和冰激凌。"

维尔玛一脸疑惑，说："你只吃了一勺冰激凌和不到一块比萨，而且你把奶酪都撇掉了。"

"我不喜欢奶酪，"萨曼莎说，"你知道的。"

维尔玛说："在吃东西这件事上她经常欺骗我们。她假装吃东西，其实只是把盘子里的东西重新摆放一下。她说她在学校吃过饭，但我们会从她的朋友那里得知她没有。"

"在过去的一年里，你的性格改变了吗？"我问。

"我承认，我现在不一样了。我没有那么多的乐趣，感到了很大的压力，常常睡不着觉。"

"你什么时候开始减肥的？"

萨曼莎说："我在节食。"她指着妈妈，"是你鼓励我的。"

维尔玛悲伤地摇摇头，说："是的，我试着和她一起减肥。在经历了一周的痛苦后，我就停止了，而萨曼莎却停不下来了。"

我建议萨曼莎记录下她的饮食和锻炼情况，这样我们就可以讨论其规律。我强调，除非萨曼莎把厌食症当作敌人，并有意识地决心做出反击，否则她不会好起来的会把我和她的家人当成敌人，因为我们试图让她做她不想做的事情；她会和我们斗争，她会赢的。

"我知道萨曼莎饿坏了，但看着她只吃莴苣和葡萄，我感到很痛苦。"维尔玛说，"我们知道不能强迫她吃东西，我们试过，结果萨曼莎瘦得更快了。"

我给了她一本关于饮食失调的书，并安排了第二天中午与萨曼莎的见面。我想带着便当单独去见萨曼莎。

萨曼莎穿着一件印有白色小猫图案的蓝色运动衫和熨烫过的蓝色牛仔裤。我拿出奶酪三明治和苹果，建议我们边吃边说。萨曼莎给我看了她的午餐——两块饼干、芹菜和胡萝卜条，还有一小串葡萄。她解释她已经吃了一顿丰盛的早餐，现在并不饿。

我问她是什么引发了她的厌食症。"我和布拉德分手了，"萨曼莎说，"我们整个初中都在约会。我以为我可以信任他，我们会永远在一起。"

我放下三明治，问："你认为他为什么去和别人约会了？"

"他嘲笑我的粗腿，他想找一个更瘦的女孩。"

萨曼莎啃着胡萝卜条，说："我在节食方面比我妈妈和我朋友做得更好。我第一周减了 5 磅，第二周减了 3 磅，不过我在学校晕倒了两次。"

她微笑着回忆那段时间："我得到了很多赞美。我的朋友都很嫉妒我，那些之前不喜欢我的人也会约我出去。"

对萨曼莎来说，最重要的事情是称重，那也是她早上做的第一件事。如果体重减轻了，她会感觉很好；但如果体重增加了，她就会心烦意乱。除了学习成绩和社交成就，没有除体重之外的其他因素能对她的幸福感产生大的影响。

她渐渐爱上了在禁食中体验到的"快感"。她开始每天跑 3 英里，然后是 5 英里，再之后是 8 英里。即使跑得筋疲力尽，耗尽了她有限的能量储备，她也不会减少跑步里程。她为自己设计了一些测试来证明她对食物的控制力。例如，她会邀请朋友来参加聚会，她顶着饥饿，看他们狼吞虎咽地吃千层面和圣代冰激凌。她为家人烘焙蛋糕，甚至不愿意尝一下刚出炉的布朗尼蛋糕。她看到其他人用动物般的食欲狼吞虎咽地吃下食物，便体会到一种优越感。萨曼莎做了许多患有厌食症的女孩所做的事情，她把复杂的生活简化为一个简单的问题——体重。

萨曼莎有自己固执的思维方式，不受他人的影响。她给自己洗脑，认为厌食症是她的"朋友"。她来我办公室是因为她的父母和医生想让她抗争——我们是她的敌人，而厌食症不是。她撒谎，歪曲事实，把食物藏起来，逃离那些想帮助她的人。

治疗必须是一种逆向洗脑。我要攻击的是厌食症，而不是萨曼莎。在她吃完少得可怜的午餐后，我问了她一些问题，这些问题是我从心理学家大卫·爱普斯顿那里学到的。"如果厌食症是你的朋友，为什么他让你如此疲惫和虚弱？为什么他鼓励你做那些能让你月经停止、头发脱落的事情呢？"

"我不明白你的意思。"她回答说。

在那次会面结束时，我说："我们将继续探究厌食症告诉你的谎言，那些让你付出生命代价的谎言。"我还告诉她，只有她同意暂时停止长跑，我才愿意和她合作。我解释跑步可能会引起心脏病发作。

她抱怨了一下我的限制，但还是同意了。

对萨曼莎的治疗进展得很艰难。我给她分配了提高自我意识的任务，我让她去审视模特和电影明星，然后问："谁选择了这种苗条、被动的人作为我们的审美标准？"我让她想一想她真正尊敬的女性。她们会在意体重和外表吗？

和大多数患厌食症的女性一样，对萨曼莎来说，最大的一步是意识到厌食症不是她的朋友，而是她的敌人，甚至是潜在的刽子手。有一天，萨曼莎终于意识到厌食症对她撒了谎。她说："它承诺过我瘦的时候会很快乐，但我现在很痛苦；它承诺我将完成伟大的事情，我现在太疲惫了，甚至不能完成我过去习惯做的事情；它承诺给我朋友，但大家都在生我的气。厌食症夺走了我生活的全部乐趣。"

就是在那天，我觉得萨曼莎会恢复过来。

强迫性进食者

在我们的文化中，我们热爱食物是因为被社会化了——丰富、甜蜜的食物与爱、教养和温暖联系在一起。我们一想到祖母和聚会，就会联想到饼干和蛋糕，而不是胡萝卜条。情感营养和身体营养是相互关联的。很多用来形容我们所爱的人的词语都是关于食物的，比如"甜心"（sweetie）、"糖"（sugar）和"蜂蜜"（honey）。食物除了具有情感力量，还有一种让人成瘾的化学力量。我们都体验过感恩节晚餐后的镇静效果。

强迫性进食的年轻女性已经学会把食物当作药物来治疗她们的情感痛苦。这是有害的，因为她们没有真正学会处理情感痛苦，反而由于变得肥胖而面临更多的痛苦和拒绝。在美国，超重的人几乎不可能对自己感觉良好。恶性循环已经开始。

强迫性暴食者通常是有节食历史的年轻女性。她们曾节食，感觉很痛苦，然后开始大吃大喝，于是感觉变好。但与此同时，节食使她们的新陈代谢变得越来越慢。久而久之，体重减轻是由于控制得好，体重增加则与行为失控有关。很快，不仅是饮食，就连生活本身也失去了控制。

作家苏茜·奥巴赫将"肚子饿"和"嘴饿"区别开来：前者是真正的身体饥饿；后者是对食物以外的东西的渴望（关注、休息、刺激、舒适或爱）。强迫性进食者是"嘴饿"的人，她们所有的感觉都被标记为饥饿。强迫性进食者会在疲惫、焦虑、愤怒、孤独、无聊、受伤或困惑的时候进食。

对强迫性进食的治疗与对暴食症的治疗相似。年轻女性需要识别自己的真正需求，而不是把所有的需求都贴上饥饿的标签。如果她们焦躁不安，就需要刺激；如果她们累了，就需要休息；如果她们感到愤怒，就需要改变或逃离激怒她们的情形。当然，强迫性进食者需要学会控制饮食，她们通常可以通过参加戒食会这样的互助小组获益。

我和维奥莱特第一次见面时，她住在大街上，不久之后，她就搬进了一个流浪女性收容所。她的生活比许多强迫性进食者更艰难，但本质上她有同样的问题。维奥莱特把食物与爱、教养联系在一起。像许多强迫性进食者一样，她善良、勤奋，会取悦他人。维奥莱特善于关心照顾别人，当她需要照顾时，却没有人在身边。食物是她的止痛药。

维奥莱特（18 岁）

20 世纪 90 年代，我在地方流浪者救助中心工作的时候，遇到了维奥莱特。白天，无家可归的人和流动人员来这里洗澡、打电话、收邮件、躲避恶劣天气、打牌。作为一名志愿者，我的工作是煮咖啡，把甜甜圈和面包圈摆好盘。我要监督执行一些规则——不准咒骂，不准喝酒，不准猥亵，不准使用武器。我们的大多数救助对象是男性，但在我工作期间，越来越多的女性和家庭来到救助中心。上午 10 点左右，香烟的烟雾弥漫在房间里，呈现出蓝色。令我震惊的是，有那么多无家可归的人对咖啡因、糖、香烟和酒精上瘾。

我很快就注意到了维奥莱特，因为对救助中心的来访者而言，她的年龄不寻常。她看起来大约 18 岁，也许更年轻。她胖乎乎的，穿着牛仔裤、T 恤和塑料人字拖。像救助中心里的大多数人一样，她有一口坏牙。我第一次见到她时，她正和一桌常客打牌。他们和维奥莱特开玩笑，给她香烟和生存建议。

后来，这些人走了，我上前和维奥莱特聊天。她刚从"最后一个寄养所"逃出来。她已经待过六个寄养所了，这个数目并不寻常。她还曾和生病酗酒的母亲住在保留地，她也住过一个收容无家可归的困难孩子的机构。现在，她已经准备好独自生活了。她说："我宁愿露宿街头，也不愿让别人告诉我该做什么。"

我极度担心她独自一人可能会被强奸。她奇怪地看着我，问道："你认为这种事还没有发生过吗？"

维奥莱特在救助中心住了几个月。像当地许多无家可归的人一样，她卖过血，并"自愿"参加一家制药公司进行的药物研究。她编织皮革臂章，在大街上卖。维奥莱特赚了足够的钱给自己和朋友买吃的。每当有孩子来到救助中心，她就给他们买礼物。很快，大家老是会问我："维奥莱特在哪儿？"

一天早上，她给我看她胳膊上和腿上所有的伤疤——那是她和母亲的前男友用刀打架留下的，以及信奉体罚的养父留下的。又有一天，她说："你是个心理医生，我想知道我应该做什么来改变这种倾向——我不得不吃掉所有没有被钉住的东西。"她告诉我，她总是把食物和舒适联系在一起。她最美好的记忆是童年时去看望祖母。在祖母家，她有一个平静、干净的地方玩耍和休息。她说她的祖母是一个很好的厨师，总会准备燕麦饼干和天使蛋糕让她享用。"我妈妈从来不吃东西，只顾喝酒。祖母家的食物很好吃。"

她点了一支烟："我有过很多糟糕的'家'，食物是我唯一能指望的东西。不管我的心情有多糟糕，只要吃东西，就能让我感觉好一些。但是我从来吃不够，这就是我现在担心的。我会一直吃到肚子疼，然后继续吃。"

我说："听起来你把事情都想得很清楚了。"

她笑了，说："我知道哪里出了问题，但我该如何解决呢？"

进食满足了维奥莱特不知道如何用其他方式来满足的强烈需求。我知道她可以健康的方式来照顾自己，因为她是一个很好的劳动者，我相信她一定能找到一份体面的工作，过上更稳定的生活。我正要告诉她，但维奥莱特挥了挥手，说："吁，不要对我说得太深。"

我道歉说："我们心理医生确实有这样做的倾向。"然后救助中心的一个男人让我再煮点咖啡。

几周后，维奥莱特告诉我，她认为自己的进食与对性的恐惧有关。"我想，如果我足够胖，也许男人们就会放过我。"她笑了，"这是一种盔甲，柔软的盔甲，但效果非常好。"

一天，我对维奥莱特说："每个人都指望你让他们高兴起来。"她对我的观察结果感到高兴。我继续说，"我不希望你改变，除非你可能听从一些你给别人的明智建议。"

她看着我，问："比如？"

我回答说："比如停止在街道上流浪。你准备好了的话，我会帮助你的。"

我真希望维奥莱特的故事有个幸福的结局，但几个月后，她和在救助中心遇到的一个男人去加利福尼亚采摘水果。她从中央谷给我寄了一张明信片。上面写着："我想念我的心理医生。我很快就回来。别担心。"

我再也没见过她。

尽管维奥莱特来自一个极端的环境，但她和大多数强迫性进食者有着相似的驱动力。她学会了将爱与食物联系在一起，并利用食物来安慰和滋养自己。她对性的恐惧是强迫性进食者的典型特征，很多女性会把强迫性进食的开端定为一次性虐待事件，还有一些女性则害怕男性或自己的性欲望，她们会将体重视为一种保护形式。

如果我能给维奥莱特继续治疗，我会鼓励她在想吃东西的时候仔细检查自己的感受。毫无疑问，她的痛苦来自她积累的生活体验。她需要处理被遗弃的问题，以及身体虐待和性虐待的问题。她知道，尽管人们让她失望，但食物永远是她忠实的朋友。

我会教她尊重而不是逃避自己的感受。我会鼓励她通过锻炼来对抗抑郁、控制压力、改善对自己身体的感受。我会教她如何在与他人相处时设定边界，甚至如何寻求帮助。我们本可以为她筹到钱，让她回到学校或者接受一些技术培训，这样她就可以找到工作。之后，我会给她找个好牙医。

对美国女性而言，美丽是起决定性作用的特征——它是在社会上获得成功的必要条件，通常也是充分条件。它对所有年龄段的女性都很重要，但"变得美丽"的压力在女孩的青春期早期最为强烈。女孩担心她们的衣服、妆容、皮肤和头发。但最重要的是她们担心自己的体重。同龄人极其看重瘦。

这种对外表的强调在我还是个小女孩的时候就存在。但到了20世纪90年代，女孩承受的瘦身压力越来越大。我们已经从人们相互认识的"初级关系"社区，转移到充满"次级关系"的城市。在一个熟人社区中，外表只是定义一个人的众多维度中的一个。随着时间的推移，每个人都会以不同的方式了解其他人。在一个充满陌生人的城市里，外表是唯一可以用来快速评估他人的维度。因此，它在定义价值时变得特别重要。

在20世纪90年代，无处不在的媒体一直把有魅力的女性和"瘦"联系起来。女孩将自己的身体与我们的文化所期望的相比较，结果发现她们的身体并不理想。节食和对身体的不满已经成为青春期的正常反应。当不自然的瘦变得有吸引力时，女孩为了瘦就会做不自然的事情。

不幸的是，女孩并不是非理性地担忧自己的身体。在那个时期，心理学中关于社会期望的研究记录了我们对肥胖的歧视——研究人员发现肥胖是我们文化中的社会性"麻风病"。一项研究发现，如果被告知胎儿有肥胖倾向，11% 的美国人会选择流产。到 5 岁时，孩子在被要求辨认出好看的人时，会挑出瘦人的照片。小学生对肥胖的负面态度多于对霸凌的负面态度。教师会低估肥胖的人的智力，高估苗条的人的智力。肥胖学生获得奖学金的可能性更小。

女孩都害怕变胖。女孩在学校的走廊里总会听到人们对胖女孩的议论。胖意味着被冷落、蔑视和诽谤。没人觉得自己足够瘦。由于对自己的身体感到内疚和羞耻，年轻女性一直处于防御状态。在 20 世纪 80 年代和 90 年代，饮食失调的比例急剧上升。我在高中演讲时，听讲的女孩围着我，向我坦白她们的饮食失调。在大学里，当我问学生是否有饮食失调的朋友时，每个人都举了手。研究报告称，在美国，每天都有 1/2 的青春期女孩在节食，1/5 的年轻女性患有一种饮食失调症。据统计，美国有 800 万女性患有饮食失调症。

现如今，女孩仍然生活在一种看重女性苗条的外貌文化中。尽管所有饮食失调症的发病率都略有下降，但暴食症仍然是最常见的饮食失调症。自 20 世纪 90 年代以来，心理治疗师和医疗专业人员在对应的治疗方面变得更加熟练。我们有很多很好的治疗机构，比如伦弗罗中心，而公众也越来越多地意识到饮食失调的危害性。

近年来，我们看到肥胖的年轻女性比例激增，青少年患糖尿病的比例也在飙升。美国人的饮食中充斥着糖分和脂肪，许多青少年因为不喜欢出门并且热衷于电子设备而疏于锻炼。一旦患上肥胖症，女孩就很难成功减肥。胖女孩仍然被社会排斥，但我们的文化中出现了一个令人鼓舞的新观念——身体正能量。许多自信、有趣的女性正在通过写作、发博客和拍 YouTube 视频讲述她们肥胖的经历，她们依然实现了茁壮成长，并达到了自我认同和职业成功的新高度。

网络增加了青少年想变美的压力。通过社交媒体，女孩接连不断地看到身体产品和饮食的广告，她们无法避开持续涌现的拥有无瑕肌肤和细长双腿的女孩形象。现在的女孩更有可能做整容手术、强迫自己锻炼，从而获得更有型的身材。美国整形外科医生协会报告称，从2000 年到 2012 年，整形手术数量增加了 98%。正如玛尔塔在我们的一个焦点小组中所说的：“我周围有很多假胸和假屁股。”

玛蒂这样描述高中女生的世界：“攀比游戏无处不在。我会在五秒钟内打量每一个遇到的女孩，然后确定她是否比我漂亮。所有女孩都会这么做，这令人精疲力竭。”

“我试着提醒自己，每个女孩，包括我自己，都是按照上帝的形象创造的，”她继续说，“但这很难。在橄榄球比赛中，也许有一半的男孩会看啦啦队的表演，但我向你保证，所有的女孩看表演只是为了和队员比较。”

“我认识的大多数女孩都比我瘦，”玛蒂叹了口气，补充道，“我见过对那些不符合理想身材的人的身体羞辱。大多数女孩看不起比她们胖的女孩。”

她补充说：“现在，大腿间距是最重要的。如果你有理想的体型，那么当你站着的时候，你的大腿之间会有间距。”

“对我的朋友来说，”伊兹说，“最重要的是腰部训练器。我刚买了一个，我无法用语言描述那种不舒服的感觉——我不能呼吸！但是，我会变得很性感！”

YouTube 上的网红正变得和电影明星一样有影响力。许多网红都是谈论健身和化妆的美容大师，他们鼓励人们在改善外表上付出巨大的努力。一些网红提供了关于改变形象以获得最大性吸引力的教程。

2019 年，女孩观看 Pixiwoo、米歇尔·潘和 Luxy Hair 制作的化妆教程，把零花钱用于购买化妆品。大多数人相信变得美丽是一种责任。"化妆是女孩生活中的一个重要因素，"阿斯彭说，"几乎所有的女孩都要涂粉底和睫毛膏，因为她们觉得不涂粉底看起来就像是裸体。"

在焦点小组中，我们讨论了追求美丽带来的永无止境的压力。奥利维娅说，尽管她不想化妆，她的朋友还是劝她化妆。她最好的朋友告诉她，如果不化妆，她看起来就像一个鸡蛋。她担心她的同龄人认为她长得丑。最终，她还是拉直了头发，涂上了睫毛膏。很明显，她告诉我们："化妆是没法选择的。"

伊兹说她在 Instagram 上发布一张照片时，会确保自己在 15 分钟内至少得到 10 个赞。如果她没有得到，就会把照片撤下。其他女孩纷纷插话说她们也做了同样的事。

"瘦身现在很流行，"肯德尔说，"我们都想在照片上看起来性感苗条。"

"从六年级开始，我的身体形象就很糟糕，"杰达说，"我讨厌看到自己的照片，也害怕别人看到我穿泳装。体育课上的一个女孩建议我节食。从那以后，我哭了又哭。我参加体育运动很多年了，我知道如果我能瘦，早就瘦了。我极想变瘦，但我没有能力决定自己的体型。"

"几个星期前，一个女孩说我太瘦了，甚至让人感到恐怖，"阿斯彭说，"理想身材的范围是如此之小。"

我们所有的焦点小组参与者都至少有一个朋友患有饮食失调。阿马利娅的同伴只吃胡萝卜。阿马利娅告诉大家："她被诊断出患有厌食症，并接受了住院治疗，差点儿就死了。"

阿迪讲述了她在做完颌骨手术三个月后回到学校的经历。"每个人都认为我看起来很好，因为我减掉了 20 磅。我都快饿死了。我一方面觉得这种赞美令人作呕，但另一方面又喜欢被人关注。我不想让体重反弹。"

"我妈妈一生都在节食，"肯德尔说，"她想让我和她一起节食。她让我们全家重新照了一张圣诞照，确保每个人都看起来最瘦。"

我们都被这件事的奇怪逗笑了。乔丹苦着脸地说："同病相怜。"

自 1994 年以来，公众教育和饮食失调治疗方案已经大为改善。与 20 年前相比，我们掌握了更多关于饮食失调症的知识。心理治疗师可以获得更有效的治疗方法，相关专家也建立了优秀的治疗中心。年轻女性正公开反对保持纤瘦身材的压力。女性主义运动也正在围绕这些问题展开。

与 1994 年相比，许多女孩对健身更感兴趣。参加体育比赛、慢跑和游泳，或者任何一种户外体育活动，如攀岩或骑自行车，都可以缓解对美丽、苗条身材的焦虑。

萨拉和我在观看凯特的冬季篮球锦标赛时考虑到了这个问题。凯特是我们家第一位女运动员。20 世纪 60 年代，体育运动在女性中还不普及。萨拉在高中时普通过一门自学的步行课获得了体育学分，在 20 世纪 90 年代她也没有参与体育运动。相比之下，凯特则是校篮球代表队中一名有天赋的运动员。

我们坐在露天看台上观看她所在的老鹰队与对方激烈地争夺四分之一决赛的席位。队员穿着蓝白相间的制服，她们的长发被编成辫子或梳成马尾辫，她们自信而专注地在场上来回奔跑。我们被她们的强壮、求胜心和咄咄逼人所震撼，而她们经常互相喝彩、安慰。每得一分，老鹰队的队员就击掌庆贺；每一次进攻顺利，她们就高兴地跳起来。

我们为这些强壮、勇敢的女孩感到骄傲和惊讶。我们怀疑如果我们参加这些体育比赛，是否能适应这种竞争性和侵略性。在那场比赛中，我们都得出了同样的结论，那就是竞技运动可能是让青春期女孩变得更积极、更有能力的一条途径。

只有当我们的文化改变时，饮食失调的悲剧才会改变。当年轻女性因为她们的性格、人格、创造力、智慧和努力而被重视时，我们就会看到女孩对自己身体的态度发生改变。独立的女孩有时足够坚强，能够抵抗变瘦的压力，但是成年人可以给她们提供帮助。通过重视女孩（以及所有人）的智力、性格、同情心和适应力，我们每个人都可以为她们提供帮助。

第 *12* 章

毒品与
酒精的诱惑

丽塔（16 岁）

乍看上去，丽塔好像是从 MTV 中走出来的人。她棕色的头发上装饰着羽毛和珠子，穿着一件动物印花的紧身连衣裙。但是，丽塔的个性和她浮夸的衣着并不相配。她说话轻声细语，几乎是羞怯的，并且渴望被人喜欢。她试探性地告诉我，她之前刚因酒后驾车被拘留。这让她既尴尬又害怕。她父亲是个酒鬼，所以她最不愿意做的事就是步他的后尘。

"我来这里接受心理治疗是因为我想趁还年轻修正我的人生。"丽塔说，"我不想过我父母那样的生活。"

丽塔是她家三个孩子中的老大。她的父亲是一家家具折扣店的销售员，母亲是家庭主妇。从丽塔记事起，家里的情况就一直很糟糕。她的母亲患有关节炎，不能工作。她的父亲是个好色之徒，嗜赌如命，每天结束长时间工作之后会去酒吧或基诺赌博室。他经常不在家，在家的时候，总是会给其他人带来混乱和痛苦。

"我自己也被打了很多次。"丽塔平静地说。她给我看了她左眼上方的伤疤，那是被啤酒瓶打的。"但这还不是最糟糕的。爸爸在喝醉的时候会说一些可怕的话，比如'你永远也找不到男人，你太丑了'，或者'大贱人''荡妇'之类。"她颤抖了一下，"我不会去妨碍爸爸。我躺在床上，会听见他对妈妈大叫，有时他也会打她。"

她把长发从脸上往后拨了一下，说："我14岁的时候，对爸爸说，如果再碰妈妈一下，我就杀了他。他知道我是认真的。从那以后，他就没再打过妈妈。"

在我们交谈的过程中，我很快明白了丽塔所承担的责任对一个16岁的孩子来说太大了。像许多其他过早成熟的孩子一样，她会照顾别人，但忽视了自己。她在乡村电台工作的时间太长。她会安慰母亲。在父亲起不来床的时候，丽塔会打电话给他的老板，为父亲编造请假的借口。她帮助弟弟们做作业，却从不写自己的作业。

丽塔有一个男朋友，名叫特里，他19岁时就已经是酒鬼和赌徒。他在一家基诺赌博室做兼职。在一次街舞会上，他认识了丽塔，并立刻被她吸引住了。那天晚上，他们在一起跳了舞，特里邀请她星期天去他家参加烧烤聚会。丽塔带去了一个蛋糕，并包揽了所有的烹饪工作。

"他至少比爸爸好。"丽塔耸耸肩，"我知道特里有问题，但他从不会对我发怒。"

她停顿了一下，露出尴尬的神情，说："我知道和特里约会很傻，所以你不必指出这一点。"

我决定把这个话题留到以后再谈。和许多酒鬼的女儿一样，丽塔选择了像她父亲一样的男人。爱与愤怒、暴力、不可预测性、羞耻联系在一起。她和特里约会，是希望这一次故事能有一个幸福的结局，也是因为熟悉感，让她更自在，即使那是对和酒鬼之间的混乱关系的熟悉感。

尽管丽塔认为自己已经是成年人了，但实际上她还不是。除了帮助者的角色，她没有发展出任何其他身份。她没有考虑过如何管理自己的性行为，也没有任何职业规划。她没有个人的目标和方向感。她对人际关系的判断力很差。在社交方面很不成熟，学业也不及格。

像大多数受到父亲情感或身体虐待的女孩一样，丽塔将父亲传递出来的许多信息内化于心。她觉得一个正派的男人不会喜欢她，还觉得她不值得一段有爱的亲密关系。她认为自己对男人的价值主要体现在性方面。和许多经受过父亲虐待的女性一样，丽塔耐心、宽容、善良，所有这些品质都帮助她在一个酒鬼的家里生存下来。她很能干、很负责任，但在表面之下，丽塔认为她的价值就是服务他人。

我想帮她培养出独立于这个家庭的感觉，她甚至在想象一段良好的关系时都需要指导。她不知道一个身心健康的男人会是什么样子。对她来说，男人就像孩子一样，需要耐心、关心和迎合。女人要么像她的母亲一样软弱无能，要么像她自己一样，被要求承担起整个世界的重量，毫无怨言地面对生活。

丽塔有酗酒的遗传倾向，她见证了酗酒的可怕之处，因此承受着巨大的压力，并且对自己没有太大信心。酒精是她应对痛苦的方式。我建议她不要再喝酒，并且加入一个戒酒互助小组。

丽塔已经做好准备，开始改变。她的情况困难重重，并且她只拥有有限的支持。她年纪轻轻，却已在负重行走，但她精力充沛、诚实坦率。我希望丽塔能避开她父母那样混乱的生活。这次治疗结束时，我问丽塔想什么时候再来。她甩了甩可爱的头发，说："明天。"

20 世纪 90 年代，更多的青少年在酗酒和吸毒。青少年这样做的原因多种多样，主要包括心理问题、社会压力和家庭因素。其中一些原因与复杂的心理过程有关，另一些原因可能很简单，比如他们能否接触到酒精或毒品。通常，青少年身边的一个同龄人就会决定他们最可能选择什么来致醉。

酒是大多数青少年的选择。它价格便宜、效力强劲，到处都可以买到。但是，毒品的可获得性比大多数家长设想的要高得多。我的大多数来访者在上七年级时就已经有人给他们提供过毒品；到了八年级，他们还会认识经常吸毒的学生。

我自己所在的农业州也有很大的问题。横穿内布拉斯加州的州际公路是整个美国毒品输送的管道，I-80 公路沿线的小社区也有毒品问题。来自阿尔沃和奥罗拉等小城镇的青少年来我的办公室时，都自称有毒瘾，而曾经，只有在城市才有吸毒的青少年。就像其中一个女孩说的："我们学校的专业是毒品生意。"

我想强调的是，并非所有的毒品和酒精使用都是病态的。健康、适应力良好的青少年也会使用毒品或者喝酒。他们在聚会上喝酒是很普遍的事，除了想融入群体、做其他人都在做的事，这没有什么其他的象征含义。重要的一点是，不要把所有青少年吸毒或喝酒的行为都归为上瘾，贴标签的过程反而会给他们造成伤害。相反，孩子和成年人都需要在指导下明白，什么是正常的尝试，什么是自我毁灭式的滥用。

青春期女孩经常会感到迷茫、抑郁和焦虑，吸毒和酗酒对她们很有吸引力。酒和大麻很受欢迎，因为它们为青春期女孩提供了一种快速、简单的让自己感觉良好的方法。苯丙胺可以帮助女孩减少饥饿感，减小食量。另外，据说喝酒可以提高她们在朋友中的地位。

我们如何识别哪些女孩有吸毒或饮酒成瘾的风险？在父母酗酒的孩子中，有 30% 的孩子也会酗酒。但我不想夸大这一点。来自其他类型家庭的女孩有时也会出现严重的过量饮酒或毒品滥用问题。身边的同龄人会起到很大的作用，一般来说，有患上毒瘾朋友的青少年更有可能吸毒。某些模式会更加危险，比如为了逃避现实而喝酒，或为了进入醉酒状态而喝酒。独自饮酒或对吸毒和饮酒遮遮掩掩，都是有害的习惯。但每个女孩的情况都必须得到单独的评估。吸毒和酗酒通常是其他根源问题的表层症状。

尤其是面对十几岁的女孩时，理解她们吸毒或酗酒的背景原因是很重要的。通常，吸毒或饮酒成瘾是一个危险的信号，可能会指向其他问题，比如绝望、社交焦虑、与朋友或家人的关系问题、追求成功的压力或者负面的性体验。女孩酗酒或吸毒的原因各不相同，必须针对不同的情况采取相应的应对措施。

凯莉（15 岁）

凯文穿着绿色的涤纶裤子和黄色的高尔夫球衫，他是一名国际农学家，看起来稍显守旧。罗伯塔是一名公共卫生护士，面容姣好且庄重。"我们在女儿凯莉的卧室里发现了大麻。"罗伯塔说。

"我们几个月前就知道凯莉在吸毒了，"凯文说，"她和她的男朋友布伦丹有时候表现得太明显了。"

我问她关于饮酒的事，罗伯塔说："凯莉不会碰那种东西，她是个素食主义者，讨厌烟酒。但毒品吸引了她，她内心里是个嬉皮士。"

　　凯莉是三个女儿中最小的。她的姐姐都聪明、成功、迷人——卡罗琳是一名全优生，也是内布拉斯加小姐的决赛选手，她嫁给了一名律师，正怀着第一个孩子；克里斯蒂娜在格林内尔学院读大学四年级，她曾是学生领袖，毕业后，她会去上医学院。

　　罗伯塔说他们是一个普通的家庭，喜欢去教堂，喜欢康奈尔大学的橄榄球队，喜欢社区社交活动。他们的两个大女儿教养起来比较顺利。"我们主要是不去妨碍她们，其他孩子都喜欢聚集在她们周围，她们从不需要任何规矩或宵禁。我们还告诉克里斯蒂娜不要那么用功学习。"

　　"但凯莉太不一样了，"罗伯塔说，"她喜欢不同的食物、电影、音乐，以及不同的人。她常被陌生事物吸引，所有需要和其他人一起合作完成的事情对她来说似乎都是不可能的。"

　　"两个大女儿都有自我激励的能力，而凯莉根本不在乎自己是否成功，"凯文说，"惩罚她很难，因为她不在乎是否有零花钱、能否看电视或买新衣服。有一次我们试图阻止她和她的男朋友在一起，她便威胁说要自杀。她真会那么做。"

　　"我们确定她有性生活，"罗伯塔补充道，"布伦丹和她形影不离。他是个不错的男孩，但我们知道他们一起吸毒。凯莉的姐姐从不喝酒或吸毒。"

　　"听起来凯莉很难追随两个大女儿的步伐。"我说。凯莉拼命地寻找属于她自己的、不同于姐姐的位置。由于她们已经占据了辉煌成功的角色，凯莉就只能成为家中的异类。

　　"你们之前成功的教育所带来的一个问题是，你们很难再以不同的方式做事。养育克里斯蒂娜和卡罗琳很容易，但到了凯莉这里，你就需要一个顾问了。"

"凯莉认为我们爱她的姐姐们胜过爱她，但事实不是这样的，"罗伯塔说，"对我们来说，凯莉更难理解。"

第二个星期，我见到了凯莉，她又高又瘦，留着一头棕色的长发，穿着橙色的衬衫、破洞牛仔裤、军靴和厚厚的橄榄色袜子。她很有礼貌，但对我敬而远之。我感觉到她在忍受心理治疗的过程，所以就花了一些时间聊我在 20 世纪 60 年代的青少年生活。

凯莉说："我希望我生活在那个时代，我和现在的孩子没有任何共同之处。"

"你平时喜欢做什么？"我问。

"和布伦丹出去玩。我们对事物的想法是一致的，他喜欢我本来的样子。"

她怀疑地看着我，说："我妈妈告诉你我们有性生活了吗？"

我点了点头。

"这不算什么大事，"凯莉说，"我们彼此相爱，并且我也在吃避孕药。"

我问她从她的角度看什么算是"大事"。

她甩了甩头发，说："我父母。他们喜欢玩桥牌和填字游戏，经常看教育节目和听歌剧。我有时候觉得医院是不是搞错了，把我错分给了这个家。我的两个姐姐很适合我父母。她们书写了中产阶级成功的故事。但我不会那样。"

我问她对此感觉如何。她说："这很伤我的心。他们试着像爱姐姐一样爱我，但他们做不到。父母想要我们取得一些成就，这样才能让我们显得有价值。但他们不知道该爱我的哪一部分。"

"你想要什么？"我问。

"启迪——佛教徒称之为'涅槃'。"

"这可是一个雄心勃勃的目标。"

"布伦丹和我读过有关佛教的书。等有钱了，我们就去博尔德市的纳罗帕大学①。"

剩下的时间我们都在谈论佛教。凯莉对佛教的了解，对一个 15 岁的孩子来说简直多得惊人。她对这个话题兴致勃勃，在我们的心理治疗时间快结束时，她似乎还不愿意离开。

在接下来的一次治疗中，凯莉穿着同样的靴子、牛仔裤和袜子，但这一次她穿了一件玫瑰色的 T 恤。她给我带来了一些她自己的画，画的是佛陀躺在菩提树下开悟的情景。她说："我讨厌烟和酒。它们会破坏觉知。"

"那其他的药物呢？"

"我们偶尔会服用致幻蘑菇和麦角酰二乙胺（LSD）。"她停顿了一下，"我生命中一些最美好的时刻就发生在服用 LSD 之后。"

她喜欢 LSD 改变现实的能力——音乐听起来不一样了，颜色看起来更鲜艳，橙子吃起来味道更好。她有一本破旧的蒂莫西·利里的《迷幻体验》。但她说："我其实更喜欢自然的快感。"

我们讨论了改变觉知的其他方法。我告诉她关于"心流体验"的心理学研究。我们讨论了冥想和创造性工作如何改变人的觉知。再次

---

① 纳罗帕大学创建于 1974 年，位于科罗拉多州的博尔德，名字来源于 11 世纪的一位印度佛教贤哲纳罗帕，他是当时印度那烂陀寺的方丈。这所大学自我描述为受佛教启发的、普世的、非宗派的，提倡冥想等非传统活动，以补充传统的学习方法。——译者注

与罗伯塔和凯文见面时，我们都同意他们需要通过创造性的方式来拉近和凯莉的距离。例如，也许他们可以带她和布伦丹去参观纳罗帕大学，或者帮助他们报名参加当地有关佛教的课程。凯莉需要用新的方式来定义自己，不只是要凸显和姐姐们的不同。她也不该把自己定义为一个吸毒者，而应该把自己定义为一个敏感且富有哲思的人。

　　和青少年谈到毒品和酒时，我都会努力提醒自己记住，好奇心和探索欲在这个年龄是很正常的。健康的青少年也会去试验，把每个使用过毒品的青少年都贴上瘾君子的标签是不明智的。除了一些极端的情况，更理想的方式是要去应对引起吸毒和酗酒行为的根源性问题。

　　人际关系是改变的强大动力。我致力于帮助父母与吸毒或酗酒的青春期女孩建立更好的联结。我也试着帮助她们寻找毒品和酒的替代物，比如一种更积极的新习惯，或者一个不带有那么强伤害性的新的身份认同。在这个过程中，我也将她们的朋友纳入我的计划，并鼓励青少年互相帮助。

　　研究表明，如果女孩在家里被家人引导着少量饮酒，她们就不太可能酗酒。在特殊的晚餐或节假日里，给女孩一小杯葡萄酒也许是个好主意。这使饮酒不再被视为一种叛逆行为，并让她们认识到合适的饮酒场合和时机。

　　在 20 世纪 90 年代，学校对学生进行了关于酒精和毒品的使用和滥用的早期教育，涉及内容相当广泛。学生了解了酗酒和毒瘾的症状。他们被教导要保持健康的限度。例如，美国国立酒精中毒委员会建议遵守"124"原则，即"一个小时内喝酒不要超过一次，一天不要超过两次，或者一周不要超过四次，这样就不会导致酒精中毒"。大多数女孩在听到我分享的这条原则时都感到震惊。她们说："所有我认识的人都喝得比这个多。"

青少年渴望帮助有酗酒问题或毒瘾的家人和朋友；在这个过程中，给予他们一些指导会对他们很有帮助。同辈咨询和支持对于控制毒品的使用量和饮酒量是非常有效的。"禁毒教育"这个项目让每个人都知道了应该去哪里求助，并且无论收入高低，他都有机会获得帮助。

要从根本上改变酒精和毒品的使用率，美国的文化首先需要改变。对 20 世纪 90 年代的许多青少年来说，吸烟和饮酒是叛逆和成熟的象征。大众媒体助长了这种幻觉，与成熟老练相联系的，是自我毁灭、不受约束的行为，而非谨慎、深思熟虑的行为。有自制力的电影、电视角色经常被描绘成令人厌烦的"奇葩"。

美国的企业鼓励女孩购买糖、酒精和尼古丁等产品，以平息她们自然的、可以理解的痛苦。正如烟草公司所发现的，若以成熟为卖点，青春期的女孩是完美的目标人群。事实上，青春期女孩是 1970年至 1990 年间唯一吸烟人数呈增加趋势的人口群体。

广告告诉我们，痛苦可以通过购买和消费产品来解决。他们先创造出欲望，然后鼓动消费者认同这些欲望就是自身的需求，甚至是他们的权利，这样就可以让企业赚得盆满钵满。我们被引导着要去尽情消费。我们被这样鼓励：如果这件东西让你感觉很好，那你就该买下它。我们被告知：别担心，花钱会让你快乐。

20 世纪 90 年代，大众文化中这些应该抛弃的价值观伴随着女孩的社会化过程，让女孩只能追求幸福，并把痛苦视为不正常之物。所有广告都在暗示，如果我们不快乐，那一定是什么地方出了问题。痛苦是可以且应该通过消费对应的商品来避免的。它被视为一种反常现象，而不是作为一个人所固有的、不可避免的一部分。

美国非常重视每一种需求的满足。不过情况并非一直如此。在20世纪早期，孩子被教导要有耐心、宽容忍让和坚忍不拔。理想的孩子能够为了更大的利益而放弃自己的需要和乐趣。成年人知道，所有的欲望都得到满足，不仅是不可能的，而且会对个人和社会造成危险。直到麦迪逊大道式广告 ① 的出现，这种自我牺牲的道德观念才开始崩溃。

作为社会，美国已经形成了一种感觉至上的心态。我们需要重新思考我们的价值观，打破负面情绪和毒品使用之间的联系。理想的情况是，我们应该给孩子一个对于成年的新定义，而不是让他们认为长大就意味着可以购买毒品和酒、有性生活、随心花钱。我们应该教他们放松自己、享受生活、应对压力的新方法。"我们有责任教导我们的孩子在正确的事物中寻找快乐。"——我在 1995 年写下了这句话，到了今天它依旧是正确的。

现在的好消息是，与 1994 年相比，女孩因为吸毒或饮酒而惹上麻烦的可能性降低了。现在的八年级学生饮酒的比例是 1994 年的一半，40% 的高中毕业生从未喝过酒。与 1994 年相比，现在吸烟的女孩更少了，但有许多女孩在使用电子烟。饮酒、吸烟和吸毒不再是成熟的标志，相反，学业表现和课外活动的参与度这些在 20 世纪 90 年

---

① 麦迪逊大道是美国纽约市曼哈顿区一条南北走向的大道，因为聚集了大部分著名的时尚设计师和高级发型沙龙，而被认为是"时尚街"，并且常常被用作广告业的代名词，因为在 20 世纪 20 年代的经济繁荣时期，这条大道开始成为广告业中心。——译者注

代对许多女孩来说并不是最重要的东西，却是现在衡量青少年是否成熟的标准。

2018 年中期选举之后，娱乐用大麻在 10 个州和哥伦比亚特区都合法化了。比起酒，娱乐用大麻得到了更多青少年和他们父母的青睐。女孩认为它更安全，危害更小。今天，许多研究人员认为所有种类的酒都是不益于健康的。女孩还说，吸烟的孩子从不会惹事，而喝酒的孩子却经常会引起麻烦。参加我们焦点小组的每个女孩都认为大麻就应该被合法化。

电子烟是一种新的吸烟方式，目前大约有 200 万青少年在使用电子烟。青少年会把电子烟藏在衣服里，甚至会在课堂上吸电子烟。这是一种花费高昂、不健康、容易上瘾的习惯。大多数青少年只是单纯吸电子烟，但一些毒品也可以通过电子烟的设备吸入人体。当青少年意识到自己上了瘾时，往往就很难戒掉了。

值得注意的是，饮酒现象的减少并不意味着女孩不再寻求镇静。其实，在这个焦虑的时代，女孩常常极度需要迅速放松神经的方法。越来越多的女孩在服用抗抑郁处方药和抗焦虑药。并且，她们发现了一种刺激多巴胺释放的新型药物——社交媒体。

"八年级的时候，我的朋友决定吃一些她爸爸剩下的止痛药，"杰达说，"我很担心她，就告诉了我妈妈。妈妈和我谈了药物滥用会给我的生活带来什么样的影响，我哭了一个多小时。"

"我相信大多数滥用药物或过量饮酒的人有更大的问题，"伊兹说，"我认识一个女孩，她恨她的爸爸，也很抗拒回家，抽大量大麻是她应对生活的方式。"

"孩子吸毒是为了融入他们的朋友，不被忽略，"阿马利娅补充道，"对我来说，吸一小口大麻有助于缓解焦虑。关于吸大麻，我最担心的就是被父母发现。"

"好奇心让很多孩子陷入了麻烦，"杰达说，"我学校的很多同学都抽大麻。一些人因为抽大麻被逮捕了，主要是非裔同学，这对他们是不公平的。"

阿斯彭提到她的一些朋友很喜欢电子烟。课间他们在走廊里抽电子烟，并且老师也不会注意到。玛尔塔告诉我们，她的表姐从她妈妈的药柜里偷拿了治疗焦虑的劳拉西泮，在大考前吃了几粒。

统计数据告诉我们，这一代人在离开家之前往往会对饮酒和吸毒持谨慎态度。可悲的是，女孩进入大学后，经常会把这种谨慎抛在脑后，开始酗酒。许多大学女孩经常喝到昏厥的程度。正如肯德尔所说："我们在派对上喝的酒多到可以让一艘战舰漂浮起来。"

当然，许多高中女生仍然将毒品和酒视作有益于自己的良药，若没有外部资源或家庭支持，这些习惯很难打破。对于蒂安娜来说，一次意外的怀孕让她对健康和生活方式有了新的看法。

蒂安娜（17 岁）

"我最美好的回忆都来自爸爸妈妈还在一起的时候。那时的生活更好。"蒂安娜伤感地叹了口气，咬了一口硬面包圈。

"我们永远不用担心晚饭吃什么，这个月的房租该怎么付。有爸爸在的时候，我从来没有担心过任何事。

"我 8 岁的时候，我的父母因为争吵而分开了，他们不能继续在一起了。爸爸一走，妈妈就跌到了谷底。她开始吸食合成大麻素以及其他毒品，我承担了这个家庭里的母亲的角色。我的弟弟和妹妹都很敬重我，我成了那个告诉他们该做什么的人。这一切发生的时候，他们还只是小孩子。"

"你们后来去了哪儿？"我问。

"我的父母分开后，我们住在了一个收留被虐待妇女及其家人的收容所里。妈妈早上 6 点到下午 6 点在医院做护工。我们几乎见不到她，因为她和我们在一起的时候，都在睡觉。她需要休息，才能做好她的工作。我那时的生活太孤独了，要照顾弟弟妹妹，自己也要去上学。我真的需要一个家长。哄弟弟妹妹入睡后，我就一边看《美国偶像》，一边哭到睡着。

"我们搬出收容所后，妈妈开始频繁地换工作。每隔几个月，她就会换一份工作，并声称新工作一定会改变我们的生活。但我们一直在挣扎，在她辞掉最后一份工作后，我们被赶出了镇上的房子。八个月里，我们无家可归，只能和她认识的不同的人住在一起。其中一位女士还在地下室里制冰毒。"

"你是以什么姿态面对频繁搬家和大的生活变动的？"我问。

"我不能说我做得很好。"蒂安娜耸了耸肩，"在那段时间里，我开始堕落，变得很粗鲁，开始吸毒，晚上出去玩，努力表现出很酷的样子。我本应该花更多时间陪在弟弟妹妹身边，但我没有。

"上中学的时候，爷爷给我们买了一套房子，我们感觉就像中了彩票一样。他对妈妈提出了一些要求——她必须去工作并且停止吸毒，因为在那之前我们已经有两年都无家可归了。但我 14 岁的时候，妈妈被赶出去了，因为她没能履行对爷爷的承诺。她离开后，我就搬去和我的男朋友劳伦斯住。我和妈妈也失去了联系，因为她的人生已经彻底完蛋了。那时我上八年级。"

"那时你的生活是什么样的?"我问。

"劳伦斯的家庭大体上很稳定。他妈妈开了一家日托所,她让我和小孩子一起玩。这样的美好时光持续了五个月,然后我开始帮助劳伦斯贩卖毒品。他因为贩毒被软禁在家,所以我开他的车去送货,这是违法的,但我当时只有 15 岁。我知道这是一个坏主意,但我想要钱给弟弟妹妹买衣服和玩具。

"有一天晚上,我们嗑药嗑嗨了,第二天我不太记得发生什么事了。在我的追问之下,劳伦斯才承认他在我的大麻烟里放了一些碾碎的阿普唑仑(一种安眠药)。就在那天晚上,我怀孕了。

"几个月后,我接到了医生打来的电话。在妈妈的要求下(当时蒂安娜已经和她妈妈恢复了联系),他们给我做了妊娠测试,结果呈阳性。当时我已经怀孕 17 周了。"

"你的第一反应是什么?"我问。

"医生打电话告诉了妈妈这个消息。她打电话到学校,叫我马上回家。我回到家后,我们谈了一整个下午和晚上。我很害怕……我简直不敢相信我怀孕了。妈妈给了我三个选择:流产、让别人收养这个孩子,或者自己留下这个孩子。我告诉她,'你也是在十几岁就做了母亲。你经历过困难,我也会遇到障碍,但我还是想要留下这个孩子。'

"我立刻改变了我的生活方式。我不再和某些人混在一起。我在塔可钟快餐店找到了一份工作,攒下了用来买婴儿用品的钱。我在那里工作了三年,四次获得了月度最佳员工。我长大了,不再为自己担心,而是开始担心孩子。"

"你怀孕期间的主要情绪是什么？害怕？兴奋？"我问。

"这些都有。"蒂安娜笑道，"妈妈怀着我的时候，曾给我写了一些很短的信。所以我也开始给我的儿子写信。有几封写得太矫情了，他可能没有机会看到它们了。"

孕期的激素水平曾导致蒂安娜情绪崩溃。她说："经历了这一切，我的真实性格并没有改变。我仍然很外向，仍然很有趣，仍然是我自己。我只是调整了自己的态度，改过自新了。"

"劳伦斯呢？"

"那时我不想再和毒品有接触了，所以劳伦斯就出局了。在生孩子的前几个月，我开始和他最好的朋友德安德鲁聊天。他成了我最好的朋友和保护者。

"怀孕期间，我和妈妈非常亲密，现在她就像是我最好的朋友。我知道这听起来很疯狂，但这是真的。她会在早上给我打电话，确保我已经醒来，准备去上学了。当我说要留下这个孩子时，她不再提议其他的选择，而是说她会支持我。她和德安德鲁的关系也很好。"

"听起来，你的怀孕给了她一些积极的东西去关注。"我启发道。

"她一直在自己努力解决问题，"蒂安娜表示赞同，"她戒了烟，在我们学校的自助餐厅工作。现在，她住在城市传教团建立的救济所。就在去年，她吸了一次合成大麻素后就去了戒毒所。我的弟弟妹妹回到了寄养中心。我每周都去戒毒所看她，我们在一起努力重建我们的关系。"

"我在努力跟上你故事的进展。"我坦白道。

"欢迎来到我的生活，"蒂安娜回答道，"德安德鲁和我在伊莱贾出生十天后正式开始约会。他很爱伊莱贾，并且尽力帮助我们。德安德鲁想收养伊莱贾，但其实他已经是孩子的父亲了，伊莱贾叫他爸爸。我们已经讨论过如果劳伦斯重新振作起来，回到我们的生活中，那会是什么样子。我们都同意要围绕着伊莱贾来建立我们的关系，一切都以孩子为中心。"

"多给我讲讲伊莱贾的事吧。"我请求道。

"伊莱贾已经到了喜欢顶嘴的年纪了。"蒂安娜说。她提到儿子时，声音里流露出自豪。"他是个超级聪明的孩子。"蒂安娜笑了，"他会手语，我们正在教他英语和一些西班牙语单词。他的个性很好，但睡眠不是很好，我每天晚上还要起来好几次哄他。"

"你是一个什么样的母亲？"我问。

"说真的，我很容易发火，"蒂安娜承认，"孩子的一些行为会让我抓狂。但我告诉自己，我永远不能伤害我的儿子。有时我会提高嗓门，但我知道，如果我养成了大喊大叫的习惯，那么等他再长大一些时，我还会继续这样。所以我专注于使用积极的语言。我试着称赞他所做的一切，让一切都充满关爱。"

"你是如何平衡工作、照顾孩子和参加这个州最具学术挑战性的项目的？你还有时间睡觉吗？"

"我真的非常忙。我每周至少工作 30 个小时。我有时间的时候就做作业，有时我甚至会迟交论文一个月。我的老师大部分情况下都对我表示理解。在晚上，工作和孩子是我的主要关注点。有时如果必要，我也会抽出时间去赶学校的功课。

"我已经被内布拉斯加大学录取了，所以现在我不用像很多同学那样担心成绩和考试分数。我想成为一名小学老师。我的成绩单上并不全是 A 或者 B，但我只想拿到毕业证。对我来说，重要的不是成绩，而是向别人证明我能做到这一切。"

"你仍是一个典型的青少年吗？"

"从中学开始，我就对男生很感兴趣，别告诉德安德鲁，"她开玩笑说，"我想在外面玩到很晚。我可能不总是有这样的机会，但有些晚上我确实能休息一下。通常我们只是开车闲逛，和朋友出去玩。我很情绪化，这是典型的青少年的表现，对吧？"

"我想说，你有权利不时地喜怒无常。"我说，"因为你手头同时有太多事情在进行。"

"大家不知道我是怎么做到的，怎么还能活下去。我知道一些同学把我看作榜样。他们想展示出和我一样强大的力量。另外，我觉得大家之所以尊敬我，是因为我比较直率。大家都知道我妈妈住在救助所，我和男朋友住在一起，我有一个孩子。

"对我来说，这一切都是因为伊莱贾。我想让他知道，如果你下定决心做一件事，你就能做到。我想让他知道我永远不会让他失望。如果我的妈妈当初没有辞职，我们就不会无家可归，有些时候我什么都不吃，好让我的兄弟姐妹能填饱肚子。我有决心让伊莱贾以后永远不用担心这些事情。"

蒂安娜的生活是青春期困难经历的一个极端案例，但她克服了巨大的障碍，坚持着自己对生活的幽默感，想要为儿子创造更好的生活。随着她在高中阶段的成长，她不再逃避母亲和自己的脆弱，而是有决心、有目标地直面自己的痛苦。

我们今天的文化提倡的是逃避痛苦，把痛苦当作需要永久避开的事情来对待，但它实际上是生活中不可避免的一部分。我们的文化仍然教给女孩那些应该抛弃的价值观——尽情购物，保持苗条，感到痛苦时就去消费。

令人振奋的是，如今的女孩很少在社交场合吸毒或喝酒，但她们会在社交媒体中生活，感受到更强烈的孤独和脆弱，这使她们中的许多人将来也会染上毒瘾或酗酒。自 20 世纪 90 年代以来，成年人的吸毒率一直没有下降。社交媒体不会破坏人的肝脏、造成幻觉或吸毒过量，但从长远来看，它可能和所有毒品一样具有害处和毒性。

第 *13* 章

性和暴力的伤害

克里斯蒂（14 岁）

20 世纪 90 年代，我在流浪者之家轮班时，克里斯蒂和我聊到了她的生活。她的母亲是州政府工作人员，父亲是工程师。他们是一对严格而又慈爱、以孩子为中心的父母。他们也是虔诚的天主教徒，并告诉克里斯蒂性存在的意义就是婚姻。他们住在一个豪华的社区，克里斯蒂在学校的人才培养项目中，还参加了天才少年夏令营，因为她的学习进度远超于同学，她跳过了小学三年级。但这意味着，上初中时，她在社交技能和身体发育方面都不成熟。

"上学的事让我很紧张，"克里斯蒂说，"我想证明我和其他孩子一样酷。我想要一个男朋友带我去参加那些受欢迎的聚会。我拼命想要挤进大家的圈子。"

我问她具体都是怎么做的。

"我很快意识到聪明是件糟糕的事，我觉得自己过于聪明了。我经常被人取笑，他们说我只有大脑这一个器官，说我是个书呆子。我学会了把正在读的书藏起来，假装喜欢看电视。数学课上有个男生威胁我，如果我继续占着得 A 的名额，他就要揍我，所以我故意得了几个 B 和几个 C。我父母对此非常生气，但我没有理睬他们，我知道我需要做什么来维持在学校的生活。"

尽管克里斯蒂不是很擅长运动，但她还是加入了学校的越野队。她的一些队友邀请她去参加聚会。突然之间，她有了一帮朋友，他们都是学校里的运动员和预科生。到七年级结束时，她甚至有了一个男朋友。

"他很棒，真的很贴心。我们亲吻、牵手，但没有做别的事情。我们每周要打大约 20 个小时的电话。但我们的父母不让我们一起出去玩。"

克里斯蒂的第一个男朋友在七年级之后搬家了，但很快就有许多其他男孩约她出去。她被亚当吸引，亚当比她的第一个男朋友年龄更大，也有更多经历。

"我记得有一次我们去参加派对。我们喝着玛格丽塔酒，玩提问游戏。"克里斯蒂回忆道，"有人问关于性的问题。你是否做过爱，是否有在车里做爱、口交或者同时和两个人做爱的经历，诸如此类。如果答案是肯定的，就要喝一口玛格丽塔。我是唯一一直没有喝酒的人，这感觉很尴尬。"

克里斯蒂解释说，她喜欢亚当，想和他亲热，但在发展到要发生性关系之前她一定会停下来。她对性很好奇，但不想损坏自己的名声，也不想违反父母的规定。她说，亲热只满足了亚当一段时间，后来他们就开始争吵，因为亚当想做爱，而她不想。最后，她和亚当提出了分手。

其他几个男生马上来约她出去。她接受了一些邀请，但所有的约会最后都变成了摔跤比赛。克里斯蒂的一些同性朋友有性生活，她们鼓励她学学自己。她说："她们想让我也去做爱，这样就能减少她们的愧疚感，但我不会在这件事上这样帮她们的。"

"我想约会，但不想做爱，"克里斯蒂说，"没有男朋友，还想要受人欢迎，这是很难的，但我不在乎。我想至少要等到我摘掉牙套。也许这都是因为天主教信仰带来的罪恶感。"

她说："现在我基本上只参加集体约会，并确保 AA 制，所以我不欠别人任何东西。我很小心，不让自己和别人靠得太近。我把自己的容貌和智慧都隐藏起来。我开始明白，太聪明或太漂亮都会给我带来麻烦。我只想做一个普通人，融入大家。"

一天，在大学里，一群女生在下课后来到我的桌旁。那是在 20 世纪 90 年代，我刚刚做了一场关于性的讲座，她们有一些自己的观察，想和我分享。

"你关于'健康的性'的想法在现实世界中是行不通的，"金杰说，"没有人会像你建议的那样谈论有关性的话题，那太尴尬了。"

简补充说："每个人都困惑不已，他们在喝醉后去做，然后第二天尽量不去想它。"

"我害怕继续约会，"苏珊娜尖声说，"我害怕被强奸或感染艾滋病。"

玛丽安娜说："我很幸运，我有一个稳定的男朋友。我们从大一就在一起了。他不完美，但总比和其他人约会好。"

她们异口同声地说："任何事都比约会好。"

20 世纪 90 年代，美国的女孩面临着三大关于性的问题。一个是关于如何接受自己在性方面的特征，如何定义和性相关的自我，如何做出和性相关的选择，以及如何享受性。另一个问题是，与亲密关系以及如何将性植入一段关系中相关的交流。还有一个问题是关于女孩所面临的性侵犯的危险。到了青春期后期，大多数女孩要么受到了创伤，要么认识身边有受过创伤的女孩。她们害怕男性，即使是在她们试图与男性发展亲密关系的时候。当然，后两个问题在某种程度上是相互关联的，它们使得培养健康的女性性观念变得更加复杂。

即使在今天，美国也没有经明确定义且被普遍接受的关于性的规则体系。我们生活在一个多元的文化中，有着相互矛盾的性范式。女孩会从家庭、教堂、学校和媒体那里接收到不同的信息。每个女孩都必须整合这些信息，形成对她有意义的价值体系。

不同的人也会有截然不同的性范式。关于性行为的正确方式并没有明确的协议，所以每一对伴侣都必须为他们自己协商一个协议。就算是在最好的情况下，关于这一问题的交流也往往是尴尬和破碎的。最糟糕的情况是，甚至没有人试着交流。如果两个人有着完全不同的想法，却没有互相讨论他们自己的范式就发生了性关系，那就会造成极为严重的误解。例如，两个人去约会，其中一个认为性是一种消遣，而另一个人认为性是爱的表达。第二天早上，他们就会带着对未来的不同期待醒来。

我们的文化在性方面有很多严重的分歧。我们教育我们的女儿要将自己视为完整的人，而媒体把她们物化为她们的某个身体部位。电影和电视告诉我们，成熟的人是自由和自然的，而我们又经常被警告，随意性行为可能会致命。我们被双重束缚和不可能实现的期望所困。

20 世纪 90 年代，一项针对罗德岛青少年的研究记录了这种困惑。该调查要求青少年回答一些问题，比如在何种情况下男性"有权未经女性同意而与之发生性关系"。80% 的受访者表示，如果两人已经结婚，那么男方有权强迫女方发生性行为；70% 的受访者表示如果两人计划结婚，男方有权强迫女方；61% 的人表示，如果两人之前有过性关系，那么强迫行为就是正当的；超过一半的人认为，如果是女方主动诱惑男方，强迫行为就是正当的；30% 的人认为，如果男方知道女方与其他男性发生过性关系，或者他在性刺激下无法控制自己，又或者女方喝醉了，那么强迫行为就是合理的。超过一半的学生认为"如果一个女人穿得很诱惑，晚上一个人走在外面，她就是在邀请别人来强奸她"。显然，这些青少年中的大多数并不明白，男性在任何时候都没有权利强行与他人发生性行为。

美国文化塑造的理想女性的性形象反映了我们对女性和性的矛盾心理。男人总是被鼓励要性感，性欲要强烈。女性有时被要求是天使，有时则应是性欲高涨的动物，白天是淑女，晚上是妓女。玛丽莲·梦露就理解并利用了这种分裂——她同时是天真的流浪儿和撩人的"小野猫"，即集孩子和风情万种的性感女人于一身。可以想见，如何以及何时表现得性感，这个问题始终让女孩感到困惑。

女孩在学校里会接受两种性教育：一种是在教室里，另一种是在走廊里。课堂教育的内容往往是关于生殖器官解剖学、人的生殖和分娩等。学生观看有关精子和卵子或生命奇迹的影片。（就连这样的课程也引来了争议，一些家长认为，所有的性教育都应该由家长完成。）一些学校也会提供有关性、节育和性传播疾病的信息，但大多数学校的努力还远远不够。大多数学校没有在学生最需要解决的问题上提供帮助，即提供对性的意义的认识、理解互相矛盾的信息的方式，以及性关系中得体行为的指导。

在20世纪90年代的初中，第一次发生性关系被视为成熟的标志。女孩被她们的朋友鼓励去和她们几乎不认识的男孩发生性关系，许多渴望得到认可的女孩会屈服于这种压力，但双重标准仍然存在。那些在周六晚上被迫去做爱的女孩在周一早上就被称为"荡妇"，那些在聚会上哄骗她们上床的男孩会在学校的走廊里避开她们。

在林肯市的"红与黑"咖啡馆，当地青少年在摇滚乐队的伴奏下跳舞，洗手间墙上的涂鸦说明了那里的混乱。其中一条写道："每个人都应该和每个人做爱。"在这句话旁边，另一个女孩写道："你就是这样死于艾滋病的。"

20世纪90年代的青春期女孩在完成第一次性经历时，都会有一系列复杂的情绪。性爱是令人困惑的、危险的、刺激的、尴尬的，也是充满美好幻景的。女孩意识到自己的性冲动，并渴望继续探索。她们对异性有很大的兴趣，渴望被男孩喜欢。性与自由、进入成人期以及变得成熟联系在一起。电影让性接触看起来既刺激又有趣。但是与此同时，女孩也很焦虑，她们担心自己会因为自己的身体和缺乏经验而受到严苛的评判，她们也担心会被父母抓住或下地狱。她们担心怀孕、感染性传播疾病和败坏名声，同时也担心自己是否足够性感，能否取悦她们的伴侣。她们看到过性与女性的堕落和羞辱联系在一起的事例，也听到过用来描述性的、不堪入耳的攻击性词汇。所以她们害怕在感情和身体上受到伤害。在大多数情况下，女孩把自己的焦虑藏在心里，因为害怕可不是成熟老练的表现。

在20世纪90年代，15~19岁的年轻女性中有超过一半的人有性行为，几乎是 1970 年的两倍。1990 年，有性经历的 15 岁青少年的人数是 1970 年的 5 倍。1990 年，有多名性伴侣的女孩的数量是当时的两倍。

作为一名心理治疗师，我的经验告诉我，初中女生除了亲吻和牵手，对性体验还没有做好准备。这个年龄的女孩还太小，不能理解和处理她们所做事情带来的全部影响。她们对事情进行规划和整合处理的技能还不足以让她们做出有关性行为的正确决定。她们太容易受到同辈压力的影响。她们往往把爱、性和受欢迎的程度混为一谈。她们发生性行为后，往往很快就会陷入困境。无论是在感情上还是在智力上，她们都没有准备好承担随之而来的责任。发生性行为的决定是一个"北极星决定"，也就是说，这是一个与自己的感觉、价值观和长期目标保持一致的决定。到了高中，一些女孩可能已经成熟到可以有性行为，但是更成熟和健康的女孩通常会在这一阶段避免性行为。

我想在这里把性交和其他性经历区分开来。对女孩来说，享受自己正在发展中的性反应能力，并想要探索自己在性方面的偏好和特征，这些都是健康的。在不进行性行为的条件下开始对性的探索，这也是可行的。但在 20 世纪 90 年代，没有现成的或简单的方法来避免性交行为。因此，一些女孩会避免约会和触摸，因为她们不知道如何或者何时与对方划清界限。具有讽刺意味的是，当时的性容许程度甚至让一些女孩对亲吻都望而却步。

20 世纪 70 年代，作为一名研究生，我的第一份临床工作是在一所州立机构为青春期女性违法者开设性教育课。这些女孩的年龄在 13~16 岁，她们都有性经历，其中两人曾经怀孕、一人被轮奸、一人参与卖淫，还有一人被称为该机构的"口交女王"。

我们围坐在桌旁进行第一次讨论时，我被这些女孩的年轻所震撼，她们对性的理解是如此单纯和无知。她们像码头工人一样说脏话，但对自己的身体、避孕或怀孕却知之甚少。一个女孩宣称："没有口交就不会怀孕，因为精子在口交时才会进入你的肚子。"另一个曾经怀过孕的女孩认真地说："我真的从来没有过性生活。"她们的性教育是从电影、电视和夜晚的街道上接受的。

缺乏对于她们身体的认识已经够糟糕了，更糟糕的是，这些女孩在做关于性的决定时没有任何指导原则。她们几乎不知道自己在做什么，而且事后也会经常"忘记"她们发生过性行为。她们不知道自己有权对性做出清醒的决定，不知道该如何说"不"。

我开设了一门有关做性方面决定的课程。我们角色扮演被引诱的场景，我扮演引诱者，她们给了我很多增加生动性的小建议。她们则扮演尴尬而笨拙的自己——咯咯地笑，低下头，只在很少的情况下低声反对，很容易就被一点点压力吓倒。经过大量的练习，她们学会了大声、坚定地说"不"。如果对方仍在坚持，她们也学会了大声呼救、推开对方、挥拳反抗和逃跑。

接下来，我们讨论了如何做出与性相关的决定，以及如何就性和亲密行为与他人沟通。我解释说，一个女孩的第一次性经历很重要。这会是她之后人生经历的模板。如果她足够幸运，会与彼此深爱的人发生第一次性关系，性是发生在一段以感情承诺为前提的关系中的。如果幸运的话，做爱会是温柔而热情的，可以加深两个人之间的爱与关怀。

那个小组里的女孩几乎都没有这么幸运。她们以往的性经历是混乱的，匆忙的，没有人情味的。她们遭遇了性，而非选择了性。她们中的大多数是被迫进行性交的。没有人的性行为是出于有意识的选择，想要在一段关系中分享爱而发生的。

我帮助她们建构了一些愿景。在她们能够在脑中描绘出一段美好的经历之前，我对她们能否真的拥有这样的经历保持怀疑的态度。因此，我让她们去幻想和那些对她们想去的地方和想做的事情感兴趣的、值得尊敬的男性约会。约会应该持续一整个晚上，包括对彼此的赞美、互相交谈和一起娱乐。起初，她们觉得这是不可能的，她们觉得这样的约会不可能发生，但渐渐地，她们可以设想一次体面的约会了。

我教这一组女孩如何制定自己的标准。一开始，她们写出的标准让人心疼。一个女孩说："和我约会的男生应该把钱花在我身上——你懂的，带我去麦当劳或其他地方。"另一个说："那个人应该对我说他喜欢我。"

我们从现有的标准开始不断完善，制定标准是朝着自己能负责任地做出与性相关的清醒选择这一方向迈出的一步。她们明白了可以自行决定谁才是值得的性伴侣。几周后，一些女孩已经制定出了一些更严格的标准。

所有女孩都需要帮助才能理解围绕着她们的关于性的混乱情形。与她们从媒体上学到的相反，她们需要知道，亲密关系中发生的大多数事情是与性无关的——亲密关系主要意味着一起工作学习、聊天、大笑、争论、有共同的朋友，以及令人心情舒畅的远足。我们应该鼓励女孩成为自己生活中的性主体，而不是他人生活中的性客体。她们需要在帮助下把感情和性分开。

女孩既想表现得性感，又想被尊重。她们想要变得冷酷而老练，但又不想感到腻烦或参与滥交。她们想自发地发生性行为，又不想死于艾滋病。20世纪90年代，莉齐和安杰拉是两个在高中阶段遇到与性相关的典型问题的案例。莉齐是个好学生，而安杰拉中途辍学了。莉齐来自一个强大的家庭，而安杰拉来自一个破碎的家庭。莉齐很受欢迎，适应能力强，有着超乎她年龄的成熟。安杰拉则不太成熟，容易冲动，很少有亲密关系。这两个女孩都是我们文化混乱的牺牲品。

莉齐（17岁）

莉齐是由学校辅导员推荐来我这里的，因为她想转到另一所高中。莉齐开车到我办公室，接受课后的心理治疗。她上高三，身材婀娜，穿着格子裙和时髦的毛衣。在治疗初期，她说："我认为我的心理很健康，我不确定自己是否应该出现在这里。我所有的问题都存在于现实世界中，而不是我的脑袋里。"

我问这些现实世界的问题是什么。

"我的朋友，"她说，"或者更确切地说，是那些我以为是朋友的人。现在，他们大多数都不跟我说话。"

莉齐来自一个工薪阶层社区。小时候，她会和父亲一起钓鱼，和叔叔一起打保龄球。她慈爱的祖母就住在附近，教她做饭。她的父母和她大多数朋友的父母在同一家轮胎厂工作。孩子们上同样的学校，进同一个橄榄球队和棒球队，在同一个公园和咖啡馆里玩耍。女孩和男孩都很喜欢莉齐。在小学时，她是一名优秀的运动员；在初中和高中，她都是啦啦队的队长。

高中二年级时，莉齐开始和保罗约会。她从上幼儿园时就认识他了，但他们是在一次云教堂的远足后开始约会的。在一年多的时间里，这段关系很美好的。他是一个帅气的橄榄球运动员，莉齐的朋友都说羡慕她。莉齐的父母很喜欢保罗，保罗的父母也喜欢莉齐。高中三年级的时候，他们是返校节王子和公主。每个人都确信在毕业舞会上他们将是舞会国王和王后。

高中三年级的整个暑假里，莉齐都在科罗拉多州落基山脉的一个儿童夏令营里工作。孩子们很有趣，景色美得令人窒息，她还对一位名叫杰西的辅导员很有好感。一开始，她和杰西只是朋友。他们在山里散步，在寒冷的星光下划独木舟，漂荡在清澈的湖面上。

杰西来自芝加哥，秋天就要去西北大学上学了。他几乎是保罗的反面：接地气、有教养，并且有新鲜感。莉齐拒绝倾心于他，但他每天都在身边，就像她说的，"在山间，人很容易坠入爱河"。

一天晚上，他们在山上的湖边盖着毯子聊了很长时间，然后开始接吻。杰西脱下了她的衬衫，然后是她的长裤。他热切地想要发生关系。莉齐虽然没有那么渴望，却没有说不。那天晚上，他们成了情人。

夏天飞逝而过。莉齐细心地回复保罗每周寄来的信。她告诉保罗自己很想念他，但太忙了，没有时间打电话或写长信。她从没提到过杰西。8 月底，她和杰西说了再见。杰西邀请她有机会去芝加哥玩，但他不相信异地恋，并预先通知她说，他会和其他女孩约会。莉齐为此很伤心，但她告诉自己，他们之间毕竟又不是订婚的关系。

她回到家后，保罗问她："你和别人上床了吗？"莉齐显得很吃惊，但也没有否认。保罗把她的反应解释为她默认了自己的错误，开始哭泣。他们一直谈到深夜。保罗又伤心又沮丧，但还是很健谈。他离开时说想和莉齐成为朋友。

开学的头几个星期，一切都很好。她的朋友见到她很高兴，她也在忙着啦啦队的事。她有几节课要和保罗还有他的朋友一起上，刚开始还没什么，后来变得很别扭，最后非常难以忍受。保罗不再和她说话。莉齐走过学校的走廊时，保罗的朋友用难听的字眼叫她"荡妇"或"贱人"，她很惊讶。

莉齐试着约保罗谈谈，但他拒绝了。他的朋友变得更加喜欢挑衅，甚至警告她不要再打扰保罗。她试图熬过这段时间，但时间的流逝似乎并没有太大帮助。事实上，随着时间的推移，她更多的朋友选择了支持保罗——她从出生就认识的大多数男孩和几个女孩都不再和她说话了。

10月份，她没有被邀请参加为啦啦队队员和运动员举办的大型聚会。她退出了啦啦队。她考虑过和父母谈谈，但知道他们会因为这些事而感到难过，于是她去了学校辅导员办公室。

向我倾诉这一切时，莉齐又伤心又生气。她知道这不公平，她知道自己有权决定和谁约会，她讨厌别人叫她"荡妇"。

刚开始，我们处理了这场情绪危机。我鼓励她哭喊出来，做所有能帮助她发泄情绪的事。我们讨论了眼前非常实际的问题：午餐时她可以和谁坐在一起？（有几个朋友仍然对和莉齐的友谊坚定不移。）当男生在走廊里用难听的词叫她时，她该怎么做？（她决定看着他们的眼睛说："我希望你们永远不会经历这样的事情。"）她该怎么度过周六的夜晚？（她决定在家庭暴力庇护所工作，这会让她减轻自怜的程度。）最终，莉齐决定留在高中，她不想在毕业前被保罗的朋友赶出学校。

我们谈了一些基本问题。我问她："你真正想要的朋友是什么样的人？你能给别人带来什么？什么能让你快乐？什么让你感到自豪？你如何设定事情的优先级，如何合理安排时间？你怎样才能拥有真正体现自己价值观的生活？"

与此同时，杰西不再回信了。在他们分手后，他只写了三封信，一封比一封短。莉齐承认这段关系对她比对杰西来说更重要。他们分开时，性行为也让她感到更痛苦。她对自己的决定感到愧疚。她开始有点儿同意那些在走廊里对她发出嘘声的男孩，她认为自己就是个荡妇。突然之间，性似乎充满了危险。

莉齐对性有了自己的想法和策略。她决定要等到和一个至少可以做到像她关心对方那样关心她的人在一起，并在进入长期的亲密关系后，再去考虑性的问题。她想和别人讨论性会如何影响这段关系，她想要保护自己免受意外怀孕和性传播疾病的伤害。她还决定，她会在冷静、清醒的条件下，而不是在约会的激情中，做出与性相关的决定。

现在，莉齐在学校度过漫长而艰难的一天之后，会通过一些方式犒劳自己——在旷野公园散步，去图书馆看《人物》和《国家地理》杂志，或者和朋友去咖啡馆。她提醒自己高中毕业后还有更长久的生活。莉齐开始考虑上大学的事，事情渐渐平息了下来。保罗开始和另一个女孩约会，他和他的朋友对惩罚莉齐失去了兴趣。莉齐已经不像三年级的时候那么受欢迎了，但是否受欢迎对她来说已经不那么重要了。她和从小就认识的两个女孩保持着亲密的友谊，还在庇护所交了一些新朋友。

心理治疗结束时，她正在和一个大学生约会。他们有一些亲昵的举动，但没有发生性关系。莉齐决定再等一段时间。她不想再承受失去爱人之后的痛苦。

莉齐是一个坚强的、适应能力很强的年轻女性，但是和所有的青少年一样，谈到性的时候，她受困于矛盾的价值观。她父母希望她结婚时还是处女。她的前男友在整个夏天都鼓励她和自己做爱，即使这段关系很短暂。她的高中朋友很愤怒，不是因为她发生了性关系，而是因为她和一个他们不认识的人发生了性关系。莉齐学会了照顾自己和忍受别人的否定。她学会了去思考对亲密关系的选择，以及承担与性相关的决定所连带的责任。

安杰拉（16 岁）

我第一次和安杰拉见面时，她已经怀孕四个月了，孩子的父亲是她交往了几个月的男朋友托德。她蹦跳着走进我的办公室，穿着黑色皮裙和一件胸前印着"贫民窟"字样的低胸 T 恤。不一会儿，安杰拉就滔滔不绝地开始讲述她的故事。

安杰拉的父亲在她八年级的时候有过一段婚外情，于是她的母亲带着弟弟去了亚利桑那州，她很少收到他们的来信。安杰拉和父亲住在一起，还有他的新伴侣玛丽，以及玛丽的三个孩子。

安杰拉抱怨说她很少单独见到父亲，并且那三个孩子会"偷她的东西"，他们"被宠坏了，每天都过度亢奋"。她没有隐私，父亲和玛丽希望安杰拉能照看那三个孩子，这样他们周末就可以出去玩了。

我问她学校生活如何，她皱了皱鼻子："我必须在学习中心待到16 岁，我讨厌那里。我 16 岁生日一过就退学了。"

"你讨厌什么？"

安杰拉深深地叹了口气，将雪白的手臂高举到向上竖起的红头发之上："我在那儿很无聊，我讨厌我们要学的垃圾课，而且那里的女生都是势利小人。"

"跟我说说你的父母吧。"

她又叹了口气，说："我告诉妈妈我怀孕了，她先祈祷了一阵儿，然后就和我断绝了关系。她最喜欢我弟弟，他还太小，还不会有那么多罪过。"

她向后靠在沙发上，说："我和爸爸相处得更好，他更低调。他对我怀孕很生气，但他仍然爱我。他想让我继续住在他和玛丽的家里，直到孩子生下来。"

"孩子出生后怎么办？"

"我想和托德住在一起，"安杰拉说，"如果不行的话，我就会搬到保障性住房去。我已经注册了。"

"托德是孩子的爸爸吗？"我问。

她像个年轻姑娘一样咯咯地笑，说："托德很棒，他太可爱了。"

"你和他约会多久了？"

她举起手来，说："五个月。这是我和别人在一起时间最长的一次了。"

"他会帮你照顾孩子吗？"

"他想这么做，但他已经有一个孩子了，"安杰拉回答，"他要付孩子的抚养费，还要付他自己的车贷。他答应会和我一起去医院。我怀孕这件事让他很高兴。"

我向安杰拉询问了她父母离婚后生活的更多细节，她以一种实事求是甚至喋喋不休的方式向我讲述了她的故事。对这样一个八年级、数学不及格，还面临着这么多问题的女孩，我感到不知所措。心理治疗结束时，我问她："如果没有怀孕，你的目标会是什么？"

安杰拉咧嘴一笑，说："我想成为一个 MTV 明星。"

我们的治疗时间结束了。我递给安杰拉一张预约卡。她温和地责备我："你都还没有问我要给孩子起什么名字。"

我朝她微笑。

"女孩就叫亚历珊德拉，男孩就叫亚历克斯，你觉得怎么样？"她问道。

"我觉得这两个名字都很好听。"

安杰拉走后，我又想起了她。面对巨大的问题时，她的快乐既讨人喜欢又令人不安。我喜欢她的天真、乐观和活力，并且希望她有足够的特质以支撑她度过接下来的几个月。

第二次治疗中，我们讨论了安杰拉的社交生活。父母离婚后，她逃到了一个电子游戏厅，那是城镇北部那些迷失了的陷入困境的孩子常去的地方。在那附近发生过缉毒行动、枪击和几起强奸案。安杰拉选择了一个最糟糕的落脚点。她到那里的第三天晚上，诺亚提议用他的卡车带她去兜风。他们开车去了乡下，诺亚鼓动安杰拉和自己做爱。

安杰拉向我描述了那次经历："我觉得诺亚很可爱，但我还没准备好要发生性关系。我还没有好好想过，它就发生了。我并没有享受其中，但我又想，这有什么大不了的？"

在诺亚之后，她每隔几周就换一个新男友。她会被某个人吸引，然后和他出去，不算真正的约会，只是兜风或去对方的公寓。有时她甚至会和连她姓什么都不知道的男性做爱，同样她也不知道对方姓什么。安杰拉一直都希望和这些男性成为男女朋友。但通常，在恋爱初期，他们就会分手。安杰拉会心碎几天，然后又遇到一个酷酷的男性。她就像初中女生一样容易对男人动心。她和 20 年前的女孩的不同之处在于，她会和所有让她动心的人发生性关系。

托德是电子游戏厅的常客。他个子很高，金发碧眼，一副"坏男孩"的样子，女孩都倾心于他。安杰拉第一周就注意到了他，但他经常带着他的小女儿，安杰拉以为他有一个固定的女朋友。

在认识托德五个月之后，安杰拉又和当时的恋人分手了。托德在快餐吧台找到了她，并要请她喝可乐。

"他太可爱了，"安杰拉说，"我告诉他我被甩了，他很同情我。他并没有催我做什么，只是想和我聊聊天。"

第二天晚上，安杰拉穿着她最好的衣服到了游戏厅，托德又过来和她说话。一个小时后，他建议他们去他住的地方，那里可以有更多的隐私。安杰拉同意了，并且当天晚上他们就发生了性关系。两周后，安杰拉的月经没有按时到来。

我们结束了那次治疗，因为安杰拉已经和医生约好要去做产检。我说如果托德能一起来，我会很高兴见到他。

接下来的一次约见中，安杰拉穿着黑色紧身裤和白色运动衫，这是她的第一套孕妇装。她拿着一本《关于婴儿的一切》，进来后马上告诉我她很沮丧，因为托德不会来了——他"不相信那些和精神病打交道的人"。

她叹了口气，用手将了将头发，说："这周我去了出生权维护会，看看能不能得到一点儿救济。他们让我看关于胎儿的影片。我也去找过抚养未成年子女家庭援助计划的人，但那计划太复杂了，有成堆的表格要填写，一切情况都需要证明，而且面试我的那个女人很讨厌。另外，我正在努力戒烟。"

"你去看医生了吗？"

"我们找不到接受联邦医疗补助计划的医生。这周糟透了。"安杰拉叹了口气，"托德真是个浑蛋，我几乎一周都没见过他！他说他工作很忙，但他其实一直在霍利家——霍利是他女儿的母亲。"

安杰拉告诉我，玛丽的孩子得了水痘，她父亲正为钱大发牢骚。托德的车需要 100 美元修理，这使他脾气暴躁。她早上一直在呕吐。

我问她对有孩子有什么感觉，那天早上她脸上第一次出现了笑容。她说："我对此很高兴。我很高兴能去爱别人。"

我们花了一个小时谈论关于她怀孕的事。安杰拉发现了一件她很感兴趣的事——做一个母亲。她喜欢在旧货店看婴儿服装，和朋友谈论怀孕的事情。她不再觉得自己不如留在学校里的女孩了，她有一些她们所没有的东西。我很高兴我们这次的治疗过程很愉快。下一次安杰拉来的时候，托德已经和她分手了。

安杰拉告诉我这个消息时，她的眼睛和鼻子都哭红了，但那时她更多的情绪是愤怒。

"他怎么能这么浑蛋？他向我保证他会和我在一起，然后他昨晚打电话给我说他要搬去和霍利一起住。"

她讽刺地摇着头说："霍利和她的女儿需要他。"

"我讨厌男人，"安杰拉继续说，"我约会过的所有男人都是浑蛋！"

治疗结束时，她也说了一些好消息："我找到了合适的医生，并且我已经六天没抽烟了。"

我们在后面的治疗中谈到了亲密关系。安杰拉意识到她父母离婚后，她一直都在寻找真爱。她会喜欢上任何说她漂亮的男人。因为她太容易冲动，所以经常受到伤害。她逐渐预料到自己最终一定会被厌弃，当托德离开她时，她一点儿也不惊讶。

"如果你花点儿时间，也许能找到其他方法来减轻孤独感。也许你可以更依赖自己和同性朋友。但如果你想约会，也许你也能找到一个愿意留在你身边、让你快乐的人。"我说，"我们能不能至少设定一些标准，规定必须在某些事发生之后，你才能和一个男人发生性关系？"

"比如说什么样的标准？"

"你需要自己来决定。"

安杰拉看起来持怀疑态度。

"你需要一些时间才能真正了解一个人是否诚实和关心他人，"我接着说，"坏男人可以暂时假装出一些特质。你认为你需要和一个人相处多久才能了解他的真实人格？"

安杰拉想了一会儿才说："可能至少一个月。"

"这就是一个标准。你还有其他要补充的吗？"

"他必须有一份工作和一辆车。他必须是一个有趣的人。"

"让我们把这些写下来。"我说。

安杰拉怀孕的大部分时间里，我都在和她见面。我们谈到了她的长期目标。我们讨论了向外界寻求救赎的风险。我建议她要想办法养活自己和孩子，并建立一些长久的友谊。

一天清晨，安杰拉从医院打电话给我，告诉我亚历克斯出生了。

他的体重不到 6 磅，头发和托德一样是金色的。是玛丽陪她进产房分娩的，她听起来又骄傲又高兴。她说："如果你来看我，给我带点儿巧克力吧，我都快饿死了。"

过了几个月后，我最后一次见到了安杰拉。我在一家打折杂货店买东西，她抱着婴儿亚历克斯走了过来。她看上去还是原来的样子——快乐的微笑、苹果红色的头发、黑色的眼线。她把亚历克斯递给我，一个头发乱翘着的胖乎乎的婴儿，他穿着一件黑色人造革夹克。我抱着他，他就开始咕咕叫，我也跟着他发出咕咕的叫声。从他健康的身体和微笑中，我可以看出他受到了很好的照顾。他在我的怀里扭动着，安杰拉告诉了我她现在的情况。她现在有了一个新男友，名叫凯里，他符合她建立亲密关系的标准。他是一名电视修理工，有一辆吉普车，并且喜欢孩子。

安杰拉正在努力考取普通教育发展证书。安杰拉的亲生母亲从未见过亚历克斯，也很少给安杰拉打电话，但安杰拉会和玛丽倾诉她遇到的问题。星期天，安杰拉、凯里、亚历克斯会和安杰拉的父亲还有玛丽一起吃晚饭。

当亚历克斯向安杰拉伸出手时，她笑了起来，很快把他抱了回去。"他是不是很棒？"她说着，轻轻捏了捏亚历克斯的下巴。

我推着购物车沿着走廊离开了。我很高兴又见到了她，而且事情比我预想的要好得多。

性暴力

星期天的早晨，我通常都醒得很早。此时，我家的其他人都还在睡觉，我喜欢在独处的时间读当地的报纸。有一个星期天的头条新闻是《噩梦始于告别》，讲述的是 1992 年的一名大学一年级学生坎迪·哈姆斯的故事。坎迪和父母住在离男友家一英里远的公寓里。晚上 11 点 40 分，她的男朋友送她上了车，到了 12 点，她应该回到家了。但在这期间，一些不好的事情发生了。人们发现她的车被丢弃在城镇北部的一个偏远地区。被发现时她的钥匙和钱包还在车里。

另一篇头条新闻指出，当时的家庭暴力发生率处于历史最高水平。周日报纸的内页有一张照片展示了一个新的时装系列。在这张照片中，模特穿着暴露，踩着高跟鞋走在纽约时装秀上。在她们又紧又短的外套上，以及她们的胸部和臀部上，都画着靶子的图案。这张时装照片的标题是：行走的目标。

这些关于妇女和女孩的故事在美国的每家报纸上都有报道，它们对所有的年轻女性都产生了寒蝉效应——她们不再有充足的信心，能在自己的生活中把握正确的方向。她们的恐惧道出了问题的核心：对女孩来说，我们的社会环境究竟意味着什么？

我曾看到一个年轻人的汽车保险杠上写着这样的字眼："我不做爱，车祸自来。"他的确并不是唯一有这种想法的人。1994 年，平均每一天，都有 480 名妇女和儿童被强奸，5760 名妇女被一名男性亲密伴侣侵犯，4 名妇女和 3 名儿童被家庭成员杀害。强奸是"青春的悲剧"，因为在 32% 的强奸案例中，受害者的年龄分布在 11 岁到 17 岁之间。

这些统计数字背后是成千上万个悲惨故事。我的一个学生因为被男朋友殴打而多次旷课。另一组学生进行了小组讨论，讨论内容包括我们关于虐待的课堂问卷调查结果。超过一半的女学生在问卷中表示曾在恋爱关系中受到虐待。最近三次我在一所高中的课堂上做演讲时，都有女孩在结束之后来找我，告诉我她被强奸了。

关于自卫防身的课堂上满是不久前受害的成年女性和女孩。在我给大学生上课时，我问男生会做些什么来保护自己，他们说自己什么都不用做。我又问了女生保护自己的方式，她们列出了一长串谨慎保护自己的方式。恐惧在很多方面改变了她们的行为——她们何时可以去一个地方，与谁交谈，在哪里散步、学习和生活。

20世纪90年代，我作为一名心理治疗师，接触了许多性侵受害者，其中一些人是在近期被侵害的，还未从创伤和震惊中走出来，另一些人则仍在挣扎着理解多年前她们还是孩子时遭受的性侵害。来接受心理治疗的最小的女孩是一对姐妹，一个3岁，一个5岁，她们的继父以极其残忍的方式侵犯了她们。我年纪最大的客户是一位70多岁的女性，她讲述了十几岁时遭遇的强奸。在那件事发生50年之后，她仍然会做噩梦。有时，我下班的时候，心里会想，每个美国女人都曾经或将会遭受性侵害。

在遭受人身伤害后的很长一段时间里，受害者还必须面对感情上的创伤。许多因素在影响着性暴力造成的创伤的严重程度。一般来说，如果受害者是年轻人，性侵害行为频繁且持续较长时间，性侵者与受害者有亲属关系，性侵害行为是暴力的，那么性侵害带来的创伤会更严重。家庭成员的暴力性侵害行为是最致命的。

其他因素中，受害者的反应也很重要。比较理想的情况是，女孩及时告诉别人发生了什么，并寻求帮助。女孩从家庭和其他人那里得到的支持越多越好。最后，女孩应对压力的韧性和能力也各不相同。有些人能比其他人更快、更彻底地从创伤中恢复。所有性侵害的受害者都能从家庭、朋友或心理治疗师那里获得帮助，来应对创伤后遗症。

埃莉（15 岁）

与埃莉和她父母的第一次见面，对每个人来说都是痛苦的。埃莉一屁股坐在我办公室的大椅子上，像小孩子一样蜷成一团。她乌黑的眼睛里充满了泪水。她的父亲迪克被吓得几乎说不出话来。罗奈特像她的女儿一样，个子矮小，头发乌黑，大部分话是她说的。一开始，罗奈特说："我被这件事击垮了，都不知道该怎么说了。"

迪克是一名焊工，罗奈特在家里开了一家发廊。他们努力工作，并且把孩子放在第一位。迪克在他们的院子里立了一根美国国旗旗杆，他们所有的车上也都贴着国旗。他在参加越战时受了伤，是当地美国海外战争退伍军人协会（VFW）的主席。

罗奈特喜欢 VFW 组织的乡村音乐主题音乐会，她和迪克都是优秀的舞者，她为此感到自豪。她是一个高傲、勤奋的女人，很少会遇到自己解决不了的问题。他们两人都非常关心埃莉，她是三个女儿中的老大。

罗奈特深呼吸了几次，向我讲述了事情的概况：

"埃莉在八年级时非常叛逆。她会为每件事而争吵——该她负责的家务、电话和她的学习，但我们其实不怎么担心她，我们知道孩子都会经历这个阶段。她的成绩很好，大部分成绩是 B。她是游泳队的队员。我们也很喜欢她的朋友。"

罗奈特叹了口气，说："最让我们担心的是她不听话。她逃过几次课，晚上会和朋友一起溜出去。我们担心她会受到伤害。"

埃莉在母亲说话的时候开始啜泣，而迪克则像一个准备战斗的拳击手一样，不断握紧和松开他的拳头。罗奈特的脸上泪痕斑斑、神情紧张，但她继续说了下去。

"上个月，她快把我们逼疯了。她对我们很不尊重，在学校也满口脏话。昨天她被叫进辅导员办公室，因为她在走廊里推了一个孩子，那不像是埃莉会做的事。她的成绩下降了，也不再和朋友出去了。我们知道一定是发生了什么事，但不知道具体发生了什么。"

迪克说："我们问她怎么了，她不肯告诉我们。"

"感谢上帝，埃莉告诉了她的学校辅导员，"罗奈特说，"所有事真的只会越来越糟。"

我问："我知道现在的情形很难面对，但究竟发生了什么？"我们都看着埃莉，她把脸埋在椅子里。

迪克说："很多细节我们不知道，和她聊这件事太难了。"

罗奈特用沉闷的声音说："埃莉溜去了一家保龄球馆，她以为她的朋友会在那里，但他们不在。她穿过停车场准备回家时，四个男孩把她拉进车里强奸了她。"

"我希望我们知道这件事。"罗奈特说，"但埃莉选择不告诉我们，这对我们的伤害几乎和强奸本身一样大。我们以为她会更信任我们的，我们以为我们有一个很好的家庭。"

"女孩通常都会对这些事情保密，"我说，"这并不意味着你们的家庭有什么问题。"

"我真不敢相信在埃莉身上发生了这样的事。"罗奈特说，"我没能阻止这样的事发生，我太内疚了。"

"我想死。"埃莉小声说。

迪克说："我想杀了那些家伙。"

"我们现在该怎么办？"罗奈特问道，"我们谁也睡不着，也都吃不下饭。迪克四天没去上班了。"

整个家庭都处于休克状态，需要心理治疗。毫无疑问，两个小女儿肯定也很痛苦。我打算进行家庭治疗，但首先我想单独与埃莉见面。

在第二次见面的时候，埃莉看起来好了一些——她的黑头发不再蒙在脸上，眼睛也不再流泪。我们花了几分钟，聊了聊她的学校和她上一次参加的游泳比赛。然后我又提起了她经历的强奸。

她把一个抱枕抱在胸前，沉默了下来。她的指甲和指尖的皮肤全都被咬过。她还没准备好开始说话，我就给她讲了其他受到伤害的孩子，以及他们是如何接纳创伤的。我谈到了创伤的本质。

"你割破手指时，它会流血；你可能不喜欢血，它是可怕的、糟糕的，但手指被割伤时，就应该流血。这是健康的表现。如果不流血，一定是出了问题。发生在你身上的事情很可怕，你会感到很痛苦。你不喜欢痛苦，它很糟糕、很可怕，但它是你被疗愈的过程的一部分。把自己的感受埋藏在深处，从长远来看会带来更大的伤害。"

埃莉从抱枕后面盯着我，她乌黑的眼睛里充满了痛苦。我解释说，创伤会有其他的副作用。她可能会做噩梦、失眠。她可能会害怕出门，也害怕一个人在家。她可能会觉得自己疯了，好像再也无法恢复了。她可能会觉得这是她的错，她应该更聪明一些，阻止这件事发生。

埃莉点头表示同意，并轻声说："那些家伙的影子总是一遍又一遍地出现在我脑海里。"

她哭的时候，我走过去坐在了她旁边。

接下来的四次见面都与第二次见面的过程类似。我给埃莉读书，或者给她讲我认识的其他女孩的故事，她们都有和她一样的经历。埃莉的手指仍然红红的，被她咬过。如果没有父母陪着，她就不想离开家。她对和朋友做任何事都不感兴趣。

在第六次治疗时，埃莉走了进来，说："今天我要告诉你具体发生了什么。"

她停顿了一下，说："如果把它说出来，事情就会好转，对吗？"

我点了点头。

她拿起抱枕，给我讲了那天发生的事。她本打算溜出去和朋友碰头、喝杯可乐，但她朋友的父亲那天晚上很晚都还没去睡觉，她朋友不敢出门，甚至不敢给她打电话。所以当埃莉到达保龄球馆时，她朋友不在那里。

"我等了一个小时，"埃莉说，"我感觉不太好，我的头有点儿疼，而且那些高中男生一直盯着我看。我不害怕他们，但我一个人在那里，觉得很不自在。"

她的声音越来越沙哑。"我 12 点左右离开了保龄球馆。我看到那些男生也要走，但我当时并不担心。他们把车停在我旁边，让我搭他们的车。我和他们不熟，所以拒绝了。他们在停车场转了一圈，又回来了。然后他们停下车，两个人下车把我拉了进去。"

她的声音现在变得平静了。"他们一共有四个人。在黑暗的车里，我看不清他们的脸。他们中的两个人把我摁在后座上，把车开到了保龄球馆后面的巷子里。我开始哭，其中一个人说，'我们还是不要这样做了。'但他的朋友都骂那个人没种，他就闭嘴了。但我知道他没有强奸我。其余三个人强奸了我。"

埃莉停了下来，向窗外望去。她的眼睛里没有泪水，但充满了痛苦。她喘了口气，又继续说了起来："开车的男生先强奸了我。他的伙伴把我的牛仔裤脱下来，然后压到我身上。他没有吻我或其他的举动。"

她的声音哽咽了，但她接着说："我以前从来没有过性经验，我觉得我好像被撕裂了。但做完的时候，让其他人也做同样的事。两个坐在后座的人轮流进行。我开始呕吐。后来他们用我的衬衫来清理我的呕吐物。"

埃莉现在颤抖起来，好像正身处严寒之中。她的声音没有任何起伏和活力。"在做这些的时候，他们一直在笑，还不断开玩笑。开车的男生说一定是我也想要这样，否则我不会一个人出去的。他们像对待动物一样对待我，好像我没有任何感情一样。

"后来，他们先把我从车里扔了出来，然后扔出了我的衬衫。我穿上它，遮住裸露的上身，然后走回家。我哭得太厉害了，我想我可能中风了，或者有了别的问题，但我一直哭到哭不出来，才进了家门。我从窗户溜进去，爬上床，直到天亮。然后我洗了个澡，把衬衫也洗干净了。"

埃莉看着我，说："令我吃惊的是，第二天早上父母什么也没注意到。吃早饭的时候，他们一直在说我妹妹要去看牙医的事。"

在接下来的几个月里，我又听了很多遍这个故事。一开始，埃莉讲述的时候并没有太多感情，但渐渐地，她把自己的话和自己的感受联系起来，一边讲故事一边啜泣。

我让她给强奸她的人写信，但不是要寄给他们，而是让她通过写信来表达自己的愤怒。她潦草地写了几封信，开头是："我恨你们对我的生活所做的事，你毁了我和我家人的一切，我们再也不会恢复正常了。"

迪克给她买了一个沙袋挂在地下室。每天晚上，她都去打沙袋。起初，她在打沙袋的时候很难将自己的愤怒与之联系起来，但我鼓励她继续尝试。我让她想象那些男孩、那辆汽车和被强奸时的情景。她在这样的回忆里，狂怒地打了起来，大喊关于强奸的事。后来，她踩到了地上的小坑，摔倒了，但她感觉平静多了。所有的愤怒都从她身上发泄了出来，被藏进了沙袋中。

与此同时，针对这几个男孩的诉讼案件也一直有新的进展。这在某种程度上对埃莉造成了二次创伤。警察带着更多的问题来到她家，她不得不在取证时再次讲述自己的经历。报纸刊登了一些关于此事的文章。虽然她的名字没有被提及，但是看到这些故事总是给她带来痛苦。越来越近的庭审会将她的羞耻经历公开暴露在所有人面前。

迪克和罗奈特每月都会来谈谈他们对女儿被强奸的反应。

他们不敢让自己的女儿出门，两个人都无法忍受女性被强奸或被暴力侵犯的新闻。迪克的复仇幻想妨碍了他的工作，他晚上醒来满身是汗，就像在越战战场上时一样。有时罗奈特在给顾客理发的时候也会哭。她会用毛巾裹住那个人的头发，然后快步跑出去。

后来，家里的另外两个女儿也加入了我们的家庭治疗，讨论埃莉的经历对她们生活的影响。二女儿发誓，她再也不会在晚上单独出去，也不会和家里人不认可的男孩子出去玩。最小的妹妹想为埃莉报仇。自从姐姐被强奸后，她在学校因为调皮捣蛋惹了很多麻烦。每个人都认为他们的家现在已经完全不一样了。其他家庭会谈到钱、学校和日常活动等话题，他们却被强奸困住了。他们像埃莉一样，需要一个可以说话和哭泣的地方。

埃莉逐渐恢复了，她的手指愈合了，指甲也长长了，她重新燃起了对游泳队和学校的热情。她开始和朋友出去玩。她和她的妹妹们报名参加了自卫防身的课程。

我们也讨论了强奸对她未来的影响。埃莉说她感到自己变得很脆弱。她总是比她的朋友更谨慎，更焦虑。现在她对男孩不感兴趣。她想在很长一段时间内都远离性。她毫无感情地说："我已经失去了所有的好奇心。"

幸运的是，埃莉的身体没有受很严重的伤，没有感染性传播疾病，也没有怀孕。她的父母带她来接受心理治疗，这也很幸运。尽管如此，埃莉还是和强奸发生前不一样了——她更谨慎，更依赖她的家庭。正当她开始探索这个世界的时候，她的翅膀被剪断了。在青春期里，她一直如履薄冰，而不是尽情飞翔。

女孩的另一种常见经历是遭到朋友或熟人的性侵犯。这些行为尤其会带来严重的伤害，因为它们侵蚀了女孩对周围世界的信任，使她们对所有的关系都感受到了潜在的危险。因为侵犯者是受害者认识的人，所以通常情况下，侵犯发生以后处理起来会更加困难。受害者往往会觉得自己有责任，不太可能会告诉其他人。如果她报案，那么侵犯者更有可能辩称性行为是在双方自愿的情况下进行的。

我的一个来访者在进行生物课实地考察时被强奸了。一个同学走进她的帐篷，借口要向她借蝴蝶网，把她摁住，掐住她的脖子，强奸了她。第二天早上，她假装什么也没发生。她一直否认自己有过这样的经历，直到一年后她和家人去露营。她爬进家人的帐篷，回忆涌上心头，她几乎无法呼吸。她把事情的经过告诉了她母亲，她的父母向警方报告了这起犯罪。这个男孩声称那是两厢情愿的性行为。事情已经过去了一年，很难证明事实并非如此，于是她放弃了继续诉讼。她来接受心理治疗，因为她想在野营时避免再次惊恐发作。她想重新建立对男性的信任。

还有一位来访者，夏天在城市儿童夏令营做志愿工作时，被该项目的负责人逼入角落并实施了性侵犯。她没有告诉别人这件事，因为她知道没有人认为负责人会对她进行那样的侵犯。

我在大学的一个学生讲述了自己在兄弟会中做"妹妹"[①]时的经历。她和一个朋友参加了兄弟会周六晚上的"睾酮派对"。她喜欢的一个家伙把她拉进了一间卧室，想要侵犯她。她又叫又踢，设法逃脱了，并且再也没有去过兄弟会。现在，她一想起那个晚上就会感到恶心。她告诉我这件事的时候，问："男生对待他们的亲妹妹也会那样吗？"

强奸和性侵犯是迫切需要相关政策来解决的个人问题。要想解决性暴力文化的问题，不仅要关注如何对待每一个受害者和罪犯，还要关注如何改变我们的社会文化。年轻人需要以这样一种方式被社会化——强奸对他们来说应该就像嗜食同类一样无法想象。而目前，性是与暴力、权力、主导权、地位联系在一起的。

强奸会对所有人造成伤害，而不仅仅是受害者。强奸使所有女性

---

① 美国大学的兄弟会有时会有一些女性非正式成员，被称作"妹妹"（little sister），她们通常是兄弟会成员的女友或好朋友，主要帮助兄弟会组织活动等。——译者注

对所有男性都感到恐惧。我们必须时刻保持警惕。1993 年冬天的一天，我沿着一条慢跑道滑雪。一个戴着滑雪面罩、穿着黑色慢跑服的高个男人向我跑来。这是一个繁忙的住宅区，并且还是黄昏时刻，但他的体型让我害怕。我开始计划逃跑路线，想象应该怎样叫喊求助。直到那个男人走近，叫了我的名字，我才意识到那是我的丈夫。

男性会为他们的女性朋友和女性家庭成员担心，并且也知道女性害怕他们。一名男学生抱怨说，他痛恨强奸。他说："我天黑后穿过校园时，能看到女生都紧张了起来。我想让她们放心，告诉她们我不是强奸犯。"另一个说："我还从来没有和信任男人的女孩约会过。我喜欢过的每个女孩都被某个男人伤害过，她们不敢轻易靠近异性。要证明我不是浑蛋可真费事。"

但强奸伤害最深的还是年轻女性。她们会经受创伤后应激障碍（PTSD）的折磨。她们会经历所有的症状——抑郁、愤怒、恐惧、重复的梦境、回忆的闪现等。她们最初的反应通常是震惊、否认和与他人关系的分裂，之后就会是愤怒，并且责怪自己没有更加小心或者勇敢反击。被强奸的年轻女性会有更多恐惧，她们那无懈可击的隐形盾牌被摔得粉碎。

性侵犯事件在 1993 年达到高峰。根据美国最大的反性暴力组织"强奸、虐待与乱伦国家网络"的数据，2019 年，性侵事件的发生率已经比峰值下降了 63%。1993 年，每 3 名女性中就有 1 名可能在其一生中遭到强奸。现在这个数字已经下降到了 1/6。然而，从根本上来看，1/6 并不是一个值得庆祝的统计数字，强奸仍然是一个非常普遍的问题，并且大多数侵犯发生在 13~22 岁的女孩身上。

许多因素促成了这一急剧的下降。青少年饮酒行为的数值也是在那时达到了顶峰，并且从那时起就不断下降。在 2019 年，强奸犯更有可能被逮捕和起诉。性侵更有可能被监控记录下来，从而在法庭上被定罪。"同意"的概念已经从没有明确定义的模糊概念演变为"不，就是不"，到 2019 年，变成"是，就是是"。喝酒的青少年越来越少，事实上，在一起玩的青少年也越来越少。在 1965 年和 1994 年，大约 90% 的女孩会在高中时约会。现在，不到一半的高中女生会去约会。青少年的交往方式已经发生了质的变化。他们的社交活动在一个全新的模式下进行。

毫无疑问，在 1959 年和 1994 年，青少年会对自己的性取向感到困惑和矛盾。然而，在今天，关于性的困惑加剧了。1994 年时，公立学校会提供基本的性教育，但到了 2019 年，有 26 个州都没有性教育课程。在这种情况下，网上聊天和色情音像制品成了性教育的启蒙老师。青少年可能在性方面并不活跃，但他们会接触到粗鄙的网络语言、色情音像制品和勾搭文化。

一些女孩认为和性伴侣缺乏亲密感是正常的，她们会在某个地方和陌生人发生性行为。互相不在乎被视为是一种优点。没有人会受伤，因为没有建立起任何关系。在网上找到一个性伴侣几乎和订购一个背包一样容易，并且还有点儿浪漫的感觉。

直接的沟通比以前更难了，因为很多青少年的社交活动是通过网络或勾搭进行的，所以女孩很难将性行为融入恋爱关系中。性和面对面的亲密关系之间的这种脱节导致了奇怪的分裂。女孩可能会通过视频参加虚拟约会，在网上有一些挑逗性的表现，但在真实情况下，她们和约会对象连手都不会牵。

"在约会中，一个男孩陪一个女孩去见女孩的父母，然后他们一起去吃饭或看电影——这种想法是闻所未闻的，"在我们的焦点小组中，肯德尔睁大了眼睛说，"这一整套观念都太过时了。"

"在我这儿，就应该是一个女孩去和另一个女孩搭讪了。"玛尔塔补充道，"你能想象我的女朋友穿着奇怪的衣服来征得我的同意，要和我共进晚餐？那也太复古了。"

"我妈跟我说过她是怎么约会的，"阿马利娅悲哀地补充道，"我希望我们还能有那种约会。"不过，她也承认，"如果一个男孩真的约我出去吃饭或看电影，我也不太敢去，我不知道该怎么表现"。

前几个世代的女孩在面对面约会中会做的事情，现在有了相对应的网上版本。情侣不见面，而是互相发短信。调情通常通过穿着性感的衣服摆姿势自拍来进行。有时情侣会在线下见面，但通常不是一起自拍，就是去上床。正如伊兹所说："现在没人知道该怎么谈恋爱了。"

在青春期后期，许多女孩只经历过线上约会和线上分手。一段真正的关系的重要组成部分之一是信任，而在数字时代，信任是稀缺的。太多的人在网上有自己的秘密。纳塔莉在大三开始约会，她说她一直在等自己足够成熟，能够承担一段真实的、面对面的关系的责任。"在那之前，"她解释道，"我只在我的手机上有过恋爱关系。"

纳塔莉第一次"真正的"恋爱也是从发短信开始的，但几周后，诺亚约她出去喝咖啡。他们聊了好几个小时的音乐、友谊，以及他们共同的爱好——政治。之后，他们一起散步、听音乐会。他们一起在市议会的竞选活动中做志愿者。能有一段良好的亲密关系，纳塔莉感到很幸运。

焦点小组中的杰达说："我对约会不感兴趣。我看到有人试过，结果她变得很痛苦。"焦点小组中更多的女孩和杰达的感觉类似。

"男孩都很不成熟。"肯德尔说，"他们约会就是为了别人看到他和漂亮女孩在一起，但他们对这个女孩的个性、幽默感或兴趣丝毫不关心。"

她继续说道："我想让我的父母了解我想要约会的男孩，我希望他能和我们一家人一起做一些事情。"

"我的父母会想要认识和我约会的人，"玛尔塔表示同意，"也许他们会在我们第一次约会前就先请她一起吃饭。这可能会很尴尬，但没关系。我的父母是想保护我，所以我不反感。"

在1959年和20世纪60年代初，恋爱中的男孩会被要求去见女孩的父母，并在约定的时间把女孩安全送回家。到了20世纪90年代，父母在约会方面的话语权普遍降低，女儿们既不想要也不需要他们的同意。现在，又回到了之前的情形，女孩想要她们的家人和自己约会的对象见面。

现在，上初中的女孩有性生活的情况非常罕见，并且大多数高中女生也会推迟发生性行为的时间。青春期女孩的怀孕率已经下降。现在，大多数女孩认为，青春期的女孩有性生活可能是不成熟或有心理问题的表现。

新罕布什尔大学研究青少年性行为的大卫·芬克勒霍尔指出，与1995年的青少年相比，现在的青少年发生性行为的可能性更小。此外，有长期性生活的青少年的年龄也在稳步上升。如今的女孩在约会时都很谨慎，而且往往很重视父母对她们感情生活的看法。

许多基督教女孩认为她们应该等到结婚后再有性行为。但是，不管宗教信仰如何，所有的女孩对不应发生的性行为和行为不端的人的反应都是为自己制定保护性的规则。有些女孩避免约会，因为她们不想和别人发生性关系。还有一些女孩觉得自己还没有准备好承担和他人交往的感情责任，或者她们不想因为分手而受到伤害。有趣的是，最理解自己、最成熟的女孩都在耐心等待和观望，她们可以看到性带来的所有困惑、复杂情形和风险。

"有些男生没有界限，很难知道他们到底喜欢你还是只是想和你上床，"麦迪告诉我，"在我答应和一个人约会之前，我会等很长时间，等到我看到有要与他建立一段感情的充分理由。"她叹了口气，继续说道，"我现在是我朋友中唯一还没有任何性经验的。我的一些朋友鼓励我去尝试，但我知道我还没有准备好。"

当我们在焦点小组讨论起对性的态度时，组里的女孩可能会关不住话匣子。她们都对"性感"或"积极地对待性"感到了压力。她们也意识到双重标准仍然存在。男孩仍然在说那些"太随便"的女孩的坏话。

"'滥交'只用在女孩身上。"奥利维娅说。

"男孩会用'贱人'、'妓女'这样的词来对别人进行负面的评价。"乔丹说。

"大多数女孩到七年级就开始发色情短信了。"奥利维娅说，"她们都在争夺几个很酷的男生的关注。"

"我认识一个女孩，她的裸照被泄露了，"伊兹说，"她被嘲笑，被荡妇羞辱，最后到了不得不转学的地步。"

焦点小组中的大多数女孩受到过骚扰。奥利维娅说："和我在同一个乐队里的一个男孩总是碰我的敏感部位，真的很不舒服。他还对我进行言语层面的性侵犯。最后，我哭着走到乐队老师面前，说如果他不停止这种行为，我就退出乐队。校长让那个男孩向我道歉，并让他不要再打扰我，但我还是觉得很不舒服。"

同一所高中的几个女孩都害怕一个可怕的老师。阿马利娅说："我们都知道，他一有机会就会摸女孩子，而且总是盯着我们的胸部。"

伊兹说，有几个女孩曾到校长办公室投诉这位老师，但最后什么也没发生。在焦点小组讨论一个月后，这位老师因性侵一名学生而被捕。这件事登上了我们当地报纸的头版。

焦点小组中的女孩谈论性的时候都非常活跃，渴望分享她们的故事。显然，她们对自己所处的性环境有很强烈的意见。乔丹说，她和她认识的大多数女孩在高中时不想和男生约会。她告诉我们，她和她在化学课上遇到的一个男生，互相喜欢，但他们都认为自己还不够成熟，不适合约会，也还不适合在感情上有所投入。

"我不想伤害任何人，也不想被伤害，"阿马利娅说，"我在结婚前不会有性生活。这是《圣经》的教导，而且我也相信等待会带来更好的关系。"

许多青少年在十二三岁时就接触到色情音像制品。这通常是他们第一次接触到性，并且通常会是非常令人不安的经历。它会改变青少年对性的看法。男孩学着变得过度男性化，甚至粗暴，从自私、厌恶女性的角度来看待性。基于对性关系的简单误解的暴力行为就是由暴力的色情音像制品滋生的。如果我们要努力改变现状，就不能让我们的文化教给青少年一种不健康的性范式。

2010 年的一项研究对色情视频中的攻击性进行了量化。《纽约时报》的玛吉·琼斯撰写的文章《如果色情片就是性教育》指出，调查发现，近88%的色情音像制品对女性有言语或身体上的冒犯。2011年，美国大学女性协会的一项研究发现，近50%的女性在大学阶段经历过对她们的言语或身体攻击，或来自社交平台的骚扰。

色情音像制品和线上的恋爱活动的另一个影响是勾搭文化。青少年有时会在聚会上与他们几乎不认识的人发生性关系。特别是当青少年喝醉时，发生性侵的风险很高。性侵和约会强奸仍然是青少年经历的重要组成部分，而如今又多了一个部分——社交媒体。

埃斯佩兰萨（18 岁）

"想象一下发生在你身上的最糟糕的事情，一种让你不再有人的尊严、摧毁你曾经拥有的所有幸福感的经历……然后再想象一下，这件事被记录在某人的手机上，并被发布到网上，让你认识的每个人以及世界上的每个人都能看到。这就是我的遭遇。"

埃斯佩兰萨的故事可能很适合作为早间新闻节目的头条被播报。她是一个聪明、有魅力的篮球运动员，来自一个充满爱的家庭，16岁时她遭遇了独特的现代悲剧——遭到性侵，并且被侵犯的过程随后在 YouTube 上放出的双重痛苦。

在一个万圣节周末的聚会上，埃斯佩兰萨第一次尝试喝啤酒，最后喝了好几罐。她还和闺蜜们一起喝了几轮龙舌兰酒。晚上很晚的时候，由于酒精的作用，她昏昏欲睡，就上楼躺下休息。

她的三个男同学注意到她的身体状况不佳，跟着她上了楼。在那里，一个男孩举着他的 iPhone 手机，敦促他的伙伴撕下埃斯佩兰萨的神奇女侠服装，轮流在这间贴着曲棍球海报的卧室里对着镜头扮鬼脸，并且在她身上四处乱摸。他的朋友完成了侵犯行为后，那个"摄影师"，他也是学生会成员和美国国家优秀奖学金获得者，才放下手机，自己上阵。iPhone 录制的视频的最后时刻呈现出一堆运动鞋盒子的模糊画面，伴随着埃斯佩兰萨无力的抗议声。

很难知道有多少人看了这段视频，它是在午夜之后被发布到网上的，然后以高中时代流言的传播速度——超乎想象的快速——散播了出去。第二天上午 10 点左右，埃斯佩兰萨和她的父母离开警察局前，在那里接受了几个采访，并与受害者辩护律师进行了初步的交涉，也是在这时，上传到网上的视频被删除了。尽管如此，关心此事的同学所存的截图，加上这三个男生的网页浏览历史记录，成了警方能够对这三个男生进行立案调查的证据，而在那天晚上之前，埃斯佩兰萨把他们都看作自己的朋友。

"我真的以为我会死掉。我并不是想自杀，而是比自杀更糟——我以为我会死于悲伤、羞辱和痛苦。这种感觉就像……我的身体再无法继续支撑自己了。"

埃斯佩兰萨的身体和心灵最终痊愈了，虽然这花了一些时间。在每天的心理治疗和休学的帮助下（她的老师和学区允许她在家上课），她走出了最初因悲伤而导致的心灵和身体的麻痹状态，进入了一种新的状态，一种愤怒和时刻要为自己辩护的状态。

"我给自己时间沉浸在悲伤中。我应该有这样的一段时间。"埃斯佩兰萨说，"有好几个月，我甚至都没见我最好的朋友。我觉得我认识的每个人都背叛了我。那个聚会上的每个人，我学校里的每个人，或者任何看过那个视频或听说过它的人……我觉得他们都是我的敌人。"

"你那时经常一个人吗？"我很想知道。

"我只见父母和小弟弟埃内斯托。我想要一只小猫，结果妈妈带回来两只。我让埃内斯托给小猫取名字，他选择了'眼球'和'突突钻'。"她耸了耸肩，勉强笑了笑，"也许我应该自己给它们起名字。"

受伊丽莎白·斯马特的启发，埃斯佩兰萨决定，不能让这个人生最糟糕的时刻对她产生永久的影响。于是她加入了一个由教堂为暴力幸存者建立的组织，并逐渐邀请朋友回到她的生活中。

那几个男生被判缓刑的一个条件，就是他们不能再回到埃斯佩兰萨的学校。其中两个男生搬去了另一个城市，另一个男生全家都搬去了另一个州。尽管如此，埃斯佩兰萨还是选择转到一所天主教高中读高三，她需要在她所在的中西部小城有一个全新的开始。

我们对青少年关于性别、同理心和性的教育方式是导致这种悲剧事件发生的原因之一。当然，行动体现着个人的选择和责任，但它也可以是缺乏技能、被误导和无知的结果。性侵犯和性骚扰不仅是个人行为，也受到诸如文化规范、大众媒体、音乐和他人教导等因素的影响。长久以来，女性都被教导要保护自己，男孩被教导要在性的方面主动。换句话说，在这种文化教导下，男孩成为女孩需要抵御的伤害来源。用来表扬女孩的词有"友好"、"甜美"和"善良"，而用来表扬男孩的词则有"有冒险精神"、"自信"和"男子气概"。

不幸的是，早在父母意识到这可能会是一个问题之前，互联网就已经开始教孩子关于性的知识了。大多数父母知道他们的孩子接触过色情音像制品，知道这件事的父母也可能低估他们孩子看过的色情音像制品的数量。这可能是历史上第一次，孩子比父母更了解他们共同的社会文化中最黑暗的边缘。

父母需要对色情音像制品有所了解，并且需要尽早和孩子谈这件事。我们建议父母和女儿讨论她们在网上都看到了哪些关于性的内容——从社交媒体中与性相关的内容，到赤裸裸的色情音像制品，这一领域中的所有内容都有可能被涵盖到。这种对女儿的探索给了父母信息和权威。虽然女孩一开始会不太舒服，但她们最终会感激父母试着理解她们所面对的事情。当父母这样做的时候，重要的是不要问女儿更个人化的具体问题，而要问一些一般性的问题，比如："你有朋友偶然在网上看到色情音像制品吗？"或者："我能和你一起看看Snapchat是什么样的吗？"要让女儿成为自己的老师。

青少年需要性教育，需要有人和他们直白地讨论色情音像制品的负面影响，以及教他们如何与他人就与性相关的问题进行明确的交流。现在，男孩在感到脆弱时，既会感到羞耻，又会觉得自己是拥有特权的，而在理想的情况下，下一代男孩将从这种特权和羞耻中解放出来。这种羞耻感导致了大量的男性暴力行为，甚至导致了像非自愿独身者这样的群体，他们把那些蔑视该群体成员的女性视为目标。通过鼓励男孩坚强起来，并且无所畏惧地表达他们的感情，我们会帮助他们成为完整的人；与此同时，我们的文化环境将变得更安全、更友善、更健康。

男孩应该明白，男子气概并不意味着支配和以权力控制他人，而意味着善良和与他人共同行使权利，这一点会让男孩受益匪浅。有了对英雄主义的新定义、正确的榜样和对男孩的新的文化规范，我们就能促进男孩成长为身心健康、思想健全、内心勇敢的年轻男性。对男孩的教育应该包括如何与他人就亲密关系进行诚实的沟通，特别是关于如何处理误解、拒绝和冲突所带来的起起伏伏。

共情和对他人观点的欣赏能促成相互尊重的关系。然而，我们知道，自从网络出现，共情水平已经普遍下降。我们可以使用上千种新方法来帮助"屏少年"变得同理心和对他人的理解。学校也需要有所投入，教导学生尊重和接纳身边所有人。在多伦多，这种培训从三年级就开始了，有一个由玛丽·戈登设计的很棒的项目，叫作"同理心之根"（Roots of Empathy）。该项目中，母亲会定期带孩子去学校，以教授孩子关于养育、发展和个体差异的知识。我们希望看到这个项目可以在美国的学校里广泛开展。

我们的决策者可以通过法律限制面向孩子的色情音像制品的制作和传播，许多国家对接触色情音像制品都实行了有效的管制。我们需要探索如何将审查、筛选和教育结合起来，我们建议进行相关的研究，以找出有效的方法。为什么我们要允许一个营利性的行业向我们的孩子灌输可怕的信息，而不是进行严肃的文化辩论来讨论我们应该做些什么呢？我们相信言论自由，但我们也认为 12 岁的孩子不应该看到那些残忍和有辱人格的性爱场景。

好的一面是，年轻女性正在用女性力量和对女性主义的新观点来反击我们过度男性化的、有攻击性的厌女文化。Metoo 运动由来自各个经济、种族和文化背景的年轻女性发起和扩展，激发并赋予女性力量，让她们勇敢站出来，直面性骚扰和性侵犯。

家庭、同龄人团体和繁荣的社区都在帮助青少年在各个方面茁壮成长，他们的性发展也包括在其中。价值观和积极的榜样都能对女孩形成保护。我们成年人可以通过分享我们的信念和见解、做积极的榜样、有意地教导青少年关于性的知识来帮助他们。

　　我们的女儿在社交、情绪、智力和身体上的发展需要充足的时间和安全的空间。她们此刻就需要。她们需要安静独处的时间、与人交谈的时间、阅读的时间和欢笑的时间。她们需要安全的空间，在那里她们可以对自己和他人有更深入的了解，可以大胆地去冒险和犯错，而不用为自己的生命安全担心。她们的价值存在于她们的人格中，而不是她们的身体中。

第 *14* 章

倾听她们，
理解她们

14 岁的布兰迪跟着母亲走进了我的办公室。布兰迪的母亲是一位园林设计师，看上去很疲惫，她坚持要来一次。布兰迪对此翻着白眼咕哝，母亲解释说，布兰迪遭到了一个酗酒邻居的性侵犯。

布兰迪打断了母亲的话，说这次性侵犯"没什么大不了的"。她说，所有其他问题都比那个愚蠢的邻居更让她烦恼。她抱怨母亲对家务事唠唠叨叨，抱怨在上学的晚上父亲对她实行严格的宵禁。她说她最大的问题就是父母把自己当成一个小孩子，她已经受够了。

我说把那次性侵的经历讲出来可能会有帮助。她说："也许对有的女孩来说是那样，但我不是那种随便向谁吐露心声的人。"

我以为布兰迪不会再来接受心理治疗了，但令我惊讶的是，她要求预约下一次治疗。第二次，她独自带着她的毛绒熊猫来了。她蜷缩在我的沙发上，给我讲了她真实的经历。

莎娜坐在沙发上，两边分别坐着她的父亲和母亲。她的父母都是心理医生。她穿着牛仔裤和《侏罗纪公园》的周边 T 恤，看起来比她 13 岁的实际年龄要小得多。她的父亲穿着粗花呢夹克，身型健壮，说莎娜不想去上学。起初她还会装病，但后来就直接不去学校了。他们不明白这是为什么——莎娜的成绩很好，她也有朋友，而且据他们所知，没有任何创伤性事件发生。

莎娜的母亲个子很高，也很自信。她专门研究成瘾问题，并且对抑郁症很感兴趣——她的父亲自杀了，她的一个兄弟被诊断有躁郁症。她注意到莎娜晚上会熬夜，白天一整天都在睡觉，也没有胃口。

我问莎娜为什么不去上学。她想了一会儿说："我觉得如果我走进那栋楼，就会窒息。"

"在那个环境中发生过什么？"我想。

我第一次见到来访者时，会寻找能让我向他们表达尊重的方面以及理解他们处境的方式。除非我能找到这些东西，否则就不可能帮上忙。我认为对过去的分析并不总是必要的，但我对来访者的生活环境很感兴趣。他们的日常活动是什么？他们的大部分时间在哪里度过？他们在家和离开家的时候有什么样的感觉？

我更喜欢普通平实的语言，而不是心理学专业术语。一般情况下，我不喜欢受害者心态、自怜或指责他人。我相信心理治疗应该使人们拥有更强大的力量，帮助他们更好地控制自己的生活，并加强他们与他人的关系。

我试图成为心理学家唐纳德·迈肯鲍姆所说的"希望的传播者"。我不鼓励来访者给自己贴上负面的标签、进行自我诊断或生搬硬套医学模式。我更欣赏那些以更积极的方式看待家庭的心理治疗师。我尊敬迈克尔·怀特和戴维·爱普斯顿，他们告诉我，来访者在和心理治疗师见面时，会带着"塞满问题的故事"。而心理治疗师要帮助来访者讲述关于自己的更有力、更乐观的故事。怀特和爱普斯顿强调，来访者并不是问题所在，他们的问题本身才是需要解决的，他们更喜欢"关于解决方案的对话"，而不是"关于问题的对话"。

怀特和爱普斯顿认为，许多家庭之所以陷入困境，是因为他们总是在讲述发生在自己身上的充斥着问题的故事。他们警告说，精神卫生专业人士也会帮助生产出类似的故事，因为经常会问一些关于失败和矛盾的问题，忽视个人和家庭强大的、健康的方面。怀特和爱普斯顿通过帮助这些家庭讲述关于他们自己用韧性面对困境的新故事，使他们获得了力量。他们将病理和羞耻从治疗过程中剔除，取而代之的是乐观、信任和合作。

我对所有来访者的总体目标是提高他们的自我真实性、对经验的开放性、应对能力、灵活的思维和对环境现实的评估能力。我想帮助来访者以新的方式看待事物，建立更丰富、更有益的关系。心理治疗是人们能够明智地审视自己生活的众多过程之一，它能帮助人们驾驭生活，而不是随波逐流。确实，经过审视的生活才值得过，理想的生活应该是平静的、有趣的、负责任的。

对青春期女孩和她们父母的治疗过程让我开始重新审视我接受的关于家庭治疗的培训。当时，在我们这一领域的很多著作中，家庭都被视为心理疾病和痛苦的主要来源。心理学语言反映了这种倾向——描述距离的词都是积极的（比如"独立"、"个性化"和"自主性"），而关于亲近的词都是消极的（比如"心理依赖"和"纠缠"）。事实上，心理学家很容易将家庭描述为病态的，以至于对正常家庭有了一个幽默的定义——"尚未被心理学家评估的家庭"。

几年前，米兰达和她的父母来到了我的办公室。三个月之前，米兰达被诊断有暴食症，并被转到离家八小时车程的治疗中心。在米兰达去参加治疗项目时，她的父母用他们的房子申请了第二笔抵押贷款，以支付她的治疗费用。他们每天都会给她打电话，每个周末都开车去遥远的医疗中心进行家庭治疗。在经历了三个月的时间，花费了12万美元之后，米兰达仍然患有饮食失调，她的父母也被诊断和米兰达有着过度依赖的共生关系。

我问米兰达的第一个问题是："你在医院里的时候都认识到了什么？"

她骄傲地回答说："我有一个不正常的家庭。"

我想到了她的父母：她父亲是医生，她母亲是小社区的图书管理员。他们不酗酒，也不是虐待狂。他们每年夏天都有家庭度假时间，也会为米兰达存大学基金。他们会一起玩棋类游戏；米兰达的父母会给她读睡前故事，也会参加她的学校活动。而现在，随着米兰达陷入困境，他们因为她所接受的治疗欠下了巨额债务。尽管他们付出了所有的努力和金钱，但还是被贴上了病态的标签。

米兰达很快就对这个标签表示了认同。让青少年相信他们的父母不理解他们，他们的家庭不正常，是一件很容易的事。几乎所有来接受心理治疗的女孩都觉得她们的父母特别不讲理。当专业人士证实了她们的观点时，她们会觉得自己被证明是正确的，至少目前是这样。但从长远来看，这种标签伤害了大多数青少年，并且也削弱了他们父母的力量。

我对米兰达的目标是恢复她对家庭概念的平衡。当我说她的父母为帮助她所做的努力值得肯定时，米兰达一开始似乎有些困惑，但后来明显松了一口气。

心理学对家庭的消极看法始于弗洛伊德。他认为，在童年早期阶段，一个人的性格会在家庭氛围中完全形成。他认为，由于父母的病态，大多数孩子的性格结构有缺陷。心理分析的目的就是使来访者免受家庭的伤害。在 20 世纪 90 年代，这仍然是一种普遍观点。

对青春期女孩的心理治疗过程能帮助我从不同的角度看待家庭。我见过的大多数父母都很爱他们的女儿，希望给她们最好的东西。他们是女儿躲避风暴的避难所，也是女儿在有需要时最珍贵的力量来源。父母们在困难时愿意来寻求帮助，这一点令我很尊敬他们。我很荣幸他们能允许我暂时成为他们生活的一部分。

好的心理治疗师致力于巩固家庭纽带，给萎靡不振的家庭带来希望。我们致力于促成和皆幽默的家庭氛围，并增进家庭成员彼此间的包容和理解。约翰·德弗兰在所有健康家庭中发现它们都有这些元素：欣赏、爱、承诺、积极的沟通、共同相处的时间、精神上的幸福感，以及应对压力和危机的能力。我们鼓励所有家庭对这些元素的培养，而不是急于寻找和自己相符的病理标签。

我们可以帮助女孩发现保持独立的积极方式。我们需要将家庭政治化，而不是病态化。当然，每个家庭都有自己的历史、问题和盲点，也有自己独特的优势和危机应对机制。一个有价值的目标是使家庭变得更强大，能给予女孩力量，允许她们做真正的自己。

女孩可以认识到塑造她们的力量，并有意识地选择在什么情况下要去忍耐，在什么情况下要坚持零容忍。现在的社会文化鼓励她们永远做别人注视的对象，在这一背景下，她们需要能够帮助她们提高自我意识的心理治疗，来使自己成为完整的成年人。这意味着必须要教会她们一种全新的自卫方式。

即使有了这些关于心理治疗的大致观点，我发现对20世纪90年代的青春期女孩进行心理治疗还是很困难。与她们建立关系是更不容易完成的任务，并且她们更有可能在未通知心理医生的情况下停止治疗过程。如果在对她们进行心理治疗的过程中犯了错误，后果似乎更严重。她们比成年的来访者更容易耿耿于怀。她们的表面行为常常被用来隐藏她们的深层需求，因此很难识别她们真正的问题到底是什么。

对青春期女孩的治疗过程是这样进行的：在第一次见面时，女孩会表现出困惑和缺乏自信的样子。她们的身体会不安地动来动去。她们向我闪现出万花筒般的情绪——恐惧、冷漠、悲伤、自得、顺从、希望。她们会表示对与性相关的问题感到绝望，对自己的外表感到厌恶。她们做好了遭到拒绝和嘲笑的准备。她们的眼神里表露出了那些在她们的头脑中翻来覆去的问题："我敢和对面的这个人讨论不良的成绩、暴食、饮酒、性、自残、自杀念头这些问题吗？她会来评判我吗？她能理解我吗？或者，最糟糕的是，她会自以为是地给我提出建议吗？"

新的青春期女孩来访时，经常通过微笑对我暗示：我希望你喜欢我，但别指望我承认。对这个年龄的女孩来说，和别人之间的关系就是一切。没有相互的喜爱和关心，什么事都做不成。所以第一步就是要帮助女孩建立信任——对心理治疗师的信任、对治疗关系的信任、对她自己的信任。

女孩有几十种测试心理治疗师的方法。通过这些测试的最好方法就是认真倾听。在我们的一生中，真诚的、全心投入的、不随意评判的倾听实在是太少了，最好问她们一些开放式的问题，比如，"你对这件事感觉如何"，"你认为呢"，"你从这次经历中学到了什么"。

我学会了克制自己，不去贸然提出建议或表现出同情。通过分类法，能更好地帮助来访的青春期女孩——她可以控制什么？她的意见是什么？其他人的意见是什么？在她对本周生活的讲述中，最重要的部分是什么？什么事可以看作朝正确方向迈出的一小步？

对每个来访者来说，最重要的问题就是："你是一个什么样的人？"我对这个问题的具体答案并不感兴趣，因为我在做的是要让这个女孩明白，这个询问自我的过程可以在整个余生中都帮助到她。这个过程包括：从内心寻找真正的自我；认识到自己独特的天赋；接受自己所有的感受，而不仅仅是社会文化可以接受的那些感受。在这一过程中，也要了解想法和感受的区别、即时的满足感和长期目标之间的区别、自己的心声和别人的声音之间的区别。这个过程还包括发现我们的文化规则对女性的个人影响，讨论打破这些规则的可能性，为自己制定新的、健康的准则。这个过程教会女孩根据真实自我的要求来制订属于自己的计划。这个过程是非线性的、艰难的、充满挫败的，但同时也是快乐的、有创意的、充满惊喜的。

我经常用北极星做比喻。我会告诉来访的青春期女孩："想象一下，在世界的大风中，你在一艘飘摇不定的船上。父母、老师、朋友和大众媒体的声音可以吹着你向东航行，随即又向西转，然后再转回来。若要走在正确的道路上，你必须追随属于自己的北极星——你对真实自我的认识。只有一直向北航行，你才能制定并保持你的航线；只有一直向北航行，你才能不被风吹得四处飘荡。

"若要拥有真正的自由，你就要去追随自己的北极星，而不是随风飘荡。有时候，随风飘荡似乎有自由之感，但那种自由其实是一种

幻觉。它会让你的船不断在原地兜圈。真正的自由，是让你的船向着
你的梦想航行。"

即使在没有大湖的中西部，许多女孩也有过乘船的经历。而且，
中西部的女孩尤其喜欢大海的意象。她们喜欢这样的画面——有着星
辰、天空、咆哮的海浪，以及在漂亮的小船里的自己。但大多数女孩
不确定如何将这一比喻应用到自己的生活中。她们伤感地问："我怎
么才能知道我到底是谁，我到底想要什么？"

我鼓励女孩找一个安静的地方，问自己以下几个问题：

> 我现在感觉如何？
>
> 我在想什么？
>
> 我的价值观是什么？
>
> 我该如何向自己描述自己？
>
> 我如何看待未来的自己？
>
> 我喜欢什么样的工作？
>
> 我喜欢什么样的休闲方式？
>
> 我什么时候感觉自我最真实？
>
> 进入青春期后，我有什么变化？
>
> 我应该尊重什么样的人？
>
> 我和我的母亲有什么相似之处和不同之处？
>
> 我和我的父亲有什么相似之处和不同之处？
>
> 作为一个完整的人，我对自己有什么目标？
>
> 我的优点和缺点是什么？
>
> 临终之时，我有什么是值得自己骄傲的？

　　我建议女孩坚持记日记，并且写诗和自传。这个年龄的女孩通常都喜欢写作。在日记里，她们可以真诚地表达、保持完整的自我。在文字中，她们可以使自己的经历更加清晰，对具体的事进行概念化，并对其进行评估。写下她们的想法和感受，可以增强她们的自我意识，她们对整个世界的看法非常重要。

　　我们也谈到了青少年时期会经历的失望：被朋友背叛；在文化标准的衡量下自认为并不好看；发现聪明可能会是一种负担；被迫成为一个受欢迎的人，而不是诚实的人；被迫变得女性化，而不是坚持自我的完整性。我鼓励女孩从内心寻找她们最深刻的价值观和信仰。当她们发现了真正的自我时，我就会鼓励她们相信自我才是生活的意义和方向感的来源。我鼓励她们保持专注，以目标为导向，在自我定义的自我意识下掌握自己的方向。

　　成熟包括：对自己保持诚恳和真实，基于有意识的内心过程而做出自己的决定，并为自己的决定承担责任；与他人建立健康的关系；发展自己真正的天赋；在对自己所处的环境的考虑下，决定自己愿意接受什么，不愿意接受什么。

　　我鼓励女孩全方位观察我们的文化，就像一个在陌生的新社会里的人类学家那样。我们的文化中有什么习俗和仪式？在这种文化中，什么样的男性和女性会受到尊重？性别角色是如何分配的？打破这些规则的人会受到什么样的制裁？只有在女孩理解了这些规则之后，才能采取明智的策略抵制它们。

　　我会教女孩一些小技能。首先也是最基本的就是定心。我建议她们找一个安静的地方，可以在那里每天独自坐上 10~15 分钟。她们可以坐下来，放松肌肉，进行深呼吸，然后专注于自己对这一天的想法和感受。不要去评判这些想法和感受，甚至不要去引导它们，只需要去观察和尊重它们。她们可以从自己对生活的内在反应中学到很多东西。

我与来访者一起探索到的另一项基本技能是区分想法和感受，这是所有健康的成年人都必须做到的。这对青少年来说尤其困难，因为他们的感情太过强烈了。他们很容易进行情绪性推理，他们相信自己如果感觉到了什么，那么这就一定是真实的。在治疗中，当我们在处理一件事情带来的影响时，我会问："你对此有何感受？你又有什么想法？"随着时间的推移，女孩会认识到这是两个不同的过程，在做决定时，这两个过程都应该被纳入考虑。

做有意识的选择也是对自我进行定义的一部分。我鼓励女孩为自己的生活承担责任。做决定时需要放慢脚步，仔细考虑。父母、男朋友和同龄人都可能会影响她们的决定，但最终的决定是她们自己做出的。一开始，她们能做的选择都很小，比如这个周末要和谁出去玩，是否原谅一个伤害了她们感情的朋友。之后，女孩的选择包括了与对家庭、学校、职业、性和亲密关系相关的决定。

女孩可以学习建立和坚持自己的边界。在最基本的层面上，这意味着她们应该自行决定谁才能触摸她们的身体，这也意味着她们要限制自己的时间、活动和同伴。她们可以说："不，我不想那样做。"她们可以声明自己的立场——坚定地声明她们愿意做什么，不愿意做什么。

与建立自己的边界密切相关的是定义关系的技巧。许多女孩患有"过度共情综合征"。也就是说，比起自己的感受，她们更了解别人的感受。女孩需要思考什么样的关系才是她们最需要的，并按照她们的想法来构建与他人之间的关系。

这对女孩来说很困难，因为她们已经被社会化了，允许别人来为她们定义关系。女孩不习惯辨识并说出她们的需求，尤其是在面对男孩和成年人的时候。她们担心自己会表现得不友善或显得自私。然而，在这一问题上的成功将会非常令人振奋。学会了这个技能，她们会重新成为自己生活的中心。一旦体验到了自己定义关系所带来的满足感，她们就会渴望继续发展这项技能。

另一项重要的技能是控制自己的痛苦。世界上所有的疯狂都来源于人们为了逃避痛苦而做出的尝试，所有混乱的行为都来源于未经消化的痛苦。人们会通过喝酒、殴打伴侣和孩子、赌博、用剃刀割伤自己，甚至自杀来逃避痛苦。我会让女孩带着自己正在经受的痛苦坐下来，倾听它，从中获取关于生活的引导；承认和描述它，而不是逃避它。她们学会了与他人谈论痛苦，并通过写作、美术或音乐来表达它。20 世纪 90 年代时，生活压力很大，所有的女孩都以自己可预见的方式获得了平静。如果她们没有积极面对压力，如通过锻炼、阅读、培养爱好或冥想等，她们就会找到一些消极的方式，如暴食、饮酒、吸毒或自残等。

大多数女孩要在他人的帮助下才能调整自己的情绪反应。我鼓励她们给自己的压力打分，满分 10 分。我会质疑她们所说的极端的语句。如果一个女孩走进来时，说着"这是我生命中最糟糕的一天"，那她可能需要在我的帮助下重新组织她这一天的经历，从更理智的角度来看待这些事情。

20 世纪 90 年代的女孩习惯于向外部世界寻求赞扬和奖励，这使得她们总是以他人为导向，并总是会对他人做出反应。如果她们恰巧处在一个自身没有被认可的环境中，就很容易患上抑郁症。我教她们从自己的内心寻求对自己的肯定。我请她们记录下自己的成功经历，并与我分享。这些小的成功是与实现她们的长期目标相一致的。如果一个女孩学会了认可自己，她就不会那么容易受到他人观点的影响。她便可以朝着真正的目标继续航行。

时间旅行是另一项技能。我们都会有糟糕的日子和迷茫的时刻。有时，在这样的日子里，回顾过去会很有帮助，可以回忆那些快乐的时光，或者有更严重问题的时期。有时候，向往未来也会有所帮助。这会提醒女孩，她们正在朝着她们的长期目标前进，某些不好的经历不会永远持续下去。时间旅行就像空间旅行一样，在不同的时间，可以让女孩对当天的经历产生不同的看法。

最后，我也会告诉她们利他主义所能带来的快乐。许多青春期女孩是以自我为中心的。这不是性格缺陷，而是这个发展阶段的典型特征。然而，这让她们感到不快乐，也限制了她们对世界的理解。我会鼓励女孩定期寻找帮助别人的机会。进行志愿者工作、帮助邻居、参与政治活动都能帮助女孩进入更广阔的世界。她们会对自己所做的贡献感到满意，并且很快，以自我为中心的倾向就会减弱。

作为一名心理治疗师和老师，我发现青春期的女孩是古怪的、脆弱的、善变的，也是坚强的、善良的、有洞察力的。写这一章的时候，我想起了一些来访者：摇滚乐队"小牛肉"里那个柠檬色头发的女孩，曾因考试不及格而被学校开除；那个戴着鼻环和唇环、穿着森林绿的马丁靴的女孩；觉得自己太胖但实际体重只有88磅的乐队指挥；坚持通过频繁的性行为证明自己是正常人的听障女孩。

这些女孩都试图摆脱父母的束缚，同时又想和他们保持情感上的联结。她们不断探索，期望在实现自我的同时，仍然能获得他人的爱。在一个充斥着虚假、可悲的性行为范式的文化中，她们思考着如何用道德和有意义的方式来表达自己对性的态度。在一种将性吸引力视为女性最重要特征的文化中，她们学着去尊重自己。在一个女性被定义为温顺、软弱和以他人为导向的文化中，她们试图成长为成年人。如果女孩没有意识到她们真正的潜力，抑郁就会开始侵袭她们，而解决这一问题的方法是鼓励她们成长并且训练她们学会反抗。

　　与青春期女孩一起工作让我产生了改变。我变得更谦逊、更有耐心、更尊重家人，也更了解女孩在青春期遇到的困难。我也变得更加愤怒，帮助女孩反击、努力推动文化革新的决心也更加坚定。

　　如今，社交媒体的出现让女孩更加有必要紧跟自己的北极星。重要的是要教会她们练习定心，建立和坚持自己的边界，以及认清想法和感受之间的区别。从人类学的角度来看待女孩的文化对她们仍然有好处，而且她们可以从与自己截然不同的人的相处中获得更多的收获。

　　如果我现在还在做心理治疗，我会把一部分注意力放在女孩的呼吸和对身体的觉知上。我会鼓励女孩尝试太极或瑜伽，并以接受心理治疗的频率去按摩。我会帮助女孩发现并定位情感痛苦给她们身体带来的影响。每次疗程开始和结束时，我都会和她们一起静坐片刻。

　　如果我现在还是心理治疗师，会进行更多的户外治疗，与来访者散步或坐在公园里聊天。我会给来访者布置作业，比如在安静的小路上徒步或者去看星星。城市和郊区的一些青少年从没有看到过星星，并会在户外感到不舒服。许多青少年从来没有徒步旅行过，也没有观察过植物和鸟类。然而，无论女孩生活在哪里，她们都能找到与大自然接触的方法。学会与大自然自在相处是一项了不起的技能，它可以抚慰、启发女孩，打开她们的心，让她们能够在壮观雄伟的景象中感受到极度的幸福。

我会积极地让女孩进行面对面的交流，会鼓励她们在闺蜜家过夜，或者组建社团。我会建议她们多和老人孩子一起相处，我会建议她们和父母与社区的其他家庭建立联系，每周见一次面。

现在的心理治疗师说，女孩仍然会来接受心理治疗，因为她们与父母争吵，或者正在遭受父母离婚带来的痛苦。她们注意到的一个积极的变化是，聪明不再是一个缺点了。与1994年相比，现在的女孩对于取得好成绩的压力更大，但她们为取得好成绩而感到自豪。许多女孩在与饮食失调或性侵犯造成的创伤做斗争，然而，最常见的问题还是自残、自杀念想、焦虑发作和抑郁症。通常这些问题都与社交媒体有直接的关系。

社交媒体扰乱了人们最基本的行动，包括睡眠。一些心理学家说，他们见到的所有女孩都睡眠不足。这种长期的睡眠不足会影响生物节律，并导致焦虑和抑郁，而且还会增加肥胖的风险。

心理治疗师吉莉恩·詹金斯认为，关于孩子使用社交媒体的问题，她能给父母的最重要建议是："不要让他们拿着手机上床睡觉。"这种方法可以让女孩获得她们急需的7小时睡眠时间，同时暂时远离同龄人和手机提醒。

詹金斯说："错失恐惧症是个大问题。不过，我认为，这与其说是一种对错失的恐惧，不如说是一种担心自己无法达标的恐惧。"根据她的经验，经常性的互相攀比是女孩最大的问题；她们可以接触到的照片和信息的数量令人震惊，而且智能手机支持了许多不健康的想法。

我们访问的所有心理治疗师都提到了来访者的孤立状态。许多女孩几乎从不和朋友出去，她们喜欢在周末待在家里一边看网飞的电视剧，一边给朋友发短信。心理治疗师说，女孩经常选择通过电子设备转移自己的注意力，并以这种方式应对压力，而不是和父母交谈或和朋友出去玩。

"女孩使用社交媒体的动机是合理的，比如对社群的渴望以及她们的好奇心，但不知为何，这些目标并没有真正得到实现，"一位心理治疗师说，"现在的女孩真的很孤独，比我们十几岁的时候要孤独得多。"

心理治疗师观察到，社交媒体让女孩依赖肤浅的反馈来实现自我价值。他们鼓励女孩坚持对自己的看法，而不要考虑社交媒体上他人对她们的评价。他们让女孩学会说："Facebook 上的我不是真实的我。"

一位心理治疗师告诉我，在社交媒体上，女孩在接收信息时，没有上下文帮助她们理解，没有空间去体会细微的差别，也不懂得文字的微妙、讽刺或幽默。她说："女孩的感情永远都在受到伤害。"她建议女孩等半个小时后再去回复那些伤人的短信。她希望她们能考虑坚持得体而光明磊落的处事方式，采取积极的态度，并记住，她们发出的任何东西都可能变成一张截图，并广为流传。

显然，心理治疗师在现阶段花了大量时间讨论社交媒体所带来的影响。他们帮助女孩决定每天花多少时间在电子设备上，并为实现她们的目标提供建议。一个女孩想让她所有的朋友都同意晚上 10 点以后不要发短信，这样就没有人会觉得被冷落了。另一个女孩决定和朋友在一起的时候关掉手机。还有一个女孩以不同的方式面对这一问题：她简单地设定了一些日常活动目标，比如打篮球，或是去奶奶家，这样她就不会一直玩手机了。

许多心理治疗师会在治疗过程中浏览来访者推荐的网站。来访者会向他们展示写得很好的故事、同人小说或诗歌。他们鼓励孩子的父母也这样做。由于忽视了网络和社交媒体的世界，一些父母错过了与女儿进行有益对话的机会。

心理治疗师在帮助女孩管理电子设备的同时，也在控制使用电子设备的时间上与女孩有了共情。他们知道成年人也纠结于同样的问题。一个普遍适用的建议是，家里的每个人都应该在晚上的某个时间把手机锁在一个盒子里，直到第二天早餐后才能取出。

心理治疗师相信所有青春期女孩本质中的美和希望。一位富有同情心的心理学家曾对我说："我对人类心灵的广大和坚韧有着坚定不移的信念。"

第 *15* 章

让青春之花
怒放

琼（27 岁）

20 世纪 90 年代，我和琼见面的那个早晨，她刚从川崎工厂下夜班，出去吃了早餐，然后开车穿过镇上来到我的办公室。琼的骨架很大，圆圆的脸上布满痘印。她留着短发，穿着一套灰色的运动服。她躺进我的沙发，把一只脚搭在咖啡桌上。

琼的语言是个人化的、精确的、朴实的。她轻声细语、小心翼翼地谈论着自己。似乎认为心理治疗会如牙科治疗一样让人疼痛。

她解释说："我来这里，是因为我终于开始和别人约会了。我 27 岁了，还从没被人吻过，我想我可能需要一些指导。"

她在川崎工作十年了。她最亲密的朋友迪克西是在装配流水线上和她岗位相邻的同事。迪克西是个单亲妈妈，琼会帮助她照顾孩子。琼拿出孩子们在学校的照片给我看，说他们叫她"琼阿姨"。

"一旦和他们熟悉了，就会发现他们真的是好孩子。"她说。

琼也是在工作中认识马蒂的，他是她那一组工人的工会代表。在过去的连续三个周六晚上，马蒂都会带着一份比萨和一盘录像带来看琼。上周六晚上，他搂住了琼。就在那时，她决定给我打电话。

我问了她家的情况，琼叹了口气："我害怕你会提到这些。"

"我们可以等等再说。"我温柔地说。

"我还是说出来吧，"她说，"听了我的青春期故事后，你就会明白为什么我很少约会。"

琼的父亲是一名农场工人，琼形容父亲"和自己没有多少关系"。她的母亲是一家养老院的厨师。"妈妈很勤劳，很风趣。她会从养老院给我带好东西，比如饼干以及别人给我做的工艺品。她给养老院的人看我的照片，并把我参加的活动展示给他们。那里的每个人都爱她。"

琼停顿了一下，看着我，说："妈妈在我高一刚开学的时候就去世了，在那个时间点失去她，太难过了。我刚开始来月经，笨手笨脚，满脸青春痘。我本来只是有点儿微胖，但后来变成了肥胖。"

琼擤了擤鼻子，接着说："妈妈去世的那年，我看了美国小姐选美比赛。我看着那些苗条、完美的女孩，知道自己永远不会变成那样。我长得一般，也没有才华。世上只有妈妈爱我的一切，我曾想过放弃。"

她揉搓着额头，似乎要抹去一些难以回想的痛苦记忆。"我不知道我是怎么熬过那一年的。爸爸从来不在家，我几乎没有衣服穿。我包揽了所有的家务，饭也是我做的，但食物少得可怜。爸爸几乎从来不给我钱买吃的，我又胖又饿。"

我问她在学校里的社交情况。"他们很可怕，与其说是刻薄，不如说是漠不关心。对他们而言，我是不存在的。我太丑了，而且太过伤心，完全不能融入那个班级。我一个人吃饭，一个人步行往返学校，没有人想做我的学习搭档。"

她揉了揉脸，继续说："有一次，在食堂里，一个男孩当着其他孩子的面走到我跟前，邀请我去看橄榄球赛。我真是个傻瓜，我以为他是当真的。我想也许他能看穿我的外表，喜欢真正的我。于是我说，'当然可以，只要我能得到爸爸的允许'。然后他就大笑起来，他的伙伴也都在起哄。他们为了开玩笑就让他做这件事，而他靠这次玩笑，得到了 10 块钱的赌注。"

琼叹了口气，说："从那以后，我避开了所有男孩子。"

琼的父亲在她母亲去世一年后就和默塞尼结了婚。他们去太阳城度蜜月，给琼带回来几个撒胡椒盐的瓶子。

"那时我已经不抱任何希望了，"她平淡地说，"继母对钱很吝啬。有一次，我给豆子锄草的时候把脚割伤了，伤得很厉害，她都不愿花钱请医生，因为那次受伤，我到现在走路还是有点儿跛。她只允许我一周洗一次头发，但我需要每天洗头，因为出油太厉害了，她不想付水费。我的牙齿不整齐，学校推荐我戴牙套矫正。默塞尼说，'我听说要花 1000 块钱，我们可不会花那么多钱就为了买你一口整齐的牙'。"

琼说话的时候，我努力保持中立，她自己也没有表现出愤怒。她继续不带感情地说："我在家里显得格格不入。有一次，我继母的儿子问我，为什么我和他的家人住在一起。"

我问琼是如何度过那些在家和学校都遭到拒绝的岁月的。

"我想到妈妈，以及她希望我如何表现。我决定，不能把别人的不良行为当成我的借口。我将尽我所能做到最好。临睡前，我会和天堂里的妈妈说话，我总是试着向她汇报一些我引以为傲的事情。我知道她爱我，我知道我是值得被爱的，尽管我周围的人都看不到这一点。"

她用手帕擦了擦脸，说："那时我极度需要朋友，但我学会了照顾自己，这样别人的拒绝就不会折磨我了。我对是非也形成了自己的看法。

"高中毕业后我的生活有所改善。之后我开始在川崎工作，我立刻觉得自己被外界接纳了。我努力工作，人们注意到了我。女同事邀请我和她们一起吃饭，男同事跟我开玩笑。主管对我也很好，他鼓励我去做牙齿矫正和足部检查。我现在正带着一个牙齿矫正器。"

琼谈到工作时笑了。"公司每年都会为我所在地区的所有员工举办万圣节派对。每周五我会在联盟队打保龄球。我每年都能获得加薪，所以我的收入不错。

"我已经原谅了爸爸和继母。我现在很开心，有什么好生气的？我比他们快乐。我试着每个周末都为他们做些事情，比如做一个馅饼或者打理院子。"

我问她和父亲相处得如何。"爸爸不接受我的肥胖，他想要一个漂亮的女儿。"

我想起了琼的生活。她有一种像蜘蛛网一样柔弱而坚强的精神，她有宽恕和爱的天赋。因为按照我们的文化标准，她并没有外在的吸引力，所以很多人贬低她，包括她的父亲。但不管怎么说，她还是挺过来了，甚至在这样的逆境中茁壮成长。她让我想起了沙漠之花，它们在多数时间里处于休眠状态，但只要下一点儿雨就会怒放。

我对她说："你父亲错过了爱一个很棒的女儿的机会。"

我们谈论了马蒂。琼笑了，描述他是个过早秃顶的大块头。

"他的长相并不重要。"她耸耸肩，"我知道他工作有多努力，也知道他从不贬低任何人。他不是一个爱抱怨的人。"

我建议琼每天想象自己成功地亲吻了马蒂，还鼓励她降低对初吻的期望。"钟声可能不会响起，天空可能不会亮起来。"我完全断章取义地引用了乔治亚·奥基夫的话，"没有人一开始就擅长。"

我指出，这段关系会进展顺利。身体上的情感只是恋爱关系的一小部分，她已经有了爱和宽恕的天赋，这是更重要的品质。我预测，一旦她准备好了，亲吻就会很容易。

当我再次见到琼时，她说接吻的感觉很棒。她问我是否认为她需要更多的治疗。

"不，"我说，"我认为你可以教我穿越逆境所需的坚强以及宽恕的重要性。"

琼是一个很好的例子，她在十分不幸的情况下，为自己打造了一个美好的生活。几乎所有的心理学理论都会预测，琼的结局不会好，但逆境塑造了她的性格，拯救她的是她对母爱的深切体会。虽然母亲已经去世，但琼感觉母亲的精神一直陪伴着她。这使她在被所有人拒绝的时候仍觉得自己有价值。琼下定决心过一种会让母亲感到骄傲的生活。

琼具有欣赏生活中美好事物的天赋。她的生活是丰富多彩且充满收获的，尽管也许有一些人觉得它很艰难或阴暗。她有朋友、钱、男朋友和同事的尊重。她没有痛苦，也没有愤怒，因为她很快乐。她是一朵迎着雨绽放的沙漠之花。

青春期早期是许多为自我而进行的斗争或胜利或失败的时期。这是一场艰苦的斗争，其成败在很大程度上决定了女性未来生活的质量。年轻女性置身于这些斗争之中时，看起来都不是那么强大。表面上的行为很少揭示深层的斗争，即坚持真实自我的斗争。

爱丽丝·米勒认为，青春期的坚强需要对自我所有部分的承认，而不仅仅是社会所能接受的那些部分。西蒙娜·德·波伏娃认为，坚强意味着保持一个人生活的主体性，抵抗要求女性成为男性体验对象的文化压力。卡罗尔·吉利根将抵抗力称为"用自己的声音说话"，贝尔·胡克斯则称之为"反驳"。抵抗意味着警觉地保护自己的精神，使其不受任何可能破坏它的力量的伤害。

玛格丽特·米德将坚强定义为重视自我的所有部分，而无论文化是否重视它们。她鼓励自我存活下来，这种自我具备能干的品质并且可以发展同外界的联系；她强调要注重发展内在的潜能，并与限制价值的行为做斗争。

在20世纪90年代的美国，即使是最坚强的女孩在青春期也会受挫。课程太难了，学习曲线太陡峭了，这让她们很难顺利地掌握知识。坚强的女孩在狂风中设法保持着某种自我意识。通常，她们有强烈的地域归属感。有时，她们会以某种方式认同一个为她们提供自豪感和关注的族群，或者她们会认为自己是一个社区不可分割的一部分。她们的归属感保存了她们的身份认同，尽管这种归属感也不断受到青春期狂风的摧残。

无论过去还是现在，坚强的女孩都知道自己是谁，并认可自己的多重身份。她们的身份认同可以在压力下保持良好。天赋让女孩在过去的童年生活和现在的青少年生活之间保持了一定的连续性。成为真正有用的人也给了女孩一些值得坚持的东西。例如，照顾生病的父母或者帮助弱势群体可以帮助女孩缓解青春期的痛苦。

如今，几乎所有的女孩都努力与家人维持亲密的关系，并在一定程度上保持对家人的忠诚。即使是来自问题家庭，她们的家中通常也有她们爱和信任的人。经历了青春期的各种混乱之后，她们仍然对这个家人保有信任。

然而，大多数女孩在家庭关系上会遇到困难。作为独立过程的一部分，所有的女孩都会尝试与父母保持一定的距离，但健康的女孩知道父母爱她们，并通过重要的途径与父母保持联系。她们继续交流，寻求联系。即使她们和父母争吵，她们自我的一部分仍然对父母忠诚并与他们保持联系。

坚强的女孩往往可以清楚地认识到，在外面的世界，事情变得更困难了，而且也并非完全正确。她们意识到自己感受到了压力，不得不做出对自己有害的行为。生活中过早的性化使她们紧张。她们可能会拉帮结派，但有一部分女孩会讨厌这种势利行为，并积极抵制伤害其他女孩的行为。

让女孩相信比自己的生活更广阔的事业或兴趣是有帮助的。对她们来说，具备一些特别的爱好可以激发出一些远远超过初中生活经验的东西。通常，她们的爱好可以提供一些看问题的视角，从而支持她们度过最艰难的时期。坚强的女孩会设法避免大量使用化学药品，并以更合适的方式处理痛苦。通常，她们有健康的缓解压力的习惯，比如阅读、跑步或弹钢琴。

在《聪明的女孩，天才的女人》（*Smart Girls, Gifted Women*）一书中，芭芭拉·克尔探索了那些最终成长为坚强女性的女孩所拥有的经历。她发现这些女孩的共同之处是，她们拥有独处的时间，具备爱上一种理念的能力，并拒绝承认性别局限性，以及芭芭拉所说的"保护性的外衣"。所有这些女性在青少年时期都不受欢迎，大多数人与同龄人保持距离，这不是出于自愿，而是因为被排斥。具有讽刺意味的是，正是这种排斥给了她们一个受保护的空间，让她们可以发展自己的独特性。

许多坚强的女孩有类似的经历：她们被同龄人孤立和排斥。她们的坚强是一种威胁，她们因为与众不同而受到惩罚。那些没有吸引力或者不担忧自己外表的女孩会被嘲笑。这种孤立往往是一件幸事，因为它允许被孤立的女孩发展出一种强烈的自我意识。从青春期开始，被孤立的女孩往往比被别人接受的女孩更独立、更不依赖他人。

坚强的女孩可能会通过保持安静和戒备来保护自己，这样她们的叛逆就只会被少数她们信任的人知道。她们可能暴躁易怒，远离批评者，这样只有爱她们的人才知道她们在做什么。她们或许有巧妙的办法来摆脱别人的意见，或许会用幽默来转移别人的敌意。

许多女孩可以通过为自己创造安全空间来保护自己。这些空间可以通过书籍、兴趣、家庭、教堂，以及音乐或艺术等爱好来创造。在大众文化中漂泊长大，几乎没有保护层，没有私人领地的女孩是最脆弱的。然而，关于保护空间的事情是复杂的。过多的保护会导致"豌豆公主综合征"，像温室花朵一样的女孩无法承受压力。过少的保护往往会导致成瘾和自毁行为。相同的压力，既可能帮助一些女孩成长，也可能毁掉一些女孩。

人生都会有高潮和低谷。对大多数女性来说，青春期早期是一个很大的低谷。坚强的女孩像所有的女孩一样，会在初中阶段做出疯狂的事情。她们感到不稳定和失控，看透表面的行为，理解正在发生的事情是很重要的。例如，一个女孩在初中时可能会抑郁，原因是她足够聪明，能够认识到我们的社会中存在毒害女孩的文化，并觉得被它打败了。

卡罗琳（17 岁）

卡罗琳为了高中的心理学课程，请求采访我。我同意了，前提是我们可以互相采访。卡罗琳最近刚从亚拉巴马州搬到我们镇上来，正好我也很有兴趣和来自其他州的女孩交流。我们在我家里见了面，卡罗琳先采访了我。我被她的沉着和敏感所打动。她穿着深蓝色的裙子和毛衣，看起来比她的实际年龄要成熟。她就像一个新闻专业的大学生。

卡罗琳采访我之后，我们开玩笑地交换了椅子，转换了角色。我问了她的家庭情况。她父亲是名军人，嗜酒成性，喜欢玩弄女性。他认为卡罗琳又丑又懒。他会为极小的错误而打她。有一次，他当着朋友的面骂她，其中一位朋友叫他停下来。不过，大多数情况下，当他贬低女儿时，他的朋友要么喝醉了，要么就根本不在乎。卡罗琳说她的父亲："他会成为一名优秀的驯马师。他有很多方法可以击垮一个人的精神。"

她继续说道："幸运的是，他并不经常在我身边。当他在的时候，我就会拿起一本书直奔我的房间。妈妈也无法摆脱他，他毁了她。"

我询问了有关虐待的情况。"他晚上出去喝酒之后，会跌跌撞撞地走回家，摔门，咒骂。妈妈对他大喊，他辱骂妈妈，然后打她。妈妈会哭，然后来我的床上过夜。我 12 岁时，制止了这种虐待，我报了警。"

　　我简直不敢想象当时我的表情，因为卡罗琳说："这并不像你想的那么糟。我喜欢学校。我们经常搬家，我去过各种学校——教会学校、军队学校和公立的综合学校。但无论在哪里，我都是最好的学生。

　　"我一直是老师的宠儿，同学们也喜欢我。我唱歌，跳舞，做运动，擅长美术。我可以开着玩笑混入任何群体。尽管我的家庭生活很糟糕，但在学校得到的赞扬让我很有自信。

　　"在学校，没有人知道我的家庭生活是什么样的，"卡罗琳继续说，"我假装父母对我制定了规则，我有生日聚会，要预约牙医。学校演出时，我解释说父母离开镇子去出差了。我做得很好，很容易就能骗过老师。"

　　她靠在沙发上。"我上六年级的时候，爸爸把出轨的对象带回家，妈妈试图自杀，我不得不把枪从她身上抢走。但是，我仍然是个快乐的孩子。我在波士顿上了一所好学校，我爱我的老师，她给我安排了歌唱课，并让我在学校音乐剧中担任主角。也许我应该为我的家庭感到难过，但我没有，我过着自己的生活。"

　　卡罗琳顿了顿，继续说下去的时候，声音中洋溢的快乐也消失了。"第二年，我的父母离婚了，我和妈妈搬到亚拉巴马州和外公外婆住在一起，我生活中所有美好的事情都停止了。

　　"那里的学校糟透了。有钱的人都上私立学校，公立学校很破。我的社会研究课本已经是二十年前的了，我们的科学实验室没有显微镜。有一次我不得不回家换衣服，因为我在学校操场上踩到了恶心的排泄物。还有一次，我被一个破啤酒瓶划伤了。

　　"那所学校传达给我们的信息是，我们一无是处，是尘土。我的大多数同学相信了它。他们放弃了自己的梦想，计划一毕业就去工厂工作。

"在一所充满了无名小卒的学校里，我更是个无名小卒。我是一个局外人，一个北方人。几周后，我出现了言语障碍。我试着让自己的口音听起来像南方的，但说出来的话却含糊不清。没有人能理解我，有一段时间我几乎不说话了。

"与此同时，我的家庭生活是悲惨的，妈妈长期患病。我的外祖父母都是善良的人，但他们不理解我。"

"是什么拯救了你？"我问。

她从钱包里掏出一张照片。"桑德拉拯救了我，或者说我们拯救了彼此。我是在八年级刚开始的时候认识她的，她是我英语课的同桌。她能回答老师上课提的问题，有一天我问她放学后要不要一起去吃冰激凌。

"从一开始我们就能相互理解，桑德拉的爸爸也是个酒鬼，她的妈妈在一家盒子厂工作，我们都是靠自己长大的。

"第一次见面结束时，我们同意共同抗击这个体系。我们向对方保证不吸毒、不怀孕。我曾和父母一起旅行，我知道有更好的地方可以去。桑德拉喜欢听我谈论那些地方。"

她笑着继续说："我们发明了一个游戏。我转动地球仪，然后把手指放在地球仪上面，它停在哪里，那天我们就假装在那里。如果我的手指落在孟买，我们就讨论孟买的食物、音乐、街道、天气、气味和声音。我们发誓，长大后一定要去那些地方看看。"

卡罗琳收起桑德拉的照片。"我们推着彼此实现目标，我们知道唯一的出路就是教育。我们背单词，向图书管理员要了一份经典书目，并阅读了这些书。我们尽可能去听免费讲座。我们下定了决心。到了十年级，桑德拉和我都是优等生。我们唱歌，也参与学生会工作。我们有大量的活动记录，显示我们都在全面发展。去年，我们搬到了这里。"

"这是怎么回事？"

"桑德拉的姐姐和叔叔说她可以搬来和他们一起住，在一所好学校读高三。没有我，她是不会来的。我们共用一间卧室，我们比姐妹还亲。我们承诺过在大学毕业前都不会和任何人约会。我们已经把所有的好学校做了划分，这样就不会为了奖学金而互相竞争了。但我们会一直保持亲密的关系，直到大学毕业。我们是一家人。"

卡罗琳从儿时起，就决定无论做什么都要做到最好。她拥有非凡的生存技巧。她的经历使她有责任心，以成功为导向，并且在任何情况下都能照顾好自己。

通常在青春期女孩的故事中，女孩之间的关系是丑陋的、破坏性的。卡罗琳的故事就不一样。她和桑德拉帮助彼此生存下来，最终逃出了充满暴风骤雨的恶劣环境。

琼和卡罗琳都缺乏我们今天所说的"情感上可获得的父母"。琼的母亲去世了，她的父亲对她漠不关心。卡罗琳的父亲长期缺席，她的母亲身体和心理上都有疾病。父母支持的缺失清楚地表明，从一开始，她们只能依靠自己来获得幸福。这是所有女孩都必须学到的一课。具有讽刺意味的是，如果父母为女儿的幸福承担了太多的责任，她们会很难学到这一点。

这两个女孩都有一个焦点，带着她们度过初中痛苦的日子。琼希望自己的表现能让母亲感到骄傲，而卡罗琳则希望自己在学业上有所成就。即使在最黑暗的时期，她们也在以自己的方式为更加光明的未来做准备。

玛丽亚（16 岁）

在咖啡馆见面时，玛丽亚迟到了。她气喘吁吁地跑进来，把她的书包和一捆传单扑通一声放在空座位上。玛丽亚是一个高个子的年轻女孩，一头乌黑的直发，目光严肃。她解释，她那辆开了 20 万英里的大众汽车刚刚报废。

我点了一杯意大利汽水。玛丽亚一边喝，一边告诉我前一天的反死刑游行。她说的话让我想起了 20 世纪 60 年代的朋友，我忍不住问她是不是"感恩而死"乐队的粉丝。她果然爱这支乐队，爱他们疯狂的放纵和他们的粉丝社群。玛丽亚希望自己是 20 世纪 60 年代的青少年，那时的人都是理想主义的、自由的。她讨厌美国的公司，也讨厌我们所在的小镇对金钱的重视。

玛丽亚是一个西班牙裔家庭的第二个孩子。她的父亲是社会工作者，母亲是景观设计师。她有一个哥哥叫阿尔贝托，比她大两岁，她还有两个妹妹。她的祖父母和外祖父母都住在城里，玛丽亚几乎每天都和他们在一起。"家人第一"是这个家庭的信条。

玛丽亚的家庭有长期参与社会运动的传统。在 20 世纪 60 年代后期，她的外祖父母为了生存逃离了萨尔瓦多。她的叔祖父因政治活动被枪杀。她的母亲是积极的女性主义者，活跃于天主教会的社会正义委员会。玛丽亚说："所有人的成长理念都是，应该努力让社会变得更美好。每个人都会因为冷漠而受到家人的批评。即使是作为一名滑板运动员的阿尔贝托，也在为避难所提供帮助。"

玛丽亚和哥哥阿尔贝托尤其亲近，他们小时候很少打架。"他可以用硬纸板做任何东西。我们玩他发明的各种游戏，"玛丽亚说，"我们一起拍电影，一起唱二重唱。他让我和他的朋友一起玩，我从未被他丢下过。"

玛丽亚抿了一口饮料。"我喜欢小学时期。有时我会被起带有种族歧视意味的外号，但阿尔贝托一直在学校里保护着我。四年级之前，我班上的同学关系都很亲密，之后，就开始形成小帮派、小集团。我的朋友因为啦啦队训练而聚成一个小圈子，而我没有被她们邀请入列。"

她把头发从眼睛上拨开。"我想融入大家。我拼命地想提高自己的'酷商'。我甚至买了一些 Guess 牛仔裤，但没用。问题在于我的肤色。

"妈妈鼓励我去对抗'必须变成某种样子'的压力，她憎恨种族主义和精英主义。后来我才开始抗争，但在六年级以前，我是一个胆小鬼。"

我问她关于初中的事情。

"第一天糟透了，"玛丽亚说，"那是一所很大的学校，我总是迷路。我在体育馆里被撕破了短裤，在打字课上被人用有种族歧视色彩的称谓咒骂，我哭着回到家里。"

回忆起这些，她皱起了眉头。"我的家人说我很快会交到朋友，但我没有。大多数同学我都不喜欢。女孩们试图伤害对方，她们的谈话让我抓狂。我只和哥哥以及他的朋友在一起玩。"

她用手指在杯沿上划了一圈。"有一段时间，我感到孤独和困惑。

我想一定是我出了什么问题，但是阿尔贝托和妈妈一直说这不是我的问题。他们说服我加入大赦国际，这样我就会有一个业余爱好。

"我对此产生了兴趣。"她笑了，"那里的人都很棒。和他们的友谊拯救了初中时期的我。

"我上六年级的时候，女童子军的活动有一个关于自尊的单元。我对此很认真，并在镜子上列出了自己的优点。每一天结束的时候，我都问自己，我做了什么让自己感到自豪的事情。这种对自尊心的培养对初中时期的我很有帮助。"

玛丽亚继续说："在高中，我终于找到了'我的人'。我开始了在大赦国际的新篇章。"

"高中的孩子有什么不一样吗？"

"阿尔贝托在那里，我喜欢他的朋友。有一些女孩似乎值得信赖，我遇到了更多的西班牙裔和非裔美国人。"

"你约会了吗？"

"因为阿尔贝托，我对男孩有很高的期望，"她继续说，"我不喜欢大男子气概的家伙，我喜欢能谈论自己感受并尊重女性的男生。在高中，这样的男生并不多。"

玛丽亚的几个朋友这时进来了，她向他们挥手致意。"我不喜欢的另一件事就是竞争。我喜欢运动，竞技运动除外。阿尔贝托也是这样，我想这是我们从家人那里学来的，他们试图让每个家人都能赢。"

当我问及未来时，玛丽亚说："我对阿尔贝托今年毕业感到担忧，他计划去艾奥瓦州学习写作。没有他，我会感到迷茫。我想成为一名政治学家。对于毕业，我很兴奋，但也很害怕。

"我会想念每天见到祖父母的日子。他们帮我渡过了很多难关，现在他们都老了。我的一个妹妹将在我上大学那年开始上初中，我希望我能帮她渡过难关。"

我感谢玛丽亚接受我的访谈，并告诉她我认为她的"酷商"相当高。她转了转眼珠，然后笑了。当我说再见的时候，玛丽亚递给我一张抗议巴尔干半岛局势的传单，建议道："也许你会对这个感兴趣。"

前面的叙述讲述了三个坚强的年轻女性的故事：琼、卡罗琳和玛丽亚，其中一人是西班牙裔，另外两人很贫困，这并非偶然。这些年轻女性都是战士——琼利用她对母亲的回忆进行了反击，卡罗琳奋力挣脱了一个能轻易永远困住她的环境，玛丽亚避开同龄人的压力而形成了自己的自我定义。只要恰当地面对，逆境可以塑造一个人的性格。

不同于奥菲莉娅，大多数女孩会从青春期早期的经历中恢复。它不是一种不治之症，而是一种随着成长和成熟而消失的急性病。当它发生的时候，没有人看起来是坚强的。甚至这一章里提到的女孩在初中时也很悲惨。通过高中生的有利视角，他们可以轻松地讲述自己的故事，但是初中时的她们也无法看清问题。在飓风眼，这是不可能做到的。

没有女孩能逃过飓风，飓风就是令人无法抵抗的。幸运的是，到了高中后期，飓风的力量逐渐减弱，树木开始恢复生机。女孩冷静下来，思维更加成熟，情绪更加稳定。她们的朋友变得更友善、更能信赖。她们与父母达成和解。她们的判断力显著提高，也不再那么以自我为中心了。抵抗者和战士生存下来。处于暴风雨之中时，人们会觉得暴风雨永远不会结束，但是飓风终会结束，太阳会再次出现。

与 1994 年相比，如今的女孩受到了更多的保护，她们经历酒后驾驶、性侵害或少女怀孕的可能性降低。另一方面，现在的有些女孩也像琼和卡罗琳一样，在艰难的情形中挣扎着做出正确的选择。不管怎样，她们努力做到对自己真诚、对别人友善。

另一些女孩则是默默无闻的英雄，她们照顾生病的家庭成员，长时间工作，为家庭提供经济支持，或者通过咨询帮助其他青少年解决问题。还有一些女孩经常做善事。阿马利娅每天去看望一位盲人邻居，并为她读书。玛蒂星期天在她的教堂里照看孩子们。杰达只要发现被遗弃的动物，就会收养它们并帮助它们康复。

如今，我们看到了女性社会活动家的复兴。自 20 世纪 60 年代以来，从未有如此多的女孩参与抗议、运动和倡导工作。作为对警察枪杀手无寸铁的黑人、反穆斯林犯罪、校园枪击事件以及妖魔化难民和移民的反应，女孩开始组织 Black Lives Matter、"是的，我们可以"和枪支管制等运动。佛罗里达州马乔里·斯通曼·道格拉斯高中的学生就是这种强大的新行动主义的例子。马拉拉·优素服·扎伊是一位为巴基斯坦和世界各地的女孩争取权利的活动家，也是诺贝尔和平奖得主，她激励了全球许多女孩为人权而努力奋斗。女孩也许比现代历史上的任何时候都更能接受自己独特的观点，并倡导变革与平等。

格里尔（16 岁）

"我在家里被允许做我想做的任何事——涂指甲、穿裙子，但外出时，我就会变成'男孩格里尔'。这种做法在很长一段时间效果都很好。"

　　我和格里尔是在平安夜通过 Skype 交谈的。格里尔刚满 16 岁，拥有光泽的卷发和完美的眼妆，每一个毛孔都投射出自信。她似乎是典型的青少年时尚达人，但她的出生性别是男性。

　　"那是在小学的时候吗？你这么小的时候就知道了吗？"

　　"我不知道我知道什么。"格里尔笑了，"从很小的时候起，我就被女孩子的东西所吸引。其他男孩喜欢运动和打闹，而我不想和那些事有任何关系。即使在幼儿园，我也总是打扮成公主。

　　"我妈妈是一个伟大的问题解决者，她的想法是允许我在家里做我自己，这样我们就可以使家外面的事情更可控。但当我开始经历青春期时，我已经准备好做变性手术了，我的父母很支持我的决定。"

　　格里尔决定在初中毕业后的那个夏天完全转变为女性。她推断，这样一来，人们就可以在暑假期间而不是在上课期间传播关于这件事的八卦。她的直觉被证明是有先见之明的。

　　"高中第一天过得怎么样？"我问。

　　"老实说，挺轻松的，"她回答说，"只有校长和我的辅导员知道我变性了，当然，还有我的好朋友知道。我以女孩的身份开始高中生活，大家也是这样认识我的。我手术做得还不错，所以我在使用女卫生间时没有遇到任何困难。我立刻感到肩上的重量减轻了，因为我终于成了我自己。"

　　"你的父母全程都陪在你身边吗？"

　　"不仅如此，他们还接受了我是谁。我想他们比我先知道；在我长大的过程中，妈妈有时会问我是否觉得自己是个女孩。她一直爱着真实的我。爸爸也是这样。有一次，我告诉他我想学化妆，那个周末他就带我去 CVS 药店，给我买了所有我需要的东西。"

格里尔把头发从眼睛上甩开，继续说："当我宣布我已经准备好变性的时候，我父母已经预料到了。我一点儿也不紧张，我们都没有把它当作一次冲击而紧张，这就是一次平静的谈话。

"我知道我很幸运，大多数变性人很难在家人和朋友面前公开自己的身份。但我也有过可怕的经历。在一次舞蹈表演中，我被禁止进入女生更衣室，被迫在男生更衣室换衣服。那真的很糟糕，很吓人。但那次不好的经历给了我新的认识，所以最终对我来说是件好事。"

"你觉得自己有责任代表和支持其他变性人吗？"我问。

"我想了解我的群体里的其他人正在经历什么。我在一个性少数青年中心做志愿者，但我不认为自己是一个积极分子，我只是一个正常的女孩。我确实为'变性人'这个词感到自豪，但我并不总是想成为这个群体的先锋。"

"从你的生理生长和发育的角度来看，变性是什么样的？"

"在我出柜两周后，我开始服用阻止青春期发育的药物，"格里尔解释道，"我当时正处于风口浪尖，我不想进入青春期，不想让喉结变大，也不想让嗓音变低沉。我们并非轻率地做了这个决定，我的父母和我一起做了调查，讨论了我所有的选择。老实说，我很幸运我那时就出柜了，这使身体上的转换更加容易。一个月前，我开始服用雌激素，这让我的声音音调提高了，但也让我变得更加易怒和情绪化。"

格里尔笑着说："情绪波动绝对不是我最喜欢的女性特征。"她挺直了肩膀，"当然，我想做手术。那会让我觉得作为一个女人更完整了。"

"现在你已经完全是作为一个女孩生活了，你有没有注意到你受到了不同的对待？"

　　"主要是在约会方面，"格里尔回答，"我吸引了很多男性的注意，但当我告诉他们我的身份时，他们往往会对我失去性趣。这并不意外，有时他们想保持朋友关系，有时他们就跑开了。我和其他女孩一样，当男性对我不感兴趣时，我的自信心就会受到打击。有一次我和一个男生约会，他的父母不让我进他们家，因为我是变性人。有时候，我很难辨别谁真正关心我，谁只是因为新奇而喜欢我。"

　　"你会向谁寻求帮助？"

　　"我有一个非常棒的朋友圈，"格里尔笑着回答，"我们很多元化，有同性恋、异性恋和双性恋。我想让我的身边多一些与我不同的人，我想向他们学习。"

　　"你和你的同伴还有什么其他相似之处？"我问。

　　"你是谁并不重要，只要你是一个十几岁的女孩，就会有身材问题。"格里尔叹了口气，"我天生苗条，所以人们会假定我是厌食症患者。上周，我工作上的一位顾客对我说'你太瘦了'，然后给了我20块钱的小费，让我去买一个三明治。其他女孩说，她们希望像我一样瘦，我觉得我一直被灌输瘦就是美的刻板观念。我讨厌这一点。

　　"我认为我们应该接受所有体型。在 Instagram 上，有一些减肥产品的推广商看到我的身材后找到我，要雇我为他们的产品代言。然而，并不是药丸和茶让我变瘦的。我的态度是，如果你相信你很美，你就很美。这种美丽将在你自己的光环中显示出来。"

　　我对她使用"光环"这个词忍不住笑了起来，但同时我也明白：格里尔确实在辐射由坚强、自信和她独特的美丽所造就的光环。

　　"你最自豪的是什么？"我问。

　　"变性后，我的自信心飙升，"格里尔若有所思地说，"多年来，我不是真正的我，现在我完全拥抱了作为女孩的真正的自己。我说出了心中的想法。我为自己和他人挺身而出。这真的给了我希望，因为当其他女孩也能像我一样接受自己的时候，我们就可以用所有的能量发起一场女性主义的'工业革命'。

"我从一个住在郊区的孩子到拥有自己的声音走了很长的路，对此我感到极其自豪。我参加过电影试镜，在 Instagram 上建立了巨大的影响力，我有各种各样令人惊叹的经历。我见过艺术界和新闻界的名人。我为我的未来感到兴奋，我要尝试去做一些伟大的事情，即使不成功也没关系，我会继续尝试。"

社交媒体促成了年轻女性活动家人数的激增。推特和 Facebook 可以被用来发送通知、组织团体、计划活动，以及传播集会与和平抗议的消息。这一类网站和应用软件让青少年彼此保持联系，并促进彼此的成功。

与此同时，一群新潮的英雄正在站出来支持青春期及更大一些的女孩。歌手 P!nk 就身体形象和自信心勇敢地发声。阿莱西娅·卡拉的歌曲《通往美丽的伤疤》已经成为一首对身体积极性的赞歌。艾米·波勒发起的"聪明女孩"运动、模特阿什莉·格雷厄姆对时尚产业的坦白、贾米拉·贾米尔在 Instagram 上掀起的"我称体重"活动、碧昂斯的专辑《柠檬水》，以及女演员克丽丝汀·贝尔对抑郁和焦虑的公开讨论，都是新一代名人活动家的例子。

尽管公众人物对社会变革的接纳对我们的文化至关重要，但在没有任何大张旗鼓的宣扬或名人参与的情况下，很多女孩也在开拓自己的道路、留下自己的痕迹。梅根和艾娜就是为自我赋权和全球变革而奋斗的行动主义的典型例子。

梅根（16 岁）

"帕克兰枪击案发生后不久，我听到大卫·霍格和萨拉·查德威克接受的采访。我意识到我们学校的很多学生有和他们一样的感受，但他们没有一个活动平台。我觉得他们在呼唤我们采取行动。"梅根在电话中这样告诉我。几个月前，在佛罗里达州帕克兰市的马乔里·斯通曼·道格拉斯高中，发生了被广泛报道的 2018 年校园枪击案。

梅根就读于俄亥俄州阿克伦市的费尔斯通高中，这是一所以黑人为主的学校，在她看来，这也是该地区最好的学校。长期以来，她对政治很感兴趣。她是学生会成员，也是政府资助的大学预科班学生，她只花了几天时间就消化了发生在帕克兰的事件，然后向她最喜欢的老师提出了一个想法。

"我说，我们开个会吧，我想组织我们的学生抗议校园枪击事件。"梅根解释道，"我在社交媒体上发布了会议的公告，并请一个非常受欢迎的孩子把它发布在了他的 Snapchat 上。"

她自豪地说："我们只花了一天的时间就吸引来三四十个人。"在最初的那次会议上，在具体讨论这个新团体的目标之前，梅根和其他学生创造了一个安全空间，供学生表达自己的恐惧和愤怒。学生们很快决定发起一场罢课，以声援帕克兰的学生以及新兴的"永不再来"和"为我们的生命游行"运动。

"我们缺少一个架构，我们还不是一个正式的社团。我和一位高年级的班干部努力工作了一个月。我们试着把工作委派给其他人，但是日程很紧——一个月的准备时间并不长。我从早上 7 点到下午 6 点都在学校和我的老师以及领导小组一起工作。妈妈做了一个电子表格来收集联系信息，因为我想让这个活动超越罢课本身。我不希望这次活动变成一次性的。"

起初，梅根和她的同伴遭受了一些来自学校管理人员的抵制。她的校长虽然表示支持，但宣布任何参与罢课的学生都将被停学三天。这一消息公布后，这些积极分子失去了一些学生，但一些学生承诺继续参与罢课。

直到那时，筹划罢课的会议场地内只有站着的空间。当地教育委员会宣布，对于如何管理这次罢课，由掌握自由裁量权的独立的学校管理人员自行决定。该通知发布后，校长解除了停学的威胁。

"到了那天，我们在外面只待了 17 分钟多，"梅根说，"每个人都很平静并充满敬意。一些学生发表了演讲，一些学生朗读了诗歌，我们还为帕克兰的学生举行了默哀。"

这个活动得到了当地媒体的积极报道，也获得教育委员会和校长的积极反馈。大约 500 名费尔斯通高中的学生走出教室参加了罢课。

从那时起，梅根和她的同学成立了一个正式的学校组织——学生反暴力联盟。她和其他几个学生在阿克伦市教育委员会面前提出了一系列要求。他们要求委员会出具书面声明，表示不支持给教师配备枪支；增加和学校辅导员的接触机会；增加针对学校员工处理紧急情况的定期培训项目，并为学校的每个房间制订具体的逃生计划。

"我们学生不是无所不知，但我们同样可以对成年人说，我们必须一起找到解决途径，"梅根在她对委员会的发言中指出，"有了你们的帮助，我们可以改变这种情况和我们面临的恐惧。"

冬去春来，费尔斯通高中的学生不断在市和州的游行中发表演讲，梅根和几个朋友前往华盛顿特区参加了 2018 年 4 月的"为我们的生命游行"运动。

"这简直令人难以置信，"梅根说，"我们就站在帕克兰事件一些幸存者的旁边，他们认识被谋杀的孩子，那是他们的故事。这是令人惊叹的。"

学生反暴力联盟继续围绕广泛的问题组织活动。他们定期写信给他们选出的官员。他们为全体学生策划了一个"积极的一天"活动，通过积极的留言和活动，增进属于不同群体的学生之间的相互交流。

"对于我的信仰，我总是直言不讳。我在政治上很活跃，但可能不是一个行动主义分子，"梅根说，"在'为我们的生命游行'运动发生以前，我很少使用这个词。但后来帕克兰的幸存者站起来说，'我们受够了'。

"父母养育我们，让我们坚持自己的信仰。我想这就是为什么现在成年人愿意倾听我们。我们意识到，即使不能影响全美的政府决策，我们也可以影响当地的事务。"

她继续说："你必须明白，科伦拜校园事件发生在十九年前，而我现在 16 岁。从上学以来，我就一直在参加校园紧急封闭演练。我总是在上学的时候想，'如果……会怎么样？'我们一周五天、每天八小时永远处于那种恐惧状态。帕克兰事件发生时，我们都清楚帕克兰的学生经历了什么。他们说不能让校园枪击案再次发生，我们懂他们。

"我想说的一件事是，社交媒体的名声不好。父母们认为它正在毁掉我们这一代，吸干我们的时间。但如果你看看'永不再来'运动，就会发现社交媒体是我们让事情发生的工具。它也是我们让学生们了解最新情况并与全美其他学生交流的方式。"

现在梅根找到了自己的使命，她不会再犹豫或回头了。她的理由既有政治方面的，也有个人方面的。

"妈妈刚生下我的小妹妹，"她告诉我，"这更激励了我。她三个月大了，我想让她成长在不同的文化中。"

艾娜（17 岁）

"我在高中一年级的时候被骚扰过。我积极参与了许多学术活动，在这些活动中，男生比女生多。不幸的是，这造成了问题。我在这些活动中取得的成功，影响了我在这些团体中受到的对待。我的团队成员说，作为一个女生我不应该做这些事，以及我之所以成功只是因为'人们同情我'。

"这些评论传到了社交媒体上，大多数评论围绕着性别主题，而我是个女孩的事实招致了这些评论。这件事以及我过去其他的经历激励我开始做这个项目。"

我没有机会见到艾娜本人，但我在她的活动间隙给她打了个电话。她是我的家乡（也是林肯的故乡）内布拉斯加州诞生的杰出典范。她是一个通过帮助别人争取权利来实现自我赋权的年轻女性的闪耀榜样。

"充满敌意的流言蜚语传播到不同的学校，甚至传到我的父母、朋友和老师耳中。这使我到达了一个转折点。"艾娜跟我说话的时候，正在从她的高中去当地大学上课的路上，"我父亲说，'你很幸运，有一个强大的家庭、一个可以提供支持的社交圈，以及帮助你度过这些困境所需的资源，许多女孩和男孩没有。你需要做点儿什么。'"

她确实做了。艾娜构想出一个项目，它将帮助年轻人，尤其是女孩，应对基于性别的歧视和霸凌。她研究了这种霸凌是怎样发生的，以及为什么会发生，并了解到基于性别的刻板印象在孩子6岁时就开始形成。

"我想到的这个项目，旨在那些刻板印象刚出现时就去对抗它们。"艾娜解释说，"许多项目关注的是那些已经获得权利的年纪更大的年轻人，因此对那些与这些问题斗争最多的人没有影响。我很有信心，如果我们在小学和初中开展赋权项目，就可以教育孩子们，这些刻板印象不应该影响他们的生活方式。我希望所有的年轻人都被赋权去追逐梦想，并且知道他们有能力实现对他们来说重要的事情。"

艾娜在学区办公室见到了中学教育主管，主管几乎立刻表示了支持。

"他对我一无所知，而我却要求启动一个地区性的计划。"艾娜笑了。不过，这个主管告诉她，可以先在一个小学进行项目试点。她选择了她的母校，为一个为期六天的赋权项目创建了课程。

"最初，只有两名学生参与，这是毁灭性的，"艾娜承认，"然后我意识到，我们仍然可以对那两个女孩产生重要的影响。在这个项目的第二天，两个女孩带来了她们的朋友，很快我们的试点项目就有了十个女孩。我们讨论了她们因性别而感到压抑或被剥夺权利的情况。和小学女生的对话简直令人难以置信。

"她们告诉我们，体育老师对她们的要求较低，她们的母亲比父亲承担了更多的家务，或者她们是怎样被要求在晚餐时布置餐桌的。

我们讨论了她们小时候是如何被要求只穿粉色和紫色的衣服，以及她们的兄弟们是如何被告知要'更男人一点'并且不能哭。我们根据从她们身上了解到的东西，设计了一些活动，教她们如何应对这些情况。"

艾娜的试点项目得到了绝佳的反馈。她把结果拿给地区教育主管，他鼓励她在该地区继续实施类似的项目。接下来的学年，她在十所小学和两所初中发起了项目。高中学生担任项目负责人；一些早期的成员是艾娜的朋友，但在几个月之内，超过 120 名高中生加入了志愿者队伍。

"最棒的是，全部是青少年在运营，没有成年人参与，"艾娜解释道，"高中学生领导小学和初中的项目，开发课程，跟学校管理人员沟通以获得运行该项目的许可，还与联合国基金会的'女孩向上'运动合作。'女孩向上'运动致力于为世界各地的女孩争取权益。"

艾娜特意选择"女孩向上"运动作为合作伙伴，是因为该运动聚焦于发展中国家的女孩。她认为，将全球意识带给内布拉斯加州的学生，有助于他们理解性别歧视是没有国界的。她还相信，对她的同龄人和更年轻的学生来说，一个重要的赋权途径就是通过帮助他人——本地和世界各地的人——争取权利。

林肯公立学校的'女孩向上'分会是内布拉斯加州的第一家分会，目前已经成为全球正在运营的超过 2000 家分会中的最大的一家。志愿者被分成九个专门的小组，处理从筹款到宣传的各种事务。学生定期与他们选出的官员会面，并已经举办了以女性难民、性侵犯、安全空间以及国际女童日为主题的活动。

如今已是高中二年级学生的艾娜制订了一项可持续发展计划，以确保该项目后继有人。除了在当地的工作，艾娜还被任命为联合国基金会"女孩向上"运动的顾问。她希望利用这个平台在美国中西部地区推广类似的项目，提高人们对性别成见的认识，并增加她在联合国的参与度。

"这份工作如何改变了你？"我问。

"毫无疑问，这提高了我的自信心，"艾娜回答，"不仅我个人被赋予了权利，而且我很高兴地知道还有其他人也有类似的经历。通过共同努力，我们可以解决我们每天面临的不公。

"这也让我对我们的未来、我们目前的政治局势，以及我们的个人生活抱有希望。在不到一年的时间里，数百人走到一起，为我们坚信的事情——性别平等和青年赋权而努力工作。有很多人想要做出改变，这给了我希望，我们将很快看到全球范围内的性别平等。"

自 1994 年以来，美国变得越来越多元化，社会问题以及政治和经济的两极分化更加明显。数字技术既会引发一些社会问题，也有助于提出相应的解决方案。如今，坚强的女孩往往是局外人或来自边缘人群。这给了她们一个更广阔的视角和更多应对挑战的实践。

第 *16* 章

在太阳和星星下茁壮成长

在 1994 年一个有雾的星期一晚上，我和萨拉坐在林肯市基督教女青年会一间佐治亚风格房间的地板上。这是一间漂亮的房间，天花板很高，地上铺着桃红色的地毯，还有一架大钢琴。装着干花的篮子和一个古老的落地大摆钟装饰着大理石壁炉。这个房间原本是为那些戴着帽子和手套的女士喝茶而设计的，但那天晚上，我们二十个人穿着运动服和网球鞋在那里学习自卫。

参加这次训练的有几对母女、处于青春期的三姐妹、一些大学生，还有中年女性。我们的老师姬特（又名"功夫姬特"）问我们有多少人打过别人，两个少女举起了手。

姬特知道我们对训练所抱有的自我意识，她保持着有趣和放松的语气。她发给我们有关预防侵害的材料，给我们看哨子和防狼喷雾，并警告我们在受到攻击前阅读这些说明。她教我们人体的关键部位有哪些，如何出拳、踢腿、挣脱束缚，以及被人从后面抓住时该怎样逃脱。

我们结对练习。在水晶吊灯下，我们互相攻击、奋力挣脱。一开始，我们都是懦夫。我们咯咯地笑着，用女性化的温柔动作拍打着空气；我们为偶然的进攻性而道歉。我们总是要被提醒大声尖叫，去攻击腹股沟和眼睛。

渐渐地，我们不再表现得像淑女，并学到了一些招式，像电影《铁十字》和《风车》里那样，我们大声地惊叹这些招式可能真的管用。在我们练习的时候，姬特在我们中间来回走动、纠正、教给我们一些以前没有学过的东西——如何反击。

自卫训练结束后，我们躺在地上看了一部关于约会强奸的电影。我已经拥有几十年的幸福婚姻了，不太可能再去约会。这部电影并没有吸引我的注意力，所以我只是盯着银幕上出现的那些新鲜的面孔。这些年轻的女性，是那些曾在这个房间里用修剪整齐的指甲拿着瓷杯的女士的孙女。她们的祖母从来没有学过如何咬、踢、叫和抓。也许她们有些人需要这些课程，但大多数人过着没有暴力的生活。但在这些女孩成长的世界里，每四个女性中就有一个女性被强奸，我希望这个训练课程能提高她们的自我保护能力。

教我们的女儿如何击退强奸犯和绑架者，会给人一种怪异的感觉。我们需要相关课程去教导男性不要强奸和伤害女性，也需要教导男性如何变得温和儒雅而又不失男子汉气概的工作坊。

我坐在那里的时候，想起了我在幼儿园时写的一首关于性别差异的诗——小男孩是用"剪刀、蜗牛和小狗的尾巴"做成的，女孩是用"糖、香料和一切美好的事物"做成的。那时我还不知道这首诗会成为自我实现的预言。

我记起 20 世纪 90 年代的另一个故事，当时我的朋友兰迪听一群六年级的学生讲述他们想要成为什么样的生物。男孩都想成为捕食者：狼、狮子、灰熊和美洲豹；女孩则选择了温和的、令人想拥抱的动物：熊猫、考拉、兔子和松鼠。一个女孩轻柔地说，她想成为一朵玫瑰。听到这个选择的时候,我想这个小女孩已经受到伤害了。玫瑰甚至不能移动,虽然很美丽,但它们不会经历任何事情。

为了保持真实的自我并成长为健康的成年人,女孩需要来自家人和朋友的爱、有意义的工作、尊重、挑战,以及身体和心理的安全。她们需要基于天赋或兴趣的身份认同,而不是基于外表、受欢迎程度或性别的身份认同。她们需要良好的习惯来应对压力,也需要自我教育的能力、使命感和洞察力。她们需要安静的地方和时间。她们需要体会到她们是比自己的生活更大的事物的一部分,也需要认识到自己在感情上与一个整体相连。

一个女孩对书籍的热爱拯救了她,她在漫长的夏日午后拿着书一读就是几个小时,一个女孩则因为想到遥远的地方和人而得救。一个女孩因为她对音乐的热爱而被拯救,一个女孩则因为她对马的喜爱而被拯救。一所好学校、一位好祖母、一名体贴的老师或一个创造性的项目,都可以拯救女孩。

在 20 世纪 90 年代之前,许多年轻女性是被心爱的邻居、善良的阿姨或附近的祖母的谈话和支持而拯救的。许多女性报告说,还是青少年的时候,她们有可以真正交流的人,这些人会鼓励她们做真实的自己。在 20 世纪 90 年代,随着我们的这个世界变得更加混乱、支离破碎,拥有这种选择的女孩越来越少了。心理治疗师经常扮演了这个角色。他们都是冷静的局外人,可以获得女孩的信赖。

某些类型的家庭可以帮助女孩保持真实的自我,这些家庭为女孩提供了保护和挑战,给女孩提供了情感和秩序。在这些家庭中,女孩接收到的信息是"我爱你,我对你抱有期望";在这些家庭中,父母制定了严格的指导准则，并传达了很高的期望。对年龄较小的孩子来说，规则是有用的，但对青少年来说，指导更有意义。对于大一些的女孩，需要有更多的谈判和协商。重要的是要记住，如果家庭中没有一种充满爱的关系，那么规则是没有价值的。几乎任何人都可以找到打破规则的方法。能够把女孩的生活保持在合适位置的是她们对父母的爱和尊重。

父母可以通过倾听女儿的心声来帮助她们，因为她们和蹒跚学步的孩子一样需要父母花时间陪伴。当青少年准备好交流时，她们需要父母在身边。通常，女孩想交流的时候都是父母最不方便的时候。这绝非偶然。

向女孩提出一些鼓励她们认真思考的问题是很好的。在倾听的时候，父母应该在女儿的谈话中注意那些他们可以尊重和表扬的内容。父母要尽一切可能，赞扬女儿的成熟、洞察力或良好的判断力。对女孩自主的、成熟的行为表示认可是很重要的。

当青少年暂时失去他们的理智时——大多数青少年也确实会出现这样的情况——他们往往需要一个成年人来帮助他们恢复。当女孩遇到问题时，重要的是不要惊慌。对女孩来说，她们身处的是一个艰难的世界。有时候，即使是来自牢固、健康的家庭的女孩，也会遇到严重的问题。惊慌失措的父母会让事情变得更糟。

对父母来说，要时刻注意事态的发展，并告诉女儿，如果问题真的出现了，这个家庭会有足够的力量来应对。可以提供帮助的父母有办法在暴风雨中保持合理的冷静。他们的世界有方向和秩序。他们可以让人放心。弗雷德·罗杰斯先生是一个好榜样。当他说出诸如"明天又是新的一天"，"没有人是完美的"，"每个人都会犯错"，或"没有人会被所有人喜欢"之类的话时，会让人感到安心。舒缓的安慰的声音能帮助女孩在短期内平静下来。从长期来看，女孩会内化这些安慰的话语，并在以后沮丧的时候自己对自己说类似的话。

重要的是，父母不要把事情都归咎于自己，也不要被青春期女儿的拒绝伤害到。女孩的闷闷不乐和敏感易怒通常与家庭之外的问题、学校或朋友的问题有关。对于她们不尊重他人的行为进行批评是可以的，但最好有幽默感，不要夸张地对待一些暴躁的言论，使问题变得更严重。当女儿喜怒无常时，好的父母会问她出了什么问题。她们需要的不是指责，而是帮助。

珍妮特·雷诺说：'如今，孩子在美国长大的难度甚至比父母抚养孩子的难度更大。"这种说法可能会帮助父母保持耐心。另一件可能有帮助的事情是承认"热认知"的存在。父母可以在做出行动之前学会扩充自己的认知。例如，那种认为女儿是自私的想法可以被重塑为：所有的青少年都以自我为中心。要记住女儿行为的深层结构和表层结构是存在差异的。当一个女孩说"我讨厌我的妈妈"，她实际上并不一定是要表达字面意思。这句话的意思可能是：我正努力搞清楚我是谁。

之所以要保持冷静的一个重要原因是，冷静的父母能更用心地倾听。低调、包容的父母会让孩子能够与他们保持交流。和青春期女儿的成功交流鼓励理性的思考、自信的决定和有意识的选择，这些交流包括对选择、风险、影响和后果的讨论。父母可以教他们的女儿如何做选择，可以帮助她们确定何时需要谈判、坚定立场和退出。他们还可以帮助女儿了解什么是可以控制的，什么是无法控制的，以及如何选择战斗和反击。

　　有思想的父母会树立尊重和平等的榜样，因为他们希望自己的女儿在外面的世界也能体验到这种尊重和平等。这需要长期的努力。被社会化的我们往往会以性别固化的方式行事。父母必须考虑他们自己的行为能教会女儿什么。拥有一个真正男女平等的家庭可能是一个不可能实现的理想，但让女孩看到她们的父母正在为实现这一目标而努力是很有帮助的，她们会尊重这种努力。

　　许多父母担心，当他们的女儿还小的时候，就会遭受僵硬的性别划分。他们细心地给女儿穿蓝色的衣服，给她们买玩具拖拉机。这种做法是可以的。但真正需要担心的是青春期早期。这是基于性别划分的角色被固定下来的时候，也是女孩需要巨大的支持来抵抗对女性特质进行文化定义的时候。

　　父母可以通过树立人格完整的榜样来帮助女儿变得完整。优秀的父亲会抚育女儿，对女儿充满感情，并参与到女儿的生活中。优秀的母亲会成为自给自足和自我照顾的榜样，有责任心，但不必对家庭成员完全负责。即使是小孩子，也会有一些能动性和对自己行为的控制力。

　　讨论酒精、毒品、暴力、社会压力和外表也是很重要的。如果没有讨论这些话题，父母就会错过一些对孩子很重要的东西。

　　当女孩谈论她们吸毒和酗酒的时候，重要的是要询问频率、剂量、时间和地点。搞清楚这些行为是尝试性的，是同辈压力、无聊或者好奇所导致的，还是出于逃避现实的需要。父母还可以讨论毒品或酒精满足了女儿生活的哪些需求，并询问她们怎样才能以更健康的方式满足她们自己的需求。

　　父母可以鼓励自己的女儿既结交同性朋友，也结交异性朋友，并抵制性化特征明显的关系。20 世纪 90 年代，作为一名心理治疗师，我建议父母们把初中时的男女关系视为友谊。和女孩开关于男朋友的玩笑不是个好主意，实事求是地对待男女关系可以促进两性之间自在的、坦率的行为。当父母问是否应该允许自己的初中生女儿约会时，我建议他们对女儿说："我们希望同性和异性的朋友你都有，你可以随时邀请你的朋友来我们家玩游戏或看电影。"这样就可以将男女关系带入日常生活。

作为一个关键的人类维度，外表不应该被过度看重。对女孩们来说，拥有除容貌之外值得骄傲的东西是有益健康的。父母可以抵制女儿对外表和体重的过度关注。虽然我们可以理解外表对女孩的重要性，但父母应该坚定立场，指出在任何体面的价值体系中，外表都不是那么重要。

对一个女孩来说，最好的事情之一就是她拥有相互适应、匹配程度高的朋友。父母可以通过决定邀请谁一起去旅行、住在哪里、鼓励什么样的活动来影响孩子。此外，花一些钱给女儿的朋友买比萨和柠檬水也是值得的。

在青春期，女孩可以通过旅行来学习。夏令营、国际交流和海外学习项目，以及与远方亲人共度漫长的暑假，都是很好的成长机会。旅行会给女孩一个暂时脱离家庭的休整。帮助她们获得关于自己生活的观点，这是所有青少年都需要的。适当的工作也是有用的，当然，工作时间要合理，工作场所要安全。工作可以让女孩从现实世界中学习经验教训，看到同龄人文化之外的东西。

我要提醒女孩，初中并不是生活的全部，生活里还有其他的地方，如山脉和海滩、街角的咖啡馆、湖边的家庭小屋，或者社区的俱乐部；还有其他的人——邻居、亲戚、朋友、老人和婴儿；并且，人生还会有其他的时期。她们不会永远被困在青春期，人总是会长大的。除了这个提醒，我们还可以鼓励女孩参加志愿者活动，帮助她们与其他年龄段的人保持联系。

柏拉图说，教育就是教我们的孩子从正确的事物中寻找乐趣。父母可以通过向女儿介绍自然世界以及书籍、艺术或音乐的世界来与她们分享自己的乐趣。他们可以带她们去徒步旅行、教她们钓鱼、收集政治活动的胸针、演奏大提琴、针织或者跳伞。尤其是在青春期这个动荡的时期，全家人需要一起找到固定的娱乐方式。

虽然我鼓励父母们提供帮助，但我也告诫他们要善待自己。他们的影响是有限的。父母能做的就这么多，他们不能对一切负责。他们不是全知的，也不是全能的。只有在女儿愿意接受的情况下，父母才能对女儿的生活产生影响。但并不是所有的女儿都愿意接受，女孩也有自己的选择和责任。朋友会影响她们，文化也会对她们产生影响。

虽然父母可以提供一定的庇护，但我们仍需要改变我们的教育体系。例如，女孩在学校读到的大多是男人写的和关于男人的书。我们需要更多坚强女性的典范，更多担任各种角色的女性的例子。历史需要涵盖女性的历史，心理学需要涵盖女性的心理学，文学需要涵盖女性的作品。

女孩从关注中受益。女孩的学校、俱乐部和团体允许她们成为领导者。女孩的艺术表演、文学节和体育活动赋予了女孩生活的尊严和公共的影响力。女孩需要从她们的多样性中看到自己的不同身份：工作者、艺术家和探险家。

包容性的语言可以帮助女孩感到被包容。20 世纪 90 年代，我的一个来访者说："我阿姨是邮递员，[①] 我不知道该怎么称呼她——'邮递人'似乎不正确，'邮递女人'听起来像是从马戏团来的。我很高兴我们现在有称呼女邮递员的词语了。"另一个来访者注意到，艺术家通常被称为"他"。她说："这让'女性艺术家'听起来好像她们不是真正的艺术家。"

当学生被从一个课堂赶到另一个课堂时，学校常常会忽视他们在社交方面发生的事情。在 11 岁至 14 岁之间，学生的问题主要是人际关系的问题，他们的问题是个人的、社交的。在急迫的成长问题面前，学业退居次要地位。学校应该培育基于天赋、兴趣和需求的团体，而不是让学生拉帮结派形成小团体。学校可以为学生提供他们迫切需要的明确信息——能让青少年一起工作和放松的受监督的活动、冲突解决培训，以及讨论有关酒精、吸毒和性行为决策的指导原则的课程。学校可以提供关于外貌歧视、种族歧视和性别歧视等方面的意识培养，还可以承担起帮助青少年梳理他们正在经历的所有社交和情绪混乱的责任。

学校可以提供清晰的关于性和身体骚扰的政策，从而保护学生并建立针对异性的行为规范。学校还可以提供关于适当性行为的指南，教学生如何拒绝。

"男子气概"需要被重新定义，新的定义应该能让女性享有平等，让男性感到自豪。我们的文化迫切需要新的方式来教育男孩成为男

---

① 邮递员在英语中被称为 "mailman"，"mail" 指邮递，"man" 为男人之意。
　　——译者注。

人。通过媒体和广告，我们正在教给男孩错误的课程。男孩需要一个充满爱心、勇敢、爱冒险且温和文雅的男子汉榜样；他们需要新的教育方式，以成为不滥用暴力、不厌恶女性、不物化女性的男人。我们必须加强反暴力的力度，而不是提倡将暴力作为解决人类问题的手段。一些美洲原住民文化在他们的语言中没有用来表示伤害其他人类的词语，那些文化是如何看待我们的？

现在发生在两性之间的许多可怕的行为，是由于对恰当行为的无知和与异性积极相处的经历的缺乏。成年人可以通过一起参加志愿者活动来提供相应的教育和引导，或者可以举办关于青少年的项目。例如，在20世纪90年代的林肯市，由成年人运营的"红与黑"咖啡馆就为青少年提供了一个安全、便宜的聚会场所。这家咖啡馆每天营业到很晚，还有本地乐队驻唱，当地青少年都喜欢它。

作为一种文化，我们可以用更健康的仪式来迎接成长。目前，我们有太多的仪式涉及性、毒品、酒精和叛逆，我们需要用更多积极的方式来认证和纪念成长。比较好的做法是，对青少年表示赞扬、认可，告诉他们"你长大了，我们为你感到骄傲"。

当今社会往往教育我们，性、酒精和购买力会带来美好的生活。但我们没有完全上当。我们需要重建我们的社会，使它的价值观不与我们必须采用的价值观对立，让男性和女性在我们的文化中拥有真正平等的权利。

我的祖父喜欢一首诗，它讲述了一个经常会有人从悬崖上摔下的小镇。镇上的长老聚在一起争论是在悬崖顶上筑一道围栏，还是在山谷里放一辆救护车。这首诗总结了对社会问题进行治疗和预防之间的本质区别。作为一名心理治疗师，我的工作就相当于救护车。多年驾驶救护车，我意识到采用治疗的途径来解决主要的社会问题具有局限性。除了治疗我们的文化造成的伤亡，我们还需要为文化变革而努力。

我相信，正如米勒、米德和波伏娃所相信的那样，病态的出现是由于未能实现一个人所有的可能性。奥菲莉娅死亡的原因是她不能成长，她成了别人生活的客观对象，失去了真正的主观自我。我的许多来访者遭受了发展被阻挠、潜力被截断的痛苦。正如我的来访者所描述的，她们是完美的胡萝卜，却要被雕成玫瑰。

青春期是童年和成年之间的分界线。像所有边界上的生命一样，它既洋溢着活力，也充满了危险。成长需要个人的勇气和努力，也需要外界环境提供的保护和培育。有些女孩是在最不利的条件下成长的，但值得关注的问题是："在怎样的条件下，大多数女孩才能健康成长？"

帮助青春期女孩的长期计划，将涉及深层的、复杂的文化变革——在我们的社区重建社区意识，打击成瘾，改变教育模式，促进性别平等，减少暴力。最好的"山顶的围栏"是一种有序、安全、包容多样性和自治的文化。这样我们的女儿就可以慢慢地、平静地成长为一个完整、真实的人。

我在第1章引用了司汤达的话："所有生而为女性的天才，都因为公共利益而消殒了。"自他说这番话以来，我们已经就这个问题取得了一些进展，但还不够。让我们为建立这样一种文化而努力，在这种文化中，人类的每一项天赋都能得到发挥，儿童能得到安全和保护，妇女能得到尊重，男人和女人能作为完整的人而彼此相爱。让我们为建立这样一种文化而努力，在这种文化中，敏锐的智慧、助人的双手和快乐的心灵都能被深爱。这样，我们的女儿就会有一个地方，让她们所有的才能都能得到欣赏，让她们像绿树一样在太阳和星星下茁壮成长。

关注孩子，陪伴成长

上一章的那些建议仍然是站得住脚的。正如在 1994 年一样，在 2019 年，女孩仍然成长于一种以外表和性别来定义她们的文化中。初中仍然是让女孩精神崩溃的时期，学校里充满了激素分泌旺盛的、不成熟的，但又渴望融入其中的孩子。大多数初中学校的规模很大，缺乏资金，缺少人手。它们就像工厂一样，但生产的产品是羞辱和刻薄。女孩仍然需要拥有互相尊重的父母才能表现良好，也需要依赖与各个年龄段的人的真挚友谊才能茁壮成长。

今天，家庭关系总体上得到了很大的改善，很多父母已经不需要太多的建议来处理自己受到的感情伤害了。家庭冲突不再是一个经常出现的、疾风骤雨的问题。1994 年，女孩很叛逆，想远离父母。现在，女孩不再那么叛逆了，她们会表达对父母的喜爱。她们更愿意待在离家较近的地方，成熟的速度也减慢了。她们不会在 13 岁就约会，甚至很多情况下到 17 岁才开始约会。

这种被延长的童年是一种幸事，只要它不是为了逃避为家庭之外的生活所要做的准备。逆境塑造坚强，缺乏风险和挑战会导致青少年对现实世界毫无准备。当青少年从高中毕业，进入大学或工作时，我们就能看到这种现象。从他们对宠物和"触发警告"的需求，以及他们高比例的抑郁、焦虑和酗酒行为，我们也可以得到相应的证据。

成长总是压力的结果。当女孩被给予机会去应对经过预先衡量的挑战时，她们就会变得自信和能干。最近，萨拉的朋友罗宾讲述了一个关于她14岁女儿吉纳维芙的故事。暑假的前半段时间，吉纳维芙都在家里挣扎，无聊且焦躁。终于，罗宾受够了，对女儿吼道："算算你的存钱罐里有多少钱，买张便宜的机票，赶紧去别的地方！"

虽然罗宾的建议是出于自己的沮丧和失望，但它对吉纳维芙产生了奇效。她兴奋地计算了兼职照看孩子的收入，在网上搜索旅行优惠，最后和她最喜欢的表兄弟在科罗拉多落基山国家公园度过了一周。她第一次独自坐飞机，而且对使用自己的收入来支付假期费用而感到自豪。罗宾惊讶地、兴奋地意识到，当她让女儿独立时，每个人都获益了。

我们的文化在许多方面都取得了进步——暴力犯罪和性侵率在逐步下降，青少年饮酒、吸毒和犯罪活动都有所减少，离婚率也降低了。在美国，同性婚姻现在是合法的，对性别流动的支持已经成为常态。学校重视种族多样性的加强，更多的学生开始参与解决我们时代的问题。我真诚地祝贺为实现这些目标而努力工作的所有人。

养育健康的孩子总是需要保护他们远离有害的东西，同时使他们与善良和美好的事物相联系。无论在哪个时代，深思熟虑的父母都会帮助青少年培养强烈的自我意识，帮助他们用爱和同理心同他人建立联系，帮助他们成长为善良、真诚、能干的人。

到目前为止，网络活动已经改变了青少年的感情成长、社交行为、神经系统、身体和注意力时长。社交媒体已经深刻地影响了青春期经历。我们可能会对智能手机被发明的那一天感到后悔，但覆水难收。科技公司可以努力降低产品的成瘾性，但如果没有强劲的消费者需求和监管它们产品的新法律，这是不可能实现的。

与此同时，我们的文化正在加速改变。现在，女孩有了新的需求——远离电子设备，体验面对面的互动，这样她们才能学会与真实的人交流、谈判、享受乐趣。

在完全不控制电子产品使用的家庭中，可能孩子会更听话，明显的冲突会更少，但这些家庭的孩子肯定会错过重要的成长经历。在对电子产品有严格限制并坚持执行限制的家庭中，一般来说青少年会更好地适应环境，也很少与别人发生冲突。不幸的是，很少有这样的家庭存在——这在我们当前的文化背景下太难实现了。

大多数家庭被夹在中间。父母想要实施更多的控制，但不知道如何才能做到。青少年对限制感到闷闷不乐，心烦不安。青少年可能会通过声称自己在阅读或学习来掩饰他们使用电子产品的情况。父母也清楚自己无法掌握所有的情况。但是，优秀的父母仍然坚持设置一定的限制。他们会为家庭聚餐、纸牌游戏或在每一天开始之前共享早餐留出相应的时间和空间。

我们建议召开家庭会议，由所有成员参与讨论，然后达成令每个人都感到公平的协议，而不是直接由父母设置限制电子产品使用的特定规则。我们建议尽可能地推迟女孩进入社交媒体世界的时间，但现实的问题可能使手机成为必要，而且大多数女孩在朋友开始使用手机时会想要手机。家人可以就如何在卧室、用餐时、乘车上学时或家庭度假时使用智能手机等问题集体做决定。父母和女儿可以一起决定什么程度的透明度是合理的，并定期重新审视他们的指导规则。

我认识的一个家庭，只有一个全家人共用的电子邮件地址。另一个家庭则把每周日设为科技"斋戒日"。还有一个家庭同意，每天晚上9点之前关掉所有的电子设备，在第二天早上之前把它们留在厨房的台面上充电。全美范围内的家长群体正在形成一个说法，即"等到八年级"——他们一致同意至少在八年级之前不给孩子使用手机，这样就没有一个孩子会感到被遗落或与同龄人不同。

我们建议家长抽出时间和孩子一起上网，对青少年子女的网络行为产生兴趣。这有助于他们了解自己的孩子和社交媒体的世界，并让他们在和孩子谈论电子设备时拥有更大的权威。他们可能还会惊讶于自己也喜欢某些网络游戏或社交媒体网站，与自己的孩子找到共同点对每个人都有好处。

尽管已有一些组织，比如"常识媒体"和"人类技术中心"等，在倡导合理使用电子设备，但我们需要更多的宣传和研究来预防社交媒体成瘾。我们需要为沉迷于电子屏幕的青少年和成年人建立一个类似于戒酒会的互助小组网络。所有的高中都应该开设关于媒体教育、社交媒体教育、压力管理和沟通技巧等方面的课程。

有一点是非常清楚的，即青春期女孩在线下花的时间越多，她们就越快乐。她们在线下可以慢跑、练习单簧管或者和兄弟姐妹下棋，可以和朋友在服装店的更衣室里咯咯地笑，或者烘焙无麸质的纸杯蛋糕，或者在当地的操场上一边荡秋千，一边幻想未来的旅行目的地或人生目标。

所有的病症都源于我们与真实自我的脱离。如果我们文化的最新问题是社交媒体所造成的与我们的心灵、身体以及彼此之间的分离，那么治疗方法就是重新连接。让我们一起努力培育一种可以重新把屏少年变回青少年的文化。

亲子谈话可以聚焦于女孩生活的深层结构和意义。女孩最希望得到什么？是推特上的 500 个关注者，还是一种因为自己的真实自我而被尊重和欣赏的感觉？她的最高愿望是社会认可吗，还是她会为了一个更远的目标而奋斗？她最开心的时候是在上网，还是在下雪的早晨和狗狗一起慢跑？她想在她的墓志铭上写些什么？

我们可以帮助青少年反思他们的爱好、才能、美德、挑战和长期目标，我们也可以分享自己的爱好、挑战和目标。我们可以谈论如何与他人相处，并用自己的行为来证明善行是什么样的。

在这个快节奏的世界上，父母能给孩子的最好礼物就是他们的关注。我们可以把慢时光和陪伴作为礼物送给女儿。父母和其他的榜样也可以鼓励女孩参加我们所说的深度时间——地质时间、天体时间、太阳时间、季节时间和动物时间的活动。在我们这个现代化的地区，马和狗的速度并没有加快。它们的生物节律保持了数百年来的缓慢速度，这也是动物相比人类是如此安宁祥和的原因之一。徒步旅行或露营这样的活动会把家人带到夜空下，在那里他们可以听到岩石上翻腾的水声、树林中的风声或者古老鸟类的鸣叫声。

父母可以鼓励孩子花时间与大家族的成员和邻居相处。他们可以组织周三晚上去海滩或周五晚上吃意大利面。他们可以通过母女读书俱乐部、唱诗班或自行车队与自己的社区产生联系。他们可以计划和参加家庭聚会或者度假，以拓展对世界的看法。家庭具体选择做什么并不重要，有无数的活动可以拓宽女孩的视野，防止她们以自我为中心，促进她们的成熟。

真实的成年人是由真实的经历创造出来的。提供创造性地表达自己的机会，会让孩子受益匪浅。事实上，创造性的自我表达建立了身份认同。几乎所有的女孩都有一些创造性的爱好——音乐、美术、写作、戏剧或舞蹈，这些都是可以培养的。

行动主义也能拓宽视野，帮助女孩变得更深刻、更真实。正如我们在对行动主义的女孩的访谈中所看到的，父母的支持是她们对倡议活动初生兴趣的一个重要因素。如今，许多父母在孩子上初中和高中时参与志愿者工作。还有一些父母致力于为边缘化的、有问题的、无家可归的青少年或任何需要积极活动场所的青少年提供安全、舒适的场所。这种工作有助于父母真正理解女儿所处的社交的、文化的多重世界。

大多数州有培养女孩个人成长和社会性成长的领导力训练营和组织机构。父母和他们的女儿可以找到全美性组织的当地分会，比如"女孩向上"、"女孩公司"、"女孩建构"或"奔跑的女孩"。除此之外，许多社区是聪慧的年轻女性的家园，她们在那里建立了自己的组织。社交媒体可以帮助父母和他们的女儿在当地找到以女孩为中心的分支机构。

女孩渴望以被尊重的、轻松的、勇敢的、善良的和自由的方式成长。她们想要充分体验自己的情绪，同时获得良好的情绪控制力。她们想要探索世界，同时需要安全感。她们想让自己的生活是有意义的、有助于人的，同时也想要被爱。

自人类诞生起，父母就希望自己的女儿成长为部落中健康、快乐、有生产力的成员。在 2019 年，我们的愿望并没有什么不同，只是我们现在处于一个新出现的电子部落，而且这个部落有 70 亿人。我们在养育女儿的过程中必须传递这样的信息："你有许多才能和天赋，你对我们和那些认识你的人来说都是特别的，但是你在一个拥挤的星球上，这里有太多需要帮助的人。我们希望你能成长为你想要成为的人，我们希望你能协同治愈这个混乱的世界。"

致谢

　　以下人员帮助我们完成了这本书的 2019 年新版：弗朗西斯·贝蒂、帕姆·巴杰、艾娜·布法拉姆、拉雷·博恩布莱特、阿什莉·布里梅奇、唐·布朗、布莱克·卡利什内、埃里克·克伦普、达妮卡·戴维斯、塞阔雅·戴维斯、安娜卡·埃文斯、妮基·费佳德、格蕾丝·菲茨吉本、帕蒂·福斯伯格、桑迪·盖伦丁、妮乔蕾·盖都蒂斯、萨拉·热尔韦、朱莉娅·哈克、蕾切尔·哈利迪、贝丝·哈迪、索菲·霍尔茨、埃伦·詹姆斯、吉莉恩·伯罗·詹金斯、安·卡斯曼、格蕾丝·卡斯曼、内娃·库什纳、弗兰克·麦克弗森、玛丽 科恩、林达·麦迪逊、劳雷尔·马斯洛夫斯基、梅根·梅、海伦·迈耶、安娜·马斯格雷夫、阿比·拉登斯拉本、杰西·里德、梅根·伦兹、阿比·罗绍尔、莎莉·施滕贝格、佩奇·特雷瓦罗、艾玛·温特、肯·温斯顿和 每伦·温斯顿。

　　我的孙女、萨拉的侄女凯特·皮弗对此书进行了多次的阅读和编辑，我们感谢她的渊博知识和体贴认真。

　　感谢我们的经纪人苏珊·李·科恩、《养育青春期女孩》初版的编辑简·伊赛，还有我们在美国企鹅出版集团的编辑杰克·莫里西。